特殊教育学校的设施与专用仪器设备

教育部教学仪器研究所　编著

人民教育出版社
·北京·

图书在版编目（CIP）数据

特殊教育学校的设施与专用仪器设备/教育部教学仪器研究所
编. —北京：人民教育出版社，2008
ISBN 978 - 7 - 107 - 21898 - 9

Ⅰ. 特…

Ⅱ. 教…

Ⅲ. 特殊教育—教学设备

Ⅳ. G76

中国版本图书馆 CIP 数据核字（2009）第 129516 号

人民教育出版社 出版发行
网址：http://www.pep.com.cn
人民教育出版社 印刷厂印装　　全国新华书店经销
2009 年 11 月第 1 版　2009 年 11 月第 1 次印刷
开本：787 毫米×1 092 毫米　1/16　印张：30.75
字数：520 千字　印数：0 001～3 000 册
ISBN 978 - 7 - 107 - 21898 - 9 定价：130.00 元

序　言

　　在教育部教学仪器研究所编著的《特殊教育学校的设施与专用仪器设备》一书出版之际，有幸提前研读，深深为著者的科学、严谨和对残疾孩子的爱所感动。

　　特殊教育学校是残疾儿童集中学习的场所，是我国对残疾儿童实施教育的重要形式，在整个特殊教育事业发展中占有重要位置。能否给残疾孩子提供一个良好的学习条件和活动环境，是尊重残疾儿童、尊重残疾儿童学习的基本权利、尊重残疾儿童人权、促进残疾儿童健康快乐成长的具体体现，是坚持教育公平的具体要求。随着经济社会的发展，愈来愈要求我们要将特殊教育学校作为精神文明建设的一个窗口，将加强特殊教育学校建设作为确保残疾人平等受教育权的一个重要措施，从落实科学发展观和建设和谐社会的战略高度深刻认识特殊教育学校的地位、作用和意义，扎扎实实地做好工作。

　　特殊教育学校的设施及专用仪器设备与普通学校相比，既有共性的一面，更有其特殊性的一面。特殊教育学校的技术装备工作要坚持以残疾孩子的学习成长为本，以全面提高残疾学生的综合素质为本，充分关注他们的个性发展，要能够针对残疾学生的身心特点和特殊需求满足因材施教、因人施教的需求，为不断提高教育教学的质量与水平服务，使每一个残疾孩子都能够接受适合的、良好的教育并得到有效的发展。《特殊教育学校的设施与专用仪器设备》一书不仅对特殊教育学校的总体要求和设施设备的配备原则进行了论述，而且分盲校、聋校和培智学校三篇深入研究了校园规划与建设、教室建设、康复教学专用仪器设备建设等重大问题，具有很强的针对性。我们相信，本书的出版发行一定会为各地加强特殊教育学校建设提供有益的参考。

　　特殊教育学校在世界已有 200 余年的历史，我国最早的特教学校建于 1884 年，也已有 120 多个年头了。当前的特殊教育学校已不仅仅局限于这对校内残疾学生进行教育教学，而且在残疾学生随班就读中起着中心辐射作用、并为社区残疾人教育提供咨询、培训、指导，在整个特殊教育、特别是残疾儿童义务教育中扮演着十分重要的角色，对推动特殊教育的规模发展和质量提高具有非常重要的意义。《特殊教育学校的设施与专用仪器设备》一书从这些方面也做了认真地研究和探索，是值得肯定和重视的。

　　衷心祝愿所有的特殊教育学校都能成为当地现代化水平最高的学校，成为安全坚固、设施先进、环境优美、集教育、康复功能于一体的残疾孩子成长的乐园。

教育部基础教育二司　李天顺

2009.9.1

前　言

　　2007 年，教育部教学仪器研究所受教育部基础教育司特教处委托，承担重新制订《义务教育阶段盲校教学与康复训练仪器设备配备标准》、《义务教育阶段聋校教学与康复训练仪器设备配备标准》、《义务教育阶段培智学校教学与康复训练仪器设备配备标准》的任务。在全国范围内调研的过程中发现，国家对特殊教育非常重视，全国各地都投入大量资金对特殊教育学校进行大规模的新建、改建和扩建。但是，由于长期以来我国对特殊教育学校的设施和专用仪器设备方面的研究不足，如何科学地进行学校的选址、校园建设、教室建设、专用仪器设备配备等成为当前特殊学校建设的迫切问题。因此，教育部教学仪器研究所利用中央级公益性科研院所基本科研业务经费，成立了《特殊教育学校教学设施与专用仪器设备的研究》课题组，专门开展特殊教育学校教学设施和专用仪器设备的基础研究工作，本书是此项研究的成果。

　　本着科学性、先进性和指导性的原则，课题组组织了三个层次的研究队伍。聘请北师大、华师大、北京联合大学的学者和教授，负责本书对特殊教育理论的运用；盲校、聋校和培智学校的专家级校长，负责对书中所提出建设方案的适用性和合理性把关；特殊教育专业背景的研究生、博士生和专家型教师，在课题组的领导下撰写了书稿。经过两年的努力，本书终于得以出版。

　　本书按照当前我国特殊教育学校的分类：盲校、聋校、培智学校，分别从学校建设、教室建设和设备配备三个方面，对校园、设施和设备进行方案性论述。由于三类学校的学生在残疾类型上有交叉，如三类学校都有合并身体残疾的学生，加上近几年各类学校多重残疾的孩子都有增加的趋势，所以三类学校在学校建设方面难免会有相同之处。但是，为了方便使用，课题组决定除了大项目的重复内容采用参照的方式，如盲校和聋校的无障碍电梯设施参照培智学校，其余（如校园建设和教室建设）均单独叙述，这样可以有效避免使用中的混乱。

　　本书由概述、九个章节和附录组成。概述对我国特殊教育学校的学生特征、教育特征，以及国家对特教学校办学条件的相关规定做了概括性描述。九个章节又分为三篇：盲校、聋校、培智学校。其中每一篇都由学校建设、教室建设和专用仪器设备三章构成。附录是《义务教育阶段盲校教学与康复训练仪器设备配备标准》、《义务教育阶段聋校教学与康复训练仪器设备配备标准》、《义务教育阶段培智学校教学与康复训练仪器设备配备标准》中的专用仪器部分。

　　本书主编吴颖，副主编金林。参加编写工作的有：

　　概　述　吴颖

　　第一章　张悦歆

第二章　张琳

第三章　张琳

第四章　张茂林、周红省

第五章　宋永宁、金野

第六章　肖永涛、张蕾、李孝洁、刘巧云、秦宁筱、汪佳蓉

第七章　张茂林、周红省

第八章　宋永宁、金野

第九章　肖永涛、卢红云、张磊、张芳、李立勤、吴颖

附　录　金林

北师大特教学院的钱志亮教授在本课题立项时就给予了指导和帮助，并带领研究生贺世民、郭瑾星实际参与了第一阶段的研究工作，对研究方案提出了指导性意见。

华师大特教学院的杜晓新教授在本课题的研究过程中，对特殊教育学校教育与康复课程的设置提出了理论与实践相结合、教育与康复相结合的建设性意见。黄昭鸣教授为本书的康复教育教学，特别是聋儿言语、语言康复教学提供了可靠的实验数据和理论依据，并带领研究生和博士生亲自参与书稿的写作，为本书的出版提供了无私的援助和支持。

上海第四聋校的季佩玉校长、金育萍副校长、北京盲校的李平毅副校长和杭州杨凌子特殊教育学校的洪佳琳校长、北京联合大学特教学院的钟经华教授参加了本书的审阅，并提出修改意见。北京第二聋校的丛丹、王秋阳老师、北京西城培智学校的程文杰老师、宣武培智学校的赵小红老师，在课题研究的第一阶段也都积极参与了搜集资料和起草初稿的工作。北京盲校的王丽丽老师花费了大量的时间与精力，查阅了国内外相关资料，为本书视障康复专用仪器设备研究做了基础性研究工作。在此，我们向以上各位参与和支持过本书写作与出版的专家、教授、学者们表示深深的感谢！

本课题自立项之日起至书稿交付出版社出版共历时两年，两年中课题组还得到来自教育部、所领导、全国各地特殊教育学校乃至特殊教育产品生产厂家的支持和帮助，使我们深深地感受到国家对特殊教育的关注、特殊教育从业者对残疾学生的忘我付出和无私奉献，以及全社会对特殊群体的关爱。两年里，课题组的态度也从最初仅仅是为了完成任务逐渐变得对特殊教育产生了满腔热情。由于课题组的水平和能力有限，本书的完成只能算作一次尝试，希望此举能引发更多有识之士、有能力之人和群体来为我国特殊教育学校建设做出更高水平的研究。

《特殊教育学校教学设施与专用仪器设备的研究》课题组

2008 年 3 月　北京

特殊教育学校的设施
与专用仪器设备

目录

第二篇　聋校

第四章　聋校的校园规划与建设 191

概　述 ▶▶

　　随着经济的发展和社会的进步，特殊教育的发展和特殊人群越来越受到关注和重视。特殊教育学校在教育特征、课程设置以及设施设备的配置上与普通学校相比既有相同之处，又具有很大的不同。本章从特殊教育学校的教育特征、课程设置以及相关法律法规中关于设施设备方面的规定进行简要的阐述。

第一节　特殊教育学校的教育特征

　　盲校、聋校和培智学校的教育对象各不相同。在教育特征上，除了具有"早期教育"、"补偿教育"、"个别化教育"、"系统教育"等一般的特殊教育特征外，根据其教育对象的不同，在具体的教育实践中又各有特点。以下分别对盲校、聋校和培智学校三类特殊学校的教育对象、教育特征进行论述。

一、盲校的教育对象及教育特征

（一）盲校的教育对象

　　盲校的教育对象为视力残疾学生。根据 2006 年第二次全国残疾抽样调查残疾标准中对视力残疾的定义，视力残疾是指由于各种原因导致双眼视力低下并且不能矫正或视野缩小，以致影响其日常生活和社会参与。视力残疾包括盲和低视力。视力残疾分为两类四级，见表 1。

表1　视力残疾分级标准

类别	级别	最佳矫正视力
盲	一级	无光感～0.02；或视野半径＜5度
	二级	0.02～0.05；或视野半径＜10度
低视力	三级	0.05～0.1
	四级	0.1～0.3

视觉是我们认识和了解客观世界的主要感觉。研究表明，人类约80％的外界信息是靠视觉获得的。视力残疾学生在感知、认知、语言和社交、情绪和行为以及运动和定向行走等方面都具有与普通学生不同的特点，主要体现在以下几个方面。

1. 感知：视力残疾学生由于视觉上的缺陷，主要通过触觉、听觉、嗅觉等感觉，尤其是触觉和听觉，来感知和认识客观世界。因此，视力残疾学生的触觉和听觉非常灵敏，而在感知和概念的形成方面较为迟缓。

2. 认知：由于缺乏视觉信息，视力残疾学生在认知发展方面主要有三个特点：（1）缺少视觉表象，较难形成完整的概念；（2）感性经验缺乏，影响抽象概括能力；（3）认识方位，形成空间、时间概念比较困难。视力残疾学生虽然在认知方面有滞后，但是，在注意力方面却表现较好。由于视力残疾学生只能根据触觉、听觉和嗅觉等获取信息，因此需要大量有意注意，有意注意得到不断强化并得以发展。

3. 语言和社交：语言的习得主要依靠听觉而不是视觉，所以，视力残疾儿童语言能力发展的速度和水平基本与普通儿童一致。但视力残疾儿童由于缺乏视觉表象，其语言缺乏感性认识，容易造成词和意脱节，出现"语意不符"的表达情况，或词汇空洞、不了解内涵、缺少完整准确的形象等，从而影响其沟通和交往。另外，视力残疾儿童由于无法通过视觉得到对方的一些非语言信息，如目光、动作、表情、手势等，影响其对别人意思的全面理解，他们本身也无法借助这些非语言信息来表达内心的感受，从而使得自己与社会的交往不顺利。

4. 情绪和行为：视力残疾儿童由于视觉上的缺陷，常常处于一种暗无天日的孤寂环境中，或者无法与人进行目光交流或使用适当的面部表情和身体语言，在生活自理能力的获得、与社会交往，以及适应社会等方面存在很大的困难，需要付出巨大的努力，因此，焦虑和挫折感是他们的主要情绪问题。

5. 运动和定向行走：视力残疾本身并不妨碍运动的发展与发育，但视觉刺激却可以激发儿童运动的动机和兴趣，在无意中给儿童提供大量模仿机会，并能对现有的运动进行调整。调查表明：视力残疾儿童坐、站等静态运动发展与普通儿童基本一致，而抬头、爬、行走等动态运动却大大延迟，可能就与缺乏运动动机有关。另外，视力残疾儿童因缺乏视觉对环境的迅速感知和预测，对自身和环境的关系综合判断不足，往往造成定向比较困难。许多视力残疾儿童还会出现动作笨拙、行走迟缓、不敢跑跳或有异常的姿势、步态等现象。

（二）盲校的教育特征

由视力残疾学生的生理特征，决定了视力残疾学生的教育除要遵循普通教育的一般原则外，还应具有一些特定的原则，从而形成了盲校的教育特征。

1. 视觉补偿和语言指导相结合，尽量具体化和直观化

由于多数视力残疾学生无法单纯靠视觉模仿学习达到学习的目的，因此，教师必须在教学活动中创造各种条件，让视力残疾学生充分利用多种感官（听觉、触觉、嗅觉、残存的视觉等）进行感知觉的补偿，使其从具体的经验中学习知识和获得亲身体验，实现缺陷补偿教育。盲校教师在教学过程中一般采用动作直观、实物直观、模型直观和语言直观形式进行教学。

动作直观是指教师做动作，让学生摸或教师手把手地教学生，在手工课、体育课、推拿课等教学过程中运用较多。

实物直观即利用实物帮助视力残疾学生运用其他感官（如触觉、听觉、嗅觉等）"观察"事物。由于实物直观能帮助视力残疾学生建立事物的真正形象，有助于增强其感知事物的积极性，因此，盲校在语文、数学、自然、生物等几乎所有课程中都大量运用。

对于有些太大或太小的物体，一般需要采用模型直观的方式。模型直观可以避免实物直观的局限性，不受时间、空间的限制。在使用实物直观或模型直观时，应注意多让视力残疾学生触摸，以清楚地向其提供信息。

语言直观即对实物进行形象描述，从而收到直观的效果，例如多在教学活动中运用口头语言指导或讲解，使视力残疾学生留心倾听教师的指令和内容，或者多向他们提问，增进其对教材的理解等。

需要注意的是，直观教学中一次所使用的教学工具不宜太多，以免过于庞杂，使学生难以仔细"观察"和理解。

2. 根据视力状况，综合运用多种特殊教学方法和手段

盲校一般会综合运用多种适合视力残疾学生的特殊教学方法和手段。例如听读法、凸线图示法等。听读法是指利用录音带、磁带或计算机软件将教学内容制成有声读物，以代替点字书籍和大字课本。听读法可以迅速提高信息获取速度，而且易于操作和实现。凸线图示法是一种变视觉感受途径为触觉感受途径的教学方法，它将视力残疾学生无法感知的平面图形、图表、图案，经过特殊的处理，变为可以触觉感知的凸起图形，便于视力残疾学生的摸认和理解。在运用特殊的教学方法时，应根据视力残疾学生的认知规律和视力特点，选择相应的教学方法和手段。例如，对于盲学生，则需进行盲文和触读训练，掌握盲文的阅读和书写方法，并教他们学会使用现代科技下的阅读机、计算机阅读有声书籍等；对于低视力学生，则应注意提供适当的照明，配备合适的助视器，提供大字体课本及阅读材料，而根据低视力的程度不同，其字体大小也不尽相同，对于具有书写困难的低视力学生，则可以用黑色粗头笔或深色铅笔。

3. 根据视力残疾学生的个体差异，实行分类教学、因材施教

在视力残疾学生中，有全盲学生也有低视力学生，有的是视力受损，有的则是视野受损，还有的除了视力残疾，还伴有其他障碍。因此，盲校应根据视力残疾学生的个体差异，进行分类教学，在教学内容、教学进度、教学要求上有所不同，因材施教。

二、聋校的教育对象及教育特征

（一）聋校的教育对象

聋校的教育对象主要是听力残疾学生。根据 2006 年第二次全国残疾抽样调查残疾标准中对听力残疾的定义，听力残疾是指人由于各种原因导致双耳不同程度的永久性听力障碍，听不到或听不清周围环境声及言语声，以致影响日常生活和社会参与。听力残疾分为四级。

听力残疾一级：听觉系统的结构和功能极重度损伤，较好耳平均听力损失≥91 分贝，在无助听设备帮助下，不能依靠听觉进行言语交流，在理解和交流等活动上极度受限，在参与社会生活方面存在极严重障碍。

听力残疾二级：听觉系统的结构和功能重度损伤，较好耳平均听力损失在81～90分贝之间，在无助听设备帮助下，在理解和交流等活动上重度受限，在参与社会生活方面存在严重障碍。

听力残疾三级：听觉系统的结构和功能中重度损伤，较好耳平均听力损失在61～80分贝之间，在无助听设备帮助下，在理解和交流等活动上中度受限，在参与社会生活方面存在中度障碍。

听力残疾四级：听觉系统的结构和功能中度损伤，较好耳平均听力损失在41～60分贝之间，在无助听设备帮助下，在理解和交流等活动上轻度受限，在参与社会生活方面存在轻度障碍。

听力残疾学生由于听力丧失或听觉障碍，导致听不到或听不清周围环境的声音，这使得他们获取信息的渠道部分受阻。不得不更多地依赖视觉去获取信息，满足认知的需要。因此，听力残疾学生在言语语言、认知发展、情绪心理等方面都与正常学生不同，主要表现在如下几方面。

1. 言语语言方面：听力残疾学生的主要特点是语言的习得和发展有困难。一般来说，由于听力残疾，缺乏听觉反馈，他们无法通过听的途径学习说话，因而难以形成说话能力和进行口头交谈。而听说能力的缺失必然又会影响以听说能力为基础的阅读与写作。因此，听力残疾学生言语语言方面的异常主要有：发音不清、起音异常、嗓音障碍、语言不流畅、词汇量少于正常同龄学生。

2. 认知发展方面：有研究表明，听力残疾学生的智力也呈常态分布。但听力残疾学生由于听力丧失或听觉障碍，导致听不到或听不清周围环境的声音，这使得他们获取信息的渠道部分受阻，不得不更多地依赖视觉去获取信息，满足认知的需要。因此，听力残疾学生在认知发展上的特点表现为知觉信息加工不完整、视觉的优势地位和缺陷补偿三个方面。同时，在思维上，听力残疾学生的思维内容具体，多以形象性的内容为对象，容易依赖感知特点、生活情景或物体功用来分类，容易概念扩大化或缩小化，思维发展水平有限。

3. 情绪心理方面：听力残疾学生由于听觉障碍、语言发展迟缓，沟通不畅，社会交往欠缺，常会导致情绪和行为上的问题，从而进一步影响听力残疾儿童的心理健康发展。一般而言，听力残疾学生好奇心很强，喜欢看、摸、动所见到的新鲜的东西。但是，听力残疾学生的脾气倔犟，容易冲动，常有固执性、自我中心、缺乏自我控制、冲动性强、易受人暗示等性格特点。

（二）聋校的教育特征

1. 充分运用直观教学

听力残疾学生由于具有听力的不足和听觉功能上的限制，造成其对事物感知的片面性、思维的形象性，因此在教学过程中，充分运用直观教具，激发听力残疾学生的学习兴趣，对发展听力残疾学生的语言，补偿心理缺陷，提高教学质量具有特殊的重要意义。通过直观教学，可以促进听力残疾学生语言的进一步形成，有效地发挥听力残疾学生的视觉功能，更好地促进听力残疾学生思维的发展，并调动他们学习的积极性。例如，在教学过程中，多使用直观教具、学具、汉语拼音等，能利用和发展听力残疾学生的视觉补偿等。

2. 综合使用多种教学语言

在教学形式上，聋校教学一般会综合使用口语、手语、体态语等多种教学语言进行教学，这样既便于有听力的学生听到，又便于没有听力的学生看到。一般而言，在入学初，因为绝大部分听力残疾学生没有（或缺少）语言基础，只会几个简单的自然手势，还没有形成口语交际语言。因此在进行汉语拼音教学前，要适当教给他们一些生活和学习中常用的手势语，使他们和教师能进行基本的交流，形成初步的语言交际能力，能适应学生的实际需要；而在汉语拼音和字词教学阶段，则以口语教学法为主。因为汉语拼音和字词教学是打好语言基础的关键；在高年级阶段，随着学生语言水平的不断提高、教学内容量的扩大和抽象教学内容的出现，在继续加强语言教学的同时，则要充分发挥手语教学的辅助作用，以适应教学形势的需要。当然，教学语言的使用，既要考虑听力残疾学生的语言基础，还要根据教学内容和教学任务来选择，不能一概而论。

3. 注重沟通和交往技巧的学习

聋校教育注重感觉训练、口语训练、手语训练、书面语训练及其他沟通方式和沟通技巧的学习与训练，旨在帮助听力残疾学生掌握多元的沟通交往技能与方式，促进听力残疾学生语言和交往能力的发展，使听力残疾学生能够融入主流社会与大多数人群沟通、交流。

三、培智学校的教育对象及教育特征

（一）培智学校的教育对象

近年来，随着社会的发展与进步，现代特殊教育理念的逐步深入，我国培智学校的教育对象发生了很大的改变，学生障碍类型呈多样化。目前，我国培智学校的教育对象主要包括智力残疾学生以及伴有智力残疾的自闭症、脑性瘫痪、语言发育迟缓等类型学生。根据 2006 年第二次全国残疾抽样调查残疾标准中对智力残疾的定义，智力残疾是指智力显著低于一般人水平，并伴有适应行为的障碍。智力残疾包括：在智力发育期间（18 岁之前），由于各种有害因素导致的精神发育不全或智力迟滞；或者智力发育成熟以后，由于各种有害因素导致有智力损害或智力明显衰退。智力残疾分为四级，见表 2。

表 2　智力残疾分级标准

级别	分级标准			
	发展商（DQ） 0～6 岁	智商（IQ） 7 岁以上	适宜性行为 （AB）	WHO-DAS 分值
一级	≤25	<20	极重度	116 分
二级	26～39	20～34	重度	106～115 分
三级	40～54	35～49	中度	96～105 分
四级	55～75	50～69	轻度	52～95 分

与同龄的普通学生相比，智力残疾学生在感知觉、言语语言、认知能力、运动能力方面有着明显的差距。

1. 感知觉：感知觉范围狭窄且感受性慢是智力残疾学生的典型特点，他们的绝对感受性和知觉恒常性均不及正常学生。此外，智力残疾学生的视觉、听觉、嗅觉、味觉、触觉都有不同程度的障碍。

2. 言语语言：智力残疾学生的言语语言能力明显滞后，不管是听觉上的区分，还是词的发音和句子的发展都要晚于正常同龄学生。培智学校的学生在词汇的掌握、词意的理解、语法结构的使用、口语的表达方面都存在障碍。一般而言，智力残疾学生的语言发展水平往往与其智力水平有直接的关系，智力受损的程度愈重，语言发展水平愈低。据调查，智力残疾儿童中有很大部分有不同程度的构音异常、口吃、嗓音障碍等言语方面的异常。

3. 认知能力：在注意力和记忆力上，智力残疾学生有注意力容易分散、记忆缺乏明确目的、识记速度缓慢、记忆容量小、保持不牢固、再现不精确等认知特征。从信息加工的观点看，智力残疾学生无论是短时记忆还是长时记忆，无论是信息的存储还是信息的提取都有一定的困难。

4. 运动能力：智力残疾学生在精细动作以及动作协调性上常发展不足。对于伴有智力残疾的脑性瘫痪儿童而言，他们的运动能力包括粗大运动能力和精细运动能力则存在更大的障碍。例如，身体平衡障碍、步态异常，肌张力过高或过低、运动功能受限、手指对捏障碍等。

（二）培智学校的教育特征

1. 遵循小步递进的教学原则

智力残疾学生由于在感知觉、认知能力和言语语言能力上的不足，接受能力较差。因此，培智学校的教育应根据对象智力水平的不同，将教学内容细分为一个个步骤或阶段，小步递进，反复练习，多次重复，逐步完成，以使智力残疾学生能逐步接受。

2. 教学活动个别化和多样化

智力残疾学生的智力水平不一，表现出的障碍特点也不相同。因此，培智学校的教学活动应针对智力残疾学生的个体差异和发展水平，制定适合其需要的个别化教育计划和合适的教学内容。同时，教学活动还应丰富多样，活泼有趣，如多采用游戏的形式，以激发智力残疾儿童的学习兴趣。

3. 大量运用直观教学和教具

智力残疾学生在信息提取和抽象思维能力上存在不足，思维往往刻板，缺乏目的性和灵活性。因此，培智学校教育多采用直观教学的形式，大量使用直观教具对智力残疾儿童进行语言认知训练以及社会交往能力训练。一般而言，智力落后的程度越重，教学就越要直观，也就越需要使用直观教具。

第二节　特殊教育学校的课程

20世纪50年代后，教育部开始根据教育方针和特殊学校教育对象的特点，制定关于特殊学校教育教学工作的指导性文件，如特殊学校的教学计划，对学校性质、任务、培养目标、学制、课程设置、开课顺序、课时分配、活动和考试等都作了相关规定，使我国特殊教育学校的课程计划和课程设置逐步规范化、科学化。

一、我国盲校的课程设置

新中国成立以前盲校的课程设置虽不统一，但大都参照相应程度的普通学校课程设置。

1955 年颁布的《盲童学校教学计划（草案）》规定，盲校设语文、算术、自然、地理、历史、手工、劳动、体育和音乐等课程。

1987 年国家教委制订的《全日制盲校教学计划（初稿）》规定，全日制盲童小学分五年制和六年制两种，供各地选用。课程设有思想品德、语文、数学、认识初步、自然、社会、体育、音乐、手工、生活指导、劳动等。

1993 年国家教委以九年义务教育全日制小学、初级中学课程为基础，制订了《全日制盲校课程计划（试行）》，规定将小学、初中学制按"五四制"和"六三制"两种分段。学科课程在小学阶段包括思想品德、语文、数学、社会、自然、体育、定向行走、音乐、美工、生活指导及劳动等 11 科；在初中阶段设思想政治、语文、数学、外语、历史、地理、物理、化学、生物、体育、音乐、美工及劳动技术等 13 科。活动包括晨（夕）会、班团队活动、体育锻炼、个别矫正、兴趣活动、社会实践活动和学校传统活动等。除上述由国家规定的各门课程外，还留有地方安排课程，以使学校办出特色。

2007 年，在我国的基础教育改革中，教育部根据《中华人民共和国义务教育法》《国务院关于基础教育改革与发展的决定》《基础教育课程改革纲要（试行）》，提出"构建符合素质教育要求的新的特殊教育课程体系"的要求，并参照普通学校《义务教育课程设置实验方案》，结合视力残疾儿童身心发展特点，设置盲校课程。新课程设置规定 1～6 年级以综合课程为主，7～9 年级设置分科与综合相结合的课程，开设思想品德、语文、数学、外语、体育与健康、艺术、科学、历史与社会、康复、信息技术应用、综合实践活动等课程。

表3 视力残疾儿童义务教育课程设置表（2007年）

周课时 年级 课程		一	二	三	四	五	六	七	八	九	％
课程门类	品德与生活	2	2								6.3
	品德与社会			2	2	2	2				
	思想品德							2	2	2	
	历史与社会* — 历史							2	2	2	3.5
	历史与社会* — 地理							2	2		
	科学* — 科学			2	2	2	2				7.8
	科学* — 生物							2	2		
	科学* — 物理								3	3	
	科学* — 化学									4	
	语文	7	7	6	6	6	5	5	5	5	18.3
	数学	5	5	5	5	5	5	6	6	6	16.9
	外语			2	2	2	4	4	4	4	7.8
	体育与健康	2	2	2	2	2	2	2	2	2	6.3
	艺术* — 美工	2	2	2	2	2	2	1	1	1	10.6
	艺术* — 音乐	2	2	2	2	2	2	1	1	1	
	康复 — 综合康复	3	2	1							7.4
	康复 — 定向行走	1	1	1	2	2	2				
	康复 — 社会适应				1	1	1	1	1	1	
	信息技术应用	1	1	1	1	1	1	1	1	1	15.1
	综合实践活动	1	2	2	3	3	3	2	1	1	
	学校课程	2	2	2	2	2	2	2	1	1	
周总课数（节）		28	28	30	32	32	33	33	34	34	284
学年总时（节）		980	980	1050	1120	1120	1155	1155	1190	1122	9872

注：其中带＊的课程为积极倡导选择的综合课程，条件不足的也可选择分科课程。

二、我国聋校的课程设置

新中国成立以前的聋校课程设置大都参照相应程度的普通学校课程设置。

1956 年颁布的《聋哑学校适用手势教学的班级暂行办法》规定，开设语文（包括阅读、看话、作文、语法、写字）、算术、历史、地理、自然、体育、图画、手工劳动和职业劳动等课程。

1957 年颁布的《聋哑学校口语教学的班级教学计划（草案）》规定，开设语文（包括语文初步、看话、发音说话、识字、语法、阅读、叙述、作文、写字）、算术、历史、地理、自然、律动、体育、图画、手工劳动和职业劳动等课程。

1984 年颁布的《全日制八年制聋哑学校教学计划（征求意见稿）》规定，开设思想品德、语文（包括语文初步、语言技能、叙述、作文、阅读、写字）、数学、常识、律动、体育、图画、手工劳动和职业技术 9 科。

1993 年颁布的《全日制聋校课程计划（试行）》规定，开设思想品德（一至六年级设思想品德、七至九年级设思想政治）、语文（包括语言训练、阅读、叙述、作文、写字）、数学、自然常识、社会常识、理科、律动、体育、美工和劳技（一至四年级设劳动、五至九年级设劳动技术）10 门学科课程，以及晨会、班团队活动、体育锻炼、兴趣活动、个别矫正、社会实践活动和学校传统活动等活动课程。除由国家规定的课程外，还留有地方安排课程，以使学校办出特色。

2007 年，教育部根据《国务院关于深化教育改革全面推进素质教育的决定》和《基础教育课程改革纲要（试行）》的精神，设置聋校义务教育阶段的课程。规定课程设置要坚持综合课程和分科课程相结合，小学阶段（一至六年级）以综合课程为主，初中阶段（七至九年级）设置分科与综合相结合的课程。一至三年级设品德与生活，四至六年级设品德与社会，七至九年级设思想品德，旨在适应聋生生活范围逐步扩大、经验不断丰富、社会融合能力逐步发展的需要；四至九年级设科学课，旨在使聋生从生活经验出发，体验探究过程，学习科学方法，形成科学精神；一至三年级设生活指导课，四至六年级设劳动技术课，七至九年级设职业技术课，旨在通过生活实践、劳动实践和职业技术训练，帮助聋生逐步形成生活自理能力、劳动能力和就业能力。

增设沟通与交往和综合实践活动课程。沟通与交往课程的内容主要包括：感觉训练、口语训练、手语训练、书面语训练及其他沟通方式和沟通技巧的学习与训练，旨在帮助聋生掌握多元的沟通交往技能与方式，促进聋生语言和交往能力的发展。综合实践活动课程的内容主要包括：信息技术教育、研究性学习、社区服务与社会实践等，使聋生通过亲身实践，提高收集与处理信息的能力、综合运用知识解决问题的能力以及交流与合作的能力，增强社会责任感，并逐步形成创新精神与实践能力。

表4 聋校义务教育课程设置表（2007 年）

课程 \ 年级		一	二	三	四	五	六	七	八	九	占总课时比例(%)
品德与生活		2	2	2							6.6~6.7
品德与社会					2	2	2				
思想品德								2	2	2	
历史与社会	历史							2	2	2	3.7~3.8
	地理							2	2		
科学	科学				2	2	2				5.5
	生物							2			
	物理								2	2	
	化学									3	
语 文		8	8	8	7	7	7	7	7	7	24.3~24.8
数 学		5	5	5	5	5	5	5	5	5	16.6~16.7
沟通与交往		3	3	3	3	3	3				6.6~6.8
外 语								2	2	2	2.2
体育与健康		3	3	3	3	3	3	2	2	2	8.8~9
艺术	律动	2	2	2							8.8~9
	美工	2	2	2	2	2	2	2	2	2	
劳动	生活指导	1	1	1							4.9~7
	劳动技术				1	1	2				
	职业技术							2~4	2~4	2~4	

周课时 年级 课程	一	二	三	四	五	六	七	八	九	占总课时比例(％)
综合实践活动				2	2	2	2	2	2	4.4～4.5
学校课程	2	2	2	2	2	2	1	1	1	5.5～5.6
周总课时数	28	28	28	29	29	30	31～33	31～33	32～34	
学年总课时数	980	980	980	1015	1015	1050	1085～1155	1085～1155	1088～1156	9278～9486

三、我国培智学校的课程设置

由于我国是从 1983 年才开始正式建立首批培智学校的，所以相应的教学计划也比其他两类特殊学校出台晚。

1987 年，《全日制弱智学校（班）教学计划（征求意见稿）》规定，开设常识、语文（包括阅读、语言训练、作文、写字）、数学、音乐（低年级唱游）、美工、体育、劳动技能 7 科。由国家规定的活动包括周、班队会合文体活动、兴趣活动等。

1990 年，国家教委又正式颁布了全日制弱智学校（班）的语文、数学、体育、常识、美工、音乐和劳动技能七门课的教学大纲（征求意见稿），以纲要的形式规定了有关学科的教学内容，为编写弱智学校教材和教学指导用书提供了依据。

2007 年，教育部根据《中华人民共和国义务教育法》《国务院关于基础教育改革与发展的决定》和《基础教育课程改革纲要（试行）》，提出构建符合素质教育要求的新的特殊教育课程体系的要求，设置培智学校课程。课程设计者第一次提出注重以生活为核心的思路，整体设计九年一贯的培智学校课程体系。课程方案充分体现了智力残疾学生的需求和特点，由一般性课程和选择性课程两部分组成。一般性课程体现对学生素质的最基本要求，着眼于学生适应生活、适应社会的基本需求，约占课程比例的 70％～80％；选择性课程着眼于学生个别化发展需要，注重学生潜能开发、缺陷补偿（身心康复），强调给学生提供高质量的相关服务，体现学生发展差异的弹性要求，约占课程比例的 20％～30％。两类课程的比例可根据实际情况进行适当调整。

一般性课程为必修课，设置以下七类科目：生活语文、生活数学、生活适应、劳动技能、唱游与律动、绘画与手工、运动与保健。选择性课程是学校根据当地的区域环境、学校特点、学生的潜能开发需要而设计的，有五类科目：信息技术、康复训练、第二语言、艺术休闲、校本课程。课时可弹性安排。课程方案还提出学校应全面推进个别化教育，为每个智力残疾学生制订和实施个别化教育计划，应将课堂教学与个别教育训练相结合，针对学生的个体需要安排一定时间的个别训练，为有需要的学生提供补救教学，满足不同学生的发展需求的要求。

表5　培智学校课程计划表

课程	年级	低年级		中年级		高年级	
		周课时	占总课时比例（％）	周课时	占总课时比例（％）	周课时	占总课时比例（％）
一般性课程	生活语文	3～4	10～12	3～4	10～12	4～5	13～15
	生活数学	2	6～7	2～3	8～9	4～5	13～15
	生活适应	3～4	11～13	2～3	7～8	1	3～4
	劳动技能	1	3～4	2	5～6	3～4	8～9
	唱游与律动	3～4	10～12	3～4	10～12	2	6～7
	绘画与手工	3～4	10～12	3～4	10～12	2	6～7
	运动与保健	3～4	10～12	3～4	10～12	2～3	11～13
选择性课程	信息技术	6～9	20～30	6～9	20～30	6～10	20～30
	康复训练						
	第二语言						
	艺术休闲						
	校本课程						

第三节　我国对特殊教育学校办学条件的相关规定

自我国第一所特殊学校建立到1949年新中国成立之前，历届政府都没有颁布过关于特殊教育的专门法规，更谈不上对办学条件提出要求。新中国成立后，中央与地方政府开始制定了一系列有关特殊教育的政策与法规，指导与促进我国特殊教育的发展。特别是1987年之后，国家先后颁布了一系列与特殊教育学校办学条件相关的法律、法规。

三十多年来，我国特殊教育法律法规的建设力度不断增强，除加强国内立法外，还签订和加入了一些与特殊教育相关的国际公约，如《残疾人权利宣言》（1975年）、《关于残疾人的世界行动纲领》（1982年）、《儿童权利公约》（1990年）、《萨拉曼卡宣言》（1994年）、《残疾人权利公约》（2007年）等。按照条约必须遵守的国际惯例，凡是我国签订和加入的国际公约都应该在国内立法中充分体现，使其具有较强的法律效力。从这个意义上说，签订和加入这些国际公约对我国特殊教育走上依法治教的道路具有积极的推动作用。

一、特殊教育学校设施设备的相关法律法规

在各项有关特殊教育的法律法规中，针对学校和特殊教育学校设施和设备条件提出过要求的有如下几部。

（一）《中华人民共和国教育法》（1995年）

在《中华人民共和国教育法》中，第三章提出的设立学校及其他教育机构必须具备的基本条件里规定：有符合规定标准的教学场所及设施、设备等；第七章教育投入与条件保障里规定：各级人民政府对教科书及教学用图书资料的出版发行，对教学仪器、设备的生产和供应，对用于学校教育教学和科学研究的图书资料、教学仪器、设备的进口，按照国家有关规定实行优先、优惠政策；以及县级以上人民政府应当发展卫星电视教育和其他现代化教学手段，有关行政部门应当优先安排，给予扶持。

（二）《中华人民共和国残疾人保障法》（1990年，2008年修订）

专门针对残疾人保障的《中华人民共和国残疾人保障法》第二章康复中规定：残疾人教育机构、福利性企业事业组织和其他为残疾人服务的机构，应当创造条件，开展康复训练活动。第三章教育中规定：政府有关部门应当组织和扶持盲文、手语的研究和应用，特殊教育教材的编写和出版，特殊教育教学用具及其他辅助用品的研制、生产和供应。

(三)《残疾人教育条例》(1994 年)

《残疾人教育条例》是我国第一部有关残疾人教育的专项法规,它在第七章物质条件保障中提出:省、自治区、直辖市人民政府应当根据残疾人教育的特殊情况,依据国务院有关行政主管部门的指导性标准,制定本行政区域内残疾人学校的建设标准、经费开支标准、教学仪器设备配备标准等。

(四)《特殊教育学校暂行规程》(1998 年)

《特殊教育学校暂行规程》是管理特殊教育学校的重要行政规章,它对特殊教育学校的性质、学制、培养目标、学级管理、教育教学工作、人事管理、卫生保健及安全工作、学校建设等诸方面都作了相应的规定,为特殊教育依法治校提供了具体的依据。相关规定如下。

第四十九条:特殊教育学校的校园、校舍、设备、教具、学具和图书资料等应有利于学生身心健康。

第五十三条:特殊教育学校的办学条件及经费由学校举办者负责提供,校园、校舍建设应执行国家颁布的《特殊教育学校建设标准》;学校应具备符合规定标准的教学仪器设备、专用检测设备、康复设备、文体器材、图书资料等;要创造条件配置现代化教育教学和康复设备。

第五十四条:特殊教育学校要特别重视校园环境建设,搞好校园的绿化和美化,搞好校园文化建设,形成良好的育人环境。

第五十五条:特殊教育学校应遵照有关规定管理和使用校舍、场地等,未经主管部门批准,不得改变其用途;要及时对校舍设施进行维修和维护,保持坚固、实用、清洁、美观,发现危房立即停止使用,并报主管部门。

第五十六条:特殊教育学校应加强对仪器、设备、器材和图书资料等的管理,分别按有关规定建立健全管理制度,保持完好率,提高使用率。

(五)《残疾儿童少年义务教育"八五"实施方案》(1992 年)

《残疾儿童少年义务教育"八五"实施方案》是为了贯彻《中国残疾人事业"八五"计划纲要(1991—1995 年)》提出的任务目标和主要措施。《"八五"实施方案》中提出加强课程建设和教具、学具的研制和配备。

(六)《残疾儿童少年义务教育"九五"实施方案》(1996 年)

《残疾儿童少年义务教育"九五"实施方案》中提出:对基本普及九年

义务教育的发达地区，在师资学历及任职资格、教育教学、学校管理、校舍建设、教学仪器设备等方面要逐步达到国家有关规定要求。

（七）《关于"十五"期间进一步推进特殊教育改革和发展的意见》（2001 年）

根据《国务院关于基础教育改革与发展的决定》和《中国残疾人事业"十五"计划纲要》的精神，为推进"十五"期间我国特殊教育的改革和发展，2001 年 11 月 27 日国务院办公厅转发教育部、国家计委、民政部、财政部、人事部、劳动保障部、卫生部、税务总局、中国残联关于"十五"期间进一步推进特殊教育改革和发展的意见，提出：努力改善办学条件，为残疾学生提供良好的教育环境。意见中对特殊学校布局、特殊学校规模、校园校舍建设、图书馆建设以及图书、刊物、教学仪器设备的配备和管理、信息化建设、康复设备、器材等都作了详细规定。并且要求：各地要制定残疾儿童少年义务教育评估细则，将残疾儿童少年义务教育发展情况作为普及九年义务教育复查的重要内容，着重对已经通过普及九年义务教育验收的县（市）人民政府贯彻落实《中华人民共和国残疾人保障法》有关教育条款的情况、特殊教育学校（部、班）办学思想、办学条件、办学水平和随班就读等残疾儿童少年义务教育情况进行督导检查。

（八）《"十一五"期间中西部地区特殊教育学校建设规划（2008—2010年）》（2007 年）

为了全面贯彻落实《义务教育法》，促进教育公平，2007 年教育部、国家发展改革委员会在对全国特殊教育事业发展现状和存在问题进行专项调研以及对所掌握数据进行分析的基础上，根据《国家教育事业发展"十一五"规划纲要》和《中国残疾人事业"十一五"发展纲要（2006—2010 年）》，编制了《"十一五"期间中西部地区特殊教育学校建设规划（2008—2010年）》。规划提出：以改善特殊教育学校基本办学条件，提高教育质量为重点，有计划、有步骤地推进中西部特殊教育学校建设，努力普及和巩固有学习能力的残疾儿童少年九年义务教育，加快实现区域内义务教育的均衡发展，促进教育公平。

二、特殊教育学校设施设备配置的相关文件

（一）《全日制盲校教学仪器配备目录（试行草案）》（1992 年）

《全日制盲校教学仪器配备目录（试行草案）》是 1992 年国家教委针对全日制盲校的办学条件颁布的。该草案根据教学大纲的要求给出了需要的十一个教学科目、检测与通用、感知觉训练的三百余种教学仪器、设备的详细目录。

（二）《全日制聋校教学仪器配备目录（试行草案）》（1992 年）

《全日制聋校教学仪器配备目录（试行草案）》根据教学大纲的要求给出了需要的九个教学科目和通用的二百余种教学仪器、设备的详细目录。

（三）《全日制弱智学校教学仪器配备目录（试行草案）》（1992 年）

《全日制弱智学校教学仪器配备目录（试行草案）》根据教学大纲的要求给出了需要的七个教学科目和通用的二百余种教学仪器、设备的详细目录。

长期以来，上述三类特殊学校的教学仪器配备目录一直是支持我国三类特殊教育学校教学条件装备的纲领性文件。

（四）《特殊教育学校建设标准》（1994 年）

1994 年，教育部颁布了《特殊教育学校建设标准》，规定了三类特殊学校的人均建筑面积、教室面积等。

（五）《特殊教育学校建筑设计规范》（2003 年）

2003 年，建设部、教育部共同制定并颁布了《特殊教育学校建筑设计规范》，对特殊教育学校的选址及总平面布置、建筑设计、室外空间、各类用房面积指标、层数、净高和建筑构造、交通与疏散以及室内环境与建筑设备等作了部分强制性规定。

第四节　特殊教育学校的设施与专用设备

学校设施和设备是学校教学所需的基本物质条件之一。本书中特教学校的教学设施指的是为满足特殊学校教学活动而建立的各种教育、教学场所和训练场地（即校园、校舍建筑）；教学设备指的是为满足特教学校的教育教

学活动而提供的各种仪器、器材和器具。

一、特殊教育学校设施建设的基本原则

作为国家教育的一个有机组成部分，特殊教育的目的与国家总的教育目的是一致的，都是为了培养人。因此，特殊学校的建设必须以满足培养人为目的的教育目标。残疾儿童不管其残疾种类（盲、聋、肢残、智残等）和残疾的程度（轻、中、重）如何，首先都是在社会上生活的人，而且是正在成长、发展着的儿童。因此，他们不仅具有与正常人一样的社会性，也具有与正常儿童一样的基本发展规律和生理基础。由于残疾儿童的身体（包括形态、素质、机能等）与正常儿童一样也在遵循着自然规律增长，各种感觉器官也在外界的刺激下发展，他们的高级神经活动也有发展的可能性与可塑性，各种反射活动的基本规律也与普通儿童是一致的，并且他们也同样是按照从乳儿、婴儿、幼儿、童年、少年等年龄阶段的顺序发展着，直到成年。因此，对正常儿童的教育目的、方针、教学原则和方法基本上都适用于残疾儿童。这是残疾儿童与正常儿童在教育上的共性，是残疾儿童接受正规教育的立足点与出发点，也是特殊学校教学设施建设和设备配备首先必须达到普通学校建设和装备标准的重要依据。

其次，在强调残疾儿童与正常儿童共性的同时，还要充分认识到残疾儿童的特殊性。由于残疾儿童在解剖、生理上的异常使其在心理发展、高级神经活动上表现出特殊性，从而决定了教育的特殊性。例如，盲童视觉有障碍，这决定了他们要更多地用触觉、听觉认识外部世界。因此，在学校整体设计和细节建设中都要充分考虑到盲童的这一特殊要求，在安全性、合理性、方向性以及隔噪性等方面予以充分的考虑。同时，还应建设和提供满足盲童特殊需求的场地、设施和设备，如定向行走训练的专用场地以及用于身体康复、机能补偿等训练的专用教室。聋童由于听力丧失或听觉障碍，导致听不到或听不清周围环境的声音，使得他们需要主要依靠视觉、触觉、味觉、嗅觉等感知外界事物，在学校设施建设上就要充分考虑到这一特点，如用颜色、光闪、震动等方式帮助学生感知环境，以及最大限度地利用现代科技手段帮助聋生弥补听力缺陷，建立语言、听觉等相关训练的专用教室，提供相应的设备和辅助用具等。根据国家教育部对培智学校教育的要求，智残、特别是重度智残儿童教育的目的主要是生活训练，因此，教学中需要提

供与其实际生活相似或相同的环境设施与设备，以帮助他们完成独立生活的教育目标。

在满足各类残疾儿童教育和生活需要的设施设计中，无障碍是所有特殊学校设施建设的共同之处。无障碍是所有特殊教育学校乃至整个社会公共环境设施人文化、人性化的最直接体现，是学校空间建设的最基本要求。在不同类型的特殊学校里，无障碍环境的具体表现也应有所不同。

总之，特殊教育学校的环境要符合残疾儿童的特点，人性化的设计要求能有针对性地解决残疾儿童所面临的困难，这就需要对这些困难有一定的了解，才能够有的放矢。

本书根据国务院办公厅转发国家教委（教育部）等部门《关于发展特殊教育若干意见》的通知和 1994 年国家教委（教育部）《特殊教育学校建设标准》，以及国家教育部《城镇普通中小学建设标准》，对全日制盲校、聋校和培智学校在校址选择、学校总体布局、教学建筑物建设、道路建设、生活设施建设、康复训练设施建设等各个方面进行研究和设计，以期能够提供保障特殊教育学校教育教学和康复的硬件条件。

二、特殊教育学校设备配备的基本原则

特殊教育学校的教学仪器设备配备与教学设施建设一样，首先必须达到普通学校教学仪器设备配备的要求，这是由国家教育部颁布的课程标准中所规定的教学内容决定的。事实上，国家对残疾儿童的教育要求与正常儿童的教育目的并无不同，都是要将他们培养成自食其力、对社会有用的人。特殊学校教育课程中与普通学校最大的区别是：通过各种方式，如训练、教育帮助、辅具支持等对各类残疾儿童进行身心方面的缺陷补偿，让他们最大限度地获得与正常儿童相同的生存能力。因此，特教学校的课程设置基本上是以普通学校课程为基础的，这一点在第二节特教学校的课程设置中已进行过比较，尤其是盲校和聋校，所开设的基础课程与普通学校基本无异。培智学校由于学生生理上的特殊原因，所开课程的深度和广度与普通学校相比都有较大差距，但所开设课程中需用的教学仪器和设备与普通学校的差距并不大，特别是教室用设备如多媒体设备、电脑、电视、投影机、幻灯机、音响、影碟机等，学科中所用的模型、教具、图册、音像资料等都与普通学校所用一致。所以，特教学校的教学仪器配备应该以普通学校教学仪器配备为基础。

　　其次，在特殊学校里，由于学生的残疾种类和残疾程度不同，他们对教学设备的需要也必然有所不同。例如，聋校学生主要是听不见，盲校学生主要是看不见，培智学校的学生主要是智力低下，根据这些情况需要专门针对各类残疾学生的特殊教学设备。一般来说，盲校需要大量视觉辅助仪器设备和帮助学生认知的教学辅助器材（如触摸型教具）；聋校需要大量听觉辅助仪器设备和语言训练材料；培智学校需要大量生活化设施和实物教学辅助器材。这些作为特殊学校教学仪器设备的补充是必不可少的，也是至关重要的。拿盲校来说，盲与低视力学生由于视觉缺陷，使得他们主要是通过听觉和触觉来感知客观事物的，盲校教学也是通过训练学生"以耳代目"、"以手代目"来完成的。普通中小学教学中最经常使用的板书、图示、幻灯、挂图等在视力残疾儿童教育的课堂中无法运用，教师只能借助于实物、模型等直观教具来帮助学生掌握和理解知识。所以，大量的直观性教具是盲校学科教学仪器配备的特点。聋校一般由全聋和重听学生构成，他们的特点是听不到或听不清周围的声音，这使得他们对事物和环境感知不完整。由于缺乏听觉信息加工，使得知觉信息加工不得不更多地依赖视觉、触觉等其他感觉通道接受信息，所以，一定程度上聋生是视觉优先的，很多人用"以目代耳"来强调视觉的缺陷补偿作用。学科教学中对聋生制约最大的就是语言的学习，因为在知觉过程中，人们通过语言来唤起过去的经验，帮助理解当前的事物，而所有学科的学习很大程度上都要通过语言来传递，所以，语言训练仪器、设备和相关材料是聋校教学仪器设备的重要组成部分。

　　第三，不论是国家还是教育主管部门，都对残疾儿童的教育康复提出过具体而明确的要求。

　　在"缺陷补偿"理论的指导下，"医教结合"已经成为现代特殊教育实施的一项基本原则。康复医学作为现代医学的重要分支之一，主要以功能恢复为目的，其主要手段为：作业治疗（Occupation Therapy，OT）、物理治疗（Physical Therapy，PT）、言语语言治疗（Speech Therapy，ST or Speech-Language Pathology，SLP）。我们认为，这三者可以共同构成现代特殊教育学校康复教学的基本框架。在上述 OT、PT、ST 中需要大量相关的专用仪器设备，如物理治疗中的各类 PT 康复训练器材、平衡监测系统等；作业治疗中的各类 OT 康复训练器材和作业治疗测评用具等；言语语言治疗中的各类 ST 训练器材等，这些专门的训练和评估用仪器设备在今后的三类特殊学校里将成为必不可少的重要组成，因为他们直接影响着特殊学校的教育和残疾儿童一生的健康发展。作为国家教学仪器设备的专门研究部门，我们将密切关注这类仪器设备的研制、开发、使用和发展，保证特教学校在康复训练和教学上的需要。

　　综上所述，特教学校的教学设备大致可分为三类：一类是学科教学中所使用的与普通学校一样的教学设备；一类是专门针对各类残疾学生的特殊教学设备；还有一类是各类残疾学生用于康复训练的康复设备。本书以三类特殊教育学校中使用的专用仪器，即特殊教学设备和康复训练设备为主要研究对象。

第一篇 盲校

特殊教育学校的设施与专用仪器设备

第1章 盲校的校园规划与建设 ▶▶▶

第一节 盲校的校园规划

自 1784 年法国人阿于依（B. Haüy，1745—1822）在巴黎创办了世界上第一所盲人学校，迄今已有 200 余年的历史。

随着视障教育理念的不断提升、职能不断扩展以及资源的不断整合和完善，目前我国许多盲校都面临着改、扩建甚至新建校的实际情况。这些新建、改扩建工程都需要长远的设计规划，综合考虑到选址、用地和相关设施、总体空间布局等各方面问题，才能满足今后盲校教育教学的可持续发展。

本节我们将就盲校校址选择、用地规划及盲校的总体布局设计进行论述。

一、盲校校址的选择

盲校校址的选择除应当满足视力残疾儿童身心特点的差异，从安全、交通、良好的自然和人文环境等方面进行整体把握外，还应当具备充分的发展潜力和余地，以保证学校能够满足视障教育自身研究、发展对其相应环境设施的不断增加的需求。

（一）有关规定

根据国务院办公厅转发国家教委等部门《关于发展特殊教育若干意见》（1989 年）的通知："盲童教育，原则上以省、自治区、直辖市为单位划片设校，或者以地方为单位设校。"根据我国残联对视障人群的抽样普查数据，可以对服务区域内的适龄视力残疾儿童数量进行初步的估算，并在此基础上，根据国家《特殊教育学校建设标准》中的相关规定"视力残疾学生平均用地面积达到 83 平方米"进行推算，从而对学校的总占地面积进行估算，保证盲校的用地面积，这是盲校选址的首要条件。

还有一些法规条文对盲校选址的具体要求作了详细的阐述和规定，如噪声的控制、照明的标准等，这些都将在下文中提及。

（二）相关因素

受视力残疾的影响，视力残疾儿童对环境的认知受到很大限制，为了使他们更好更快地适应环境，并有效地保证他们的安全，盲校需要建设在自然景观良好、人文环境优美的地方，以利于视力残疾学生认知自然、认知社会、体验社会文明。

一般来说，盲校校址的选择应与普通中小学一样，选在环境适宜、交通方便、地势平坦、地形开阔、阳光充足、空气新鲜、排水通畅、远离污染源、公共设施比较完善的地段。除此之外，还要特别注意以下几方面因素。

1. 学校的规模

盲校的办学规模，主要是依据服务区域内（包括在盲校或普通校就读）服务对象人数的多少来进行确定的。只有对他们的数量进行相对科学、合理的预测，才能基本确定所建盲校的规模。

2. 安全因素

保障视力残疾儿童的人身安全是盲校选址的重要条件。人对周围事物信息的感知约有 85% 来源于视觉。由于视觉的缺陷，视力残疾儿童对周围环境变化的感知较差，对环境认识的能力较弱，对很多危险信息的反应不够敏捷。因此出于安全的考虑，盲校选址应特别注意以下几个方面。

（1）盲校不应毗邻可能危及师生安全的危险品仓库、煤气站或有污染源的工矿企业等；校园范围内不能有架空高压线和通航河道穿越，并应远离工业生产和生活产生的废气、废水等化学污染源、污染物，严格遵守国家关于防护距离的规定。

（2）盲校不应选择建在有各种车辆威胁的城市干道和铁路、高速公路交叉口和铁路道口。学校的出入口不宜设在车辆通行量大的街道一侧，不应和车辆出入频繁的单位相邻。

（3）盲校周边不应有无防护设施的河流、沟渠、池沼、断崖、陡坡地带，应尽量避开地震断裂带、滑坡段、山坡地、悬崖边及岩底、河湾地，避开泥石流和洪水频发地区等地段，以防因自然灾害引发重大事故。

（4）盲校要远离公共娱乐场所、集贸市场、闹市、精神病院、传染病房、医院太平间等可能对学生教学和生活产生不利影响的地段。

（5）盲校周边应设有便于安全徒步通行及紧急疏散的校园外部道路，并应与城市道路相接。

（6）盲校校园内要充分利用地形，尽量选择平坦或舒缓地势作为建筑用地，操场和校园道路应易于排水，方便视力残疾儿童行走。

3. 交通因素

目前我国盲校一般都设置在较大的城市里，招收的学生则遍及各市、区、县、乡，服务区域比较大，绝大部分视力残疾学生都不可能像普通学生那样就近入学，保证短时间内即可徒步或乘车到达学校上学。因此，盲校校址的选择应该充分体现安全方便、交通顺畅的原则，学校附近的交通站点应能满足学生的需要，方便学生乘坐。另外，校址应选在公共设施较齐全完善的社区，便于学生的在校生活和与社区的接触。

4. 防噪因素

噪声是一种音调高且不固定、杂乱无章、听起来刺耳、使人感到很不舒适、很不和谐的声音。通常人们对噪声的认识大多局限于噪声影响听力和神经系统，而忽视了噪声还能影响视觉健康。

科学家们在长期实践中发现，当噪声超过 90 分贝时，眼内视网膜里的光感受器即感光细胞的灵敏度下降，反应开始变得迟钝，视觉分辨力也会随之下降，对某些个别物体难以分辨，有时还会产生错觉；如果噪声超过 95 分贝，人们在噪声的超负荷的影响下瞳孔加速变化而扩大，导致眼睛调节紊乱造成眼球胀痛，眼花缭乱，甚至伴有流泪等诸多不适，进而影响视觉健康；而 115 分贝的噪声还可导致眼睛对亮光的适应性下降 20%。

总之，噪声越大对视觉功能的影响越显著，噪声在作用于听觉器官的同时也会作用于视觉器官使其失去正常功能。此外，噪声还能通过听觉器官传入并刺激大脑皮层和植物神经中枢，引起人头痛、头晕、耳鸣、心悸及睡眠障碍、血压不稳定、易疲劳、食欲减退、消瘦等症状，长期接触强烈噪声还会引起听力下降甚至耳聋。

因此对于失去视觉支持、主要依靠听觉代偿的视力残疾儿童来说，噪声的危害更为严重。

因此，盲校的校址应选择建在安静的地段，避免城市交通噪声源、社会生活噪声源、工厂生产及基建施工等噪声的影响。但我们也应当避免有些城市和地区因为市区用地紧张，而将盲校设置在郊区的情况，因为这样又很可能受到火车噪声和飞机噪声的干扰。

二、盲校校园的用地规划

为了符合盲校选址对交通、环境等的一系列要求，盲校往往需要建在城市人口相对集中的地区，这样就不可避免地会使学校的面积受到一定的限制。因此，如何在有限的土地上进行科学合理的划分，使学校中的所有土地可以得到有效地利用就显得分外重要了。

一般说来，盲校校园内用地可分为建筑用地、运动用地和绿化用地三部分。

（一）建筑用地

盲校建筑用地包括各种教学与生活建筑物占地、建筑物周围通道、房前屋后的零星绿地及建筑组群之间的小片活动场地等。

在对教学、生活、日照、通风、防噪、防火、辅助教学或生活的庭院和道路、游戏场所等所有建筑设施所必须占用的面积进行充分考虑和规划的同时，一定要考虑视力残疾儿童的特殊需求。

首先要考虑保证他们的行动安全和方便，一般来说，盲校校园内的建筑容积率（总建筑面积与用地面积的比率）不宜大于 0.85，从而避免不必要的建筑障碍，影响学生的行走。其次，盲校的主要出入口不宜面向城镇干道，若实在难以避免，则校门前应留有足够的缓行地带或集散广场。

（二）运动场地

盲校运动场地包括为视力残疾儿童提供体育课学习、课间操及课外体育活动的完整运动场地。

为了使视力残疾儿童身体正常发育，必须保证他们的体育活动量与普通学生相当，甚至可能更多，因此盲校学生运动用地的人均面积应不少于 2.83 平方米。

我们建议当盲校达到 18～24 个班的规模时，学校内需要增设 1～2 个球类场地。

（三）绿化用地

盲校的绿化用地包括专用绿地和植物园地等，一方面可以起到美化校园和对校园内各类用地进行分隔的作用，另一方面也为视力残疾儿童认识植物提供场地，是盲校用地中非常重要的一个部分。生均绿地面积不宜小于2平方米。教学场所附近的植物应注意不影响教室内的采光，道路边的灌木宜以低矮物种为主，避免可能伤害到学生面部的枝杈外伸，同时应严禁种植带刺或有毒的植物，防止对视力残疾儿童造成伤害。

总之，盲校在进行建筑用地、运动场地、绿化用地设计时，应考虑到学校多设置在较大的城市里，而绝大部分的视力残疾儿童需要在校住宿，他们主要的学习、生活、娱乐都在学校进行。只有充分保证各种用地的面积，同时又进行综合考虑，合理地设计布局，才能充分满足盲校教育、教学、康复等功能的需求。

三、盲校校园总体布局设计

心理学研究表明，人在良好氛围中能够表现出较强的自制能力，良好健康的校园环境布局能使人精神振奋，并可诱发更多的思想灵感和智慧的火花，这种作用是无形的但却是非常有效的。盲校校园的总体布局设计，应将优美舒适的环境与保障视力残疾儿童的安全进行有机的结合，通过对校园功能分区的合理设计，来达到校园的空间整合，创设出一个有机统一的校园空间环境，为视力残疾儿童创造良好的学习、交流环境。

（一）盲校校园总体布局设计的原则

盲校校园的空间布局首先必须遵守空间布局合理，交通路线便捷、通畅、安全，空间要素易于辨识，整体环境有机统一的原则，同时考虑到今后发展建设的需求，预留出一定面积的发展用地。

在进行盲校校园空间布局设计时，首先要确定不同的功能分区，如教学、生活、训练、运动与休闲等区域，在各区域内部要根据需要进行合理安排，区域内部的建筑物既要互不干扰又需要联系方便，同时各区域之间要以合理有序的方式进行连接。如音乐教学及排练区域要与学科教学区之间有适当的距离；教室要尽量避免面向运动场布置，如果必须面向运动场时，则应按照教育部《特殊教育学校建筑设计规范》的要求，使窗户与运动场之间的距离大于或等于 25 米；在设计连接设施时，可根据学校建筑实际情况进行综合考虑，保证空间的有效使用，如我们可借鉴英国建筑公告中所提出的以图书馆连接教学区域和生活区域。

盲校校园空间布局设计不能忽视视力残疾儿童的生理特点，以人为本，充分考虑和尊重他们的需求，把保障视力残疾儿童在学校里的人身安全，当作校园布局的首要因素来考虑，整个校园的设计都应该防止视力残疾儿童碰撞、跌倒、翻落、夹住及其他意外的发生。

（二）功能区划分

布鲁姆（Bloom）的《教育目标的分类》（1956）和霍华德·加德纳（Howard Gardner）的多元智能理论，不但为美国学校的教学计划带来了改变，同时也促进了学校在校园规划、设计方向等各方面的改变，使校园各种功能区域的划分变得符合学生们的特点，教室的布局也更为灵活，配套设施发生了相应的变化。这种变革对我国的特殊教育也产生了深刻的影响。相对于普通学校来说，盲校的教学应更关注视力残疾儿童个体间不同的学习需求，在校园布局、教室布局、各种设施的变化等方面，要更适于他们的需求并保障他们的安全与便利。

从视障教育所具备的功能来看，盲校校园至少应分为行政办公区、教学区、康复训练区、体育运动区、生活休闲区和绿化区六大功能区。

1. 行政办公区

行政办公区主要是学校领导和教职工办公及对外接待的区域，主要包括行政办公室、教师办公室、会议接待室、展览室、咨询室、传达值班室等。

行政办公区与其他区域之间既宜相对独立，又需要能够较为理想地观察到其他区域的视角，由于教师需要随时关注在校学习的视力残疾儿童，所以其中的教师办公室宜设计在教学区域内。

2. 教学区

一般来说，教学区应安排在校内较为安静的区域，并保证良好的日照与自然通风，冬至日底层满窗日照不应少于 3 小时。根据盲校的教育对象的特点、教育目标、教学计划以及课程的设置，教学区又主要包括普通教学、专业功能教学、学前教育与多重残疾儿童教学、职业教育等区域。

3. 康复训练区

康复训练区主要是针对视力残疾儿童和多重残疾儿童在视觉功能、肢体功能、言语功能等方面的发展迟滞而进行一系列康复训练的区域。根据视力残疾儿童的基本特点及发展中遇到的主要问题，盲校康复训练区主要包括低视力教室、定向行走训练区域、物理治疗室、作业治疗室、语言康复室、感觉统合室、水疗训练室、心理咨询室等部分。

4. 运动区

运动区主要包括室外运动区及室内运动区，其中包括田径场地、体能训练室、室内风雨操场（运动场）及根据盲人运动的特点开展的特色训练项目所需要的盲人足球场、盲人门球场、盲人柔道场等，有条件的学校还可建游泳馆、保龄球场馆等。

5. 生活休闲区

与教学区一样，生活休闲区也应安排在校内安静的区域，应有良好的日照与自然通风，并应保证冬至日底层满窗日照不少于 3 小时，以保证视力残疾儿童的正常休息和睡眠。

生活休闲区主要包括学生宿舍、食堂、浴室、盥洗室、开水房、室外游戏场地等部分。

6. 绿化区

绿化是每所学校必不可少的环境要素，视力残疾儿童虽然看不清或看不见周围的环境，但不能因此而忽视盲校的环境绿化建设。绿化区包括动植物园地、绿地等部分，它在盲校的作用不仅在于对自然环境的美化、对空气质量的净化，而且还对学校的环境教育有着深远的意义，并在一定程度上对视力残疾学生的定向行走提供环境线索。

综上所述，盲校校园总体布局应充分考虑视力残疾儿童的特殊性，以功能分区为前提、以无障碍为指导理念进行合理规划，使各个功能区域之间既相互独立又能够有机地融合成为一个有机的整体，同时能够充分体现学校的办学理念和人文思想，从而为视力残疾儿童提供优美、安全、有效的学习、生活环境。

第二节 盲校校舍的建设

目前在我国，盲校校园是视障教育得以实现的基本物质基础和保障，盲校校舍建设可以对视障教育教学过程产生促进或抑制的影响，对教育教学效果、教育教学对象的发展等产生深远的影响，是视障教育中非常重要的基础环节之一。由于视障教育所面对教育对象的特殊性，视障教育具有其独特的特点，因此盲校校舍建设的原则与普通学校建筑设计原则相比也有其独特之处。

一、盲校校舍建设的基本原则

盲校校舍建设在普通建筑设计的基础之上，更应考虑教育对象的特殊性，合理安排，使教学建筑、宿舍建筑、附属建筑等成为一个有机、实用、无障碍的整体，同时还要考虑整体的美观和艺术效果。盲校校舍建设应该遵循以下几个主要原则。

（一）无障碍原则

无障碍，是盲校环境设施人文化、人性化的最直接体现，是盲校空间建设的最基本要求。

盲校建设在严格遵循我国《方便残疾人使用的城市道路和建筑物设计规范》要求的基础上，应参考联合国和其他国家的关于无障碍设施的要求，结合盲校具体的教育教学要求和不同年龄学生的生理特点需求，建成真正意义上的无障碍学校。

无障碍校园环境设计的原则是盲校校舍建设的根本原则，它体现在盲校建筑中的各个要点中。

（二）人文性原则

盲校的规划与建设应该体现以创设接纳、宽容的校园人文环境为目标，充分表达对视障人特殊教育需要的人文关怀，充分表现对视障人的特殊差异、个体差异的尊重，真正体现专业化、规范化、服务化、个性化、人文化的时代风范。这就要求盲校任何一处建筑设计的细节都必须突出视障教育学校的特色，突出视力残疾儿童学习生活的特色，突出教育对象身心发展的特点，要尽量按照视力残疾儿童的一般需求和个别需求来设计，而不是以普通人群的需要和审美观念为标准。

例如，出于安全和方便的考虑，原则上盲校的建筑物楼层不宜过高；各建筑物之间宜有走廊相连,便于风雨雪天气里儿童的行走;学校路网的布置应明确便捷,避免歧路的出现;地面材料要采用防滑、平整的材质;在重点部位用色彩进行标识以提醒低视力残疾儿童;道路高差处宜设坡道,以免视力残疾儿童被台阶绊倒;路中的地下管线井盖与路面取平,以便于视力残疾儿童行走;校园不同角落的照度应达到满足视力残疾儿童视觉要求的标准;路面应铺设盲人行走的导向和止步触觉感受标志等。

(三)科技性原则

科技在视障教育中起到了重要的作用,在盲校的校舍建设中应贯彻科技性的原则,为视力残疾儿童提供安全有效的学习生活环境提供保障。

盲校校舍建设的理念、材料、结构等应充分利用各种高新技术,并体现现代科技的特点,在条件允许的情况下不仅要选用保证学生安全、便利地学习和生活的高科技材料,而且要考虑节能环保的要求。

盲校的校舍建设还应广泛地运用现代医学和教育方面的先进理念和研究成果,使整个校园的建筑设计从一开始便具备一定的前瞻性和预见性,充分体现现代科技对盲校教育的辅助意义。

盲校建设应特别注意多媒体网络系统的规划和设计,通过现代信息高速公路利用信息资源实现视障教育资源信息化、办公无纸化、管理服务智能化,达到信息无障碍。目前各种依托于信息技术的运用于普通领域和专为视障人士研发的产品为视力残疾儿童的学习和生活带来了不可替代的方便和快捷,使他们过去运用传统的手段无法做到的事情成为可能,这为培养视力残疾儿童独立、自主、自尊的意识、更好地融入社会提供了保障。

(四)可持续发展原则

随着环保意识的加强,有关环保的法律法规要求盲校应该成为富有现代感的生态区,体现出自然环境与人文环境的结合,校园环境与周边环境的和谐发展。校园建设需要在立体绿化、园林建设、污水净化和利用、生活垃圾和能源节约等方面达到国家有关要求,特别是要从可持续发展的角度体现出花园式学校的特点,并全方位提供对视力残疾儿童进行缺陷补偿教育的环境。

另一方面,从视障教育的发展历史和进程来看,盲校教育功能、教学计划、教育内容等都在随着社会经济、政治、文化、教育理念的发展而不断发生着变化，因此盲校的建筑设计应该满足学校可持续发展的需要。如随着随班就读教学模式的进一步深入发展，盲校所扮演的角色和承担的职责也逐步发生着深刻的变革，因此盲校的建筑设计再不能与以往一样只考虑盲校校园内的教育，而是要提供为开展更广泛的巡回指导所需的教育教学环境和设施，为盲校教育功能的拓展和调整而预留一定的用地和用房的空间，以应对社会和学生的需求。

因此，盲校持续发展要求校舍建设必须充分考虑社会经济、教育的发展状况，明确学校定位和发展方向，满足可持续发展所需的特殊需求。

二、盲校校舍建设的基本要点

盲校校舍建设的基本要点应该是上述原则的综合体现。设计人员首先应对视力残疾儿童的困难有足够的了解，才能有针对性地解决他们所面临的困难。

有关研究表明，对视障人现有环境中存在的主要障碍有以下 9 个方面[1]：

复杂通道特别是复杂的室内交通带来的障碍；地面提示块材感觉不强，主要指各种道路的盲道、入口、楼梯等行、转、停节点处，存在起落步提示位置不当、盲道不连续、提示块材凸缘尺寸不当和磨损等；人行空间意外凸出物，如在行进空间范围中设置的外开门、消防栓、标识牌（杆）、拉线等；室内高差及凸出物，如不同房间中设置的高度差、门槛、踏步、栏杆等结构等；推拉门；道路、楼梯、室内各房间过于光滑的地面；单侧扶手或扶手不连贯的楼梯；不合理位置的开关及装置，如不符合视障人群使用的开关、扶手、拉手、台柜等装置的形式、安装位置；在环境中所提供的导向、警戒文字、图形的大小、形状、亮度、对比度色彩组合不能达到所需的可见度，标识不清。

在盲校的校园建设中，应当注重对校园的最初设计，避免基础建设中难以更改的部分造成上述的障碍，并在细节上给予特别的关注，尽量避免和消除环境中存在的对视障人造成的种种障碍，并设计一系列预防措施和保护措施，以期达到盲校校园中的无障碍环境建设，并能够将该理念及一些切实可行的具体方法进行推广，使在普通学校就读的视力残疾儿童同样能够获取到相应的帮助。

因此，在进行盲校建筑设计时，对环境中障碍因素的调查和设计是前期准备工作的重要步骤，而筹备委员会的建立则是准备工作中的关键。在这里我们可以参考国外的先进做法，如在美国新泽西州关于无障碍学校建设的文件[2]中指出，在建设学校之前，应该成立设计委员会，委员会的成员应该包括特殊教育行政人员，学区一般教育建设行政管理人员，行政/设施人员、特殊教育与普通教育的教师，残疾学生，残疾学生的家长及残疾人工作者等。加拿大哥伦比亚省教育部也规定，设计团队本身应包括无障碍领域的专业人士，例如特殊教育教师、物理治疗师、职业治疗师、公共卫生人员、残疾学生及父母、来自相关感兴趣的集团的有其独特的知识和/或技能能够帮助规划的人员。可以看出，要求有特殊教育工作者、残疾人及其家属的参与是保证盲校校舍建设真正做到无障碍、人性化的重要保障。

总之，盲校的校舍建设应充分考虑视力残疾儿童的实际需要，其要点包括以下几个重要方面。

（一）建筑间距

盲校在设计学校内建筑分布时，为方便视力残疾儿童直接安全抵达教学、生活、运动等区域场地，最好将它们集中安排在相邻近的建筑区内，在保证这些区域之间的相对独立性的基础上，又保证视力残疾儿童的行走方便。这些建筑之间的间距需要在保证满足最小距离的原则下，达到防噪、日照、通风、防火等安全卫生方面的要求，因此在建设中不能任意拉近前后左右相邻两栋建筑或一栋建筑前后两个体部之间的距离。其中防噪和日照是影响建筑间距的两大主要因素[3]。

1. 防噪间距

一般教室内所允许的噪声级为 50 分贝，而教室里所产生的噪声级一般为 75～80 分贝。除在教室和楼道采用吸声材料进行装修外，楼与楼之间还需要保持一定的间距，使噪声在传播过程中衰减，从而起到防噪的作用。教学楼与其他建筑之间长边平行布置时，防噪间距不应小于 25 米，如教室顶棚以吸音材料装修时，此间距可缩短至 18 米。办公楼、图书馆、实验楼等发出的噪声级较小，其建筑物防噪间距也不应小于 15 米。

2. 日照间距

建筑物之间适当的日照间距是用来保证每栋建筑物都能够有充足的日照时间。由于视力残疾儿童定向行动能力受限，活动范围较为局限，长期居住学校活动空间和营养补充均有限，体质较弱，容易受到各种病菌的侵扰，为疾病易感人群。充足的阳光和日照时间能够有效地杀灭病菌，使环境中的致病因素大幅度下降。因此，盲校建筑设计时应特别关注建筑物之间的日照间距。应根据本地区日照特点和学校建筑的具体情况，确定合理的日照间距以保障视力残疾儿童的身体健康。

表1-1　直射阳光对各种病菌杀伤时间

气温（℃）	季节	肺炎球菌	金葡萄球菌	链球菌	流感病毒	百日咳菌	结核杆菌
20~30℃	夏	10分	1时	10分	5分	20分	2时
10~20℃	春	1时	2时	10分	20分	30分	5时
0~10℃	冬	1时	3时	10分	20分	3时	10时

（引自叶广俊主编人民卫生出版社出版的《现代儿童少年卫生学》，1999年1月第1版）

此外盲校建筑物之间的间距及校内建筑与校外建筑的间距，还应当符合当地规划、消防、卫生等部门的有关规定。

（二）照度

照度是指被照平面上单位面积所接受的光通量。工作面照度的大小直接影响着学生的视觉功能和学习、工作能力。在制定盲校照度标准时必须考虑到视力残疾儿童是否能获得较高的视觉功能、减少视觉疲劳，为读写能力和识别速度的提高提供外部条件，在参考国际照度标准的同时考虑到我国国民经济发展和能源供应情况，综合地加以确定。

在我国，没有关于视力残疾儿童视觉功能和视觉疲劳与照度之间的专门研究，但是我们可以发现许多关于普通儿童该方面的资料，为我们提供依据和借鉴。

赵融等人在不同照度对儿童某些视功能影响的实验观察中指出：

不同照度对儿童视疲劳影响的实验表明，在照度为10~1000勒克斯范围内，照度越小，相对视疲劳越大；当照度从10勒克斯到200勒克斯时，相对视疲劳急剧下降；照度在200~1000勒克斯时，相对视疲劳下降的速度明显减慢。

不同照度对儿童远、近视力影响的实验结果则显示，在照度1000勒克斯以内，随照度加大，远、近视力随之提高；在 2～200 勒克斯之间时，远、近视力随照度的加大而急剧提高，但当照度在 200～1 000 勒克斯之间时，提高速度变慢，即在照度为 200 勒克斯时，呈现一个转折点。因此 200 勒克斯较为合适，最低不应少于 150 勒克斯[4]。

1984 年，中国建筑科学研究院物理研究所对学生视力与照度辨认的实验也指出，视力随着照度加大而提高。当照度为 150 勒克斯时，视力为 1.05，建议 150 勒克斯可基本满足学生视觉工作的需要。

也有研究表明人的很多能力都直接或间接地取决于照明质量，如在对于不依赖视觉的脑力劳动中，当照明强度从 90 勒克斯上升到 500 勒克斯时，人们快速和准确的计算效率提高 5%，合乎逻辑的思维效率提高 9.4%，良好的记忆力则能提高 15.9%。[5]

从表 1-2 中我们也可以看出视力正常学生的照度与眼睛辨认细小对象物的能力成正相关。

表 1-2　视力正常学生在不同照度下的明视时间（张国栋等 1964）

照度 （勒）	明视时间	
	平均数（秒）	增加（%）
25	97.3	...
50	104.3	7.1
75	107.5	3.0
100	111.2	4.1

以上实验主要是针对普通学生的需求而测定的，对于视力残疾儿童来说，大部分眼病对光线的要求更高，因此盲校的照度应在上述标准上有所增加。盲校走廊、楼梯的照度至少应在 100 勒克斯以上；教室应达到的理想照度在 300～500 勒克斯（80 厘米高度测得）之间；学生课桌面的照度应在 2 000勒克斯（80 厘米高度测得）左右，这除需要提供教室顶部的照明外，还需要在学生课桌上配备台灯才能达到这一标准。但是也并不是所有学生都需要如此高的照度，一些眼病患者可能在低照度的环境下阅读反而感到更舒适，如白化病引起的视力障碍。因此一定要根据不同学生对光线的需求来决定是否需要配备台灯。

影响照度的因素主要有以下三个方面，需要在进行建筑设计时进行仔细考虑。

1. 自然采光

视力残疾儿童的视觉虽然受到限制，但不等于他们感受视觉环境的能力完全丧失。即使是全盲的学生，他们也可以根据周围空气、物体的温度及身体感觉来"触摸"温暖的阳光、明亮的灯光，不能误认为视力残疾儿童的教室就不需要良好的光照条件，由此剥夺他们享受光亮的权利。

盲校教室内的自然照明的强度应介于3 000勒克斯（阴沉昏暗的冬日）至100 000勒克斯（阳光灿烂的夏日）之间。为了能够获得该照度的自然采光，使教室具备适宜的光照条件，并保证教室课桌面和黑板面有充足均匀的光线，则需要教室有良好的朝向。从全国各地日照条件看，建筑物的良好朝向基本上是南向。由于单侧采光使教室内侧和窗侧课桌面上的采光系数相差甚大，因此应尽量双侧采光，但应避免玻璃窗及地面所带来的眩光效应对视力残疾儿童的刺激。如果现有建筑条件受限而只能单侧采光，则一般采光面应位于学生座位的左侧，室深系数不宜小于1/2，否则须用灯光来补充墙侧照度的不足。

2. 人工照明

很多时候自然采光不能充分满足盲校照明的需求，因此往往还需要适当的人工照明来补充自然采光的不足。

合理布置教室的灯具对提高教室照明质量有重要作用，教室照度的大小、均匀性与灯的种类、功率、数量和悬挂高度、角度等因素有关，在进行灯光设计时要避免眩光、反射、阴影和可能产生误导的明暗分界线。

照明的均匀系数也是影响照度非常重要的因素，由于儿童的眼睛由一个亮度区域（如教科书或笔记本）移到另一个亮度区域（如黑板）时，眼睛需要一段调整时间以适应新的亮度水平，如果各表面亮度分布处理不当，特别是亮度差太大就会引起视疲劳而影响工作能力，因此，需要在人眼视觉活动范围内和视野范围内，使各表面的亮度控制在一定范围内，并避免明暗度的明显变化。在灯数相同的情况下，教室照明的均匀系数是随着灯具悬挂高度的升高而加大的，桌面的照度却因悬挂高度的升高而降低。因此要找到一个合适的悬挂高度同时满足均匀系数在0.7以上，且使学生桌面的照度能够达到500勒克斯。

教室光源宜采用荧光灯，它接近于天然光线，发光效率高，节省能源且使用寿命长。但荧光灯安装费用比较高，长时间使用后有时可能出现蝉鸣闪跃、启动慢的现象，发光效率也有所降低，所以一般一年以上便需要更换。盲校教学用房的荧光灯应配有保护灯罩、灯栅或使用遮光或漫射材料，不得使用裸灯。同时由于普通频率的荧光灯对助听器产生噪声，因此应选择高频灯。为了使桌面达到 500 勒克斯以上的照度，一般每间教室应装置 8～9 只 40 瓦的盒式或带灯罩的荧光灯，并采用纵向排列的安装方式，即灯的长轴垂直于黑板的方向布置，这样可使桌面与黑板的照度一致。

需要注意的是，为了使低视力学生能够更好地看清黑板上的字，盲校教室黑板上方需安装照明灯，根据我国《特殊教育学校用房的设计》中规定，盲校黑板灯的垂直照度要达到 500 勒克斯，照度均匀度不小于 0.7，为满足此条件，一般在黑板的上方需加 40 瓦荧光灯管两只。

为满足低视力学生的学习需要，盲校教室课桌上宜配备局部照明台灯，最好是可调节的，可采用夹座式或与课桌进行统一设计，使其固定在桌的边缘而不占据桌面，可以根据学生的不同需求自由调节灯光的高低远近和亮度，以取得满意的效果。

此外，盲校校园内的道路必须有路灯，而且路灯要达到一定的亮度，为低视力学生晚间行走提供方便，在容易产生危险的地方更需要加强照明。

3. 控制眩光

控制眩光也是保证良好照度的重要环节。眩光是指在视野中由于光亮度的分布和范围不适宜，或在空间或时间上存在着极端的亮度对比，以致引起不舒适和降低物体可见度的视觉条件。可分为直接眩光和反射眩光两种情况。直接眩光指的是由视野中的高亮度或未曾充分遮蔽的光源所产生的眩光；反射眩光则是由光泽表面的反射所产生的眩光。

教室内直接眩光主要由儿童视野范围内或视觉中心附近的亮光源产生，如灯和窗。通过窗口可看到极亮的太阳，明亮的天空以及室内视野中的裸灯泡，其亮度都远远超过了室内的一般亮度而产生眩光。反射眩光则可能来源于过于光滑和反光的地面、桌面、书本纸张等。

为避免或减少眩光，盲校应尽量使教室的长轴为东西向，南廊北室。控制眩光的措施还有以下几点。

（1）减少形成眩光的高亮度面积，可在窗口上使用遮阳设施或在室内安装窗帘，或使用部分压花或磨砂玻璃，教室前墙不设窗户等。

（2）当学生注视黑板时，视线与发光体间形成的夹角越大越好，因为眩光效应一般在 30 度角的视线范围内最为显著，这个区域为强烈眩光区，因此在设计时可考虑适当提高灯具的悬挂高度，使该角不小于 30 度，最好在 45 度以外。

（3）不用裸露灯，可在灯管上安装形成漫散光的灯罩，或使用带有金属或塑料格片的灯具，或带 30 度保护角的灯具。

（4）室内各表面应采用不致引起镜面反射的表层材料，如书籍纸张采用避免反光的材质及较为柔和的颜色（如象牙白、淡黄色），地面、黑板、桌面应选用哑光材质或涂料等。

另外需要我们关注的是坐在窗边的视力残疾儿童，他们既要看阳光照射下的书本，又要注视在散射光照射下的老师或黑板，明暗的不断变化会使人眼处于频繁的调节状态，易产生视疲劳。因此，作为教室内主要的采光来源，盲校教室的窗户设计是非常重要的，我们将在窗户的设计中进行具体的论述。

（三）对比度

许多眼病（如视网膜色素变性、白化病、青光眼以及各种原因导致的视神经萎缩等）都可能伴有色觉的障碍和（或）对比敏感度较差的问题。色觉障碍使他们对不同颜色的辨别产生困难，反差视力差则使他们对复杂色彩环境中不同色彩及色差的识别能力下降，两方面的障碍都将使他们难以分辨事物的基本特征，并将物体从环境背景中分辨出来。因此盲校环境设计中要特别重视色彩的运用和搭配。从图 1-1 和图 1-2 中将不难看出色彩对比对视觉效果的影响。

图 1-1　色彩对比度弱

图 1-2　色彩对比度强

盲校环境中对比度的应用还体现在各种标志的设计，特别是视觉标志的设计中，我们将在下文对标志的论述中进行具体的阐述。

图 1-3 对比鲜明的楼层标志

（四）标志

标志主要是借助人的各种感觉器官而被感知，可以分为视觉标志、触觉标志、听觉标志、嗅觉标志以及综合利用各种感官的标志。

盲校校园环境中的标志是为了使不同程度的视力残疾儿童在盲校环境中更为方便、有效、快速地寻找物品和进行定位，而在环境中的重要位置、关键部位以及某些物体上做出的标示。在设置时需充分考虑到视力残疾儿童的特点，尽量使用各种不同感觉途径的标志以达到使用标志的目的。下面，我们将就几种标志在盲校中使用时需注意的方面进行详细地论述。

1. 视觉标志

视觉标志主要是方便低视力学生用的，在运用时应注重有效使用对比强烈的色彩，使前景与背景之间的反差增大，能够被很清晰地辨别出来，字体应采用清晰、简单、平直的印刷体并适当进行放大以起到提示作用。常用的做法有使用如白底黑字、黄底黑字或白底红字的房间标牌，在门口和过道中布设黄色引导或分流带，在楼梯的起始台阶处安装与地面颜色对比明显的提示线，在透明的玻璃门窗上贴彩色提示线等。

设置视觉标志还需要考虑为其提供良好的照明，在较暗的通道或黑夜时，视觉标志（特别是如疏散通道等重要标志）最好能够具备自行供电的能力，使其容易被发现。

2.触觉标志

触觉标志，是利用材料和物体的特定质感或其表面的图案，使视力残疾儿童触摸以识别环境的一类标志。视力残疾儿童可通过手和脚的触觉感知触觉标志物体表面的特性，来获取所处空间位置和行进方式等信息，从而达到识别环境的目的。

通常可触知的标志从表达方式上看有图案标志、盲文标志等，它们一般在空间的重点位置设置，从而表达该空间的功能用途及其他信息，如墙面、栏杆扶手、门边、地面或其他可以触及的地方。盲文标志应使用标准统一的盲文书写方式（可以按比例放大），盲文点位分布合理，避免因方与方之间距离不清而出现错方的现象。图案标志则应注意图案线条简洁，能够突出表现所要传达的含义。

还有一些触觉标志很难将其进行分类，如使用不同质地的挂帘悬挂在不同房间门口，可以使视力残疾儿童特别是低龄学生很容易对所处的位置进行辨别。

触觉标志从触摸的方式上可以分为手触式和脚触式。其中手触式触觉标志以手摸为主，其设置的高度范围可从700毫米到1 200毫米，这个数据的确定上限是以7岁女盲童身高为基础，上臂斜伸向上方成45度角时手指尖距地面的高度为标准，下限则以18岁男盲童身高为基础，上臂斜伸向地面成45度角时手指尖距地面的高度为标准。脚触式触觉标志将在下面的盲道的内容中进行介绍。

图1-4　扶手上的可触摸标志

触觉标志不但适合全盲学生使用，同时也适合低视生使用，房门口的盲文标示牌、门口地面上的凸点、楼梯扶手上标志的上下方向及楼层层数等，对所有学生都起到很好的导向和提示作用。

3.听觉标志

听觉标志主要包括语音提示和声音提示。盲校的听觉标志设计时，可以有针对性地结合各种触觉标志，通过布置语音扩音器、铃声、钟声等听觉指示装置来引导视力残疾儿童，使其明确其所在位置，以起到提示的作用。如门口的语音提示器能够在有人来到时自动感应或在人触摸时发出语音提示，告知该房屋的名称及用途；电梯内的语音提示可以告知使用者所达楼层等运行状态。

听觉标志不一定是专门制或者是高科技产品，许多日常生活中的普通用具和玩具都可以充当听觉标志的作用，还可以将其与教室内的环境布置相结合，达到实用和美观的多种目的。例如在学前班教室门口悬挂风铃、小铃铛或触摸挤捏后可以发声的玩具帮助幼儿熟悉环境和定位；在不同的房间门口安装发出不同声音的装置等。

4. 嗅觉标志

嗅觉标志是一类比较特殊的标志，主要通过不同的气味使视力残疾儿童感知到自身所处的位置。可以通过在校园内不同的区域种植有明显香味差别的植物，既能起到帮助定位和辨识的作用，又可以美化校园环境。

5. 综合标志

其实在盲校中，很多标志同时具有视觉、触觉、听觉及嗅觉等多种特性，以期能够使视力残疾儿童充分发挥他们的综合感知能力，达到更为理想的效果。

如盲校通常在每栋建筑物和每间房屋入口以及楼梯处的适当位置上，设置色彩对比鲜明的、同时具备盲文触感和放大字体的标牌，地面的触觉提示上也多采用与地面对比明显的彩色凸点，还

图 1-5　综合多种感知觉的标志

有在上面所论述到的将听觉与触觉结合的标志等。

在盲校建筑设计中，各种标志往往是综合运用的，学校在进行这些标志的设计时，应特别注意规格和风格的统一，如统一安装的位置、标志的指示方向要明确、使用简单和通用的符号等。这样既保证学生能够容易、方便并安全地获取到标志所传达的信息，不出现混淆，又能够形成学校独特的人文景观。

在特殊场所设置的标志要考虑到使用者的实际情况，如学前年级的触感标志要低一些，多重残疾学生的标志要根据认知能力来进行确认，这些标志可能是一个他们喜欢的玩具，也可能仅仅是一个物品。

（五）盲道

视力残疾儿童在通过开放的、广阔的地带时，大都存在定向的困难。为了使他们能够安全地到达校内的各个目的地，在盲校的校园中，要采用可触知的纹理、盲道等线索来确定路线或地区，即在校园内铺设盲道或使用不同于周围质地的粗糙路面。其中盲道由盲道砖（块材）构成，有行进盲道和提示盲道之分。

自 2001 年 8 月 1 日起，中华人民共和国建设部、中华人民共和国民政部、中国残疾人联合会联合批准实施的《城市道路和建筑物无障碍设计规范》（行业标准）中对盲道触感条和触感圆点的大小规格及盲道的铺设规则均进行了明确的规定[6]。其中盲道触感条的面宽为 25 毫米，底宽为 35 毫米，高度为 5 毫米，中心距为 62～75 毫米；提示盲道触感圆点的规格为表面直径为 25 毫米，底面直径为 35 毫米，圆点高度为 5 毫米，圆点中心距为50 毫米。

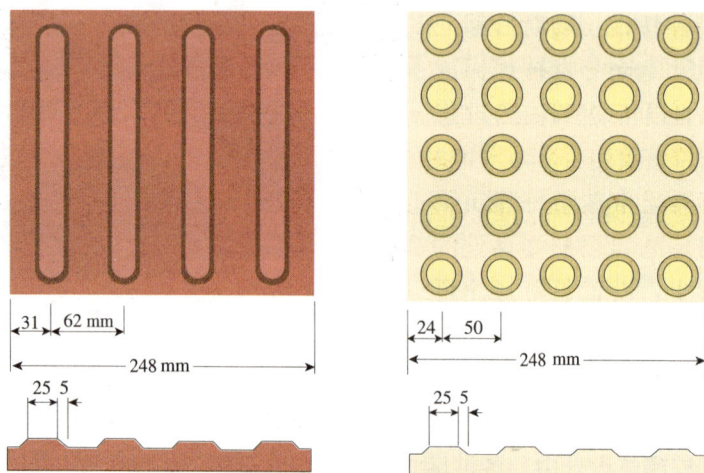

图 1-6　行进盲道和提示盲道砖尺寸

在盲校中铺设盲道时需要考虑到以下几方面因素。

1. 盲道表面必须坚固、防滑，可根据部位的不同选择混凝土、花岗岩、不锈钢、塑胶等材质，通常露天处宜选用上附硬质骨瓷的混凝土、花岗岩材质，而建筑物内则可以选用不锈钢、塑胶材质。用各种形态的表面或是比较粗糙的混合材质来铺装室外盲道是比较经济又实用的做法，这里我们也可以借鉴一些国家和地区盲校的做法，这些盲校绿化面积较大，延伸到学校各个角落，因此在绿地中铺出一条与草地质感不同的路就可以起到盲道的作用。

2. 通常盲道的颜色是中黄色，这是一种颜色非常鲜明，比较容易为视力残疾儿童发现，但是近年来也有许多其他的颜色应用在建筑物内，如棕红色、墨绿色、蓝色，在进行提示的同时也能够与建筑物内的装修风格达到统一。但是我们不建议使用与地面颜色过分相近的颜色，这样的盲道不容易被察觉，一方面可能使有非常微弱视力的使用者无法找到盲道，另一方面还可能对不需要使用盲道的学生产生障碍。

3. 盲道在铺设时应保证各部分交接处的平整，使盲道整体与周围的其他步道在同一水平表面，如果盲道是处于斜坡上，那么最大的坡度不应超过1∶12；应尽量避开下水道、井盖等障碍物，如果道路两边有排水沟或凹陷处，必须使用加盖等方式进行处理，且高低要尽可能与盲道持平；盲道上还要必须去除危险的凸出物，如电线杆的斜拉固定线、树枝等，防止它们对学生可能造成的伤害。

4. 由于盲校是视力残疾儿童集中学习生活的场所，为使学生相互交错而过时，双方不发生冲撞，最好是铺设单行盲道，即在道路的两侧分别铺设盲道；如果盲道为双向，其宽度最好不要小于1 200毫米。

通常的观点是在校园内尽可能地提供导向明确的盲道，但是目前，国际上对是否铺设盲道、怎样铺设盲道和铺设什么样的盲道又出现了一些新的观点。有专家认为，学生最终应掌握适应社会生活的能力，因而盲校校园不必铺设过细过多的盲道而使学生过分依赖，只需在关键的部位，如楼梯起始处、拐弯处等地方铺设止步砖，起到提示的作用即可。美国的一些盲校、我国台北市启明学校以及内地的几所盲校也都采用了这种做法。但这种情况下，对学生定向行走能力的训练要求必须更高、更严格，才能保证其在校的安全。

除盲道外，其他校园道路也是连接校园各区域的纽带，盲校校园道路的设计也应该简明、通畅、快捷，并具有连贯性。由于视力残疾儿童最大的困难就是对周围环境的感知能力差，因此盲校校园内道路设计还要保证人车分流，并将车行范围严格控制在一定区域内。

（六）通道

盲校通道的设计应充分体现无障碍的特点，以期达到使校园环境对视力残疾儿童而言是"可到达""可进入""可使用"的目的，应该以在任何时候、任何场所都能安全、方便地使用为原则。

盲校建筑内的通道一般有内走廊和外走廊之分。为了方便通行，内走廊宽度一般不应小于2 100毫米，外廊及单面内廊的宽度一般不应小于1 800毫米，以留有足够轮椅转弯的空间为原则。具体尺寸可以根据盲校教学楼的内部构造来确定。

通道内的设计要简单，且不能出现任何障碍物，走廊里的暖气、垃圾桶或饮水器等必须放置的物品要尽量嵌入墙内。地面材料应考虑使用表面为平整、防滑（其标准是即使在地面有水的情况下也应防滑）、低破坏力亚光材料，以最大限度地避免地面可能对视力残疾儿童带来的障碍，并尽可能减少在跌撞时地面对学生造成的身体伤害。地面应采用不反光的材料，避免眩光引起眼睛不适、影响视觉的效果。同时，在装修时要采用各种色彩上的变化来作为视力残疾儿童的行走向导，例如在通道地面中央铺设一条黄色（或其他与地面有强烈反差的色彩）引导线，便于定向和提醒学生靠右行走。通道内及通道与其他区域的地面接口处应平整，避免造成触觉障碍和视觉困扰；当通道内出现错层或梯级等平面高度差时，变化之处要使用颜色、质地变化，灯光和标志等措施来进行明确的提醒，以避免事故的出现。通道内不宜设台阶，如无法避免，则踏步宜少于三级或做成1∶8～1∶10坡度的斜搓坡道（类似搓板面的坡道）。

通道内墙壁表面不宜太过粗糙，墙裙应选用光洁的材料，如贴瓷砖或使用仿瓷涂料等，否则容易擦伤视力残疾儿童的手背。通道里的内饰材料应该合理选择色彩搭配，并提供明确标示和良好照明，以避免通道内墙和地板色彩过分夸张或不够明显可能对学生造成的视觉困扰。

通道内走廊两侧应设置连续扶手，并在扶手的重要部位以盲文标明楼层数和教室、实验室的名称，便于视力残疾儿童了解。扶手的设计要便于不同年龄、不同高矮的学生抓握，由于盲校学生的年龄差距很大，身高有很大的差别，因此设置双高扶手较为适宜。

通道的转角处应处理成曲面、截角或圆角，这样可以起到增加视野，消除冲撞危险，减少视力残疾儿童受伤可能性的作用。

建筑物通道的出入口与户外高度应一致，或者通过设阶梯、坡道的方法来消除高度差；采用引导用的地板材料或不同的材质（粗糙的砂石或防滑铺路板）或在入口正上方装置提示铃的方式，使视力残疾儿童能够明确出入口的位置。

所有出入口的有效宽度不得小于 800 毫米，更为理想的则是达到 1 000 毫米以上，高度为 2 100～2 300 毫米；通道中内门的开启方式不应影响室内和走廊的通行；此外所有的门都应保证方便那些行动不便的学生进出，这在门的设计部分中将会进行详细的阐述。

（七）坡道

坡道是在室外行进方向上有高低落差时，为减少路线和路面变化的梯度铺设的符合要求的道路。坡道不仅对视力残疾儿童的行走具有导向和保护的作用，而且方便低龄和兼有其他残疾的视力残疾儿童的活动。

《美国残障人法关于建筑物及公共设施的设计标准》（ADAAG）[7]中规定坡道的坡度（y：x）不应超过 1：20（见图 1-7）。

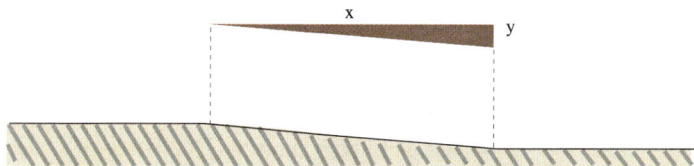

图 1-7 ADAAG 规定的坡道坡度

没有扶手的路崖坡道应该设计成喇叭状的边缘，喇叭状边缘的最大坡度不应超过为 1：10；在铺有植被或其他不能通过的坡道边缘应设置路崖。

如果坡道升高高度大于 150 毫米或水平距离大于 1 830 毫米，那么坡道两侧应加装扶手。下坡要设置保护措施，如路崖、墙、扶手等，其中路崖高度不低于 50 毫米，路面也应进行防滑处理。

《英国建筑条例 2000》[8]中对坡度的要求：

坡道的限制		
坡道长度	坡度的最大值	坡道高度的最大值
10 米	1：20	500 毫米
5 米	1：15	333 毫米
2 米	1：12	166 毫米
注：在上表所示的 2 m 到 10 m 之间，可以根据实际需求，在 1：20 到 1：12 的范围中增添不同的坡度。例如要达到的坡度是 1：14，则坡道长度应为 4 m；若要达到的坡度是 1：19，则坡道长度应为 9 m。		

加拿大哥伦比亚省对无障碍建筑坡道也有详细的规定[9]，对坡道的地面材料、坡度、宽度、缓冲平台、扶手及照明等都进行了明确的要求。

借鉴上述国外经验，盲校校园内的坡道应当满足以下一些要求。

1. 坡道设计要尽量平缓，同时尽量避免过长的坡道，坡道的坡度不宜大于1：20，如果是较长的坡道或露天的坡道，为了防滑，坡度宜在1：20以下（如1：25），并且应在坡道中间设有宽度不小于1.5米的休息平台。

2. 坡道有效宽度应为1 500毫米以上，便于人多时错身通过；坡道两侧适宜设置连续的扶手（最好两边都设），高度约1 100毫米（建筑内坡道扶手高度约为900毫米）。

3. 坡道表面需采用平整的、防滑的材料，特别要在色彩和质感方面加强与水平地面的对比效果，并在两侧设置50毫米以上的防护沿防止滑出坡道（两墙之间除外）；在距上下斜坡道300毫米处要铺设导盲砖作提醒。

4. 特别需要注意开关门的地方必须远离坡道200毫米以上，防止上坡的视力残疾儿童被开关的门撞倒；通向门的坡道，门口应设平台和两侧扶手，坡道顶部和底部平台的宽度不低于1.2米；开放的侧路崖宽度不小于100毫米。

5. 所有主要的坡道都应以直线为宜，在较高或空间较狭小的地方可通过迂回转弯的设计来减缓其坡度并节省空间。

6. 夜间照明应覆盖整个坡道。

图1-8 北京盲校学生宿舍外引导坡道

（八）楼梯

楼梯是多层建筑中的上下交通通道，我国目前盲校通常为多层建筑，楼梯是其中不可缺少的部分，同时楼梯又往往是突发事件和意外事故多发的区域，因此，盲校需要特别加强对楼梯的设计。

盲校建筑中楼梯的设置应该首先满足建筑学中对楼梯设置的基本要求，如：楼梯在建筑设计上要满足功能要求，保证通行畅通和美观；在结构、构造方面，要求楼梯四周必须有坚固的墙、柱或框架来支撑，有较高的高度，楼梯间有良好的采光、通风，有适当的坡度，中途必须有休息平台；楼梯须有足够的通行和疏散空间，四周须有耐火墙体，至少为砖墙，以满足防火与安全的要求；楼梯间内不准有凸出部分，以免碰撞受伤和阻碍人流；多层建筑还须设置封闭楼梯和防烟楼梯等。

根据视力残疾儿童的特点，盲校建筑中的楼梯还应充分考虑到视障、视障并伴有其他多种残疾的学生的需要，注重在各种设计上的细节。以保证楼梯有足够的通行宽度和疏散能力，并符合坚固、稳定、耐磨、安全等要求。

通过对一些发达国家楼梯设计的标准进行参考，盲校建筑物内的楼梯应符合以下标准。

1. 同一建筑楼内的楼梯的数量、位置、总宽度和高度要均匀、整齐、统一，不可任意变动，以便于视力残疾儿童记忆并保证其安全，盲校内的楼梯不适宜做成旋转梯、螺旋梯、圆梯形式。

2. 楼梯宽度适宜在1 400～2 000毫米，踏板面不能过于倾斜，不宜采用扇形踏步，踏步高度参考我国普通中小学建设标准中对楼梯高度的要求，即小学宜为120～144毫米，中学不宜大于150毫米。踏步板外沿挑头应设成圆头，防止绊腿；此外，应设平坦防滑条，防滑条的颜色应与踏板的颜色成对比；在设有幼儿班级的盲校内应特别注意踏步的高度，首先应尽量将幼儿班级安排在建筑物的一层，如果不能安排在一层，那么其所在楼层的踏步应符合我国《幼儿园建设标准》和《城市道路和建筑物无障碍规范》中对踏步的要求，即高度不应大于140毫米，宽度不应小于260毫米。

3. 距离楼梯起始阶和终止阶300毫米远处的地面应铺设特殊质料的地板或导盲砖，提示视力残疾儿童要上下楼梯，在起始阶和终止阶边缘上也需要进行视觉标志的设置，通常的做法是设置颜色鲜明的提示条。

4. 室内楼梯的栏杆高度不宜低于1 000毫米，室外楼梯栏杆高度不应小于1 100毫米；应双面设光滑双高扶手，扶手在两端还必须沿步道方向加长大约 450 毫米，作为引导；扶手在平台处不可断接，最好能与走廊的扶手连接；靠近墙面的扶手与墙壁应间隔至少 50 毫米，以防止手被墙面划伤；在楼梯扶手末端设盲文标志标识所处的楼层数。

5. 楼梯和平台处需要良好照明，楼梯间应有直接的自然采光或采用人工照明补充，以明确区分台阶高与踏板深，帮助低视力学生借助楼梯台阶的暗影来判断踏脚的高度。

（九）扶手

扶手是盲校的主要安全设施之一，它出现的范围非常广泛，如楼梯、走廊、坡道、厕所、浴室等所有需要引导行走、支撑身体和防止危险的地方。在盲校的建设中，扶手所起到的作用是非常重要的。同样，它也需要我们精心设计以保证使用上的安全性。发达国家都非常重视扶手的设计，美国、加拿大、英国对楼梯不同情况下使用的扶手的材质、形状及安装规范等都有着非常明确而详细的规定，我们参考了这些国家的数据并结合我国视障人群和盲校建筑的实际情况，对扶手的安装提出以下建议。

目前我国大多数盲校的在校生年级可由小学到高中，有些学校还开设了学前教育，学生身高差别较大，为满足不同学生的需求，盲校中的扶手应选用双高扶手，高度分别为 850 毫米及 650 毫米。

为了方便辨认，扶手应选择与墙面、地面反差大的颜色。扶手的形状要考虑抓握容易且得力，直径宜选择在 32～38 毫米之间，通常为圆或椭圆形管，也可设计为同等便于抓握的形状、大小。扶手本身的安全性不容忽视，应选择触感好、耐腐蚀、易保养、承压能力强的材料。由于视力残疾儿童（特别是能力较弱的学生）经常较长时间使用扶手，因此材料的热传导性对触觉的影响也应特别关注，尤其是在寒冷的冬季，这种影响将表现得更为明显，木质等热传导性较差的扶手在这方面具有良好的特性。

盲校的扶手必须是连续的，连接处应平整，不应有明显的缝隙和粗糙材质外露，走廊的扶手应该与楼梯、坡道的扶手连接，如果有些地方扶手不能连续，其端部应至少保持与地面平行的角度延伸 450 毫米左右，并且光滑地向墙和地面弯曲，在保证视力残疾儿童到达安全地带的基础上给予明确的导向提示。同时在扶手端部及重要地方用盲文标示所在位置。

扶手和墙壁的间隙应不低于 50 毫米，扶手内侧的墙壁装修必须光滑，以避免蹭伤学生的手背。

　　为最大限度地保证视力残疾儿童的安全，盲校建筑物内的扶手一般都在需要的两侧同时设置，以保证学生上下楼梯和左右行走时都可以使用扶手；当通道的有效宽度不够时，扶手可以设在墙壁的凹入部，但凹陷深度不宜超过75毫米，且凹陷部分顶端距离扶手至少455毫米；如果通道、楼梯或坡道的设计宽度超过3 000毫米，还需要在离其中一边1 200毫米处再加一道扶手，高度可参见楼梯设置，扶手方向应与身体前进方向平行。

　　最后，需要特别提醒的是，扶手及其配件必须安装牢固，不能松动，避免对使用者造成伤害。

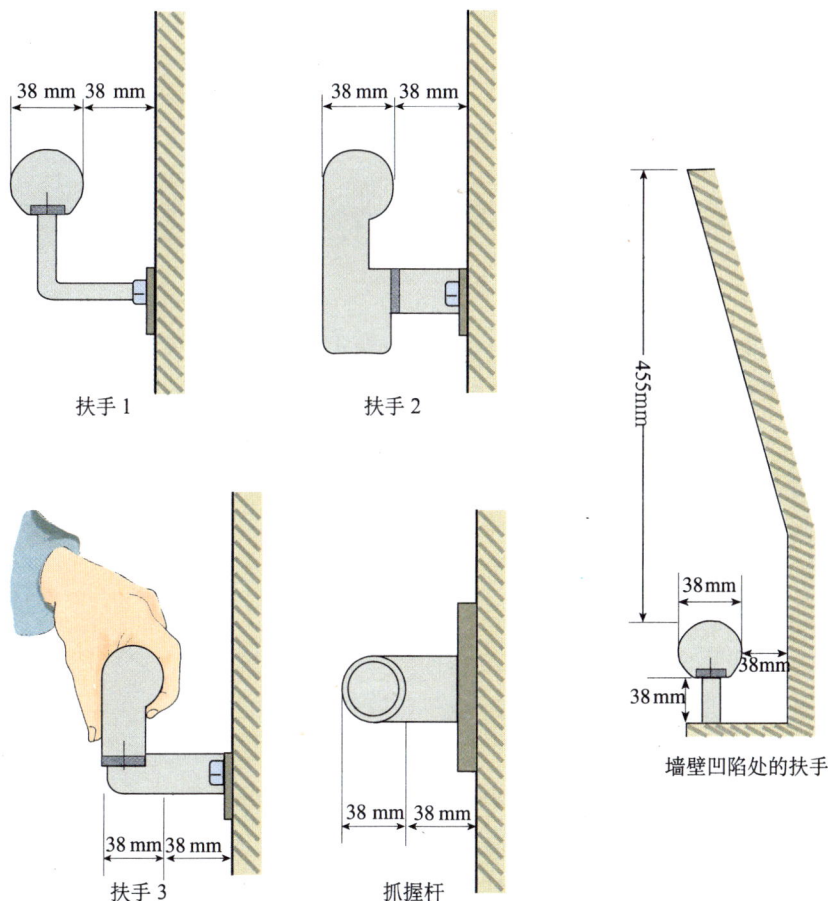

图1-9　ADAAG中规定的扶手规格

扶手1　　　扶手2　　　扶手3　　　抓握杆　　　墙壁凹陷处的扶手

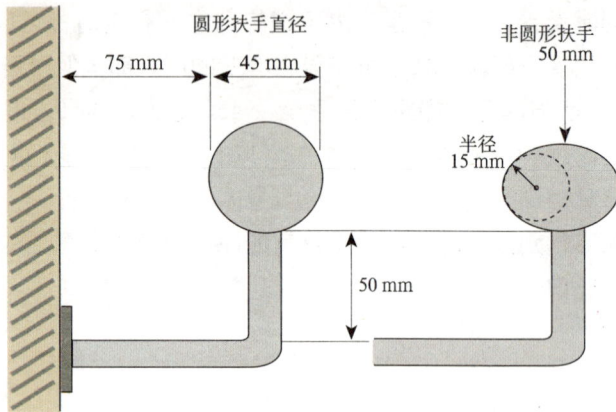

图 1-10　英国建筑条例关于扶手规格的规定

（十）电梯

在盲校中设置电梯可以缩短视力残疾儿童及多重残疾学生在校舍内的行动距离，保证他们安全地到达目的地。

从我国实际情况来看，地区间经济差异较大，盲校的建筑也不尽相同，对电梯的需求也有较大的差别。对于在盲校中是否进行电梯设置，目前在我国视障教育界也有一些争议。盲校中电梯设置的必要性和安装规范，可以根据一些发达国家的标准，并结合学校的实际情况来制定。盲校在选择和安装电梯时除需要遵循国家的相关规定外，需要注意的还有以下几个方面。

1. 电梯易设立在较为开阔的地方，防止乘梯人员出现拥挤的现象，避免危险，在明显处应设置通往电梯的象形标志和可触摸标志，对电梯的位置进行明确的指向。

2. 电梯外部及内部按钮处均应有良好的光线、有相应的盲文触摸符号及语音系统提示，按钮的距地高度不宜过高，《美国残障人法关于建筑物及公共设施的设计标准》（ADAAG）所提出的标准最高不超过1 370毫米，如果有可能，可以设置两套控制面板，一套为普通高度的面板，另一套较低，其原则应以使用者从轮椅上可以触及为宜；电梯按钮可设置为圆形或方形等，按钮面积不宜过小，其最小直径应不低于 19 毫米；按钮上除设置闪烁的数字提示外，还应加用盲文标识，并在触摸后使用听觉提示，提示到达层数和运行方向。

3. 电梯内应能够容纳轮椅进入，使用者能够接触到电梯的开关，轮椅可以在电梯内掉头离开电梯。电梯口最小宽度应不低于800毫米，电梯箱内最小尺寸应不低于1 100毫米×1 400毫米，当然2 000毫米×1 400毫米的尺寸是更为理想的。

4. 每层电梯口都应设有视觉和听觉的提示信息，听觉提示应该能够报告楼层及电梯运行的方向，如果设有多部电梯，还应报告是哪一部电梯到达。视觉提示信息是用来给同时伴有听力残疾的低视力学生使用的，它应当是一种可闪烁的灯光提示，需要至少安装在距地面1 830毫米处，其提示信息的最小直径为64毫米，以保证它能够被使用者在电梯口附近即可以察觉。

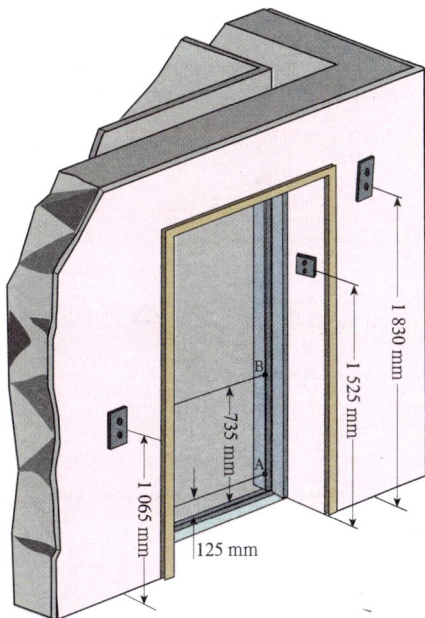

图 1-11 ADAAG 对升降电梯
入口的要求

5. 电梯门应为自动开关，并且有保护措施，当有物体穿过 A 和 B 标示线时，自动门的重开装置将启动，电梯门自动关闭至少要在开门后延时3秒。

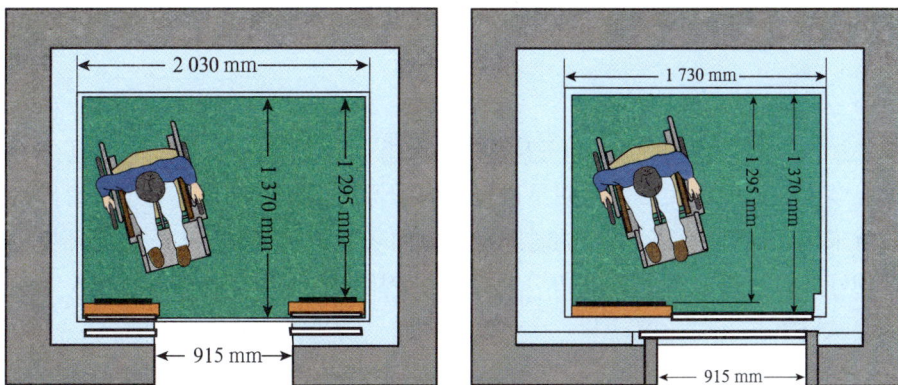

图 1-12 ADAAG 对电梯箱内空间的要求

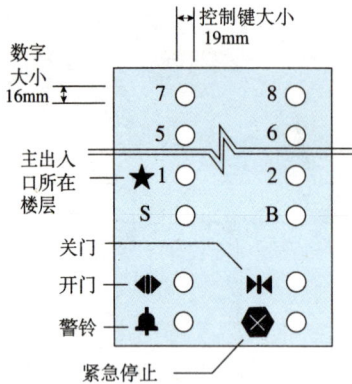

1. 控制板的细节

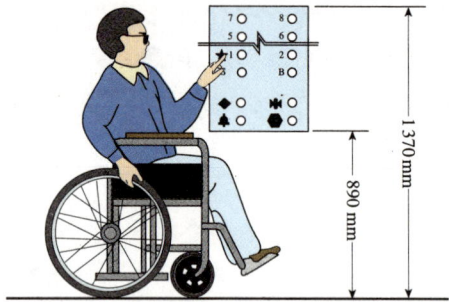

2. 轮椅乘坐者操作控制板的高度

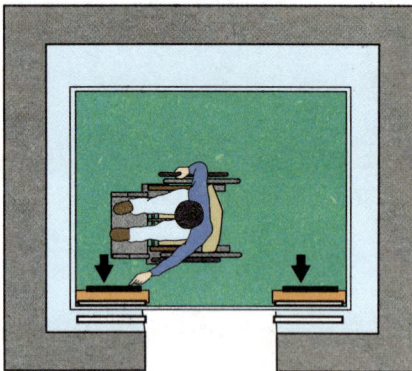

3. 中间开门的电梯内
控制面板安装位置

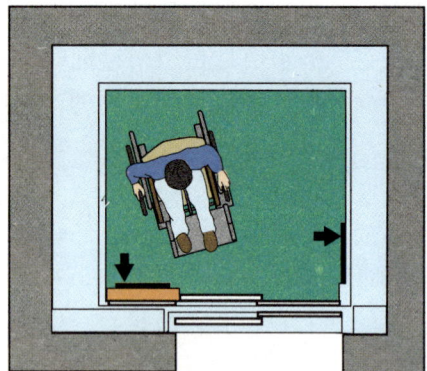

4. 侧面开门的电梯内
控制面板安装位置

图 1-13　ADAAG 对电梯内控制面板的要求

三、盲校室内环境与相关设施

学生在校的绝大多数时间是进行室内学习和活动，特别是对于视力残疾儿童来说，他们大部分学习的时间是在室内环境中度过的，因此室内环境设计的好坏直接影响教学效果和学生的身心健康。室内环境的基本设计要求主要应从以下几方面考虑。

（一）门的设计

盲校建筑物内的门可有单开和双开两种。一般来说，教室适宜设单开门，楼道等通行量比较大的出口则适宜设双开门。

为了便于使用轮椅者的通行方便，单开门宽度不能少于900毫米，大于1 800毫米时使用双开门，且不设置门槛。

按照开启方式，门可以分为展开式、滑动式、伸缩式和旋转式；按照动力方式，门可以分自动和手动两种。

由于视障者方向感较差，因此盲校不要使用旋转门，即开即关的自动滑动门是比较好的选择。

在学校建筑物的大门口适宜采用自动滑动门，可以用按钮、刷卡、遥控或感应器方式开启。如果采用开关方式，开关的高度一般在700～1 000毫米，但要注意避免被开启的门遮挡；如果设置把手则必须保证当门打开时仍能使用。此外，自动滑动门一般都是透明玻璃材质，应该在玻璃门上作鲜明的标志，以防止学生看不清而引起碰撞；提示标志的高度应考虑到学生的身高差异，最好在850～1 000毫米和1 400～1 600毫米都进行标志。

如果不采用自动滑动门，则一般使用手动开启门。门在开启时，对视力残疾儿童而言比较危险，半开状态或摇摆不固定的门都存在着撞到学生的隐患，因此在门后可设立无障碍的门吸装置以对打开的门进行固定。门开关的方向，必须充分考虑走廊宽度、墙壁位置及与其他障碍物之间的间隔；同时楼道内的门不宜外开，以避免学生磕碰。为避免学生的手指被门夹住，在门的闭合处可以特别垫上一层硬质橡胶或海绵等柔软的材料。门开启的一边其边缘应光滑平整，以减少因学生无意中碰上门缘而受到伤害，在一些特殊的部位需安装的防盗门需要被特别注意。

门的重量要以便于轻易打开为准，开门的力量一般为22.2牛顿。如果是沉重的大门，应使用控制按钮，控制关闭的时间要保证能让行动有困难的学生缓慢通过。

门把手高度宜设置在距地面700～1 100毫米以内；柄形的把手较为适宜，特别的双曲柄把手则更为适宜；门把手、锁、门闩及其他装置的形状要容易一手抓握，不需要用力地抓、拧即可使用，以方便多重残疾学生特别是肢体残疾学生使用。

教室的门与门之间应该有足够的空间，以缓解很多学生同时通过相邻近的门时产生的拥挤。预留的空间应该保证可以通过一部轮椅、助步器或其他辅助设备；用导盲犬的盲人也应该能够无障碍进入。

门口前后可采用触感材料进行提示，通常采用的方法有铺设不超过门宽度的停步块材；形状、质料不同于周围地板材料的提示板；预留深约 2～3 厘米、大小约 40 厘米×60 厘米的浅坑，铺设颜色鲜艳的脚垫后与地面补平，这既是视觉和触觉的提示板，又能起到清灰的功能。

图 1-14　不同材质的门帘

门除了具备通行的作用外，还有通风采光的作用。一般教室宜设置前后门，门扇上宜设有一定面积的观察窗。为适应不同身高学生的需求，可视窗应安置在不同的高度，一定要使用安全玻璃。

下面我们选择了《美国残障人法关于建筑物及公共设施的设计标准》（ADAAG）关于门设计的要求及图片，为我们的设计可以提供一定的思路。

《美国残障人法关于建筑物及公共设施的设计标准》（ADAAG）对门的规定是：门板 90°展开时，门板到对边的宽度最小为 815 毫米（见下图）。

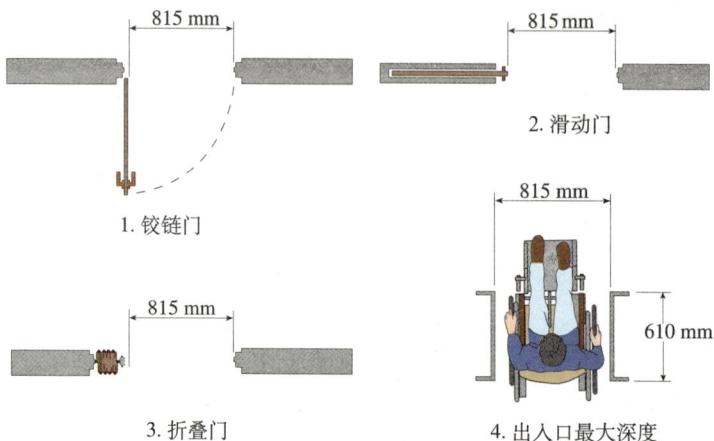

1. 铰链门

2. 滑动门

3. 折叠门

4. 出入口最大深度

图 1-15　无障碍出入口的宽度和深度

两扇连续门之间的空间最少应1 220毫米，根据不同的打开方向具体如下图所示：

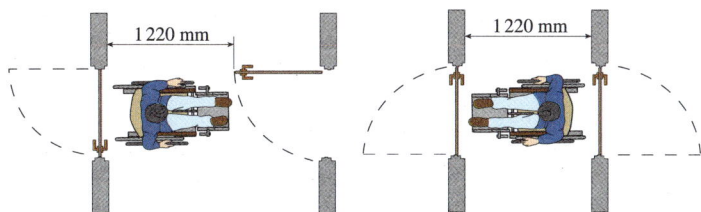

图 1-16　两扇连续门之间的距离

根据不同的开门方式，两个连续门之间的距离的规格也有不同的要求。具体见下图。

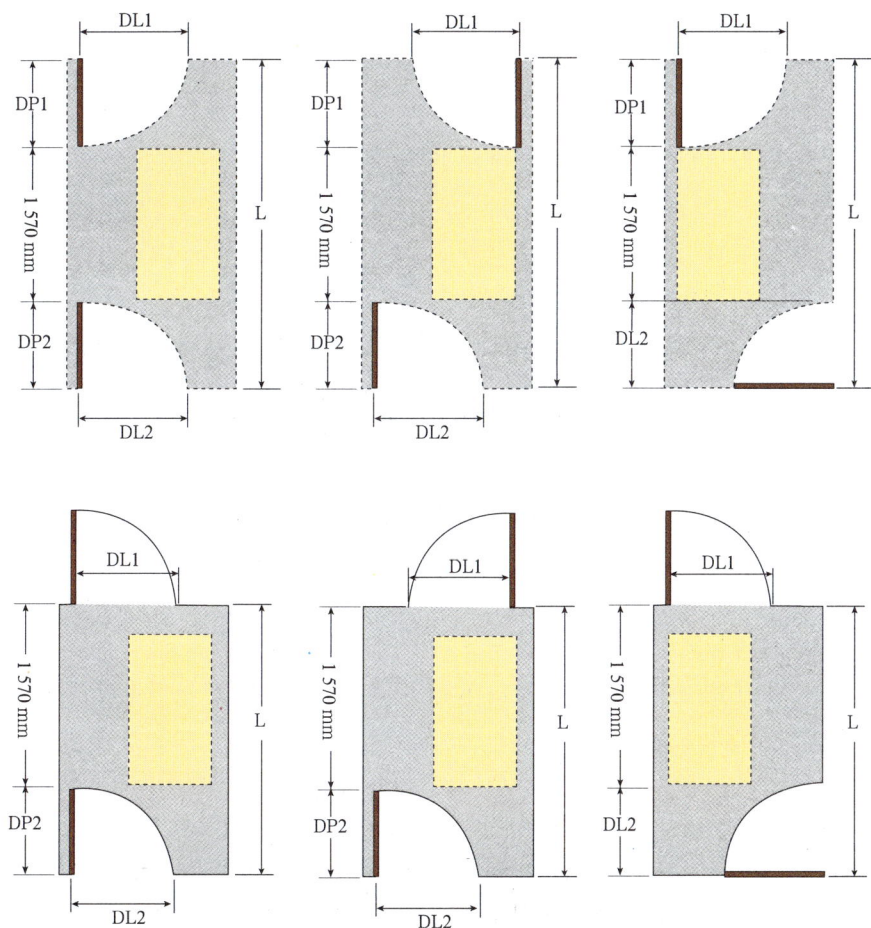

图 1-17　其他各种开门方式示意图

DL1 与 DL2 为门板打开时，门板到对边的宽度，DP1 与 DP2 为门打开后的长度（一般为门板的宽度），L 为两扇连续门之间过道的最小长度。

可见，相关法规对门的要求都强调可通过性、易操作性和安全性。这也是我们对盲校建筑物中门的设计、安装和使用必须要遵循的原则。

除了建筑物内使用的门以外，操场、活动区和广场等其他区域也可能有门，这些地方应尽量使用按钮开启的自动门，并选择适合的门锁和提供方便使用的钥匙。

此外，盲校内所有防火门都应与报警装置相连并被自如地打开，开门的力量规则为最小力量开启。

（二）窗户的设计

窗户是建筑物采光和通风的重要设施，它可以把空气和光线引入房间并使房间和外界空间连接起来。在盲校，视力残疾儿童的视觉虽然受到限制，但他们可以根据空气、物体的温度及本体感觉来感受环境，因此窗户的作用不容忽视。

盲校教室窗户的设计应该充分考虑光线照射的强度和均匀度。单侧采光会加大教室内侧和临窗的一侧课桌面上的光线差距，所以，盲校教室窗户设计应尽量双侧采光，同时要采取相应措施避免眩光效应刺激视力残疾儿童。如果只能单侧采光，室深系数不宜小于 1/2，否则必须用灯光来补充墙侧照度不足，满足《特殊教育学校建筑设计规范》对盲校教室的采光要求："盲学校教室及专用教室的室内天然临界光照度不应小于 200 勒克斯；采光系数最低值不能小于 3C%；侧窗窗地面积比不能小于 1∶3.5 的要求。"[10]

为避免阳光直射，窗户上应悬挂可调节光量、遮挡阳光直射的窗帘，以避免产生人眼难以适应的高倍差距亮度，缓解学生在观看处于不同光线照射下的书本和黑板时，不断变化的明暗对他们造成的视疲劳。同时过亮的光线也会使学生在使用电脑时不易看清电脑屏幕，因此在阳光非常强烈的时候，窗帘的作用是非常重要的。

除采光外，窗户还是教室的通风换气口。因此，窗户玻璃面积最好不低于教室面积的 1/6，主要采光面的窗台高度宜在 800 毫米到 1 000 毫米之间；窗扇宜采用推拉式或外开式，并配置纱窗，不宜向内开窗，以避免视力残疾儿童在室内活动时因磕碰而造成伤害；靠外廊、单内廊一侧应设距离地面 2 米的窗户（注意窗开启时不应影响教室、走廊的使用和通行安全），窗与窗间距不宜大于 1.2 米。

（三）黑板的设计

黑板作为盲校教室建筑的重要设施，其设计和安装也要充分考虑到视力残疾儿童的特点和需要。一般来说，黑板应在窗户右侧，避免书写时产生的阴影妨碍视线；黑板应选用绿色或黑色的亚光材质，并使之从两侧向中间逐渐内凹，形成圆弧形，防止眩光影响低视力学生的使用；黑板上方还要安装符合光照标准的照明设施。

无论用什么颜色的黑板，都要求粉笔的颜色与黑板的颜色要有明显的差别，最好使用粗大的粉笔。除了固定的黑板外，教室内最好还要备有可移动的小黑板供低视力学生练习与教师辅导用。

（四）地面、墙面的设计

盲校教室的地面装修材料应特别注意防滑、防眩光，最好采用不仅防滑、防眩光而且能增加声学质量，减少噪声的新型地板材料。某些特殊专业教室还宜铺设木质地板或地毯，如视觉康复室、感觉统合室、心理咨询室、幼儿班等，这些地面装修材质较普通地面更为安全、舒适。

盲校的墙面装修不宜使用各种针织物或壁纸等软包材料，涂料是比较合适的选择。涂料必须选择无毒、无味的环保材料，最好是淡蓝、果绿或乳白色等颜色，以营造一种宁静、舒适的气氛，同时也有助于缓解视觉疲劳。经过装修的墙壁表面需坚固耐用、光滑平整、容易清洁，不应有尖锐的棱角，如果有突出的棱角则应该装修成小圆角。

（五）电源与开关的设计

电源是教室设施中的重要部分，电源设计得合理与否直接影响着学生的安全，也决定了电器使用时的方便与否。

首先，电源本身的安全性是最重要的，所以建设施工时需要对电源的质量进行认证。其次，电源安装的合理性也十分重要。由于盲校的低视力学生在学习时使用桌上照明设施需要外接电源，同时多媒体设备、电脑等也逐渐成为盲校学习的重要工具，其数量逐年增加，这些都对教室内的电源的安装提出了更高的要求。一方面，必须要保障所有电器的正常供电，另一方面，不能在地面上有过多的电线或在空中产生悬挂明线，以免绊倒和碰撞学生，引发安全事故。因此，盲校教室内部电线线路的设计应以能到达教室墙面、地板的任何地方为原则，方便设备的使用并保证使用时的安全。这对电源的设计提出了比较高的要求，要与教室的功能区划分及课桌椅、多媒体桌综合进行设计，并且能够保证当一些用电设备位置发生改变的时候，也能够获取到足够使用的电源。

盲校内所有电灯开关、电源插座的选型和安装都要确保使用安全、方便。

教室内电源插座必须使用安全插座，安装位置应进行统一设定，以方便视力残疾儿童在不同教室内的定位寻找。墙插是必不可少的，但是其弱点是无法为处于教室中间部分的设备进行供电，而座位在中间部分的学生，又往往是需要提供照明的低视力学生。地插的优点是可以比较方便地为所需的位置进行供电，弱点则是如果地插与地面平齐则无法解决防水的问题；如果突出于地面且被打开，又有可能对视力残疾儿童行走时造成障碍。因此如果在建筑时预留电源管线，在需要的时候打开后通过特别设计的课桌为用电器供电，而在平时不需要时可以进行封闭，会是一个比较灵活的解决方案。

盲校教室内照明用开关需要与墙面形成较强反差，以便于低视力学生的寻找，通常解决的方案有两个：一个是使用与墙面颜色反差比较大的开关面板，另一个方案是在面板周围进行明显标志，如粘贴或用涂料标识出颜色鲜艳的外框，以突出开关的位置。开关应使用上下键开关，并一律设在房间门开启一侧的墙壁上，其高度应在各教室统一。

（六）通风、换气和冷暖设施

山西医学院儿少卫生教研室等单位对处于寒冷地区中小学校教室进行现场调查及实验室观察后指出，从学生对不同室温冷热感的反应看，教室温度以 16～18 ℃或15～20 ℃为宜；从不同室温下儿童某些生理机能（皮温、手指灵活和手指血流图）的变化看，室温最好是 18～20 ℃。[11]

对于盲校的学生来说，室内温度的变化对视障生的触觉感受性将产生相当大的影响，在寒冷的天气下，视力残疾儿童摸读盲文的速度和持续时间明显下降，学生常有凸点扎手、指尖疼、不能清楚辨别点位等感受，对他们的学习带来严重的影响。因此，应严格根据《中小学校教室采暖温度标准》的规定，在有集中采暖设施的中小学校，教室温度为 16～18 ℃，不宜超过20 ℃，相对湿度应为 30％～80％。在一些有特殊功能的教室中，此温度还需要有所提高，如物理治疗室、作业疗法室、感觉统合康复训练室等，根据《特殊教育学校建筑设计规范》中要求，盲校中的按摩教室冬季室内采暖设计温度不宜低于 22 ℃。供暖的方式通常是使用普通铸铁或钢散热器，这时必须暗藏或设暖气罩，以保证视力残疾儿童的安全。使用地板辐射采暖的方式比较安全，但需要考虑与整体建筑的关系及后期的使用费用。

《中小学校建筑设计规范》中规定，教室内空气二氧化碳浓度最高标准为 1.5‰，否则二氧化碳浓度不断上升，不良气味加重，会引起疲倦、头痛和精神不振，导致脑力工作能力下降。为达到上述标准，必须在教室内配置良好的通风、换气设施，保证室内空气清新。一般情况下，北方适宜配电扇，有条件的学校可配空调；南方则以配备冷暖空调为宜。冬天使用暖气的教室和夏天使用空调的教室必须定时开窗通风换气。

设计安装电扇的教室应尽量使用位于墙上的壁扇而不是位于天花板上的吊扇，以避免视力残疾儿童产生不安全感，壁扇上需设置格栅且格栅应较细密为宜。电扇的静音设计非常重要，应选择质量好、噪声小的电扇，尽量避免和减少对视力残疾儿童听觉的干扰。

（七）其他室内环境的特殊要求

盲校里一些与学生生活起居密切相关的公共建筑所涉及的相关细节也有着特殊的要求，例如宿舍、卫生间、浴室、食堂、各个建筑的大厅以及一些特殊用途的房屋等。

1. 宿舍的设计

宿舍是盲校学生课外休息和活动的主要场所，宿舍环境的建设直接影响着学生的身心健康和生活质量。

盲校宿舍建筑设施中与教学建筑中相同的设施可参照上文内容，在此不做赘述。在这里，我们重点要说明的是学生的寝室面积，该面积可以根据学校的用地、学生人数、学生的残疾类型等实际情况确定，但需要保证的基本面积应为人均 4 平方米。

寝室内应给每位住宿学生提供床、床头柜、衣柜（储藏柜）等生活必需设施，床铺适宜为单层，如果必须使用双层床位，则应该进行特别的设计，以保证视力残疾儿童上下床的安全，并为上层床位配备符合国家标准的护栏。

为了便于管理和保证学生安全，宿舍中可考虑使用紧急呼叫系统，为每一个学生床位处设计呼叫终端，当学生有紧急需求的时候可以通过此终端与生活管理教师进行及时的联系。

2. 浴室的设计

盲校浴室设计应以公共淋浴为主，便于生活教师的管理，避免出现安全事故，为了多重残疾儿童的需要，也需要设计部分辅以特殊需要的浴盆式浴室。

(1) 淋浴浴室的设计规范

淋浴式的公共浴室面积可以根据学校的条件作适当安排，但至少要按每班两个浴位（1 500毫米×1 200毫米），一个更衣室（1 500毫米×800 毫米）的面积来进行计算，如一所 9 个班的学校浴室（含更衣室）面积最少不能低于 54 平方米。

洗浴区的地面必须要作防滑和导引方向的处理，并在重要的位置使用视觉和触觉标识。

洗浴区的设施应包含足够数量的洗浴喷头、洗浴用品放置架、座位和扶手，可使用开放式也可使用半封闭的淋浴间式；如果需要为某些有特殊需要的学生安装座位，那么适宜采用淋浴间式。

淋浴间的面积适宜为 915 毫米×915 毫米，座位高度在 430 毫米到 485 毫米之间，座位应安装在与控制开关相对的墙壁上，并贯穿隔间，如下图所示。

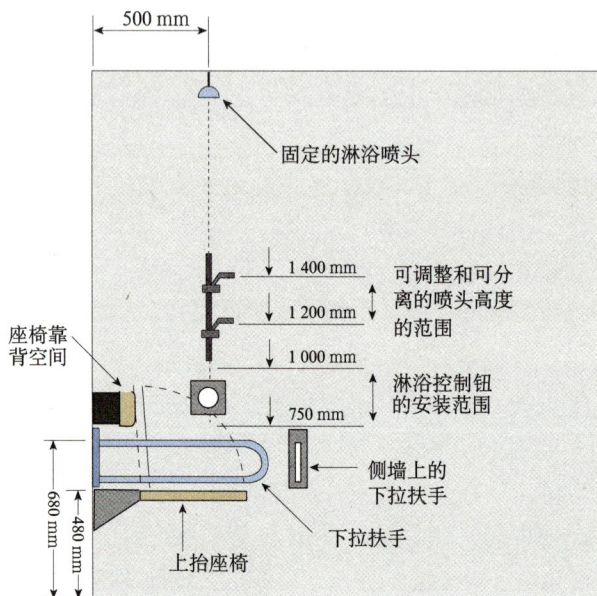

图 1-18 淋浴浴室的设计规格

（2）浴盆式浴室设计

对于多重残疾，如中重度脑瘫、肢残等运动能力较差的学生来说，独立及站立淋浴比较困难，因此有条件的学校可以为他们提供座浴或盆浴等设施。浴盆式浴室应该重点考虑下面三个方面的设计。

① 座位：浴盆顶端或中部适宜设置座位，见下图。

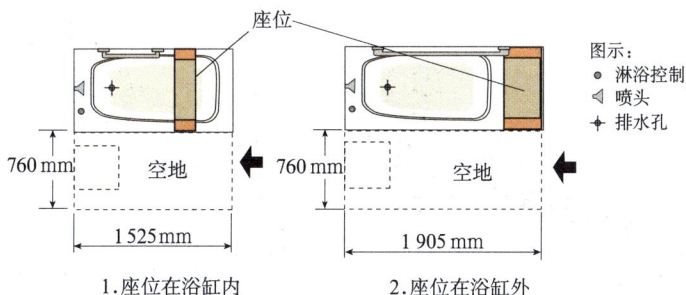

图 1-19　浴室内的座位和空地

② 扶手：卫生间内浴盆旁边墙上应安装适当的和充足的扶手，以方便使用者自理，扶手规格见下图。

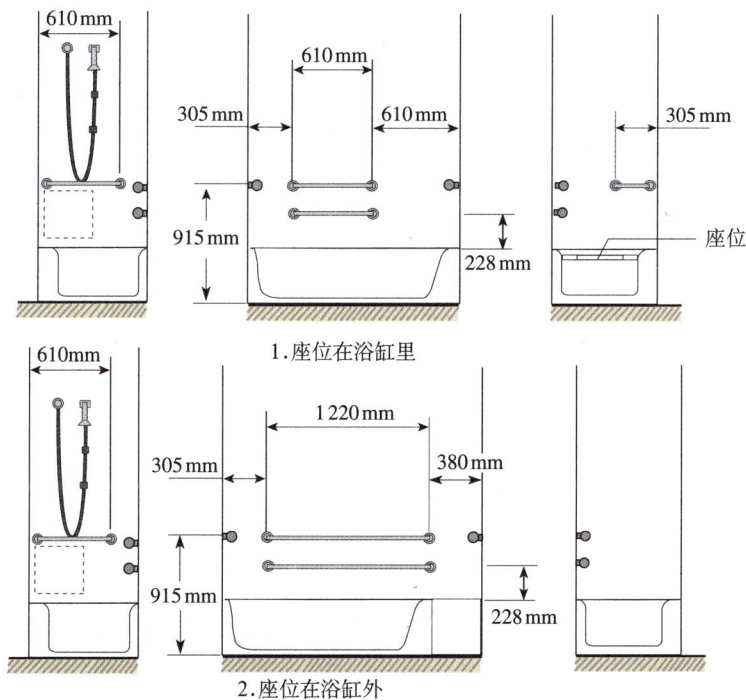

图 1-20　浴缸旁的抓握杆

③ 吊架：为了方便为一些不能自理的多重残疾儿童洗浴，浴室天花板上可安装一些滑轨吊架，帮助照顾他们的工作人员移动这些多重残疾儿童。

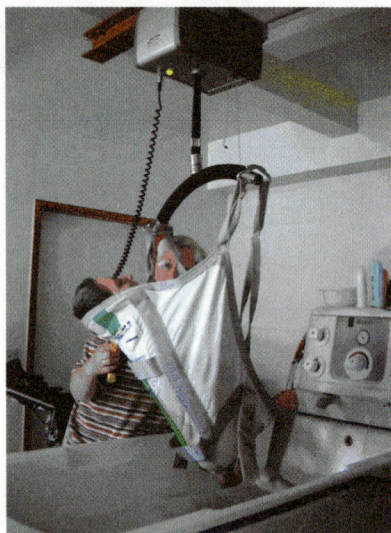

图 1-21 吊架

（3）更衣区设计

更衣区设施应包含更衣柜、更衣椅、临时搁置物品（如盆、拖鞋等）用的置放架。为了便于区分和辨认，更衣区设施要分散摆放，并有盲文和大字以及形状作为提示；更衣柜、更衣椅、置放架等应采用防潮、防腐蚀的材料制成，坚固耐用；更衣柜、更衣椅这些固定设备适宜固定在墙面或地面上，以防止因倾斜、倒下而引发意外事故。

3. 卫生间的设计

卫生间通常是学生容易发生危险且不容易被关注的地方，因此盲校对卫生间的设计是非常重视的。

盲校的卫生间设计应以安全、卫生和使用方便为原则。一般来说，楼房每层至少设一处卫生间，如平面面积较大或人数多而集中的楼层，应根据使用人数设置 2～3 处卫生间或增加卫生间内的厕位。卫生间应设在方便的通道处，要设在离教室或宿舍及一些活动区域不远处，以减少学生到达的距离和时间。

在卫生间的出入口和厕位口处应设计各种视觉和触感提示，如鲜明色彩的图标及盲文标识、提醒地板、脚台等方便学生辨认和区分男女。

卫生间的地面采用防滑、易清洁的材料（避免使用陶瓷和反光地面），并在适当的位置装设紧急告警设施；便器、洗手池的位置可利用两块突出的砖踏板指示位置，并且加设两侧扶手，以免视力残疾儿童误入池内；厕位的隔间门应向外开启。

我国盲校卫生间大部分都采用蹲坑式的设计。为方便低视生使用，蹲坑应该与周围地面色彩对比鲜明，为方便视力残疾儿童使用，还应在地面铺设触觉提示符；蹲坑一侧应设有扶手，扶手应坚固牢靠，通常装置在一侧隔板上。冲厕方式最好采用感应式自动冲水装置，如使用其他冲水方式，应保证开关处于学生能够方便触及到的地方。为保证多重残疾学生的需求，除了蹲坑设计外，各楼层都应安装一个供肢残人使用的无障碍坐便间，这个坐便间不设计台阶，必须与其他地面平齐，以保证轮椅可以顺利进入，其内部空间应能容纳轮椅掉头和让轮椅接近马桶座。在一些有特殊功能的地方，如学前教育场所，马桶则需要较低的高度。

卫生间的设计，需要一些先进设备的支持，如出于安全的考虑，应在卫生间内一些地方加装各种报警、求助装置。厕所内安装的警报按钮应设在学生可触及的位置，有些国家对警报装置的位置进行了详细的要求，这些警报装置可能根据实际需求被安装到不同位置甚至地面，以方便残疾人遇到特殊情况时求助。

ADAAG 规定：马桶设置高度在 430 毫米到 485 毫米高，马桶后面的扶手高度为 915 毫米，冲水开关安装在宽敞的一边，高度不超过 1 120 毫米，卫生纸卷在触及范围之内并可以连续抽用（低龄儿童的相应数据可降低）。小便器用隔间隔开或挂在墙壁上，高度不超过 430 毫米，手动和自动开关高度不超过 1 120 毫米。美国残障人法[12]中又进一步补充小便器的最小深度为 345 毫米，同时小便池旁边必须设置手触导向扶栏。

盥洗池和镜子的高度应该以能适应学生的身高为准，特别要照顾到使用轮椅的学生。镜子底边不高于 1 015 毫米；盥洗池表面高度不超过 865 毫米，盥洗池下面留至少 735 毫米高的空间，且盥洗池下表面应光滑无摩擦。盥洗池开关适宜选用杠杆式，推进式

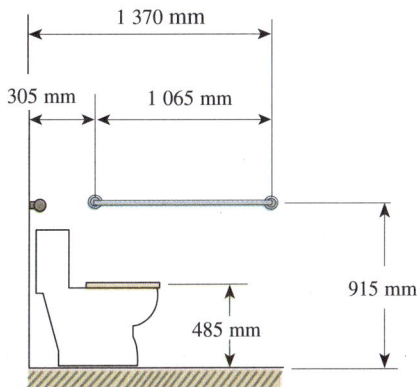

图 1-22 马桶旁的抓握扶手

和电子控制机的设计，如果使用自动关闭龙头，所用的水龙头应保持开放时间至少为 10 秒。

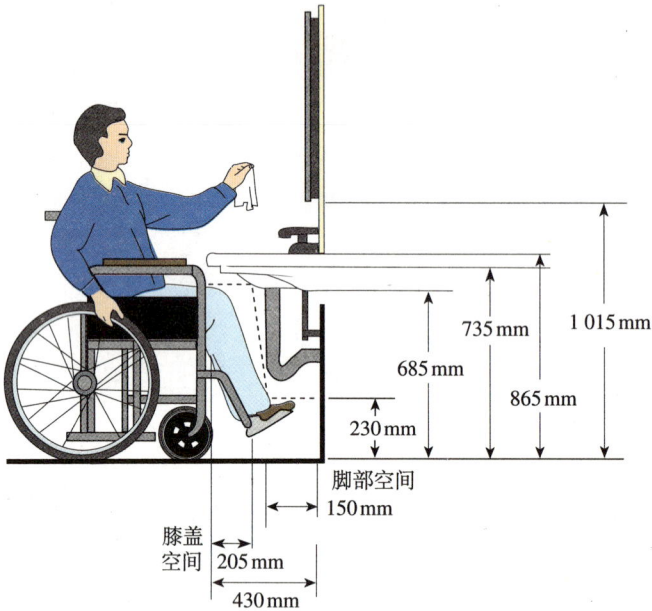

735 mm
1 015 mm
685 mm
865 mm
230 mm
脚部空间
150 mm
膝盖空间
205 mm
430 mm

图 1-23　盥洗台

4. 食堂的设计

盲校食堂的设计也有其特殊性。食堂是校园内人群聚集且使用率非常高的场所，也是容易产生拥挤等现象的位置，因此应特别关注食堂设计以保证使用人群的安全。

食堂的地面需要采用防滑易清洗的装修材料；食堂入口至售餐处之间必须有明显的导向标志，并且其间距离不宜过长；由于食堂就餐人数较多，桌椅的数量必须根据学生的数量而定，摆放位置也必须与通道严格区分开，以免碰撞；桌子之间的宽度都至少有 1 700 毫米；桌面的下表面至少高 715 毫米；桌椅转角宜选用钝角设计；桌椅颜色应与食堂内其他色彩有明显反差对比。

由于食堂内一般噪声较大，因此地面和墙面的装修材料应选用特殊的材料，达到吸音和回音的效果，便于视力残疾儿童的听觉定向。

售餐窗口的高度必须符合所有身高的学生，特别是对于使用轮椅的多重残疾学生，使他们能够比较方便地从窗口取得食品。

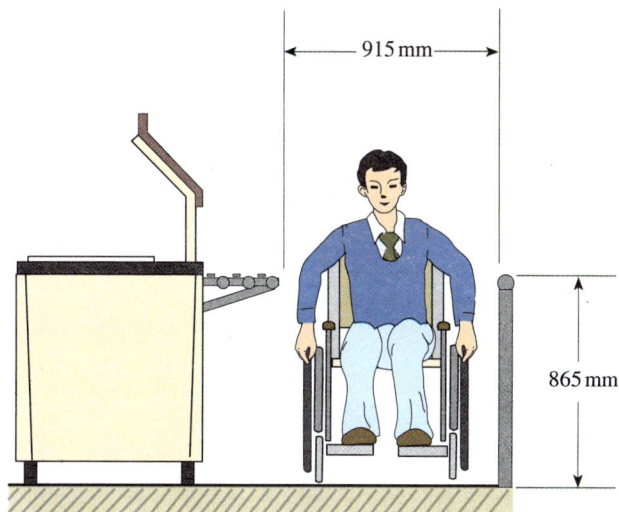

图 1-24　取餐台的高度设计

5. 开水房的设计

盲校宿舍区的开水供应可以采取集中供水和分散供水两种形式。集中供水需要开水房，分散供水可以使用饮水机或校内饮水系统。

用于集中供水的开水房应设在不妨碍通行的位置；开水房的地面要设置安全和导引标志，提示学生不能冲撞、拥挤；水房内要留有较大空间，以容纳轮椅和轮椅转弯；开水房应提供两种温度的开水，一种是滚开水，一种是可以马上喝的温水，两种温度的开水应分别放置在不同的区域，最好用里外间的方式隔离，其中温水供应放在外间，方便低龄学生取用；开水供应放置在里间。烧开水的装置应与学生保持安全距离，水龙头等可能与学生接触的部位必须采取合适的防护措施，保证学生在开关时不被烫伤，必要时在水龙头上安装水流控制装置，控制开水的流速，以免水流太急产生飞溅。

分散供水系统原则上应为每层楼提供，以保证饮用水的供应，并提供两种温度的开水，同时应关注系统的卫生并进行定期的消毒。

6. 建筑大厅

大厅是视力残疾儿童初步获取教学楼内部情况的地方，也是视力残疾儿童进到楼内其他地方的分流处，是容易出现人群聚集并发生拥挤、踩踏事故的地方。同时，大厅也往往是一所盲校展示自身的办学理念和人文观念的场所，在学校建筑中占有非常重要的地位。

盲校的建筑大厅应宽敞并有良好的视野，使人们在大厅里就能够对建筑楼的主体部分有所了解；大厅内的地面应设置明确而简洁的盲道引导视力残疾儿童到达自己的目的地；在其中楼梯是一个关键的位置，因此应有一条盲道直接通向楼梯；大厅内应避免设计独立的立柱，因为这样很容易使视力残疾儿童受到碰撞；如果出于建筑的原因不能避免立柱，则必须要避免立柱边缘出现棱角，而应当将其处理为小圆角，并在立柱的周围铺设盲道；在严寒和风沙大的地区宜设置门斗；大厅内如有地毯或木制地板，就要注意经常检修，防止边缘损坏或松动翘起，成为通行上的障碍；大厅内最好设置有凹凸和盲文的触觉地图，便于视力残疾儿童，特别是新生对学校的整体格局建立一份心理地图。

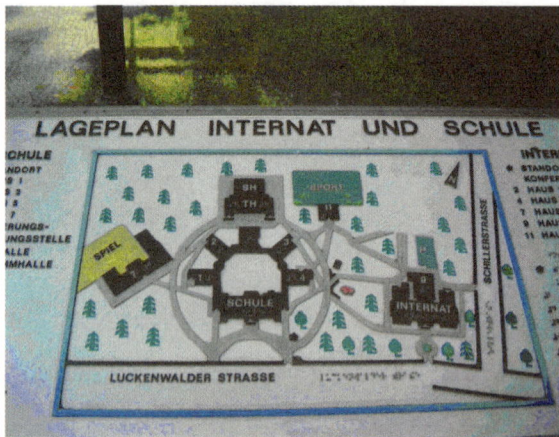

图 1-25　柏林 KV 盲校校园环境触摸地图

7. 礼堂和报告厅

礼堂和报告厅有多种用途，通常可以用来进行演讲、会议以及其他活动。由于此处经常承担着举行大型活动的用途，是视力残疾儿童人群非常聚集的地方。通常一个活动结束前后，这个区域会出现人群快速流动的情形，造成该区域在使用上的复杂情况，是事故和危险的高发区域。因此，对于这个区域来说，安全应当是设计中的首要问题。在盲校，由于视力残疾儿童的活动能力较弱，一旦发生事故，其后果不堪设想。因此，安全更是盲校礼堂和报告厅设计中的重中之重。

在礼堂和报告厅的设计中，首先必须严格遵守国家对于这些场所的有关安全和疏散的所有规定，考虑到视力残疾儿童的特殊需求，还应该考虑以下方面。

（1）大厅出入口处应有明确的触觉和视觉提示，如地面凸起的彩色引导砖、入口处有闪烁的彩色灯等；最好能够提供听觉标识，如入口处的语音提示；紧急出口应特别关注这些细节；在礼堂和报告厅内应铺设通往讲台、舞台及各出口的明确的导向砖。

（2）无障碍通道应尽量与其他通道分开，为轮椅使用者提供的无障碍座位应分布在最佳观赏区域，并设有音频感应或调频接收机。

（3）如果礼堂和报告厅的座位是固定的，为了减少学生之间和学生与座位之间的碰撞，则人均面积应适当高于常规的设计（即人均0.65平方米），特别是两排座位前后的距离应适当加宽，以方便学生进出和教师照顾学生；在方便进出的地方至少应设有两个轮椅位置，按照轮椅尺寸的大小，这个位置的规格宜为1 500毫米（长）×900毫米（宽）；礼堂最后一排最好不设固定的座位，以便需要时可以灵活调整，方便留出更多的轮椅活动空间[9]；每一行两端的座位靠背上都应用盲文和明眼文字标示出该行的行数和座位号，其他的座位靠背处则应标有所在的座位号。

第三节　盲校的室外空间建设

盲校室外空间是盲校校园的重要组成部分，它不但承担着视力残疾儿童的部分教学和康复功能，是他们接触自然、陶冶情操的重要场所，同时也是校园中的集散通道，承担着车、人等向不同方向、不同地点流动的功能。此外，室外空间也是学校内建筑空间的延伸，与建筑空间密不可分，体现着学校的办学理念和整体设计风格。

盲校室外空间建设中应特别注重安全性、整体性、环保性、教育性、多样性、可持续发展性的原则，并在其中体现无障碍的理念，充分有效地利用校园的现有面积，将所需的功能区域综合设计，从而为视力残疾学生的活动和发展提供有效的支持。

盲校室外空间主要包括室外体育活动场地、室外活动园地、动植物园地、定向行走训练场地、公共生活模拟训练区及校园绿化景观等部分。

一、室外体育活动场地

（一）基本功能

盲校的室外体育活动场所是为视力残疾儿童进行室外体育锻炼而提供的

场所，是他们进行课间操、体育课的主要活动场所。完善的体育活动场所不但能够提供给视力残疾儿童以充分的活动场所，也应当是非常安全和实用的，尽量降低他们在运动时所出现的意外伤害事故的几率。

（二）基本规划

室外体育活动场所应包括室外运动场、球类场地，并附设体育器材库、教师更衣室、看台等场地。

（三）基本设施

1. 室外运动场

盲校室外运动场主要包括田径场地及周围的各种固定锻炼器械场所。

由于视力障碍，视力残疾儿童对动态的物体、太大或太小的物体、距离、物体轮廓、相对物体速度的判断等信息获取有困难，行动中对方位的确定与把握更加困难，因此盲校的田径运动场宜采用 200～300 米的环形跑道及 4～6 股的 100 米直跑道，其长轴以南北向为宜，以避免太阳暗光对视力残疾儿童的视力产生影响。

田径场地的表面材料应选用不起灰尘、表面平坦、具有一定弹性的地面材料，并确保良好的排水性。同时应设立盲道引导设施，设置相应的触感标志，帮助视力残疾儿童确定自己的位置，使他们在跑步时不易偏离方向。相对于普通学生，视力残疾儿童在活动时更容易出现跌倒等意外事故，因此，材质的选择应能防止他们的身体受到伤害。

室外运动场的周边和各项活动场地之间应设置隔离草坪（或绿化带），并留出较大的缓冲安全区及看台和辅助用房的面积。场地内或场地的周围可挖有沙坑，沙坑不宜设立在视力残疾儿童经常行走的通道位置上，并要考虑在其上安装覆盖设备，在大风等天气时可进行覆盖，以免影响周围的环境。

同时，体育运动场地应与各种教学用房保持合适的距离，其间使用道路或绿化带进行分隔，严禁交通道路穿越运动场地。

室外运动场的周围可设置室外固定锻炼器械，器械的种类、数量应根据学校学生的实际情况进行安排。器械的选用首先应着重考虑其安全性，不宜选用棱角突出、容易生锈的器械；其次也要考虑到不同年龄段学生的使用特点，在器械的种类、大小、高矮方面有所区别；器械应进行牢固固定，下面铺设吸水和安全的地垫，器械应集中分布在田径场地外的一个区域内，与其他区域有明显标志进行区分；器械的安装位置应充分考虑到视力残疾儿童的行走安全和使用者的年龄差距，同类、同年龄段使用的器械适宜安装在相对集中的区域内。

2. 球类场地

盲校室外的球类场地主要包括盲人足球场地及盲人门球场地，其中盲人门球的场地可根据学校的实际情况选择设在室外或室内。

（1）盲人足球场地

盲人足球是一项盲人体育项目，是残奥会正式比赛项目，其专用设备我们将在后面一章中进行介绍，场地宜设在室外，使用无遮盖场地，采用硬质地面或铺设人造草坪，长 32～42 米，宽 18～22 米，球场的边界是约有1米高的围栏，在场地两头设置 3 米×2 米的球门。

（2）盲人门球场地

盲人门球是一项近年来在我国各盲校普遍开展的体育活动，受到视力残疾儿童的喜爱，也是残奥会正式比赛项目，其地面为有一定硬度的地胶，赛场为长 18 米、宽 9 米的长方形场地（含标志线），场内不允许有其他与本场无关的标志，标志线 5 厘米宽，3 毫米厚，球门宽 9 米，与赛场的底线宽度相同，其立柱和横梁为圆形，最大直径为 0.15 米，球门柱高为 1.30 米，球场的底线即为球门线，球门上的横线应坚固牢靠，与球门线平行。

二、室外学习园地

（一）基本功能

室外学习园地主要是为盲校幼儿及低年级学生设立的进行室外活动和游戏的场所，是促进该年龄段学生各种能力协调发展的重要途径。通过游戏，可以促进学生的运动能力、认知能力，培养他们的良好个性并丰富他们对情绪的体验，在视力残疾儿童的发展中有着不可替代的作用。

（二）面积及基本规划

室外学习园地宜根据使用分为游戏区和玩具活动区，两者之间有一定的独立性并可相互连接，以便于活动的开展。由于盲校多为由小学、初中、高中阶段组成的十二年一贯制学校，部分学校同时具备 2～3 年的学龄前教育，因此盲校的学生年龄跨度非常大，可以由 3 岁至 22 岁。各年龄段学生之间能力上有较大的差距，因此室外学习园地应设置在相对独立的环境中，使低龄盲童能够在活动时与其他年龄段的学生相对独立，以保障他们的安全。选择室外学习园地场地时应考虑到低龄盲童的身体成长的需要，该区域应保证良好的日照和通风效果并对周围环境不产生干扰。

（三）基本设施

室外学习园地地面宜采用塑胶地面、橡胶砖、草坪等不致使人跌伤的弹性材料或松软性铺面，并应有良好的排水性，考虑抵抗日照、风雨等的遮阳设施。游戏区和玩具活动区之间应设立明显的标志，在界线处利用触感材料并使用强烈的色彩对比，使视障幼儿能够对两个区域进行区分。

玩具活动区应配备适合视障幼儿使用的户外游戏玩具，如攀爬架、组合滑梯、秋千、跷跷板等，使低龄盲童可以在教师的看护和带领下进行锻炼。户外游戏玩具应采用坚固、无毒、耐腐蚀的环保材料制成，同时颜色鲜艳，丰富低视力儿童的视觉刺激。这些玩具应进行恰当合理牢固的安装，铺设安全的防护缓冲带，并注意定期和随时的维护，从而保证视障幼儿使用者的安全。

三、动、植物园地

（一）基本功能

动植物园地可以帮助视力残疾儿童对一些本地区常见的动植物进行了解、认识，增加他们对自然界事物的认识，逐步培养他们热爱自然、热爱动植物和热爱劳动的精神。

相对于普通儿童来说，视力残疾儿童缺乏通过视觉直接观察世界的途径，他们认识世界和感知世界的途径较为局限，限制了他们通过与自然环境的接触获得学习的机会，他们的家长和周围人群也缺乏正确指导视力残疾儿童有效认知的策略。一些儿童在来到学校前极少走出家庭，认识周围环境，了解自然界中的动植物。这些信息的缺乏对他们正确世界观的形成十分不利，因此盲校可以因地制宜，结合自己校园的整体布局和绿化，进行动植物园地的建设。

（二）面积及基本规划

植物园地应设置在阳光充足、适于植物生长的位置，与校园的整体绿化相结合。小动物饲养舍应合理地安排好饲养空间、观察空间、收藏空间以及动物排泄物的暂时保管场所等，保证空间的相对独立，保证周围环境的安全和卫生，保证无异味，避免对周围环境造成影响，并设立围栏，保证小动物不易离开圈养场地。

（三）基本设施

1. 植物园地

盲校内的花坛、草坪及其他绿化地带应在周围利用触感地面，并使用强烈的色彩对比，提示盲生该处与开阔地带的区别，避免学生进入种植区域引起人员或者植物的损伤。其中开放植物园地种植的树木、花草应无毒、无害、无刺、不生长各种寄生虫，有利于学生触觉及嗅觉；容易产生安全隐患的植物，如仙人掌等带刺植物应种植在非开放的安全区域中，使学生能够在教师带领下对其进行认知，同时又避免对学生造成伤害。学校可根据学校的整体布局，在校园中设计学生可以从事种植劳动的区域，帮助学生了解土壤、植物的种植、生长和收获，并在对植物的管理过程中加强学生与自然的联系，培养学生的劳动意识和合作意识。

2. 树木种植区域

校园中的树木宜结合所选树木的树形、高低、体量，进行点、线、面结合的立体配置，形成丰富的校园生态空间环境；校园周边种植的树木，应构成为地区景观的组成部分；校舍周边种植的树木，不应影响教室的采光与通风。

3. 水生植物及动物区

水生植物及动物区的池底水深不宜大于 0.40 米；池边边缘区域上做不同触感地面和明显的对比色进行标识，提醒视力残疾儿童该区域的不同，保障视力残疾儿童的安全。

4. 小动物饲养舍

小动物饲养舍外应有明显的标志，并通过围栏形成独立区域。由于视力残疾儿童了解动物的一个主要途径即为触觉，因此饲养的小动物应温顺、无攻击性，并按照动物饲养的规定进行计划免疫，以避免对视力残疾儿童的安全和健康造成伤害。

四、其他

定向行走训练场地是定向行走在室外的训练场地，与建筑内的训练场地共同构成了视力残疾儿童在校内进行定向行走训练的场地，在综合康复训练教室建设一节内容中将进行具体论述。

公共生活模拟训练区则是生活模拟训练区域的室外区域，通过与校园中环境的有机结合，使视力残疾儿童能够在校园内获得部分必要的社会公共生活技能的训练，在专用教室建设一节中将进行具体论述。

盲校的绿化景观是体现学校人文理念，同时使视力残疾儿童和教职工人员能够缓解学习和工作压力的调节空间，在设计上应突出其环境的幽雅、舒适、安全，并能够使视力残疾儿童在休闲的同时获得知识，如设立可触摸的雕塑，种植多种类的可触摸植物等。

参考文献

[1] 成斌，李嘉华. 适应礼堂残疾人的室内环境无障碍设计 [J]. 装饰，2005，9.

[2] Ruth Lowenkron & Joan Ponessa. Long Range Facilities Planning and Design Implementation for Students with Disabilities-A Guide for New Jersey School Districts，2005.

[3] 钱志亮. 视力残疾儿童心理与教育 [M]. 大连：辽宁师范大学出版社，2002：264.

[4] 赵融. 不同照度对儿童某些视功能影响的实验观察 [J]. 中华预防医学杂志，1986，20.

[5] Sven Degenhardt. 中德视觉康复项目讲稿（内部材料）.

[6] 中华人民共和国建设部，中华人民共和国民政部，中国残疾人联合会. 城市道路和建筑物无障碍设计规范（JGJ50—2001）[S]. 中国建筑工业出版社.

[7] Americans with Disabilities Act Accessibility Guidelines for Buildings and Facilities（ADAAG）.

[8] British. The Building Regulations 2000，Access to and use of buildings.

[9] Government of Canada. Barrier-Free Design Standards [S]. Ottawa，Ontario. 1987.

[10] 特殊教育学校建筑设计规范（JGJ76—2003）[S]. 北京：中国建筑工业出版社.

[11] 中华人民共和国卫生部. 中小学教室采暖温度标准（GB/T17224—1998）[S].

[12] Americans with Disabilities Act（ADA）.

第2章　盲校教室建设

　　盲校教室是教师教学，视力残疾儿童学习及接受康复的主要场所，其建设直接关系到视力残疾儿童在校学习的安全及学习的效果，考虑到视力残疾儿童的身心特点，为视力残疾儿童提供安全、方便、有利于有效学习的特殊活动空间，改善和促进视力残疾儿童的学习环境、提高其学习质量、促使其个性发展，同时融入康复的理念，使学生在日常的学习、生活中综合能力得到提升，更好地补偿视力残疾儿童的视觉缺陷和其他生理缺陷，完善其人格，促进其个性的发展。盲校教室建设中应遵循以人为本、教学和康复相结合、适应教学和教学发展、功能分区、便于行走、环保性及坚固性的原则。相对于普通学校的学生来说，视力残疾儿童由于其视力障碍，对物体的定位能力较弱，不但自身较容易受到伤害，同时也容易因使用不当而使教室中的设施设备出现较多的耗损。由于视力残疾儿童的活动量较小，体质相对较弱，空气质量问题更容易影响他们的健康；同时，由于他们更习惯于用手通过触觉感知事物，当手触摸到不安全环保的建筑和装修材料时，很容易导致学生产生疾病。因此，在室内建筑和装修材料的选择上，都应严格符合我国的相关标准[1]。

　　盲校教室根据功能的不同主要分为以下五类。

　　普通教室：满足基本课程如语文、数学、英语、物理、化学、生物、历史、地理、政治等日常上课和自习所需，是视力残疾儿童主要的学习场所，一般以行政班级为单位。

　　学科专用教室：满足学科教学中的实验、演示、操作所需，符合学科实验及其他特殊要求的教室，一般以学科为单位。包括物理、化学、生物、小学科学、音乐、美术等各种学科专用教室。

　　综合康复训练教室：针对视力残疾儿童的不同个体情况进行相应康复训

练所使用的专门训练场所。包括低视力康复、定向行走、物理治疗、作业疗法、语言康复、感觉统合、水疗等训练室。

学前教育及多重残疾儿童教育场所：满足学龄前幼儿和盲校中有特殊需要的多重残疾儿童学习、活动而设置的学习和生活场所。

教学资源中心：为盲校教育教学和完成随班就读指导工作提供资源保障的教学辅助用房。包括图书馆、教具制作室、盲文（图）制作室等。

在本章内容中我们将在盲校建筑基本要点的基础上，对此五类教室建设中的特殊需求进行探讨。

第一节　盲校普通教室建设

盲校的普通教室是学校教学活动的主要场所，是学生的学习和活动主要场所，因此，教室建设的实用、设施设备的合理和充足对教师的教学活动和学生学习活动的质量有至关重要的作用。

国内盲校目前教学及管理中主要采用的是行政班级教学模式，相近年龄段的学生根据入学时间进入不同的年级，学校根据教育课程设置要求并结合本地区的实际情况设置课程，由学科教师进行统一授课。

本节我们将从盲校普通教室建设的功能、间数和面积、基本设施及其他要求方面进行论述。

一、普通教室功能及面积

与普通学生相比，视力残疾儿童日常学习所需要空间比较大，这主要基于以下几点原因：

1. 视力残疾儿童的学习必需品的体积较普通学生的体积大、数量多。视力残疾儿童常用的学习必需品主要有盲文（大字）课本、盲板、盲纸、盲文打字机等。其中普通盲文课本的尺寸为 30 厘米（长）×25 厘米（宽）×10 厘米（厚），远大于普通学生常用课本的尺寸；一本普通学生的课本翻译成为盲文后的页数大约是原页数的六七倍，加上盲纸比普通纸张厚很多，因此同样的学习材料，盲文材料的体积要较普通汉字材料多出十余倍；低视力学生使用的课本是由普通课本放大而成的，一般为 A3 或 B4 的规格，体积和数量也远远多于普通学生的学习材料；盲文打字机的尺寸为 34 厘米（长）×

24厘米（宽）×15厘米（厚），需要占据较大的空间；低视力学生桌面上还需要为助视台灯留下一定的空间，因此，需要桌面有比较大的面积方可放置上述物品。这也使课桌、储物柜等配套设施较普通学校体积大、数量多，才能使视力残疾儿童的学习用具和课本有充足的储存空间。

2. 保障教学活动的安全性。由于视力残疾儿童的学习特点，教师需要在学习中安排充足的活动，这需要教室中有比较充分的活动场所才能保证活动的正常开展，同时保证学生的安全。

3. 保障计算机教学辅助技术的使用。随着多媒体和计算机教学的普及，目前绝大多数盲校都在教室中配置了教师用多媒体和学生用计算机来进行教学辅助，这些设备的配备对教室空间提出了更高的要求。

综上所述，教室应有足够大的面积、合理的布局，以便于课桌椅的合理安排和学生的流动与疏散。按照我国教育部的要求，盲校每班的人数在8～12人，因此以12人计算，人均6平方米，教室面积宜为72平方米，这符合当今国际盲校的标准，也符合我国的现实国情，有利于教室的整体布局[2]。

目前我国各盲校主要还是采用班级集中授课的形式，学生的课桌椅按行按列依次进行排列。如果教室过宽则不利于两侧的学生听课、观察黑板及教师的活动；同时也不利于自然采光，通过窗户进入的光线不容易到达教室内侧墙，特别是在日照时间短的地区和季节中，这种矛盾就会表现得更为突出。

根据各学校的实际教学情况和学生情况可以将教室分为教学区、辅助教学区、学生活动区三部分，低年级视力残疾儿童可考虑将计算机单独分区，而高年级学生则可以考虑将计算机和学习桌椅整体设计，为学生随时利用计算机进行辅助学习提供方便。

二、基本设施

（一）课桌椅的设计及摆放

课桌椅是视力残疾儿童在教室学习的最基本设施，课桌椅的设计是否合理、实用不但关系到学生的学习，也直接影响到正在发育中的学生的身体健康。因此，盲校的课桌椅的设计要充分考虑到视力残疾儿童的学习习惯、学校的教学方式以及教室的区域分工等多方面的因素，根据学校目前及发展需求进行定位，而不必千篇一律。

1. 课桌椅的设计

随着视障教育中辅助技术的不断进步，视障教育的教学方式正在不断地发生改变，特别是计算机网络技术的应用已经开始越来越深入课堂，并使教师的"教"和学生的"学"发生了理念和形式上的巨大的改变，课桌椅的形式就应当根据教学方式的变化进行设计调整。

首先我们应当确认课堂教学的方式，并根据教学方式对教室进行区域功能划分，如课桌椅与电脑桌一体设计，或将电脑桌集中在一个区域中，任何一种设计形式都应充分考虑到学生的身心特点。一种观点认为，盲校低年级学生自我保护和控制能力较弱，课堂学习中使用计算机的几率较少，适宜将计算机在教室内进行集中摆放，使计算机区与学习区相对独立；随着年级的升高，学生在课堂上使用计算机辅助和自主学习的几率越来越多，适宜将计算机与日常学习的区域进行整合，使学生能够在个人学习空间中即可完成学习任务。但是，也有人认为，低年级的视力残疾儿童更需要计算机进行辅助教学，对于低视力的学生来说，计算机在安装适用的软件后同时可以承担助视器的功能，从而使学生能够更好地进行课堂阅读。同时，我们需要考虑的还有，个人学习空间的建立也有可能影响小组讨论这种活动的进行，因为这种空间比较固定，桌椅难以移动。

但是，不论哪种方式，盲校使用的课桌椅设计时应考虑以下方面。

桌面的面积应当足够大：视力残疾儿童日常使用的盲文课本、盲文书写设备、低视力大字课本的体积较大，低视力同学桌面上需摆放助视台灯和其他助视器具，因此充足的面积才能保证学生能够在桌面上摆放下所有的常用学具，我们建议学生用单人课桌平面尺寸不宜小于 800 毫米×500 毫米。

有方便的电源：低视力学生在日常学习中经常使用台灯、闭路电视放大设备（closed-circuit television，CCTV）等助视设备，如果将计算机也纳入个人学习空间，则需要更多的充足的电源为这些设备进行供电。由于外露的电源线很容易对视力残疾儿童的行走造成障碍，并对他们造成不安全的隐患，因此，这些电源线不应悬挂在空中或横过地面，而应当使这些用电器可以通过合适的电源插座在课桌上直接、方便、安全地取电。

课桌椅的高度应符合视力残疾儿童学习特点：课桌椅的高度是否恰当对学生的正常学习和身体健康有着非常重要的影响，目前盲校的课桌椅高度标准主要参照的是 2003 年 1 月开始执行的《学校课桌椅功能尺寸标准》[3]。

但是，由于在盲校中就读的视力残疾儿童情况复杂，各年龄段学生身高差距很大，应特别注意根据学生不同身高情况进行桌椅尺寸的配备。同时，由于视力残疾儿童阅读和书写与普通学生有相当大的区别，特别是在目前盲文打字机逐渐广泛使用的情况下，我们应当加强对盲校课桌椅高度差之间的研究，在目前情况下，我们可以采用高度可调的学生用椅来解决这个问题。

课桌材质和颜色满足视力残疾儿童的用眼需求：视力残疾儿童使用的课桌面不能采用过于光滑的材质，以免产生反光；课桌面的颜色应为柔和单色，不宜有花纹，桌面和桌边的颜色宜有明显的反差，以便于视力残疾儿童的定位；由于课桌面的颜色不可能根据学生的用眼需求随时发生改变，因此，应为每个课桌配备至少一种颜色的衬垫，可以与目前的课桌颜色有较大反差。这样，根据学生观察的物品颜色不同的时候，他们可以选取不同颜色的衬垫，形成反差，便于观察，衬垫的背面应有一定的摩擦力，使其较容易附着在桌面上不易滑落。

课桌面的设计满足低视力学生用眼需求：低视力学生阅读和书写时眼睛与材料之间的距离较普通学生更近，即使借助了助视器，他们也往往需要身体前倾以看清材料，课桌面可采用能够倾斜放置的样式设计，在需要的时候可以将水平放置的桌面向上打开，使桌面倾斜，或者在课桌上配备可调节型阅读架，如下图所示。

图 2-1　可倾斜的课桌面

避免碰撞所引起的伤害：课桌椅是教室内的主要设施，视力残疾儿童由于其视力障碍，即使在熟悉的环境中也可能发生各种碰撞。因此，在课桌椅设计时应尽量避免出现尖锐的棱角，或者在桌椅的边缘上采用弧形的包边设计，以免在视力残疾儿童碰撞到桌椅时造成伤害。同时在课桌椅的边缘上宜涂与桌面颜色反差大的颜色，从而对视力残疾儿童进行提示。

有充足的储物空间：视力残疾儿童学习中经常使用的书籍、学具、低视力阅读器等物品进行存放需要较大空间，因此，在个人学习空间中应设计充足的储物空间，满足视力残疾儿童日常学习的需要。

2. 课桌椅的摆放布置

盲校应对教室内课桌椅的摆放位置进行合理安排，使其满足视力残疾儿童的用眼需求，有利于平时教学活动的开展。

在进行课桌椅的摆放时，我们首先要考虑到他们的座位与黑板之间的关系，在日常教学中，教师经常会使用到固定在教室前方的黑板，因此，我们应将需要观察黑板的低视力学生的桌椅安排在合适的位置以便于他们能够较为清楚地观察到黑板，具体位置的确定要根据他们用眼的特点，对光的需求等因素。一般来说，低视力学生的桌椅不宜安排在教室的后方及侧面。

课桌椅的布局还要有利于教师进行巡回指导，课桌间前后的距离不宜过小，纵向走道保证充足的宽度，使教师能够随时对学生的学习进行指导。

（二）多媒体设施

1. 多媒体设备

近年来，盲校教学中对多媒体的使用日益增多，逐渐成为盲校教学中的重要教学手段。通过多媒体的运用，能够充分调动学生的各种感官，增强学生的学习兴趣，对学生进行缺陷补偿，使学生在一定的时间中获取的信息量大大增加，提高了课堂教学的有效性，并为学生自主学习提供了条件。因此，盲校的教室中宜配备完善的多媒体设施，包括教师控制台（含电脑、立体投影机、设备控制面板等）、投影仪、银幕、音响，在安排这些设施时，应考虑到以下的问题。

银幕与黑板之间的位置关系：银幕宜安装在黑板靠窗的一侧，当银幕放下时，不应遮挡住整个黑板，应为教师的板书留下一定的空间。

银幕与教师控制台之间的位置关系：银幕放下后的下缘不宜低于演示讲台的高度，以防遮挡学生的视线。

教师控制台与投影仪的位置关系：教师控制台不宜与投影仪、银幕处于同一直线上，以避免教师在控制台前操作时光线打在教师身上，影响学生的观看和教师的操作。

教师控制台与课桌的关系：教师控制台的高度不宜超过学生课桌过高，以免影响前排学生观看的视线。

教师控制台的设计应便于管理：教师控制台应设计为可封闭形式，这样教师在不使用的时候可以关闭控制台，便于设备的管理。同时演示讲台的边缘不宜出现尖锐的棱角，以免在视力残疾儿童碰撞时对他们造成伤害。

也有部分盲校因已在教室内为学生每人配备一台计算机，学生可以通过自己面前的计算机屏幕直接获取信息，因此不再在教室前方安装银幕和投影设备，但是教师机必须能够对每一台学生机进行有效的沟通，才能便于学生的共同学习。

由于视力残疾儿童需要通过倾听来获取大量的信息，以对其视力缺陷进行代偿，因此在教室内安装能够产生良好听觉效果的音响设备是非常重要的。

2. 网络支持

教室内的网络接口不应少于 1 个，教室中为每位学生配备计算机的学校应配备无线调制解调器或为每一台电脑提供网络接口，以满足学生使用的需求。盲校在建校或改建的过程中，应将网络支持进行统一布局、综合考虑，提供充足的支持，以满足未来的发展和改变。

（三）其他

根据盲校教学和管理的特点，盲校教室中还宜具备以下设施设备。

1. 储物柜

由于盲校多为寄宿制学校，学生的学习用品大多放置在教室内，他们的学习物品体积较大，因此在教室中应设立充足的储物空间供学生安全、有序的放置各种学习物品。

储物柜宜在教室基础建设时统一进行规划，如果能够内嵌入墙壁内，则可以有效地利用空间，对于视力残疾儿童来说也比较安全。储物柜的形式可采取开放或封闭式，进行空间分割时应考虑到学生常用课本的大小。储物柜如果采用外开门式柜门，需注意以下几点。

（1）储物柜与后排座位之间留下充足的距离，保证柜门可以充分打开。

（2）视力残疾儿童对打开柜门大小时的定位往往不够准确，可能出现用力过大的情况，因此柜门需要采用结实牢固的合页，保证正常使用。

（3）如果视力残疾儿童打开柜门后忘记关闭，则可能使其他视力残疾儿童受到伤害，需要加强对其安全使用的教育。

2. 陈列板

视力残疾儿童的教室中需要进行环境布置，反映学生的学习生活情况，对学生进行思想教育，因此在教室的后面或侧面应设置陈列板以对教育材料或环境布置材料进行陈列。

由于视力残疾儿童的教育材料多为盲文，因此，陈列板宜采用泡沫、软木等材质，即可以用于粘贴，又可以用大头针进行固定，便于教育材料的更换。

3. 广播线路

广播是盲校进行教育的必要形式，因此教室内应装配广播线路，可以与教室内多媒体设备共用音箱。

4. 闭路电视

盲校可以根据学校教育教学实际情况装配闭路电视接口，并配备适用的电视机。

5. 盲校教室中的墙角、窗台、暖气罩、窗口竖边等棱角部位必须做成小圆角，以防止视力残疾儿童碰撞造成伤害。

第二节　盲校专用教室建设

盲校专用教室是保证盲校各专用学科教育教学活动正常开展，提高各学科教育教学水平和质量的基本条件，是为满足盲校各学科教学中的实验、演示、操作而设置的符合学科实验特殊要求的教室，一般以学科为单位。视力残疾学生由于存在着视力障碍，其实际操作、亲身感知就显得尤为重要，因此，盲校应特别重视各专用学科教室的建设。

盲校各专用教室除应遵循普通教室的建筑和装修基本原则外，还应充分考虑到各学科的特点和使用上的特殊需求，充分考虑到视力残疾儿童的实际情况，在利于学生进行学科活动的同时保证学生安全。

《特殊教育学校建筑设计规范》中指出"各种教学用房的规格及使用面积，应根据班级额定人数、课桌椅尺寸、座位布置方式、各种通道的尺寸及必要的活动面积确定"。

由于在专用教室内学生活动明显增加，部分实验室如化学、物理实验室中学生要使用水、电、火以及化学试剂等进行实验。因此，实验桌之间、学生座椅之间均应留出较为宽敞的活动空间；还有部分专用教室内参与活动的学生人数比较多，如器乐、舞蹈等教室，因此需要比较充裕的空间以保证教学活动和视力残疾儿童的活动及安全。

下面就盲校的专用教室在进行建设、装修、装配时需特别注意的问题进行具体分析说明。

一、小学科学实验室

（一）基本功能

小学科学课程是盲校小学中高年级认识自然的重要课程，小学科学实验室是为视力残疾学生提供自然学科操作的实验场地。

由于视力残疾，学生不能观察到或者清楚观察到自然界中的很多事物，造成对自然界和生物的认识不充分甚至出现一些错误，通过在实验室内的观察，可以提供视力残疾儿童正确认识世界的机会。

（二）面积及基本规划

小学科学实验室应分设实验室及仪器室。其中实验室面积不宜低于60平方米，仪器室面积为30平方米。

（三）基本设施

在小学科学实验室的建设中，除按照配备标准配备实验台、储物柜及实验仪器外，需要特别关注有关照明的问题。其室内人工照明除参照盲校校园规划与建设基本要求中的照明标准外，因科学实验需要对教具进行仔细的观察，包括使用一些简单的显微设施，因此实验台上宜设置灯源加强光照度。

二、物理、化学、生物实验室

（一）基本功能

物理、化学、生物是盲校初中、高中阶段认识物理、化学和动、植物、人体的重要课程，物理、化学、生物实验室则是为视力残疾儿童提供物理、化学和生物教学和实验的操作场地。

（二）面积及基本规划

物理、化学、生物实验室各1间。每一实验室又应分设实验室、仪器室及准备室，化学实验室应附设化学实验药品贮藏室。

物理、化学、生物实验室面积不宜低于 60 平方米，仪器室分别为 30 平方米，准备室分别为 15 平方米。

各实验准备室应与实验室相通，各实验室应与准备室和仪器室建设在同一楼层。

（三）基本设施

在盲校物理、化学、生物实验室的建设中，除《规范》中所规定的内容外，还应特别关注以下方面内容。

完善的线路、方便安全的电源：实验室的楼（地）面应设有完善的线路，电源线路的铺设可以与建筑相结合，进行线路的预埋、走线槽或在活动地板下走线，避免明线，以保障视力残疾儿童的安全；保证每一个实验台上均有可使用的安全电源插座。其中物理实验室应满足教师演示台的中央电源控制盒对每一个学生实验桌进行开、关及交、支流电控制转换的需求。化学及生物实验台上则宜保证为学生提供安全的照明用电。

保留充足空间保证视力残疾儿童实验操作的安全：根据《中小学理科实验室装备规范》[4]中要求，"实验室两实验台间前后的净距离当双人单侧操作时，不应小于 600 毫米；四人双侧操作时，不应小于 1 300 毫米；超过四人双侧操作时，不应小于 1 500 毫米。实验室中间纵向走道的净距离当双人单侧操作时，不应小于 600 毫米；四人双侧操作时，不应小于 900 毫米。"由于视力残疾儿童活动上较普通学生不便，因此盲校在进行实验台的布置时，应根据教室的实际情况，适当加宽这些距离，以方便教师随时巡回指导和视力残疾儿童进行实验操作，保证视力残疾儿童的安全。同时，每操作台安置的学生人数不宜过多。

配备充足的适合视力残疾儿童使用的触摸教具及图谱：除按照《中小学设备仪器配备标准》进行配备外，视力残疾儿童需要一些特殊的教具与图谱以帮助他们更好地对学科知识进行理解和认知，这些教具和图谱可以通过对现有教具进行改装或者进行专门的制作（我们将放在后面一章的内容中进行详细的介绍），主要通过触觉使视力残疾儿童获取到必要的信息，这些触摸教具及图谱是盲校各实验室中不可缺少的设备。

准备室和仪器室内应配备充足的仪器柜以供教具的摆放，特别是生物课在教学过程中需要使用大量的触摸教具，如标本等，其中还有一些比较大型的标本，因此应为部分大型仪器柜留出空间。

三、历史、地理教室

（一）基本功能

历史、地理是盲校初中、高中阶段的重要课程，使视力残疾儿童受到公民教育和人文素质教育，并使他们了解有关地球与地图、世界地理、中国地理和乡土地理的基本知识和简单的地理知识规律，了解环境与发展问题。并使他们获得基本的历史、地理的知识和学习能力，具备初步的科学素养和人文素养，养成爱国主义情感，形成初步的全球意识和可持续发展观念。

历史、地理教室是为视力残疾儿童提供认识历史、地理相关知识的学习场所。

（二）面积及基本规划

历史、地理实验室各 1 间，并应分设实验室及仪器室。其中实验室面积不宜低于 60 平方米，仪器室面积为 30 平方米。

（三）基本设施

历史、地理实验室实验桌宜设置为双人就座，方便学生进行分组合作学习，并配备适合学生使用的各种触摸教具和图谱，由于历史、地理的教具体积一般比较大，如可触摸立体地球仪、三球仪、立体触摸地图等，因此在仪器室内应有充足的存放教具的陈列柜，其中包括部分大型陈列柜，以方便教具的保管。

四、语音教室

（一）基本功能

语音教室是盲校学生进行英语等语言课程学习时听音和练习的重要场所。

语言是视力残疾儿童与他人交流的主要工具，掌握英语等语言课程不但可以促进视力残疾儿童与他人的交流，也为视力残疾儿童的终身发展提供了良好的基础，因此，盲校应特别重视语音教室的建设。

（二）面积及基本规划

语音教室的间数可根据学校的规模进行设定，但不应少于 1 个，面积不宜低于 90 平方米。

（三）基本设施

《特殊教育学校建筑设计规范》中要求"盲学校语音教室的课桌规格为 0.55 米×1.70 米（双人用），不应采用跨座就位的方式；其布置方式可采用面向讲台成行成排的布置语音教室；前后排课桌间的距离不应小于 1.20 米，课桌左右纵向通道不应小于 1.00 米，课桌侧缘距纵墙的距离不应小于 0.80 米"。

这种安排座位较为固定，不宜于小组活动讨论等教学活动的开展，随着教学设备的不断更新，学校可以根据自己的教学和所使用的语音教学设备实际情况选择适合于本校英语等语言课程教学形式的更为灵活的教室桌椅摆放形式。

语音教室应进行隔音装修，以保证室内的声音质量并不对其他教学单位造成影响；同时，安装通风和空气净化设备，保证语音教室内空气的流通，是提高教学效果的重要保证。

五、计算机教室

（一）基本功能

计算机课是贯穿盲校小学、初中、高中教学各个阶段的课程，对计算机技术的熟练掌握将对视力残疾儿童的学习、生活和发展起到至关重要的作用，因此盲校应十分重视计算机教室的建设。

（二）面积及基本规划

未在班级内实现每生一台计算机的学校宜根据学校情况配备 2～3 个计算机教室，在班级内实现每生一台计算机的学校宜配备不少于 1 个计算机教室，面积不宜低于 90 平方米。

（三）基本设施

盲校计算机教室的建设除参照《规范》中的相关标准外，还应特别关注以下方面内容。

完善的线路、方便安全的电源：设立充足的电源，为计算机主机、屏幕、音箱等设备提供用电，所有线路宜暗装，以免影响视力残疾儿童的行走安全。

提供足够的网络支持满足教学需要：目前盲校计算机教室内所使用的盲用语音软件一般为网络版，因此，在教室内必须保证提供足够的网络支持，才能保证学生同时上机时，盲用语音软件可以正常启动使用。

盲校的计算机教室计算机中应配备盲用计算机软件（语音及扩视软件），并应相应配置点显器，扫描仪，打印机等设备供教学使用。

盲校的计算机教室建设时应考虑同时具备教师培训和电子备课的功能要求。

六、声乐及器乐教室

（一）基本功能

声乐及器乐课程是贯穿盲校小学、初中教学阶段的重要课程，是全面提高视力残疾儿童的素质、开发其音乐潜能和培养其融入社会能力的重要内容，是帮助视力障碍学生进行康复训练、克服身心障碍的重要内容之一，也是盲校学生发展特长的一个重要途径，在盲校课程中占有重要的地位。

声乐及器乐教室是为盲校的声乐及器乐课程提供的学习场地。

（二）面积及基本规划

声乐和器乐教室应分别设立，并在同一楼层附设乐器库、服装库，教室面积不宜低于 60 平方米，乐器库和服装库不宜低于 30 平方米。

由于声乐和器乐课程练习中会产生比较大的声音，如果紧邻其他教学用房，则可能影响其他教室的正常课程的进行，因此声乐及器乐教室宜选在避免干扰其他教学用房的适当位置，并进行吸音和隔音处理。

有条件的学校可以设立集体排练室和若干间个体排练室以满足集体教学排练以及教师、学生个人排练所需，避免排练时的相互干扰。

（三）基本设施

盲校的声乐和器乐教室建设中应充分考虑到所开展的教学项目的用电需

求，提供足够的电源，为音响、电子琴等电器提供用电。

音乐和器乐教室中可根据课程的需要配备学生座椅，学生座椅应方便移动并配有多种高度，以便于不同年龄阶段视力残疾儿童的使用，利于课程的开展。

学校宜根据师资及学生的实际情况，建立各种专项乐器排练室，如电子琴教室、古筝教室、电声教室等，并配备相应的乐器设备。

七、形体舞蹈教室

（一）基本功能

形体舞蹈教室是盲校对视力残疾儿童进行形体和舞蹈训练的场所。

视力残疾儿童容易产生一些不良的身体姿态，有些学生甚至有较严重的盲态。因此，针对学生的实际情况，对他们进行有针对性的形体和舞蹈训练，增强自信心，表现出良好的精神风貌，同时有利于他们的身体健康发育。

这门课程虽然目前并不是教育部规定的盲校课程中的基本课程，但是许多盲校都将此课作为课外活动或校本课程安排，并越来越得到教师和学生的重视。

（二）面积及基本规划

形体舞蹈教室的面积不宜小于 140 平方米，由于进行形体和舞蹈训练时，需要有音乐的伴奏，可能对其他教室中的活动造成影响，因此，形体舞蹈教室宜选定避免干扰其他教学用房的适当位置。形体舞蹈教室宜附设器材贮藏室、更衣室等附属用房。

（三）基本设施

形体舞蹈教室的建设中应特别注意地面的材质，选择木制、防滑地板，保证视力残疾儿童在活动中的安全。

由于学生在教室中经常产生位置变化，因此各种线路、设施设备应特别注意暗装，避免视力残疾儿童因磕绊、碰撞而产生安全事故。

形体舞蹈教室应具备良好的通风和保暖措施以保证训练的正常进行。

八、美工教室

（一）基本功能

美工课程是贯穿盲校小学、初中教学各个阶段的课程，对全面提高视力残疾儿童的素质、开发学生的美术和手工潜能、培养学生正确的审美情趣、锻炼学生的动手能力等具有重要的作用，是盲校义务教育阶段的重要课程。

美工教室是为盲校美工课程提供的教学场所。

（二）面积及基本规划

美工教室可包括美术书画教室、手工教室、陶艺泥工教室等，亦可根据学校的开课情况建设不同的专科教室，并宜附设准备室、材料间和展览间；

美术和泥工教室宜选择在建筑的阳面，以保证美术学习中的采光和陶泥的使用，面积不宜低于 60 平方米；准备室面积宜为 30 平方米，材料间面积宜为 15 平方米；其中泥工准备室中因为有电窑、泥池等比较重的设备，因此适宜选择在一楼；材料间宜与教室安排在同一楼层以便于各种材料的整理和取用。

（三）基本设施

由于手工、泥工教学中经常接触到水、泥及其他材料，视力残疾儿童在进行操作时，材料经常容易落到地面上，因此教室内地面应采用防水、防滑、易清洁的材料进行铺设。

美术和手工教学中对光照度的需求较高，其工作台上照度应不低于 500 勒克斯，并应设立安全电源插座，为低视力学生提供辅助照明；泥工准备室应安装动力电源，为电窑等大功率用电设备提供安全的电源。

美工书画教室内的工作台适宜按照学校最大班级人数配备，桌面面积宜大，一方面保证能够摆放所需的工具和材料，另一方面由于美工课程上经常使用剪刀、针、刻刀等工具，学生之间距离不宜过近。工作台桌面的前、左、右三边适宜设置 1~1.5 厘米高的挡板，以防止各种手工的工具和材料掉落。

九、劳动技术教室

（一）基本功能

劳动技术是盲校小学高年级和初中阶段综合实践活动课程中的内容，主要培养视力残疾儿童的动手能力，使视力残疾儿童具备一定的劳动技能，解决日常生活中的常见的简单的水、电故障，并能够对木、金属等材质进行一定的加工，为视力残疾儿童具备独立生活的能力打下基础。

劳动技术教室是视力残疾儿童学习劳动技术课程的场所。

（二）面积及基本规划

劳动教室的面积宜为 90 平方米，可根据其使用的目的分为授课区、操作区、工具材料存放区等区域；同时应附设准备间，面积为 30 平方米。

由于劳动技术教学中会产生一定的噪声，因此应当选取避免干扰其他教学用房的位置；准备间具备教师进行各种准备工作以及精密、贵重、危险工具、仪器存放的功能。

（三）基本设施

在劳动技术教室的建设中，需要特别注意的有以下几个方面：

充足的电源保障：劳动技术教室内应提供充足的电源，并安装动力电源，以备电工、木工、金工等设备用电，由于用电工具较多，因此线路的管理是非常重要的，应尽量避免有外露的各种线路，避免视力残疾儿童因磕绊造成安全事故；大型机械的电源应进行集中管理；同时工作台上宜设立安全电源插座为低视力学生提供辅助照明用具。

安全的地面环境：由于劳动技术课程上经常接触到木、金属材料，并在操作过程中会产生大量的废弃物，因此，劳动技术教室地面应铺设防火、防水、防滑、易清洁材料；在大型器械的周围地面宜铺设明显标识或设立围栏，以保障视力残疾儿童的安全。

各区域之间进行明确分区并进行标识：各区域均有其特定的功能，在操作区和工具材料存放区内设有各种机械和工具材料架、柜等设备，因此各区域分区时应进行明确的标识。

十、生活技能训练场地

（一）基本功能

生活技能训练场地是落实《品德与生活》及《综合康复》内容的教学，对视力残疾儿童进行生活能力培养的学习场所。

目前多数视力残疾儿童在入学前未经过系统的学前教育，在视力残疾儿童的家庭中家长又往往照顾多于教育和培养，因此在小学低年级阶段，培养视力残疾儿童的生活自理和自立能力是十分重要的；同时，对于部分生活自理能力较弱的学生，掌握一般生活所需要的技能，如整理内务、使用常用家庭电器、了解常见公共设施、能够自行进行购物、乘车等日常活动，使他们能够实现生活自理，这些都是盲校《品德与生活》及《综合康复》课程的重要内容，是视力残疾儿童参与家庭、学校、社会生活的基本能力和条件，因此，建立适合学校特点的生活技能训练场地是十分必要的。

（二）面积及基本规划

生活技能训练场地可包括居室模拟生活教室和公共设施模拟生活区两个区域，其中居室模拟生活教室可参照普通的1～2居室建设，而公共设施模拟生活区的面积不宜过小，以对日常的部分学生生活中经常使用公共功能区域场景进行模拟，部分区域可以与定向行走训练场所及学校的功能场所相结合。

（三）基本设施

居室模拟生活教室和公共设施模拟生活区与学校中其他的学科教室不同，在装修布局时主要应参考普通家庭居室和学生生活中经常使用的公共功能区域，无黑板、桌椅、多媒体设施等教学设备。

1. 居室模拟生活教室

居室模拟生活教室宜设有客厅、餐厅、1～2个卧室等，厨房面积和卫生间面积宜稍大，以便于教师对视力残疾儿童进行指导和操作；

居室模拟生活教室中应配备普通家庭居室中的常见家具、家电及日用品，如床、沙发、衣柜、毛巾被、被子、床单、床罩、枕头、少量衣物、电视机、VCD机、电冰箱、热水器、洗衣机、微波炉、锅、碗、盘等。其中的各种设施设备应注意选用日常生活中常用的品牌和类型，使视力残疾儿童在学习掌握后能够较容易地使用同类产品。

在进行居室模拟生活教室的整体布局时，应注意家具和家电要合理摆放，保证居室内有较为宽敞的空间以保证使用上的方便和视力残疾儿童行走上的安全。

2. 公共设施模拟生活区

公共设施模拟生活区可以选取小卖部、公共汽车站、交通十字路口、医院等常见公共设施进行模拟，在建设中应突出所选取区域中的标志性物体，如小卖部中的货架、适量货物、收银台，公共汽车站的站台和站牌，交通十字路口的交通指示灯，医院的挂号室、注射室等。

公共设施模拟生活区适宜与学校的整体建设和规划相结合，以有效地利用空间和加强生活区的真实性，如交通十字路口和公共汽车站可建设在校园中，与定向行走训练场地相结合，便于对视力残疾儿童的综合训练。

十一、烹饪实习教室

（一）基本功能

烹饪课程是盲校初中综合实践活动课程中的内容，其主要的目标是培养视力残疾儿童生活自理和自我服务的能力，使学生能够掌握基本的择、洗、切、炒等常用的烹饪技能，使视力残疾儿童能够适应社会生活、端正劳动态度、树立良好的劳动观念、形成良好的劳动习惯，养成负责任的生活态度，为视力残疾儿童走入社会，独立生活打下良好的基础。

烹饪实习教室是为盲校烹饪课程提供的操作场所。

（二）面积及基本规划

烹饪教室的面积不宜小于 90 平方米，其内部空间可根据需要分隔为教师讲解及操作示范区、准备工作区、学生操作及品尝区、餐具及炊具存放区。

烹饪教室因涉及燃气管道的铺设，以及炒菜时油烟的排放等问题，宜设立在与其他教学用房相对独立的位置以避免对其他教学产生影响。

（三）基本设施

烹饪实习教室与其他专用教室有较大的差别，由于其特殊的功能，教室内经常接触到明火、油等易燃物品，因此，安全是该教室首要考虑的问题。

烹饪实习教室内所设置的燃气、电、给排水管道线路的安装应与学校基础建设相结合，各种管道宜暗装，不宜凸出地面，以保障视力残疾儿童的行走安全；教室内的地面应采用易清洗、不积灰尘、防火、防滑的材料装修，特别注意需要注意的是水池周围地面应采取防滑措施并保证不积水，同时应选用特殊材料或标志，如设立盲文标识、采用不同的材质、运用强烈对比色等方式，便于视力残疾儿童对这个区域进行感知。

烹饪实习教室在空间布局时应考虑到视力残疾儿童的特点，留有宽敞的通道便于学生行走。教师讲解及操作示范区应在教师讲台位置设操作台，操作台上提供气、电、水等设施，并装配烹饪所需的案板、炊具（刀、锅等）、电器（电饭煲等）等器具，操作台周围应留有较为宽裕的面积，作为学生停留区域，以便在教师操作讲解时视力残疾儿童可以较近地观看，感受、体会和掌握教师操作的要点；准备工作区应配置洗池、工作台等，并配备刀、案板等常用的工具；学生操作区应设置炉灶及操作台，操作台上提供气、电、水等设施，学生实习操作时应有较宽裕的操作空间及教师指导时的停留空间，每个操作台上考虑放置餐具、调料的空间，器具的摆放应有利于视力残疾儿童的方便和安全；学生品尝区内可摆放餐桌及坐椅，其位置宜安排在教师讲解区与学生操作区之间；餐具及炊具存放区宜设置在房间的后部，餐具应存放在沿墙的橱柜内，分类摆放整齐。学校应配备消毒设施用于餐具使用后的消毒，避免因餐具使用不卫生而导致疾病的传播。炊具可存放在专用橱柜（可与操作台相结合，方便学生使用时取放）或挂于专门的墙面上，并注意不能对视力残疾儿童的行走造成阻碍。

烹饪实习教室内的桌椅在设计时应考虑到视力残疾儿童的特点，如供教师和学生进行食品加工和烹饪所需的操作台，桌面前、左、右三面应设高约1.5厘米的凸起边缘，以防操作时物品掉落；而供教师和学生进行烹饪后食品的品尝及学生听课、讨论所用的餐桌椅，应方便移动，以便组成授课时所需的各种形状。

烹饪实习教室内应配备常用厨房内用电器（如电冰箱、电饭煲、食物搅拌机）、炊具、刀具和餐具。

（四）其他要求

1. 由于烹饪实习经常接触到水、电及明火，具有一定的安全隐患，因此应在教室内设完善的消防设施，并定期进行检查更换，保证使用。

2. 由于烹饪实习中接触明火、热油、刀等不安全因素，可能造成烧、烫、刀伤等意外伤害事故，因此烹饪实习教室内应配备简单的急救用品，便于教师进行及时处理。

十二、室内体育场所

（一）基本功能

盲校的体育课程是贯穿盲校教育各阶段的重要课程，体育课程直接关系到视力残疾儿童的身体健康，是促进视力残疾儿童素质全面发展的重要保障。

视障往往导致视力残疾儿童运动发展的延迟或缺陷，在运动中他们也更容易因难以规避危险而受到伤害，使他们产生痛苦体验，也造成他们对运动兴趣的下降。因此，盲校更应该重视体育课的教学和课外的体育锻炼，根据视力残疾儿童的实际情况，设计丰富有趣、适合学生特点的体育活动吸引学生，并应特别注意到为体育活动提供场地的环境和设施的安全性。

（二）面积及基本规划

盲校室内体育场所主要包括室内运动场、体能训练室等，并附设器材库、更衣室等场地，有条件的学校宜设置柔道训练场地、游泳池、保龄球馆等，开展适合于视力残疾儿童的体育锻炼活动。

（三）基本设施

1. 室内运动场

盲校的室内运动场面积不宜低于 300 平方米，在建设时除执行建设部的有关规定外，还应考虑到视力残疾儿童的特点，设置足够的方便的安全出口和通道，便于学生集体活动时的疏散；由于室内运动场地高度较高，因此在灯光设计时应考虑足够的光照度；由于视力残疾儿童进行的活动和比赛多需要利用听觉进行，因此室内运动场要采取吸音处理，以保证良好的听觉效果。

室内运动场中装备羽毛球网、盲人乒乓球台等训练设施，这些设施应可移动，以便于各项活动的开展。

2. 体能训练室

体能训练室是视障学生进行体能训练的场所，也是各盲校体育队的重要训练场所，面积不宜低于 60 平方米。

体能训练室内应配备多功能健身器械，以进行各种训练，增强视障学生的体质，有针对性地进行各种功能训练。

3. 盲人柔道场地

盲人柔道是残奥会正式比赛项目，目前国内很多盲校都承担着为国家培养输送柔道选手的任务，盲校可根据自己的实际情况建设柔道场地，场地宜安排在建筑物的底层，与其他教学用房相对独立，同时四周的墙壁应采用软包，以防止学生在训练中磕碰到周围墙壁上而导致受伤。场地内铺设专用柔道垫，柔道垫垫芯一般为压缩海绵、30 倍 PEJ 及 EVA，外包 PVC，底部有防滑垫，厚度在 4～6 厘米之间。由于进行柔道训练时有特定的服装，所以柔道场地应配设换衣间，并配备柔道服等训练用具。

4. 游泳馆

游泳对于视力残疾儿童来说，是一种非常好的体育锻炼形式，盲人游泳也是残奥会的正式比赛项目，因此，在条件具备的情况下，盲校可设立游泳池，在建立游泳池时应充分考虑到视力残疾儿童的自身情况，特别注意安全性的原则。如游泳池的端部地面应有较为宽敞的活动场地，并应选用防滑地面材料；游泳池周边应设置防止学生不慎掉入游泳池的设施；距游泳池边缘 0.60 米及距外屏障内侧 0.60 米范围内，地面材料的触感和颜色应有不同，便于视力残疾儿童感知；为便于坐轮椅的学生的使用，在高差处应设坡道，并在端部设立使用轮椅学生的出入水口。

5. 保龄球设施

盲人保龄球是近年来新兴的一种盲人体育活动，通过使用特殊的导向装置，盲人即可从事保龄球活动，但是由于目前保龄球还未正式列入盲人体育赛事，且相应设备的价格比较昂贵，因此，国内的盲人保龄球活动目前还几乎是空白，盲校可根据自己的实际情况选择建设训练场地，并开展此项活动。

第三节 盲校康复训练室建设

综合康复是《盲校义务教育课程设置》中的一个重要领域，其目的是开发视力残疾儿童潜能，补偿视觉及其他障碍给视力残疾儿童带来的缺陷，培养儿童的自理能力和基本学习能力，以保证视力残疾儿童和多重残疾儿童能够在学校中完成学业或个体学习训练计划，获得各方面的提高。

盲校中康复的具体内容主要有面对所有学生的心理辅导，针对盲生的定向行走训练，针对低视力学生的低视力康复训练，针对多重残疾儿童的物理治疗、作业疗法、语言康复训练、感觉统合、水疗训练等，这些康复训练都应有固定并进行专门设计的专业训练教室及场地，方能保证各项活动的正常、有效地开展。

一、定向行走训练场所

（一）基本功能

定向行走训练场所是盲校为视力残疾儿童提供定向行走训练的主要场所。

定向行走是视力残疾儿童必备的技能，是视力残疾儿童走出家庭和学校、走向社会的基本条件，是视力残疾儿童的个别化教育组成的一部分，也是综合康复课程中的重要内容。各盲校都十分重视视力残疾儿童的定向行走技能的培养，因此建设适用的定向行走训练场所，则是盲校有效地开展定向行走训练的基本保证。

（二）面积及基本规划

根据定向行走训练的需求，定向行走训练场所应包括咨询室、室内定向行走训练场、室外定向行走训练场（包括专用训练场及校园内外学生经常行走的区域路线）。训练场所的面积可根据学校的具体情况灵活安排，其中室内定向行走训练场可与学校现有的建筑物内环境相结合，室外训练场地应与校园整体环境建设相结合。

（三）基本设施

1. 咨询室

咨询室是对在校、入学前及随班就读的视力残疾儿童进行定向行走评估，对视力残疾儿童和家长进行定向行走咨询培训的场所。

咨询室室内需要配备的定向行走训练器具，对来咨询的家长和视力残疾儿童提供咨询和指导服务。由于教师需要根据视力残疾儿童的特殊需求制作特殊类型的手杖或辅助用具，因此，咨询室内宜配备简单制作工具，学校亦可根据自己的实际情况，将相应工具放置在教具制作室内。

2. 室内训练场地

定向行走室内场地着重培养视力残疾儿童在建筑物内行走的能力和技巧，应充分利用学校现有的建筑物内环境并与之相结合，利用上下楼、拐角、门、窗等不同的部位进行训练。

3. 室外训练场地

室外训练场地需模拟不同的室外环境，以培养学生在室外环境中自行行走的能力和技巧。在建设中可与校园内的整体建设相结合，并注意以下方面：

（1）将训练场地盲道的铺设与校园整体盲道的铺设相结合，有针对性地对学生进行训练。

（2）在一定区域内铺设不同质地的路面，如柏油路、沙路、水泥路等常见的路面类型。

（3）铺设不同的道路行进方向，如直行路、弯路、转弯路等，便于学生进行训练。

（4）根据学校校园环境的布置，特别是根据校园绿化及建筑的特点，将训练场地和校园的整体环境相结合。

二、低视力教室

（一）基本功能

低视力教室是对盲校中低视力学生进行视功能训练的场所。

（二）面积及基本规划

低视力教室需设置在建筑物的阳面，以保证充足的自然采光，低视力教室应包括低视力训练室、设备室两部分。其中视力训练室面积不宜小于 60 平方米，设备室为 30 平方米。

（三）基本设施

低视力训练室在进行装修时应考虑到低视力训练的特殊需求，在满足普通教室一般要求的基础上，在地面、墙面、照明等方面进行特殊要求。

低视力训练室的地板应采用浅米色、不反光、防滑实木地板，以增加房间的亮度、避免眩光，同时便于学生训练时在地板上坐、卧、爬行等。

低视力训练室的墙面宜使用浅色，不反光的涂料装修，并使用深色、约 20 厘米高的墙裙与墙面形成明显的色彩反差，利于学生行走定位，避免磕碰；一侧墙面上应安装滑杆和滑道，便于悬挂训练用多种颜色、色彩鲜艳的布帘。

低视力训练室内窗户需安装遮光性能强的窗帘，这样能够使训练室形成暗室进行各种特定的功能训练。

低视力训练室内的灯光除达到普通教室要求外，还需要配备专门灯具以满足特殊训练活动的需要，如水柱灯、镭射灯等。因此在训练室内应设多组电源，以保证训练中用电的需求并保证用电安全，建议采用暗装电缆槽或活动地板的形式，除安装墙面插座外，在地板上安装适当不高出地面的带保护的插座，以满足训练时训练仪器位置移动时的用点需求。

低视力教室内需配备各种低视力测试、评估、训练设备，多种助视器，一些放松性类的训练设备，关于训练的专用设备，我们将在下一章的内容中进行详细论述，在这里就不再赘述。

三、训练室

盲校各类训练室包括：物理治疗室、作业治疗室、感觉统合训练室、语言康复室、水疗训练室等。

（一）基本功能

儿童的视力缺陷往往使他们的动作发展延缓或者缺陷，这使他们在运动功能、动作协调、精细动作发展等方面出现一定的问题，有研究表明，半数的视力残疾儿童可能伴随有其他一项以上的障碍，这使盲校对视力残疾儿童的康复训练不仅仅局限于视力缺陷本身，而应当涉及其综合认知和运动能力。

（二）面积及基本规划

各类训练室由于其功能与普通教室、专用教室有较大的区别，因此宜集中设立，与其他教学用房相对独立，避免对其他教学产生影响，也便于使用各种助行器的多重残疾儿童与其他视力残疾儿童行走。

各训练室之间功能上有较大的区别，因此宜各自独立成间，物理治疗室不宜小于 90 平方米，作业治疗室面积不宜小于 60 平方米，感觉统合训练室面积不宜小于 90 平方米，水疗训练室面积不宜小于 50 平方米，并配设淋浴间和更衣间，面积分别为 20 平方米。

（三）基本设施

1. 物理治疗室

室内地面可采用防滑、防火的材料如 PU 地板胶铺设，因为物理治疗室内可能因根据需要安装一些理疗设备，因此还应考虑地板最好能够具有绝缘性能。训练室四周 1.2 米以下的墙壁宜进行软性包装，如设置海绵挡板，墙壁拐弯应为弧形无锐角，以保证学生的安全。

2. 作业治疗室

室内可按普通教室的要求进行装修，并配备适应的作业疗法康复设备。

3. 感觉统合训练室

室内地面宜采用弹性、防滑、易清洁材料铺设，以防止学生在训练时因碰跌受到损伤，也利于学生在其上进行坐、卧、爬行等活动，训练室四周 1.2 米以下的墙壁宜进行软性包装，如设置海绵挡板，墙壁拐弯应为弧形无锐角，以保证学生的安全。

4. 语言康复室

语言康复室应根据使用训练的需求设计大小不同的房间，并进行吸音和隔音处理。

5. 水疗训练室

室内地面需要采用防水防滑的材料进行铺设，在水疗池周围利用触感材料和对比鲜明的颜色进行标识，并安装可扶围栏；水疗室内需要配备动力电源；水疗室、淋浴间、更衣室内应采用防潮材料进行装修，材料应坚固，颜色鲜明，更衣橱、长凳等设施应固定在地板或墙上以避免因碰撞引起移动而造成意外。

（四）其他要求

1. 由于进行训练的儿童在行走和动作协调方面均有一定的障碍，因此训练室的建设和装修均必须充分考虑到以步行器、轮椅助行者对通道及房屋设施、布局的特殊要求，保障无障碍通行，同时也应确保设计人性化，使用安全性。

2. 墙壁的颜色宜选择粉红或米黄等明快的颜色，帮助来训练的儿童产生轻松的心理。

3. 各种训练室内房顶宜根据多重残疾儿童的需要安装移动辅助设备，如轨道式运送升降架、墙壁式运送升降架等，设备可参照第三章第三节《定向行走引导辅助设备》内容。

4. 训练室的扶手设计应为双高扶手，以适应不同身高的使用者，离地面720～920毫米高，离墙壁6～8厘米的距离，管直径32～38毫米，应采用坚固、便于抓握、不易滑脱的材料。

5. 各训练室内不宜配备多媒体设备，但是需要配备播音设备（可播放磁带或CD）和音箱，为训练提供音乐背景。

6. 由于康复训练的器械直接接触训练学生的身体，因此保证器械的清洁卫生十分重要，所有的康复训练用房应配备相应的消毒、清洁及吸尘用具，以保证康复室内地面及设备的清洁。

7. 完善的档案可以为制订康复计划、治疗措施提供依据，同时也可以科学地、客观地评估康复疗效，对于儿童的系统康复的有效实施是非常重要的档案材料。因此各训练室内除配备各种训练设施设备外，还需要配备橱柜以存放和系统管理各种测试评估量表及康复档案。

8. 康复训练场地的部分设施设备可以与特殊需要儿童教育场所共用，在位置的安排上应给予综合考虑。

四、心理咨询室

（一）基本功能

心理咨询室是心理教师对视力残疾儿童的心理状况进行了解和判断，采用适合的方法，缓解和疏导视力残疾儿童心理压力，帮助他们形成良好的心态的场所。

视力残疾儿童自身的视力障碍、家庭以及社会对他们的个性心理对随时在产生着影响，他们容易因为受到周围环境的影响而产生各种不同的心理变化，产生不良的负面情绪，如果不及时进行疏导，有可能对他们的生活学习产生不良影响，因此心理咨询辅导工作在盲校中具有非常重要的作用。

（二）面积及基本规划

根据心理咨询的实际需要，盲校心理咨询场所主要包括团体咨询室、个体咨询室兼教师办公室和宣泄室三部分，其中宣泄室又可分为独立的两个部分。

心理咨询场所的选址和装修应充分考虑到心理咨询的保密性、安全性、来咨询学生的舒适性等方面的因素，宜选择在安静、相对独立的位置，与其他教学用房保持距离。

团体咨询室的面积应以能够容纳一个教学班级的人数在其中活动为标准，根据学校用房的实际情况单独设立或者与游戏活动区域相结合，面积宜为 90 平方米。

个体咨询室的面积应以能够容纳一名来咨询学生与心理咨询教师在其中进行心理咨询活动为标准，学校可以根据学校用房的实际情况单独设立或者与心理咨询教师办公室相结合，面积不宜小于 30 平方米。

宣泄室可分为发泄性宣泄室和温和性宣泄室独立的两部分，面积可分别为 15 平方米。

（三）基本设施

心理咨询室的各部分根据其功能的不同，应采用不同的装修方式。

1. 团体咨询室

团体咨询室的地面宜铺设易于清洗的地板或地毯，便于学生进行活动；墙面宜采用轻松、宁静的易清洁的色彩涂料进行装修，如天蓝色等；团体咨询室中的桌椅可选择课桌椅、组合式桌椅或坐垫等不同形式，应具备容易移动、可拼接、轻便、无尖锐棱角等特点，以便于学生进行团体活动；团体咨询室内应设置网络接口，配备黑板、多媒体设施、音响设备、摄像和录音设备，以对学生的行为和语言进行记录并进行分析；如果团体咨询室兼做活动室，可合理配置游戏用具及沙盘等咨询用具。

2. 个体咨询室

个体咨询室的地面宜铺设易于清洗的地板或地毯，墙面宜采用温和、平静的色彩涂料进行装修，如苹果绿色、米黄色等，可调节明暗程度的光线柔和的灯具，低噪的空调设备，保证环境安静，温度适中，并能够随时进行调节，并配备舒适的沙发，摆放一些绿色植物和小装饰品，配备为咨询提供音乐背景的放录音设备，为来咨询的学生创设一个安静、温馨、轻松的咨询氛围。

3. 宣泄室

发泄性宣泄室的地面采用防滑地板，墙壁采用软包装进行装修，并进行吸音处理，一面墙壁上可布置涂鸦板供学生进行涂画，室内配备沙袋、拳击手套等宣泄玩具。

温和性宣泄室的地面宜采用软性、暖性地面，墙壁采用软包装修，进行隔音处理，室内配备毛绒玩具等放松玩具。

宣泄室可不设立窗户，但应在门上设观察孔，室内如有窗户则窗户玻璃和观察孔上的玻璃不能裸露，需在玻璃的内层加防护罩，避免学生直接接触，造成伤害。

宣泄室内不应设电源插座，照明灯的开关应设在室外，灯具需使用格栅进行保护，不宜裸露。

第四节　学前教育和多重残疾儿童教育场所建设

盲校关注的教育对象已开始逐渐向低龄发展。目前，国内许多盲校都开展了学前教育和早期咨询教育指导，为0～3岁的视力残疾儿童家庭提供早期咨询和干预服务，并接受4～6岁视障幼儿在校接受学前教育。相对于盲校其他年龄段的学生，视障幼儿具有其独特的身心特点，因此在教室的建设上要与普通教室有较大的不同。

特殊需要儿童教育场所是为视障多重残疾儿童提供教育的场所。该类儿童除视力障碍外，还伴随有听力或智力或肢体等不同程度的障碍。因此，他们的学习场所需要特别关注到他们的身心特点。

一、学前教育场所

（一）基本功能

视力残疾儿童的早期干预将有效地降低视力残疾儿童的发展问题的数量和程度，视力残疾儿童早期生活中所获取的经验对他们今后的发展有着很大的影响，因此尽早对视力残疾儿童进行适当的干预是十分重要的，随着我们对"早期干预"认识的逐步深入，视力残疾儿童的早期教育和干预在视障教育中的地位也越来越得到重视。盲校的学前教育场所就是为视力残疾儿童学前教育提供的教育教学场所。

（二）面积及基本规划

学前教育场所根据其功能的不同，应分为教学活动区域和生活区域两大部分。教学活动区域包括幼儿活动室、音体活动室、早期咨询室，其中活动室面积不宜低于 90 平方米，早期咨询室面积为 30 平方米；生活区域则包括卧室、卫生间等部分，其间有幼儿经常出入的通道、楼梯等公共区域，其中卧室的面积可根据在校幼儿的人数进行安排，人均不宜低于 6 平方米。

学前教育场所应设置在一楼或低层便于疏散的地方，与学校中的其他年级宜相对独立，以避免与高年级视力残疾儿童发生碰撞而造成幼儿的伤害。学前教育场所的位置应考虑设计在建筑物的阳面，并满足冬至日底层满窗日照不少于 3 小时的要求，温暖地区、炎热地区的生活用房应避免朝西，否则应设遮阳设施。

各功能分区之间应"闹、静"分开，即既有方便的联系又要避免相互间的干扰，同时便于疏散。由于视障幼儿的生活经验非常有限，同时又对周围的事物充满好奇心，因此他们对危险的规避性很差，因此学前教育场所的设计应充分考虑到视障幼儿的使用安全。

（三）基本设施

学前教育场所室内的各种装修和设施应充分地考虑到视障幼儿视力缺陷、身高低、协调性差、生活经验缺乏等特点，从而保证视障幼儿的安全，如墙面装修、门、窗的设计，各种固定设施的摆放，以及电源插座等可能存在安全隐患的部位，均应设立保护措施。

学前教育场所的门双面均应平滑、无棱角，严禁设置门槛和弹簧门，外门宜设纱门；门在距地 0.60～1.20 米高度内，不应装易碎玻璃；在距地

0.70 米处的门边缘处，宜加设幼儿专用拉手；各个门框边缘上宜在统一上设置标志该教室的标识，标识适宜用实物类象征，清楚地表示出该房间的功能，标识应线条简单、色彩鲜艳、与墙面色彩对比明显，安装在统一的位置和高度上，并一律安装在门开的方向上，使视障幼儿容易通过触摸标识而了解所在的位置。

外窗窗台距地面高度不宜大于 0.60 米，距地面 1.30 米的高度内不应设平开窗，楼层无室外阳台时，应设护栏，所有外窗均应加设纱窗，幼儿活动室、卧室、音体活动室的窗应有遮光设施。

幼儿使用的楼梯除设成人扶手外，并应在楼梯的两侧设幼儿扶手，其高度不应大于 0.60 米，应当采用便于抓握、不宜滑脱的材质；楼梯的踏步的高度不应高于 0.15 米，宽度不应小于 0.26 米，在踏步的起始和结束的部分均应铺设触感材料及颜色鲜明的标识带；楼梯的垂直间饰和楼梯井也是需要特别注意的部位，需严格遵守国家的有关规定，防止视障幼儿在玩耍和探索的过程中出现危险。

视障幼儿对于普通幼儿来说，他们对噪声的反应更为明显，噪声可能对他们的情绪造成影响，同时也可能干扰他们对周围环境的判断能力，因此盲校早期教育场所的各个房间内应用吸声材料最大限度地降低噪声，满足或高于《托儿所幼儿园建筑设计标准》中的相关要求，幼儿的"音体活动室、活动室、寝室、隔离室等房间的室内允许噪声级不应大于 50 分贝，间隔墙及楼板的空气声计权隔声量不应小于 40 分贝，楼板的计权标准化撞击声压级不应大于 75 分贝。"[5]

学前教育场所的各房间应设置带接地孔的、安全密闭的、安装高度不低于 1.70 米的电源插座，不应在幼儿可触及的高度和地面上安装电源插座，以防止视障幼儿触摸造成安全事故。

1. 幼儿活动室、音体活动室

幼儿活动室、音体活动室的地面宜为暖性、弹性地面，便于视障幼儿在地面上进行各种活动，并在上面用各种不同材质、易清洗、颜色对比鲜明的环保材料对不同的活动区域进行区分。这些材料宜为软性材质，如地毯、地垫等，这样可以使视障幼儿更容易明确自己的活动区域，并有助于他们的空间定位能力的形成；室内的墙面可采用明快的颜色进行装修，并根据教学活动的内容进行布置，丰富的色彩可以对低视力幼儿的视觉加强刺激，同时使教室内产生温馨活泼的氛围；室内可使用可移动性磁性黑板或幼儿书写板；

幼儿桌椅应符合安全、无毒、便于移动、颜色鲜艳等要求，幼儿桌的边缘上宜设高度为 1.5 厘米的凸起边缘以防止物体滑落；室内应配备数量充足、丰富多样、环保耐用的玩具，这些玩具应摆放在开放性、位置较低并便于视障幼儿取用的储物架上，这些储物架在设计上需要特别注意，避免尖锐的凸起和棱角。

2. 卧室

卧室地面宜为暖性、弹性地面。室内配备适合幼儿休息的安全并便于上下的床位，由于视障幼儿的自身特点，不应使用双层床，以免发生危险。

3. 卫生间

卫生间应根据其功能分割为厕所间和盥洗间，其中盥洗间中可设立淋浴设备；卫生间应临近活动室和寝室，并有直接的自然通风和采光，铺设易清洗、不渗水并防滑的地面，在沟槽式或坐蹲式大便器前的地面上铺设触感材料以帮助视力残疾儿童对该区域进行感知。

幼儿盥洗池和大便器的尺寸应符合幼儿的身高实际，便于他们使用，考虑到部分视障幼儿身体素质较差，能力较弱，因此建议至少安装一个带扶手的坐便器以供使用。

盥洗间的墙面和顶层应具备防潮的功能，淋浴设备处应设立触感及明显的颜色标识，使视障幼儿可以感知，淋浴设备需要进行严格的管理，保证视障幼儿因误动导致高温水流出而出现烫伤。

4. 早期咨询室

早期咨询是针对 0～3 岁视障幼儿及其家长进行指导咨询的场所。0～3 岁是幼儿发展的重要阶段，此阶段幼儿大脑发育最快，是婴幼儿在感知觉、运动、思维、人际交往等方面充分发展的阶段。由于家长普遍缺乏对视障幼儿发展的正确认识，不当的养育方式将可能错过对视障幼儿一些行为和能力发展的关键期，忽视对视障幼儿的康复训练，使视障幼儿的发展受到很大的影响。因此对该年龄段儿童的家长进行指导和咨询，使其能够掌握正确的养育方式，将对视障幼儿的发展及实施早期康复训练起到重要的作用。因此各盲校往往根据自己的实际情况有计划地开展 0～3 岁的早期咨询指导工作。早期咨询室应内创设轻松温馨的环境，使家长和来咨询的幼儿心情放松，并配备相应的仪器为来咨询的家长进行演示、讲解和示范，对来咨询的幼儿及幼儿家长进行训练。

（四）其他要求

1. 幼儿教育场所内的各种教具、玩具及固定设施的摆放应充分考虑到视障幼儿的特点，位置宜相对固定，凸出的部分（如桌椅、储物柜等物体的角）要避免有尖锐的棱角或采取保护性措施，以免造成对幼儿的伤害。

2. 由于触觉和味觉都是幼儿体验生活的主要方式，特别是对于视障幼儿来说，将东西放入嘴中来感受事物的特点是他们经常采用的方式，因此幼儿教育场所内的各种教具、玩具及生活用具的材质宜采用无毒环保材料，各部件应结合牢固，不易脱落，避免幼儿因误食造成伤害。

二、多重残疾儿童教育场所

（一）基本功能

目前在我国的各盲校中都有不同数量、不同程度的视障多重残疾及盲聋学生在校就读，他们中的部分学生无法在盲校中的普通班级学习，而需要成立特殊班级进行安置，并进行适合他们身心条件的教育教学和康复训练，因此在盲校中需要设置特需班。在本节内容中所指的多重残疾儿童教育场所中所涵盖的对象既包括多重残疾儿童也包括盲聋儿童，根据这些学生的实际情况，多重残疾儿童教育场所在装修及配备上也表现出其特殊的需要。

（二）面积及基本规划

多重残疾儿童的教育场所应分为学生教室、活动室、休息室、卫生间4部分。其中教学区域包括学生教室、活动室，其面积应根据在校多重残疾儿童的人数和学习形式进行灵活安排，生活区域包括休息室、卫生间，包括特殊需要儿童经常出入的通道、楼梯等公共区域。

由于多重残疾特殊儿童合并多种障碍，他们与普通视力残疾儿童在行走、学习、交往等方面均存在着相当大的差别，需要教师和养护人员进行单独教学和养护，因此多重残疾儿童的教学区域宜相对独立，以避免学生发生危险。

多重残疾儿童教育场所应设立在便于轮椅出行和疏散的部位，适宜设立在建筑物的一层，如果不能设立在一楼，应有方便的电梯升降设备或适当的升降辅助器具以帮助使用轮椅的儿童上下楼。

由于多重残疾儿童所使用的床较其他视力残疾儿童用床体积大，同时还需要根据他们的实际情况配备轮椅等行走及移动辅助设备，因此，多重残疾儿童的休息室面积应在满足基本要求基础上，根据学校和学生的实际情况进行增加，即：

休息室面积＝6平方米×人数。

（三）基本设施

多重残疾儿童教育场所的基本设施应充分考虑到他们的实际情况，在保证安全的同时，积极创设适合他们发展需要的教育教学环境。

多重残疾儿童安全疏散和经常出入通道的地面应防滑，严禁有凸出地面的障碍物，通道中不应设有台阶，必要时可设防滑坡道，以方便轮椅的上下；通道上不应设有转门、弹簧门，宜设立双开门、电动平开门，严禁设立门槛。

多重残疾儿童经常出入的门的宽度应不窄于900毫米，以保证轮椅的顺利通过。门框和门、门和门把手之间必须有明显的颜色对比，可以使低视力多重残疾儿童容易分辨出它们之间的差别。门上的把手应容易掌握和操作，建议使用容易转动的柄状把手，而不宜使用旋转把手。门框边缘上应设立标识该教室使用目的的标志，可根据学生的实际情况选用不同的标识，因此宜设立一个标识板，上面的标志可以进行拆卸，以方便教师根据学生的实际情况进行更换使用。

多重残疾儿童教室、活动室、休息室内地面宜为暖性、弹性地面，以方便学生在地面上进行锻炼和活动；而卫生间及盥洗室地面应为易清洗、不渗水并防滑的地面。

多重残疾儿童活动室、休息室及盥洗室室内房顶宜根据多重残疾儿童的需要，安装滑道和升降悬挂杆以帮助学生进行锻炼；也可根据学生的实际情况安装各种移动辅助设备，如轨道式运送升降架、墙壁式运送升降架等，设备可参照第三章第三节《定向行走引导辅助设备》内容；盥洗室室内墙面及房顶应进行防潮处理。

各房间应设置安全密闭、方便使用的电源插座，这些电源插座可能需要根据使用学生的不同情况进行适当的调整以保证学生的使用和安全；电源开关除遵循普通教室建设需求外，还应根据多重残疾儿童实际需要安装一些改装后的开关，如较大的开关，可用头、下颏、脚等部位控制的开关，声控开关等，便于他们使用。

多重残疾儿童所使用的桌椅应根据他们的自身实际情况进行设计，如有些儿童需要能够协助他们直立固定的坐椅，有些儿童则需要适合的手臂支持等。

多重残疾儿童教育场所的卫生间应包括厕所间和盥洗间，其中盥洗间中可设立淋浴及盆浴设备。与学校中其他场所的厕位不同，这里的厕位应可以保证轮椅的通过和调头，隔间的门需向外打开，隔间应有明确标识，具体的数值可以参阅第一章的相关内容。盥洗间内的重要设施有盥洗池、淋浴间浴盆，这些设施在设计上与盲校其他场所也有所区别，需要我们随时考虑到轮椅等设备的使用。如盥洗池下面需要留有空间并且下表面需要光滑无摩擦，以保证轮椅可以推近而使用者又不会受到伤害；盥洗龙头可使用杠杆式、推进式和电子控制机制的开关，而不宜使用旋转式，以便于操作；盥洗池上的镜子安装的高度应考虑到使用轮椅的学生的高度；淋浴间内应设立供洗浴者的座位，座位应该安装在与控制开关相对的墙壁上，并贯穿隔间，确保安全；浴盆顶端或中部可以安装座位，浴盆旁边墙上安装垂直易抓握的扶手，与墙壁的颜色有明显的对比。

（四）其他要求

1. 卫生间和盥洗室应分设两间或以间壁相隔，卫生间和淋浴间内都应装有从外部可以开启的紧急装置，同时安装紧急求援系统，按钮安装在不同的高度，信号在外部显示，以供使用者出现危急状况下紧急救援使用。

2. 多重残疾儿童教育场所中的各种设施设备在选用时需要首先考虑其安全性、实用性，因此，设施设备的材质应给予特别的关注，采用环保、无毒的木质、无毒塑料等产品。产品应牢固不宜松动和脱落，不能有尖锐的棱角和毛刺，以免造成对多重残疾儿童的伤害。

3. 需要特别指出的是，特殊需要儿童的需要并不是统一的，学校应根据每一个特殊需要儿童的不同情况，有针对性地配备各种辅助多重残疾儿童生活和学习的工具。通常情况下，一种工具只是针对某一个儿童适用的，这些工具有些可以购置到，但大多数不能直接购置，而需要学校教学和辅助人员对现有工具进行改造。如各种协助使用者穿衣、穿鞋、穿袜工具，经过改装的键盘、鼠标、阅读架、翻页器等学习工具。

第五节　盲校资源中心建设

辅助教具和资料在盲校的教育教学中起着重要的作用，很大程度上影响着教育教学的质量，如果缺乏某些教具，视力残疾儿童可能难以对某些教学内容正确认知。这些教具和资料一部分与普通学校的可以通用，在市场上可直接购置到，但是大部分则需要盲校教师根据教学和学生的实际情况进行改装或自行设计制作，如触摸教具、盲文教材、盲文练习题（试卷）、盲文图谱、大字阅读材料、有声读物、教学课件设计等，这在盲校通常由教辅工作人员、任课教师及专业技术人员共同完成。

目前，许多盲校还承担着本省市视力残疾儿童的随班就读指导工作，对随班就读的低视力残疾儿童提供资源支持，也是资源中心的重要任务。

因此，盲校需要建立完善的资源中心，从而对盲校教育教学起到辅助和支持作用。资源中心的一部分功能可以借助于综合康复训练室来实现，我们就不加赘述。在本节的论述中，盲校资源中心主要包括图书馆、盲文（图）制作室、教具制作室、网络及安保系统控制室四个部分，其主要功能是为视力残疾儿童提供日常阅读资料及教学中的辅助教材、教具、练习资料、课件等材料，为校园内的网络和安全保卫提供支持。

一、图书馆

（一）基本功能

盲校图书馆是学校教师和视力残疾儿童阅读书籍，查找资料的主要场所，是学校教育教学的重要辅助设施。

（二）面积及基本规划

根据视力残疾儿童的实际需求，盲校图书馆可包括书库、学生阅览室、教师阅览室、电子阅览室四部分。其中书库需要储存普通图书和盲文两类书籍，宜分别设立独立空间，学生阅览室、教师阅览室宜分设，电子阅览室则需要专门房间。书库面积不宜小于 180 平方米，学生阅览室面积不宜小于 180 平方米，教师阅览室面积不宜小于 60 平方米，电子阅览室面积不宜小于 60 平方米。

由于图书比较重，盲文书籍的体积又较普通书籍大很多，因此图书馆需设立在一层或较低楼层，便于图书的运输储藏，同时也便于不同学生到阅览室进行阅读活动。书库、学生阅览室、教师阅览室宜设立在同一楼层以便于管理人员进行管理和书籍的取放。

（三）基本设施

盲校图书馆的各种设施应首先符合学校图书馆基本建设的需求，充分考虑到视力残疾儿童和多重残疾学生的使用需求，创设安全、温馨、开放、舒适的阅读环境，使学生喜欢阅读并愿意到阅览室进行阅读。

图书馆的安全十分重要，由于图书馆内储存大量的书籍，为易燃物品，因此图书馆应配设完善的消防设施，并根据学生的实际情况同时安装视觉和听觉的火灾报警装置（即警铃和闪烁的灯光刺激），设立安全通道供紧急疏散使用。

相对于普通学生，视力残疾儿童需要使用他们的触觉来阅读材料，因此，图书馆内的各类书籍的消毒就显得尤为重要，应安装固定和移动的紫外线消毒设备以定期进行消毒，保障学生的健康。

图书馆宜铺设防火、防水、防滑地面，电子图书阅览室地面则应同时具备防静电的功能，学生阅览室应配备足够且方便的电源供低视力台灯、闭路电视放大设备（CCTV）、盲用读书机等电器使用，电子阅览室也应配备足够且方便的电源插座供计算机及其他设备使用。

由于盲文书籍的体积较大（幅面为 30 厘米×25 厘米），因此，盲校图书馆的书库宜采用密集性书架，以储存更多的书籍，明盲书籍进行分类管理，便于图书的保存和查找；学生阅览室需要采取开架阅览方式，书架的设计应便于学生取用杂志和书籍，书架上可设计盲文和醒目的汉字标识，书架之间的通道应该无障碍，保证轮椅在其中顺利通过，阅览架上书籍的摆放高度应该以轮椅上的学生能够伸手触及为标准。

学生阅览室应配备适合视力残疾儿童应用的阅览桌椅。阅览桌应采用可调式桌面或在桌上配备低视力阅读架，同时配备低视力台灯，供低视力学生使用，应考虑到放置 CCTV 的桌椅，并考虑到学校内各年龄阶段的学生的身高特点，设计不同高度的桌椅，如果学校中有多重残疾学生，则应根据他们的实际情况配备一些适合他们使用的不同高度的桌子和电脑工作平台。

由于盲文出版物的出版周期较长，学生喜爱阅读的很多书籍目前没有盲文和电子文本，因此，阅览室内可以根据本校的实际情况配备电脑、扫描仪、点显器及盲用读书机来帮助视力残疾儿童对纸质文本进行阅读，方便视力残疾儿童阅读到最新的各种杂志和出版读物。学生阅览室也可以配备 CD 播放机、录音机、录像机、DVD 播放机和相关的音像资料供学生查阅使用，并为有阅读障碍的学生提供帮助。教师和学生阅览室应集中配备复印设备。

（四）其他要求

1. 电子图书阅览室应配备相应的电脑设施、盲用语音软件、扩视软件及充足的有声图书资料，可供学生在其中选择适合自己的各种资料。需要注意的是，盲校多为十二年一贯制的学校，有声图书资料应包含各年龄段学生需要的内容。

2. 考虑到视力残疾儿童的阅读特点，学校可根据自己的实际情况将学生阅览室进行区域划分，如一区域可以进行文本的阅读，另一区域则可以利用耳机进行视听的阅读，以避免声音造成阅读时的干扰。在视听阅读区域可采用比较舒适的座位或可移动的坐垫供学生使用，并配备音像设备及资料供学生查阅使用。

3. 有条件的图书馆可考虑设立学生讨论和自习室，并配备适当的多媒体设施以供学生讨论及共同学习使用。

二、教具制作室

（一）基本功能

教具制作室是盲校教师和教辅人员共同设计、加工教育教学中所需要的教具及保管存放教育教学教具的场所，是盲校教育教学的重要辅助部门。

（二）面积及基本规划

教具制作室包括教具制作间、教具陈列间，并附设材料间。教具制作间的面积不宜低于 90 平方米，教具陈列间面积为 75 平方米，材料间面积为 15 平方米。教具制作间因使用各类加工工具，将可能产生一定的噪声，因此宜选择在与其他教学教室相对独立的区域，以免影响其他教学工作。教具陈列间则可根据存放教具的类型进行分割。

（三）基本设施

由于教具制作需要使用纸、塑料、金属等不同的材料，且在过程中会产生较多的废弃物，因此教具制作室的地面应铺设防火、防水、防滑、易清洁地面；在墙面、门的装修时应考虑进行吸音和隔音处理。

由于在教具制作过程中需要使用多种电动工具，因此制作间内应设置独立控制开关、漏电保护器电源，设置多组带保护门的安全型电源插座以保证各种工具的正常使用。教具制作时使用的材料可能涉及金属、塑料、有机玻璃、木、纸等多种材质，因此需要配备金工、电工、木工、手工等多种工具，如小型车床、小型铣床、小型刨床、电台钻、手钻、台虎钳、砂轮机、电锯、打磨器、微波炉、弯管机、金工工具、电工工具、木工工具、手工工具等设备。

工作台桌台面应选用防火、耐腐蚀、耐磨材质，面积宜大，保证使用。

教具室内应保证干燥、通风，配备橱柜便于各种教具的分类保管和使用，并配备消毒设备以保证对教具定期进行消毒。

三、盲文（图）制作室

（一）基本功能

盲文（图）制作室是盲校进行盲文（图）及大字资料制作的场所，是盲校教育教学的重要辅助部门。

视力残疾儿童主要的阅读材料为盲文和大字种形式，各盲校需要根据自己所在学校的实际情况选择不同的教材和教辅材料。目前各盲校购置教育教学所需的盲文（图）材料的来源仅限于我国现有的两家盲文制作单位——中国盲文出版社、上海盲文印刷厂，这两家制作单位的盲文（图）的印刷情况远远不能满足各盲校教育教学的实际需求，造成目前各盲校普遍存在着盲文及大字学习材料紧缺的实际问题，影响了盲校提高教育教学质量。因此，各盲校需要建立自己的盲文（图）制作室对学习资料、习题、试卷等材料进行盲文（图）及大字资料制作，才能保障盲校教育教学的顺利进行并为学生提供个体化的教育服务。

（二）面积及基本规划

盲文（图）制作室包括盲文（图）编辑室、盲文（图）打印间，并附设材料间。其中编辑室面积为 30 平方米，打印间面积为 60 平方米，材料间面积为 30 平方米。

由于盲文（图）打印将会产生较大的噪声，因此盲文（图）制作室宜选择在与其他教室相对独立的区域。

（三）基本设施

目前盲文（图）制作的编辑工作主要是利用电脑进行，因此盲文编辑室应配备电脑、专业盲文编辑软件（国内目前使用较多的为阳光专业翻译软件和永德翻译软件）和盲图编辑软件（如 Tiger，Brlpaint），其使用方法可见第三章第五节内容。

由于盲文（图）制作室内主要设备是电脑、盲文刻印机、热塑机等用电机器，同时存放大量的盲文纸张，因此盲文制作室的地面宜铺设防火、防水、防滑、易清洁地面。盲文（图）打印会产生较大的噪声，必须进行有效的隔音处理，包括为盲文（图）打印机配备隔音罩，并在打印室的室内墙壁、门等部位进行吸音、隔音处理，以免对教育教学产生影响，同时能够较好地保障盲文（图）制作人员的身体健康。

打印间内应配备完善的盲文（图）刻印设备，如瑞典制造的 INDEX 盲文刻印机、美国生产的 Juliet 盲文刻印机等，其使用方法可见第三章第七节内容。盲文（图）的快速制作也可以根据情况的不同应用热塑或热敏技术，因此同样需要配备热塑机、热敏仪及相应耗材，热塑复印主要设备为热塑机和热塑纸，热敏复印的主要设备为热敏机及热敏纸。上述设备的具体使用方法可见第三章第七节内容。打印间内同时需要配备制作大字材料的设备，即打印机及复印机。

盲文（图）制作室内需要必要的电源以保证各种设备的正常使用，并为热塑机配置带有断电保护的安全电源插座。由于热塑机在使用时加热塑料容易产生有害气体，影响制作人员的身体健康，因此应安装抽油烟机、排风扇以帮助废气的排出。如果热塑机机器过热容易造成印刷质量下降，同时影响热塑机的使用寿命，适宜安装空调对温度进行调控。

盲文（图）编辑室和打印间内需配备工作台，以进行图形的制作和盲文材料的整理装订，工作桌面面积宜大，并可以进行拼接。盲文（图）和大字材料在打印后需要进行装订，以便于视力残疾儿童使用，由于制作出来的盲文资料和大字材料比较厚，因此装订方式可以根据需要采用线绳、塑料装订圈（板）、铁环装订圈、胶装等多种形式，可根据装订形式配备相应的装订机、打孔机、胶装机等设备。

材料间应配备橱柜，对盲纸、热塑纸、热敏纸等制作材料进行储存，并对打印出的材料进行分类储存和保管，以便于查找和使用。盲文（图）材料在存放时宜直立，避免盲点因受压变平而影响学生触摸时的效果，如为塑料装订圈（板）装订，则应注意每使用一段时间后进行检查，如发现塑料老化则应及时更换装订圈，以免造成材料的遗失。

四、网络及安保系统控制室

（一）基本功能

盲校的网络及安保系统控制室是对盲校网络和安全监控系统提供支持，并对盲校教学中所需要的多媒体课件及影像资料进行制作和技术指导的场所。

（二）面积及基本规划

盲校的网络控制室宜与计算机房设立在同一楼层，并附设教师办公室和制作间。

由于安保系统涉及学校各个区域的安全监控工作，学校需要安排专门人员进行管理维护，并在一定情况下进行录像的监控和调用，因此，安保的控制室宜单独设立。

（三）基本设施

盲校网络控制室内面宜采用能导出静电的材料铺设地板，楼（地）面设置暗装电缆槽；当室外附近有强电磁场干扰时，室内应有屏蔽措施；控制室内需要根据学校的实际需求配备服务器。制作间内需要配备摄录设备、采编器、电脑等设备，并配备适用软件，进行多媒体课件的设计。

安保系统宜根据校园的布局、学生的情况、学校安全的实际需求进行设计建设，其中主要包括校园内的监控摄像头、硬盘录像机、紧急呼叫系统等设备。控制室内主要安装的是系统的终端部分，可以将摄像头的摄录内容压缩后进行一定时间的储存。

（四）其他要求

1. 盲用读屏软件和扩视软件使视力残疾儿童能够独立使用个人计算机从事学习、交流及娱乐，通过网络他们可以自主寻找到适合自己的各种学习资料，并与同学、教师和其他人员进行更好地交流，这些使他们学习途径不再仅仅是教师和课堂，学习的知识也不再仅仅是教师赋予他们的，而是更为广泛，他们的学习变得更有趣、更自主也更多样化，从以往的单向被动接受学习而趋向于与互动主动学习。因此，盲校近年来也越来越注意进行网络系统建设，为学校计算机提供互联网支持并进行管理。网络系统的建设应当与学校的基础建设同时进行，以便在各种用房的建设中能够全面进行考虑和设计。其综合布线系统的设计工程和网络综合布线要求需符合国家的相关标准。[6]

2. 多媒体辅助技术在盲校课堂上应用时所起的作用目前越来越为盲校教师所认可，但是什么样的课件是视力残疾儿童所适用的，对他们课堂学习能够真正有效地起到辅助作用，是盲校教师近年来一直在探讨的问题，因此，也需要网络电教的专业技术人员协助教师进行课件的设计，对他们进行制作技术上的支持。

参考文献

[1] 国家质量技术监督检验检疫局，建设部. 民用建筑室内环境污染控制规范（GB 50325—2001）[S].

中华人民共和国国家质量监督检验检疫总局. 室内装饰装修材料人造板及其制品中甲醛释放限量（GB 18580—2001）[S].

中华人民共和国国家质量监督检验检疫总局. 室内装饰装修材料溶剂型木器涂料中有害物质限量（GB 18581—2001）[S].

中华人民共和国国家质量监督检验检疫总局. 室内装饰装修材料胶粘剂中有害物质限量（GB18583—2001）[S].

中华人民共和国国家质量监督检验检疫总局. 室内装饰装修材料木家具中有害物质限量（GB18584—2001）[S].

[2] 建设部标准定额研究所. 特殊教育学校建筑设计规范（J6J76—2003）[S]. 北京：中国建筑工业出版社.

[3] 国家质检测总局. 学校课桌椅功能尺寸（GB/T 3976—2002）[S].

[4] 中华人民共和国教育部. 中小学理科实验室装备规范（JY/T 0385—2006）[S].

[5] 中华人民共和国建设部，教育部. 托儿所幼儿园建筑设计标准（JGJ 39—87）[S].

[6] 中华人民共和国建设部. 建筑与建筑群综合布线系统工程设计规范（GB/T 50311—2000）[S].

中华人民共和国建设部. 建筑与建筑群综合布线系统工程验收规范（GB/T 50312—2000）[S].

中华人民共和国信息产业部. 大楼通信综合布线系统（YD/T 926—2001）[S].

第 **3** 章　盲校教学专用仪器设备 ▶▶

　　视力残疾儿童与普通儿童在学习中既有共性，也有其特殊性，需要教师和学生在教学中采用不同的教育策略和教学辅助工具，才能更好地弥补他们的视觉缺失导致的认知障碍。这些设备与仪器是根据视力残疾儿童的身心特点选用或者设计开发出来的，要更多地利用触觉、听觉来弥补他们的视觉缺失导致的认知障碍，并通过特殊的学习辅助用具进行书写表达记录。近年来，随着视障教育理念的不断发展和技术的进步，辅助工具为视力残疾儿童在学业上取得成就提供了越来越多的可能。成为他们在学习过程中不可缺少的辅助工具，为盲校正常的教育教学提供了保障，这些专业设备与仪器的配备可以为视力残疾儿童完成国家规定的学业提供保障，为视力残疾儿童在学校中自如地生活提供保障，并为视力残疾儿童康复训练提供条件。

　　教育部《盲校义务教育课程设置实验方案》（以下简称《方案》）中对盲校的教育教学所开设的课程进行了具体的规定，课程内容涉及人文与社会、语言与文学、体育与健康、数学、科学、艺术、技术、康复、综合实践活动等九个学习领域。其中涉及的设备和仪器中的一部分可以与普通中小学所配备的各科专业设备与仪器通用，也有一部分为盲校专用，因此将盲校教学仪器设备分成两类，即通用仪器设备和盲校专用仪器设备，在本章中主要论述的是盲校专用仪器设备，根据其不同作用和用途，分为以下 7 大类，即：

- 盲用书写、绘图、计算工具
- 低视力助视设备
- 行走引导及辅助设备
- 康复训练设备
- 盲用电脑、软件及移动存储设备
- 教学辅助用具

• 盲文、图印刷设备

在下面的内容中将进行分节论述。

第一节 盲用书写、绘图、计算工具

盲生需要利用触觉代替视觉来对文字进行感知，因此盲人需要一种特殊的书写和阅读的系统，这就是盲文。

现代通用的盲文书写体系是 Louis Braille 于 1829 年创立的。它的基础单位是"方"，每一"方"由 2（列）×3（行）6 个凸点组成，通过不同点位的组合形成不同的字母和符号。盲文的发明和使用是视障教育史上的一件大事，盲文的书写需要特殊的专用工具。

盲生在进行绘图时也需要一些特殊的工具，在绘图用纸上画出凸起的线条使盲生能够感知。

视力残疾儿童使用的计算设备与通常使用计算设备的原理相同，同时根据视力残疾儿童的特点进行了改进，突出了语音功能、操作简便、可视性强等功能。

在本节的内容中，我们将对目前盲校常用的各种书写、绘图、计算工具进行介绍。

一、盲用书写工具

（一）盲板（笔）

1. 设备用途

盲板（笔）是一套视力残疾儿童用于书写盲文的主要工具。具有体积小、携带方便、噪声较低、价格低廉等特点，学生可以根据自己的书写习惯选择合适的盲板类型。

2. 设备构造

盲板由上下两部分构成，两部分之间以轴相连。上部分为多行多列镂空方格，每个方格左右内侧壁各有 3 个凹槽与下方板中的圆形凹点对应，同时在上方板的四角处分别有一圆孔，与下方板的凸起相对应，以起到固定盲纸的作用。下方板则为多行多列与上方板中镂空方格相对应的每方六点位的圆形凹点，同时在下方板的四角处分别有一凸起，与上方板的圆孔相对应。

盲笔长度约为 6 厘米，上端为球形或 Y 形，中段为圆柱，下端为 1.5 厘米的钝头不锈钢针。

3. 常用规格

盲板常见的质地有塑料、铝合金、铜三种材料。

目前国内常用的盲板规格主要有 4 行板（4 行×28 列），6 行板（6 行×20 列），9 行板（9 行×28 列），27 行板（27 行×30 列）。国外还有根据使用需求设计的多种式样的盲板，可见下图。

我国使用的盲纸由未经漂白的硫酸盐木浆制成，每平方米 100～125 克，棕褐色，常用规格有单页和信息纸两种。其中单页纸主要用于日常盲文的书写和打印，包括 8K 和 12K 两种大小；信息纸主要用于连续打印，长 30.5 厘米，有效打印宽度为 25 厘米，左右两侧各有一条宽约 1 厘米可裁边缘，布有小洞，用于与打印机转动带上的凸起连接。盲文纸张的韧性和弹性均较强，不易折断，写出的盲点不易破点，并不易压平，可以反复触摸和存放，触摸的手感较好。

4. 使用方法

使用时，将待书写的盲纸放置在盲板的上下部分中间，用力压紧，将盲纸固定，使用盲笔按照由右向左，由上向下的方向进行书写。阅读时将盲纸从盲板中间取下，翻面按照由左向右，由上向下的方式进行阅读，即通常所说的"反写正读"的盲文读写规则。

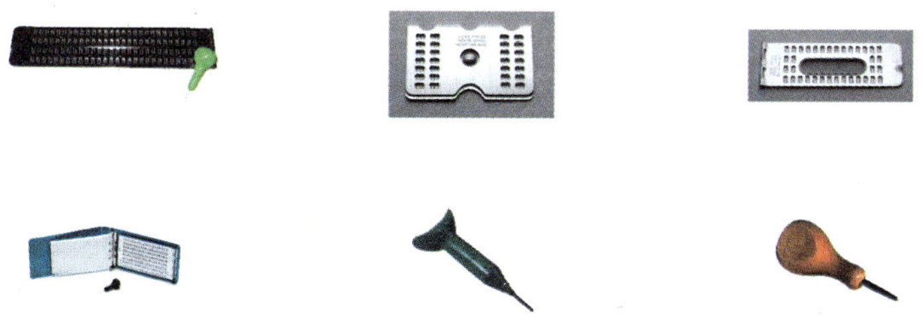

图 3-1　常用的盲板、盲笔

（二）盲文打字机

1. 设备用途

盲文打字机是视力残疾儿童用于书写盲文的主要工具之一，可以帮助学生快速地对盲文进行书写。

1951 年，柏金斯盲文打字机面世，相对于传统的盲板、笔，盲文打字机具备速度快、省力、字迹均匀清晰规范、操作简单、正写正读便于理解等优点。目前许多国家的低龄学生通常利用盲文打字机进行盲文学习，随着年级的升高，学生开始逐渐学习使用盲板（笔）和便携式盲用电脑设备。这与我国目前的情况有较大的差别，我国盲校通常在学生初期教授盲文时使用盲板（笔），而在高年级开始练习使用盲文打字机。这种情况可能与打字机引入国内的时间较晚有关，也与打字机体积较大、不便于携带、价格昂贵、维修困难，盲生很难保证在学校和家庭中都能够有该设备使用有关。

目前国内许多盲校已经为学生配备了盲文打字机，并根据学生情况为其配备适合他们自身情况不同种类的打字机，并开始探讨盲文打字机与盲板（笔）在盲文学习中的差别和利弊。

由于目前我国国内无厂家生产盲文打字机，需要从美国或德国进口，盲文打字机的价格普遍较贵，便携型每台约 3 000 元，机械型每台 4 000～5 000 元，电子型每台约 25 000 元，且维修有一定困难，在很大程度上影响了打字机的普及。

2. 设备构造

盲文打字机根据原理可分为机械式和电子式两类，其中机械式又分为手动式、电动式两大类，根据使用特点又可以分为标准型、轻触型、大点字型、便携型、单手型等多种类型，根据使用人的不同情况和使用目的的不同可以选择不同类型的打字机，其主要构成部分如下。

（1）按键：包括换行键、空格键、退格键，点位键（以空格键为中心，左侧由右向左依次为点位 1、2、3，右侧由左向右依次为点位 4、5、6）。

（2）运载杠杆及压印头：运载杠杆与压印头以由左向右的方向进行运行，按照使用者按下点位键的情况在盲纸上刻印出相应的点位。

（3）进纸旋钮：通过旋转进纸旋钮可以将盲文纸送入机器中，左右各一，向自己方向旋转为进纸，反之则为退出纸张。

（4）松纸杠杆和松纸开关：通过关闭松纸开关，使机器内部的松纸杠杆夹紧，起到固定盲纸的作用，而打开松纸开关后，则可以释放盲纸。

3. 常用规格

目前我国使用的盲文打字机主要有美国产柏金斯盲文打字机，中德合资马尔堡盲文打字机，多为手动盲文打字机，有的盲校开始为多重残疾的学生配备电动式和轻触型打字机。下面我们对不同打字机的使用特点进行分析。

机械盲文打字机

单手型打字机：适用于只能用单手操作的使用者，它与标准型在外观上基本相似，但是在使用时它添加了一个功能，即用单手按下右侧的点位后，压印头可以被锁住，等到再添加了左侧的点位或按下空格键后，压印头才被同时释放形成完整的一方字母。

轻触型打字机：可有机械型和电动型，与标准型相比，使用者可以仅使用 60％的力量即可完成打字，适合于儿童及力量较弱的成人，其中的电动型更适用于需要长时间使用机器书写的学生。

大点字型打字机：可有机械型和电动型，与标准型相比，这类打字机提供更大的点字和更宽的间距使有触觉问题的人能够使用。

便携型打字机：这类打字机尺寸小、携带方便、使用时噪声较低，书写时可以使用较小尺寸（A5 或 A6）的通用纸张，在外出时非常适用。

电子盲文打字机

美国 Quantum 公司生产的 Mountbatten 电子盲文打字机与机械盲文打字机相比，使用起来更为方便，它不但可以打印盲文，同时也可以将录入的文字读出或者将语音保存在机器中用以提示，当与电脑进行连接时，还可以进行电子文档的保存和提取，使教师和学生的交流更为容易和方便。

4. 使用方法

各式盲文打字机的共同特点是可以同时按下多个盲点，使任何盲符均可一次完成，提高了书写速度。一般来说，打字机打出的盲文点字正面朝上（正写正读），这利于使用者在书写的过程中进行检查和修改。

图 3-2　机械盲文打字机　　　　　图 3-3　电子盲文打字机

二、盲用绘图、测量工具

盲用绘图、测量工具是视力残疾儿童进行绘图、测量所使用的基本工具，是视力残疾儿童学习数学等学科时的主要辅助学习工具。

（一）盲用直尺

1. 设备用途

盲用直尺是视力残疾儿童对直线进行测量以及进行直线绘图时的基本工具，使用盲文的学生均应配备。

2. 设备构造

常用盲用直尺长 21 厘米，宽约 3 厘米，有效测量长度为 20 厘米，直尺上每 0.5 厘米有一凸起标识，同时在直尺前端的相应位置上有凹槽标识，直尺面上按照每 2 厘米的规律标识盲文数字。

常用的盲用直尺主要有塑料和不锈钢两种材质，塑料制品价格较为低廉、质量较轻、容易携带、安全性强，但用力过大或受挤压时可发生断裂；不锈钢制品不易损坏，但质量较重，安全性略低于塑料制品。

3. 使用方法

将直尺 0 刻度放至需要测量的线段的一端，并将直尺边缘沿线段放置，即可对凸起线段进行测量；在下衬橡胶板的盲纸或塑膜纸上，将直尺的 0 刻度放至需要绘线段的起始点，即可用盲笔沿直尺边缘划出所需长度的线段。

（二）盲用三角板

1. 设备用途

盲用三角板是视力残疾儿童对角进行测量及绘图时的基本工具，使用盲文的学生均应配备。

2. 设备构造

盲人专用三角板为塑料材质，每套包括等腰直角三角板和 30 度角直角三角板各一。

等腰直角三角板两直角边有效测量长度为 11.5 厘米，30 度角直角三角板两直角边的有效测量长度分别为 16 厘米和 9.5 厘米。三角板直角边上每 0.5 厘米有一凸起标识，同时在边缘的相应位置上有凹槽标识，面上按照每 2 厘米的规律标识盲文数字。

3. 使用方法

将三角板的 0 刻度放至需要测量的线段的一端，并将直尺边缘沿线段放置，即可对线段进行测量；在下衬橡胶板的盲纸或塑膜纸上，将三角板的 0 刻度放至需要绘线段的起始点，即可用盲笔沿直尺边缘画出所需要的线段，并可绘制出特殊度数（如 30 度、45 度、90 度）的角。

（三）盲用量角器

1. 设备用途

盲用量角器是视力残疾儿童对角进行测量及绘制时的基本工具，使用盲文的学生均应配备。

2. 设备构造

盲人专用量角器主要为塑料材质。直径 18 厘米，直径圆心处的内外边缘上各有一凹点以帮助定位，量角器的内外缘上各均匀分布 0 度～180 度凸起标识，每 5 度为一短线凸起，10 度则为中短线凸起，30 度为中长线凸起，90 度时为一长线凸起，量角器的外缘在相应刻度上有凹槽。

3. 使用方法

将量角器直径的外（内）侧凹缘放至所需要测量的角的顶点，将直径外（内）侧缘沿角的一边放置，在量角器的外（内）侧寻找角的另一边所对应的刻度即可得到角的度数；在下衬橡胶板的盲纸或塑膜纸上，将量角器直径的外（内）侧凹缘放至所需要绘制的角的顶点，以盲笔沿量角器直径的外（内）侧画出角的一边，在量角器的外（内）侧寻找所要绘制的角的刻度，并将其与角的顶点相连，即可绘制出所需角度的角。

（四）盲用圆规

1. 设备用途

盲用圆规是视力残疾儿童绘制圆时的基本工具，使用盲文的学生均应配备。

2. 设备构造

盲人专用圆规为塑料材质，中央支臂下为一尖锐铁钉，转动支臂下则为一钝头铁钉。

3. 使用方法

将盲人专用圆规中央支臂下的铁钉放置于需要绘制圆的圆心处并固定，调整转动支臂使其与中央支臂的距离为需要绘制圆的半径，转动圆规使转动支臂下的钝头铁钉与下衬橡胶板的盲纸或塑膜纸持续接触，即可绘制所需圆形。

（五）盲用卷尺

1. 设备用途

盲用卷尺是视力残疾儿童测量较长距离时的基本工具，使用盲文的学生均应配备。

2. 设备构造

盲人专用卷尺材质为塑料，方便进行折叠，根据需要有效测量长度有所不同，一般来说，卷尺中央部分每1厘米的间距处有一孔洞，一侧边缘每5厘米处有一凹槽标识，另一侧边缘每2.5厘米处有一凹槽标识。

3. 使用方法

将盲人专用卷尺的一端放于需要测量距离的一端，拉直卷尺至所需要测量距离的另一端，根据卷尺上的标识测量出相应的距离。

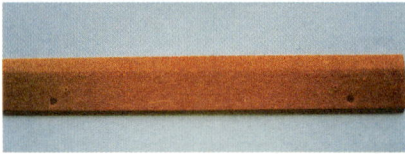

图 3-4　盲用直尺（塑料制）

图 3-5　盲用三角板（塑料制）

图 3-6　盲用量角器（塑料制）

图 3-7　盲用卷尺（塑料制）

（六）盲用绘图板

1. 设备用途

盲用绘图板可以让视力残疾儿童自行绘制几何、美术、地理课程中所涉及的图形，以及一些简单的示意图、位置图，从而对他们的学习及与明眼人之间的交流提供辅助。该类设备使用较为简单，能够为教学提供较好的辅助，但是目前该类设备国内尚无厂家生产，需要从国外进口，价格在2 000 元左右，可长期使用，一张 A4 塑膜纸的价格为 0.8～1 元，学校可根据教学的实际情况进行配备。

2. 设备构造

盲用绘图板主要由底板、衬垫、夹纸卡、绘图尺、导轨几部分构成，其中底板的材质为韧性塑料，按照规格的不同有不同的尺寸（如 A3 或 A4），底板上附有一层 1 毫米厚的硅胶衬垫，有一定的弹性，便于在塑膜上留下划痕。绘图板上的横向与纵向夹纸卡，可进行开启和锁定，保证塑膜纸的平整和稳定。可移动的绘图尺在导轨上可以进行纵向和横向的滑动，为画图提供标尺。

3. 常用规格

按照大小的不同可有不同规格，常用的有 A4 和 A3 等规格。

4. 使用方法

在衬垫上放一张塑膜纸，并用夹纸卡固定好，使用者一手持普通圆珠笔或盲笔，握笔稍倾斜，然后即可根据需要在绘图尺的定位下在塑膜纸上进行书写或绘图，另一只手的手指则可触摸到画出的线条。线条的粗细

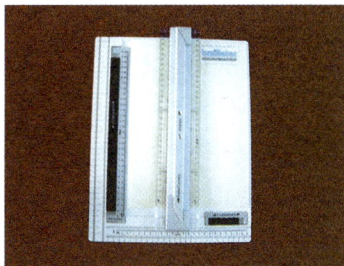

图 3-8　盲人绘图板

程度则取决于使用者握笔的姿势和运笔的力度，握笔越低平，运笔越用力，线条就会越粗。阅读时将塑膜纸取下后翻转，即可触摸到凸起的线条。

三、盲用计算设备

（一）语音计算器

1. 设备用途

供视力残疾儿童（全盲、低视力）计算使用，是视力残疾儿童常用的计算工具，计算器携带方便，操作简单，学生均可自行进行使用，同时价格也比较低廉，是盲校常用的教学辅具。

2. 设备构造及常用规格

语音计算器由键盘和屏幕构成。其中液晶屏幕可以显示计算答案，数字及功能键的面积比较大，便于视障者进行触摸；计算的同时具备语音播报、

错误识别和时间记忆、铃声提示等功能。

3. 使用方法

打开开关，在语音提示下进行运算。

（二）弱视计算器

1. 设备用途

供低视力学生计算数字时使用，是视力残疾儿童常用的计算工具，是盲校常用的教学辅具。

2. 设备构造及常用规格

弱视计算器由键盘和屏幕构成。其液晶显示屏幕面积大于普通计算器，可以显示放大的数字，使低视力学生能够容易看清；按键的面积比较大，便于视障者进行触摸。面板颜色设计有明显的对比，数字键、功能键、计算键分别以不同颜色标示以便于识别。

图 3-9　语音计算器

3. 使用方法

按普通计算器方法使用。

（三）盲用算盘

1. 设备用途

供视力残疾儿童计算使用的计算工具，盲用算盘携带方便、价格低廉、只要使用者熟悉普通算盘的运算规则即可熟练使用。盲校目前在小学阶段的数学教学中依然开设珠算课程，大部分的盲生能够较熟练地掌握算盘运算规则，珠算教学可以弥补盲生的视觉缺陷，减轻其学习多位数加减法、乘除法的压力，又是学生心算的重要基础。因此虽然目前市场上已有多种规格的电子计算器可供盲生使用，但是算盘仍然不失为盲生重要的计算辅助工具。学校应根据教学的实际情况进行配备，保证珠算教学的正常开展。

2. 设备构造及常用规格

盲用算盘的基本构造与普通算盘相似，根据视力残疾儿童的特点进行了改进，使算珠不易滑动，以免影响视力残疾儿童在使用时的定位。常见的盲用算盘根据规格的不同有算珠型、算板型，在大小上也有所不同，下面介绍的是其中一种算珠型盲用算盘的规格。

算盘长 15.5 厘米，宽 9 厘米，在底板和算珠之间有耐磨衬垫，使算珠不易移动位置，前面以横档将其分为上下两部分，上部为1行，下部为4行多列算珠，横档上分布凸起标识，便于盲生迅速判断出算珠的位置。

3. 使用方法

按照普通算盘运算方法进行计算。

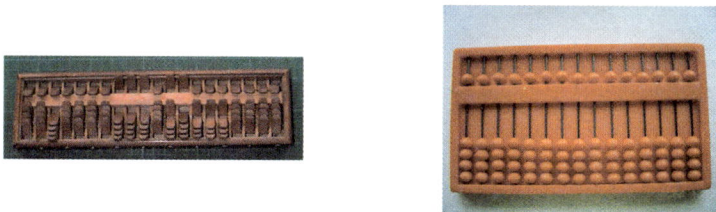

图 3-10　盲用算盘

第二节　低视力助视及训练设备

助视设备是指可以改善低视力学生视觉活动能力的一种装置或设备，广义上，低视力包括所有有剩余视力的视障者。

目前在盲校及随班就读的视力残疾儿童中低视力学生的人数不断增加，助视设备虽然不能给予他们正常的视力，但是可以使他们有效地使用现有的视力，帮助他们完成各种学习及日常活动。低视力学生需要通过专业人员的评估，选择适合自己的一种以上的助视设备，并经过专门的训练，才能够正确有效地使用这些设备。

低视力助视设备主要可以分为3类，即：光学助视设备、非光学助视设备及电子助视设备。低视力训练设备主要包括实力测试、评估设备，视功能训练设备，助视设备3部分。在本节内容中将进行详细论述。

一、低视力助视设备

（一）光学助视设备

光学助视设备是指借光学性能的作用以提高低视力患者视觉活动水平的设备或装置。根据其使用的目的不同，分为远用和近用两类。

1. 远用助视器

（1）设备用途

帮助视力残疾儿童看清远处物体和目标。经低视力评估后，每位需要的低视力学生均应配备适宜使用的远用助视器。

（2）设备构造

远用助视器的原理就是就是各种类型的望远镜，通过透镜折射光线使远处的景物变近变大。如放大 5 倍的望远镜可以使 10 米远处的目标变近到 2 米处，所观察的目标自然就增大到原来的 5 倍，与其相应的就是可观察到的范围缩小，使用者视野缩小。

（3）常用规格

常用远用助视器从形式上可分为单筒手持望远镜、夹式望远镜、卡式望远镜、双眼眼镜式望远镜、双焦望远镜等，常用放大倍数有 4 倍、6 倍、8 倍等。

（4）使用说明

①使用者可根据视力障碍的不同情况，在低视力门诊医师和学校低视力训练教师的指导下选择适合的助视器。一般情况下，双眼眼镜式望远镜的放大倍数多为 2.0～2.5 倍，每个镜筒均可进行调焦，以保证双眼的不同需求；单筒手持式望远镜和卡式单筒望远镜的放大倍数可为 7 倍或 8 倍，适合于只有单眼视力且视力损害较为严重的低视力患者。

②使用时，需要分清目镜和物镜，将目镜放在眼前，调整焦距和方向，使远处的物体能够清楚地呈现在使用者的眼前。

③望远镜的主要缺点是视野小，距离感扭曲，因此望远镜绝不能在运动中使用，而主要适合比较固定、移动范围较小和移动速度较慢的观察目标以及这类情况的场合。低视力学生经常使用望远镜在教室内观看黑板上的字和教师的动作，在宿舍观看电视上的节目影像，在室外看交通路牌、门牌、信号指示灯，在剧场观看演出或在赛场上观看比赛等。

④需要注意的是，由于进入使用者眼睛的光线减少，不适应较暗光线的视力残疾儿童使用有困难；同时由于望远镜的视野比较局限，初学者使用时不易寻找到自己需要的目标，需要进行使用训练。

2. 近用助视器

近用助视器是用来帮助视力残疾儿童看清近处物体的助视设备。低视力学生需要在经过评估后，在专业人员的建议下选择适合自己情况的近用助视设备。具体的训练方法见康复设备一节。

近用助视器也称为放大镜，其原理是将观察目标的外观予以放大，即增大目标在视网膜上的成像，从而提高人体对目标的辨别能力。使用时将所看物体放在物距处，即可使所看物体被放大的正立虚像处于人眼的明视距离附近。

常用的近用助视器有眼睛助视器、近用望远镜、手持放大镜、立式放大镜等，还有许多根据特殊需求而设计的放大镜。

（1）眼镜助视器

眼镜助视器形状为半月形，外观比较美观，使用者配戴后双手能够自由活动，头部活动也比较灵活，视野较大，是低视力学生阅读书籍时常用的近用助视器。它的屈光度数范围比较大，最常用度数为 8.00～24.00 屈光度，即将目标放大 2～6 倍。

眼镜助视器需在专业人士的指导下选配合适的屈光度，并在指导下进行训练后使用。使用这种助视器时，度数越大，阅读距离就越近。如戴上 +20.00 屈光度的近用眼镜助视器，其阅读距离大约仅为 5 厘米。使用者需连续将阅读材料移近和远以找到焦距，在寻找目标时可以使用手指作为指引以方便找寻目标，或者使用裂口器帮助阅读。

有的眼镜助视器镜片的上下部分别有不同的功能，我们称其为双光眼镜，使用时，使用者可以通过上部分的镜片看清较大的字，而通过下部的镜片看清较小的字体，避免随时更换眼镜的不便。

（2）近用望远镜

近用望远镜结合了望远镜和放大镜的原理，它是在望远镜的物镜上加一个不同度数的正透镜，这种装置又被称为"阅读帽"。

与眼镜助视器相比，二者放大倍数一样，但是使用近用望远镜阅读或工作的距离稍远，因此方便低视力学生进行稍远距离的操作时使用，如电脑操作、劳动技术操作等。它的缺点与一般远用望远镜一样，即看到的范围比较小，找寻目标比较困难。

近用望远镜需在专业人员的指导下选配合适的屈光度，并在低视力训练教师的指导下进行训练后使用。

（3）手持放大镜

手持型的放大镜是低视力学生阅读时经常使用的助视设备，具有携带方便、使用简便的特点。它通常由镜片和手柄构成，有多种放大的倍数和形状。它的常用倍数由 3 倍到 10 倍不等，有带柄圆型、带柄方型、折叠型等多种不同形状。同时，根据使用者的需要，部分手持放大镜同时配有灯光辅助照明功能，通过装在手柄中的电池和镜片边缘处的灯可以提供一段时间的辅助照明。

使用时需要注意将放大镜从所读物体上逐渐移向使用者方向，以取得满意的放大率，并注意固定放大镜和读物之间的距离，当使用有内置光源的手持放大镜时，要注意调整光源，避免光线直射入眼或产生反光、暗影等影响视物效果的现象。

（4）立式放大镜

立式放大镜主要由镜片和立式框架两个部分构成，有折叠立式放大镜、台式放大镜等多种规格，部分立式放大镜同时具备灯光辅助照明功能，常用的放大倍数从 4 倍到 10 倍不等。

当使用者不能保持物体与放大镜之间的距离，或需要一边阅读一边书写时，可选用立式放大镜。使用者配戴合适的眼镜并调节放大镜的底面以保证自己获得满意的放大率、视野，当使用有内置光源的立式放大镜时，要注意调整光源，避免光线直射入眼或产生反光、暗影等影响视物效果的现象。

（5）其他各式放大镜

根据使用者的不同需求，还有多种不同类型的放大镜，如直尺式放大镜、平置式放大镜、镇纸式放大镜等，常用的放大倍数在 2～3.5 倍之间。根据使用者的视力情况，选择合适放大倍数的放大镜，并进行如何顺序移动放大镜以进行阅读的训练。

需要说明的是，即使是同一种眼病，每个人使用的光学助视器也可能是不同的，低视力学生需要根据自己的实际情况学习使用不同的助视器以期望取得最好的效果，每个人通常需要准备不同的助视器应用于不同的场所，如一个儿童可能在阅读放大材料时使用眼镜，在做手工需要双手操作时使用立式放大镜，在看黑板时则使用单筒望远镜，或

图 3-11 折叠手持放大镜

者有的儿童需要在配戴眼镜后再配合使用放大镜，这也说明了低视力学生必须学习在不同场合如何进行选择助视器，并在学习和生活中积极有效地使用它们，学会正确使用和保护自己的助视设备，同时克服因此而带来的不便。

（二）非光学助视设备

非光学性助视设备则是指通过改善周围环境的状况来改善视功能的各种设备或装置，如照明改善、可调式阅读支架、低视力助写板、大字印刷材料等，范围非常广泛。

1. 照明灯：视力残疾儿童使用的照明灯必须采用高频闪护眼灯具，包括教室中的照明灯、台灯、落地灯等，台灯及落地灯的灯臂应为可调式，以保证使用者可以根据其需要进行调节。

2. 可调式阅读支架：通常由底板、面板及支架构成，使用时将需要阅读的材料放置在面板上并进行固定，根据使用者的需求调整支架使其固定在适于阅读的位置上。

3. 低视力助写板：通常由塑料垫板和带格框板组成，也可仅为带格框板，根据其不同的使用目的而有不同的规格尺寸，使用时将书写用纸放置于塑料夹板和带格框板之间，或放置于框板下方，低视力者即可在框内进行定向书写。

4. 大字格作业本：不同大小字格的作业本，以适应学生不同的使用需求。

5. 各色彩笔：各种颜色和粗细规格的书写用笔，以适应学生对色彩和笔迹粗细的不同需求。通过使用不同颜色和不同粗细程度的彩笔书写，便于受训者选择适合于自己的书写方式。

（三）电子助视设备

1. 闭路电视放大设备

闭路电视放大设备是通过摄像机将所需看的资料传送到电视或电脑屏幕上，并加以放大的助视设备。这类产品主要用于近用目标的放大，但是也有部分可兼有近用和远用助视器的功能，是近年来发展迅速的一类助视设备。

传统的闭路电视助视器由摄像机、显示器和可上下或左右推拉的平台（X－Y平台）几部分构成；现代的电脑助视器主要由摄像系统、电脑系统、图像放大处理软件、X/Y滑动台等部分构成。其基本的原理相似，主要是在接收处理系统上有了比较大的发展。相对来说，电脑助视器的功能更为强大，主要表现在可选择调整的内容更多更灵活（如图像模式、字与背景的颜色等），并且具备储存功能，将所阅读的资料同步传输至电脑中保存和使用。

这些助视器可以单人使用，电脑助视器可以通过系统与教师机相连，使教师能够随时观察到学生的表现，提高课堂教学的效率。

（1）常用规格

该类助视器有多种种类，如功能上有单纯近用，亦有兼顾近用和远用两种功能的；形式上有 X－Y 滑轨式（台式）、便携式、袖珍式、头戴式等，可根据使用者实际情况进行选用。

国外的该类产品主要有：SmartView Xtend 助视器；MyReader 自动阅读型电子助视器。这类助视器性能稳定、功能先进、能够较好地弥补低视力学生的视功能缺陷，但是价格较为昂贵。

近年来，一些科研单位与商家正在开发我国的各种自发产品，以满足我国低视力者的需求，如杭州联正科技有限公司开发的瑞杰珑便携式电子助视器及各种台式助视器，北京国宏康医疗电子仪器有限公司开发的帝助系列助视器。相比于国外的各型助视器，国产产品整体性能略弱，但是价格比较便宜，能在一定程度上解决低视力学生的助视需求。

（2）使用说明

台式电子、电脑助视器的摄像系统一般为固定焦距、手动微调，使用者将视物对象放于 X/Y 滑动台上，摄像系统即将相应的图像呈现在屏幕上，一类产品是摄像系统直接或通过视频转换盒与电视屏幕连接（即电子助视器），还有一些产品是摄像系统与电脑主机相连接（即电脑助视器）。

使用时使用者可以根据自己的视力情况选择放大的范围及图像显示的模式。通常放大的范围可以由 4 倍至 32 倍，也有些产品可以放大更大的倍数，但是需要注意的是，过大的倍数可以影响使用者对观察图像的整体认知，也会使阅读的速度降低；图像显示的模式则主要有彩色、黑白及负片三种模式，如果是电脑助视器，选择的可能性会更大，使用者可以随意设置并保存字体的前景色/背景色。

这类设备的优点是使用方便、功能强大，如果不希望使用 X/Y 滑动台，还可以更换摄像系统，如一些产品使用摄像头，与电视进行连接或者在普通电脑中安装相应的驱动软件，即可实现上述的所有功能，而不需要重复购置现有的其他设备。这些摄像头可有落地式、手持式，还有一些产品将摄像头与多功能鼠标相结合，使用起来十分方便。其中有一些产品可以兼有近用和远用助视器的功能，学生在课堂上使用时，通过调节摄像头即可满足两种不同的需求，是教学中比较理想的辅助用具。

此类设备最大的缺点是比较笨重、不易携带，因此，这类设备通常适用于较为集中的学习场所。因此，针对这种情况，已有一些便携式电子、电脑助视器被开发，此类设备的原理与台式相同，其主要的特点是可以进行折叠后便于携带，从而使其应用范围更大。由于现在电脑的飞速发展，部分产品已经开始选择手提电脑来替代以往的电视或电脑主机和屏幕的工作，使便携式设备在携带上更为方便灵活，功能也更为强大。

2. 袖珍式电子助视器

袖珍式电子助视器主要采用光学放大与电子放大相结合的技术，将阅读对象放大，使用者可以根据自己的需求调节放大的范围和显示模式。放大范围可以从 4 倍到 32 倍不等，但是受到助视器本身屏幕的限制，过大的放大倍数明显不利于阅读，因此一些产品同时内置视频输出接口，可将通过连接线将画面外接至电脑屏幕或其他大屏幕显示输出设备上，满足不同场合的特殊需要；显示模式一般有彩色、黑白及负片等。

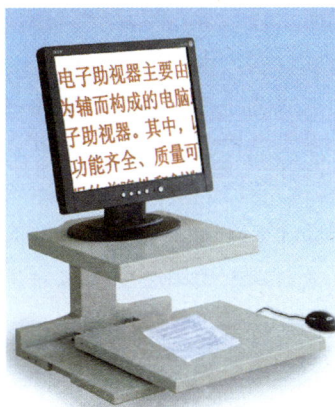

图 3-12　电子助视器

这类助视器通常采用折叠式一体式设计，可以保持助视器和阅读物之间的距离，并支持书写模式；内置式充电电池，即可外接电源，也可在无外接电源的情况下提供几个小时的工作时间；内置光源，在暗环境提供照明；部分产品还可以内置存储芯片，可将显示的画面定格，便于移动阅读，并可直接通过 USB 与电脑相连接，将所保存的资料同步传输至电脑中保存和使用。

这类助视器的最大优点就是重量轻、体积小、便于携带，较好地克服了放大镜观看物体时边缘扭曲变形的缺点，并且可以提供不同的放大倍数及阅读模式。

3. 头戴式电子助视器

头戴式电子助视器主要由摄像系统及电子眼镜两部分组成，两者直接或通过连接线连接，使用时将眼镜带上并将镜头面向需要观察的对象，即可在眼镜

图 3-13　袖珍电子助视器

上观察到相应的图像，图像显示的模式及放大倍数可以进行选择，也可以连接计算机和电视机。

这类助视器可观察的视角比较大，可以根据使用者需要灵活调整方向，是一类较好的助视设备，但是长时间配带容易疲劳。该类产品国内目前没有生产，需由国外进口，价格较为昂贵。

随着科学技术的发展，低视力助视设备近年来有了很大的发展，在材质上趋向于轻、薄，不易碎，在技术上则更多地与电脑相结合，不但提高了产品的清晰度，也使操作更趋于简便，这些改进使以往低视力者使用助视设备时的不适感得以改善，使用的时间也有所提高。目前，新的助视设备不断出现，国内助视器开发能力也不断提高，以往，电子、电脑类助视设备主要依靠进口，高昂的价格使国内使用者难以承受，但是近年来，国内许多科研单位开始开发此类产品并取得了很多成果，相对于国外产品来说，较低的价格使低视力学生使用此类助视器成为可能。

二、低视力训练设备

（一）设备用途

是为低视力儿童提供视觉康复训练时所需要的训练设备，通过康复训练可以帮助低视力儿童提高功能性视力，即用眼视力，是盲校重要的康复训练内容。

（二）设备组成

低视力康复训练设备主要包括：视力测试、评估设备，视功能训练设备，助视设备三部分，其中：

视力测试、评估设备包括远视力测试表、近视力测试表、反差视力测试表、放大倍数需求测试表、低视力测试柜、低视力测试箱等设备。

视功能训练设备包括水柱灯、光箱（配材料）、各类训练用灯具、二维视力跟踪训练器、环形视觉跟踪训练器、视野训练器、感应式视觉训练器、闪烁光视觉训练器、视知觉训练材料、眼手协调类训练材料、视动协调类训练材料、视听类训练材料、放松类训练材料等。

助视设备包括各类光学助视器（如单筒望远镜、双筒望远镜、眼镜式助视器、手持式放大镜、立式放大镜、镇纸式放大镜等），非光学助视器（如电子语音指南针、低视力助写板、大字格作业本、各色彩笔等）及闭路电视放大设备（CCTV）等。

（三）常用规格及使用说明

1. 视力测试、评估设备

（1）普通视力测试表：包括测定近视力和远视力测试表，可以根据视障儿童的情况选用成人型或儿童图形式。

（2）海瓦琳（Hyvarinen，M. D. ）远视力测试表：用于测试远视力，可有成人用数字式、儿童用图形式。认识数字的儿童可采用数字型测试表，不认识数字的儿童则可使用图形型测试表。通过测试表可以进行单眼和双眼的远视力测试。测试时使被测者站在距视力表 3 米处，由上而下分别测试两眼可以看清楚的行数，对应视力表上确定被测者的视力情况（每行必须认出三个才为通过）。如被测者站在 3 米处不能看清第一行的数字或图形，则让被测者逐渐前行至能看清为止，此时测量被测者和视力表之间的距离，按照下面的公式进行折算，即：

被测者视力＝实际距离（米）/3（米）×测试视力

（3）海瓦琳近视力测试表：用于测试近视力，可有成人用数字式、儿童用图形式。认识数字的儿童可采用数字型测试表，不认识数字的儿童可使用图形型测试表，可以进行单眼和双眼的近视力测试。测试时让被测者正坐，眼睛处于距离视力表 40 厘米处（视力表左侧有一段长 40 厘米的标志绳，可以用于确定被测者和视力表之间的距离），由上而下分别测试两眼可以看清楚的行数，即可对应行右侧提供的视力值获得被测试者的近视力情况。如果测试距离小于 40 厘米，则按照下面的公式进行计算：

被测者近视力＝实测距离（厘米）/40（厘米）×测试视力

（4）反差视力测试表：反差视力是辨别背景与目标物体的前提条件，反差视力很差的人寻找和搜寻目标会存在着较大的障碍，即使视障者的视力能够看到一定大小的观察物体，但当观察物体与背景的颜色相近时，该视障者也很难寻找到这个物体。测量视障学生的反差视力可以为今后他们学习时使用的纸张和书写用笔之间的反差程度提供依据。反差测试表即可提供多种反差度的测量，用于测量学生的反差视力。

从卷尺的 2 米刻度起，依次在如下刻度上做对数标记并分别标为 0 到－7。即：

刻度	2米	1.6米	1.26米	1.0米	0.8米	0.63米	0.5米	0.4米
标记	0	−1	−2	−3	−4	−5	−6	−7

标准测试距离为 2 米，摆放对数卷尺时 0 刻度位置为被试者站立位置，2 米刻度为测试者所持测试卡的位置，测量从最大视标开始，从正常反差测试卡测起。测试时应注意在 2 米处测量找出能辨认的最小正常反差度的 C 环（以连续 3 次成功辨认开口方向为准）；在原地出示相应的低反差 C 环，若看不清，则测试者适当前移，直至能正确辨认开口方向为止，此时测试卡所对应的卷尺上的对数级别即为反差视力的级数。

如果在 2 米处不能辨认正常反差的最大 C 环，则测试者适当前移直至刚好能辨别为止，此时记录测试卡所对应卷尺上的对数级负值；在原地出示相对应的低反差 C 环，看被试者是否能正确辨认其开口方向，若看不清，测试者可往前适当移动，直至看清为止；此时记录测试卡所对应的卷尺上的对数级，将第二次测得的对数级减去第一次记录的对数级，所得即为反差视力的级别。测试结果为 0、−1、−2、−3 级为正常；−4、−5、−6 级为反差视力受限；−7 以上级为反差视力严重受限。

（5）放大倍数需求测试表：该测试表提供多种字号的对比，与电脑用字体号统一，便于描述低视力学生使用字号，符合国际标准。测试时，让受测者在测试表中选择自己能够看清楚的数字，并记下对应的字号，即可为受测者提供学习所需的相应字号。

（6）格栅测试表：由多张不同宽度的纵格条图纹构成，每一黑白条纹为一组，考察儿童对黑白宽度对比的反应情况。这是为不能正确表达自己视力情况的幼儿使用的一种简易测试表，主要依靠测试者对受测者的观察来完成，使用时，测试者将绘有不同宽度的格栅表依次在受测者面前出示，并仔细观察受测者对此的反应，加以记录。

（7）低视力测试柜：含各种常用测试表及常用助视器，用于对视障儿童的视力状况的综合测试。

（8）低视力测试箱：含各种常用测试表及常用助视器，为便携式，用于对视障儿童的视力状况的综合测试，由于该设备便于携带，所以常用于低视力康复教师外出测试指导时使用。

在测试视力时，所需要特别注意的方面有：

（1）被测者站位或坐位时均不能背对光线以免使测试卡面光线过暗，影响测试的结果；

（2）被测者也不宜直面光线以避免产生眩光；

（3）测试者所用的指示棒应与图卡色彩对比强烈，使被测者能够明确需要自己观察的内容；

（4）测试时要根据学生的反应来调节测试的距离，可以观察和估计学生的大致情况选择从比较近的位置开始测量，使学生增加信心来配合测试，然后再逐渐往后移增加测试距离；

（5）学生在不同时候所测结果可能出现不一致的情况，这可能有其随机的因素，也有可能是视觉疲劳引起的，相对于普通儿童来说，视障儿童的眼病更容易使他们的眼睛疲劳，因此每次测试时间不宜太长；

（6）测试者在测试过程中应注意采取积极肯定、鼓励的口吻以增强被测者的测试信心，在确定测试结果时如果一行正确的不超过三个则应以上一行结果为准，同时在测试过程中要排除学生身体前倾因素，时时观察和记录实际的测量距离。

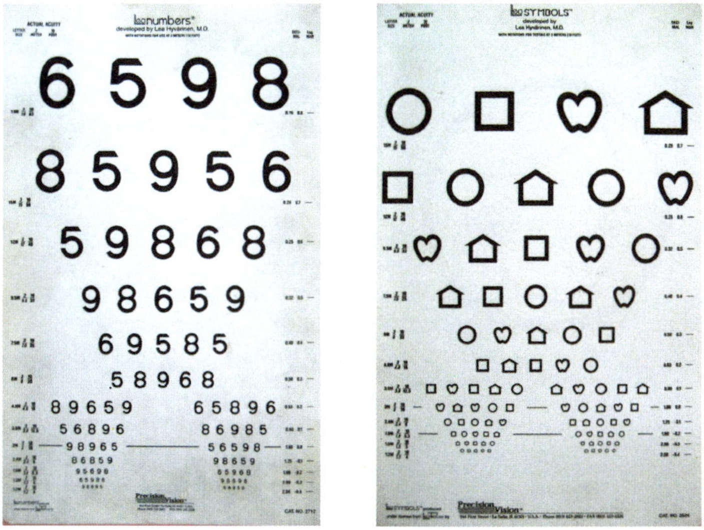

图 3-14　海瓦琳远视力表（数字型及图形型）

2. 视功能训练设备

（1）水柱灯：是可提供多种颜色变化和水波变化的灯具，需在暗室环境下使用，用于视觉追踪、注视和放松训练。

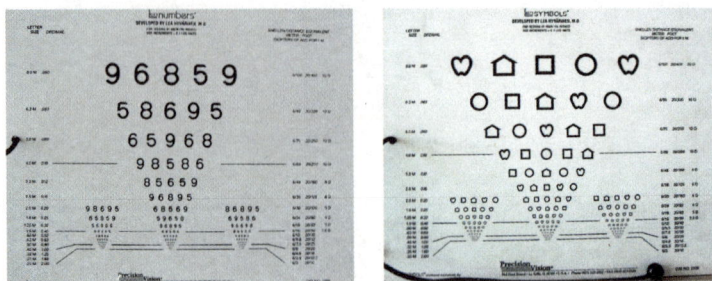

图 3-15 海瓦琳近视力表（数字型及图形型）

图 3-16 格栅测试表

图 3-17 图形的反差视力测试表

（2）光箱（配材料）：光箱一般由一个底光箱和一个侧光箱组成，可控制角度，两个光箱打开放平后又可形成一个大光箱，可以放置较大较重的物体进行观察，光照度可进行调节。该设备需要在暗室中使用，将被观测物体放置在光箱上，训练低视力学生观察物体底面和侧面的轮廓。

（3）各类训练用灯具：包括霓虹灯、镭射灯、电筒、小彩灯、流水灯等不同发光类型的灯具。在暗室中，利用不同的灯具，根据训练的要求，设计

图 3-18　低视力助视器配镜箱

追踪、寻物等训练，加强低视力儿童对光的感知和各种视觉能力的训练。

（4）二维视力跟踪训练器：由 10 个循环发光的小光源组成，可以控制改变光源运动的路线（如横线、竖线、斜线、曲线等运动路线）和速度。

（5）环形视觉跟踪训练器：具有五种色彩光源，通过改变光杆长度，设定循环发光的形状及大小，并可控制光源运动的速度。这两种训练器在使用时都是通过控制不同的灯柱进行发光，让受训者利用视力对这些光柱进行追踪。可以根据受训者的实际情况设计不同的由易到难的训练方案，提高他们的视觉追踪能力。两者相比较，二维视力跟踪训练器更倾向于训练视力的左右追踪能力，而环形视觉跟踪训练器则倾向于视力的圆周性的追踪能力，因此这两种设备适宜配合进行训练。

（6）视野训练器：这个设备是在半球体内，设置垂直的 X 轴和 Y 轴，由中心向四个方向扩散放置 88 点光源，视野范围从 0 度到 165 度，光的强度和色彩可控，这个设备既可以用于测定受测者的视野范围，又可以对其进行训练。

（7）感应式视觉训练器：由 5 个可以任意放置位置的感应式光源组成，当外力触及其中一个发光光源，该光源即可自动关闭，同时自动开启另外一个光源，从而循环反复进行工作。训练，将 5 个感应式光源根据受训者的训练目的作为训练目标进行放置，受训者即可自行进行练习，用于训练视障学生的视觉追踪能力。

（8）闪烁光视觉训练器：由可变色的发光源构成，闪烁频率可以进行调节。训练时，通过设计不同训练级别，加强对眼的色彩刺激，提高对不同颜色光的敏感度。

（9）指南针：该设备是盲校低视力康复训练和定向行走训练均可使用的训练设备，可分为触摸和语音式。其中语音式的结构包括传感器、微处理器、连接微处理器的信号装置、语音播报电路、信号放大电路等。传感器经过微处理器进行逻辑控制和数学运算，采集处理成角度，同时提供数字显示接口和语音播报电路接口，分别把音频数字信号和数字显示信号输出到显示器和语音电路，再通过信号放大驱动扬声器发出声音，在显示角度的同时也以语音的形式报出方位角度。利用该设备，可以使受训者的听力和视觉能力同时得到训练。使用时将语音指南针水平放置，使指南针进入正常工作状态后，即可随着行进方向的变化随时播报相应的方位，显示器同时显示相应的角度。

（10）视知觉训练材料：包括色彩鲜艳的玩具、图片、贴画、书籍、大字材料等。

（11）眼手协调类训练材料：包括色彩鲜明的需要眼手协调的拼插、穿拆等玩具，如穿线板、串珠子等，这些材料能够训练视障儿童眼手协调、精细动作、小肌肉的运动能力。

（12）视动协调类训练材料：包括滑板车、平衡木等器械和玩具，该类材料可以借助视觉训练大肌肉运动能力。

（13）视听类训练材料：如有声图卡学习机等，训练视觉输入输出与听觉输出输入的统合，也可用于粗略地测查儿童的听力。

（14）放松类训练材料：包括彩色地毯、躺椅、儿童彩色帐篷、各种色彩鲜艳的玩偶等，这些材料是受训者在训练中出现情绪问题时情绪调整所需。

图 3-19 触摸式罗盘

图 3-20 语音式罗盘

（四）其他说明

低视力康复训练主要是针对低视力者的具体情况对其进行视功能的评估后为其配备适合的助视器，并针对低视力者不同的情况进行的功能性视力训练，盲校所面对的对象主要是学龄及学龄前的低视力儿童。这部分儿童认知能力较差，生活经验也比较少，在测试和训练的过程中都需要考虑到他们的年龄特点，设计简单易懂、有趣味性的方案，每次时间不宜过长，要符合儿童注意力集中时间短、易疲劳的实际情况。此外：

1. 盲校需要根据学校工作中参加低视力康复训练的学生数量及低视力康复室的面积等综合情况进行各种训练仪器的配备。

2. 由于对低视力儿童作出完善的视力评估是进行低视力康复训练的基础，因此，各种测试、评估用工具应尽可能完善并符合儿童的特点。

3. 盲校的低视力学生每人均应配备一套适合于自身条件的助视器（包括近用、远用）供日常使用，学校教室、机房、图书馆等公共区域中也应有完善的电子、电视、电脑助视器及放大软件供低视力学生使用。

第三节　定向行走引导辅助设备

盲校中的学生存在着不同程度的视力障碍，他们在行走时需进行特殊的引导提示。除在校园整体规划时需要按照相关规定铺设盲道对学生进行引导，在不同部位安装触摸或语音提示装置使学生能够清楚自己所在的位置以外，学生还需要使用一定的定向行走辅助设备，并经过专业的指导训练，以保证他们能够安全自如地在校园内行走，并为他们独立出行提供基本条件。目前视力残疾儿童最常用的导向工具是盲杖。

盲校中的部分多重残疾学生存在着更为严重的行走和移动方面的障碍，他们需要一定的辅助设备来完成室内、教室之间、校园内的移动，保障其正常的生活和学习，这些设备包括轮椅、各类助行器以及位置移动辅助器具。

一、盲杖

1. 设备用途

盲杖是视力残疾儿童定向行走的重要辅助用具，是视力障碍者为弥补视觉缺陷，出行时探试道路和在交通安全中起示警作用的用具。

正确地使用盲杖可以使视力残疾儿童获取到前面路面的信息，虽然这些信息有可能是不够完善的，但是经过恰当的训练后，它可以最大限度地使使用者远离障碍物并避免受到伤害。视力残疾学生应熟练掌握盲杖的使用，以保证他们在学校中和校园外不熟悉的环境中独立、安全、自如地行走，为他们真正意义上的融入社会提供基本的条件。

因此，视力残疾儿童应在指导教师的建议下，根据实际情况配备适合于自身的盲杖，并进行专门的定向行走训练。

2. 设备构造

盲杖虽然具有多种形式，但基本上是由以下 4 个部分构成的。

（1）腕带：也称杖带，是固定在盲杖顶端上的一个宽窄适宜或有松紧的套带。盲人持杖时可将杖带套在手腕上，以防盲杖脱落，不用时可用腕带将盲杖悬挂起来。

（2）手柄：也称杖柄，是盲人持杖时手握之处，位于盲杖的上端，其长度约 20 厘米。为了使盲人持杖行走时稳固抓握和便于对杖体的控制，杖柄的一面制成扁平状。

（3）杖体：是盲杖的主体部分，由重量较轻的硬质铝合金材料制成直径约 13 毫米的长杖体，上接杖柄下连杖尖，其长度可随盲杖的长度不同而不同。

（4）杖尖：是盲杖的远端，与地面接触的部分。多用耐磨的硬质尼龙或塑料制成，长度约为 8 厘米，上粗下细。

根据盲杖使用者自身情况的不同，盲杖使用的环境不同，盲杖的各个部分会有规格上的差别，如手柄有直柄、“7”型柄、弯柄的不同，杖体有直杖、折叠杖、伸缩杖的差别，杖体的长度根据使用人的高度不同而有所不同，杖尖根据使用的道路环境的不同也有很大的差别，有的是金属头，抗磨损性能较强，有的是弹簧头，遇到小障碍可以自动弹开，还有的是可沿着地面滚动的轮子或金属球。

3. 常用规格

目前盲人所使用的盲杖从形式上可以有弯把式盲杖、直段式盲杖、折叠式盲杖等多种规格；从使用用途上可分为一般盲杖和适用于盲聋人士使用的盲聋杖；在应用工艺上，有普通盲杖也有应用了现代高科技手段的多功能超声波、红外线电子盲杖。

盲杖的长度因持杖盲人的身高等指标不同而有所区别，一般长度在

105～150厘米之间，重量在 175 克左右。虽然，目前对学龄前儿童是否具备使用盲杖的能力还存在着争议，但是已经开始出现了一些针对他们的身体条件开发的小型盲杖，这些盲杖比普通盲杖更短、更轻也更细一些，有时这些儿童可以使用一些带有轮的玩具来帮助他们确定方向和障碍。

1964 年在美国通过的《国际白杖法》规定，盲杖的杖体应是白色或银白色并有统一规格的红色反光胶带缠裹杖体。单纯盲人使用的盲杖，在距手柄底部 9 厘米处缠裹着 30 厘米宽的红色反光胶带。兼有耳聋盲人使用的盲杖，则在距手柄底部 9 厘米处，用三段红色反光胶带缠裹杖体，每段胶带宽 11 厘米，各段胶带之间的距离为 9 厘米。

目前我国盲人所使用盲杖的标准是由国家技术监督局于 1997 年 7 月 29 日发布，并于 1998 年 2 月 1 日开始实施，该标准由 2 个分标准组成，即《GB16930.1 盲人手杖安全色标志》和《GB/T16930.2 盲人手杖规格与分类》。其中明确规定：

盲杖按其使用性质分为普通盲杖与盲聋杖，普通盲杖主体为白色，为增强醒目性另加一条与轴线垂直的环形红色条纹，红色条纹宽度 L1 为 70～100 毫米，位于全长上 1/3 处；盲聋杖外观由红白两色条纹组成，采用红白间隔与轴线垂直的环形条纹组成，红白间隔条纹宽度为等距，且 L2/n≥200 毫米，全长的间隔条数 n≥4 段。

盲杖按自身结构特点又分为固定式、折叠式、折叠可调式和伸缩式；根据使用对象可分为大、中、小 3 个号，大、中 2 个号质量为 m≤0.6 公斤，小号质量为 m≤0.4 公斤。

随着社会和科技的不断进步，目前所使用的盲杖标准已不能完全适应视障人士的需要，其中盲杖的材质、质量等已经成为影响其使用的重要因素。中国残联康复部和残疾人辅具资源中心正在就原标准进行修订，新的标准研制中在部分参数方面进行了调整，如增加了盲杖安全色标准中的红色条纹宽度，并对盲杖的手柄结构、材质，支脚的材质，盲杖的弯曲和疲劳强度等方面进行了详细的要求，并准备将智能部件和安装要求列入标准中。

目前国内开发的超声波电子盲杖为 KLF－ZNZ1 型多功能超声波电子盲杖，这种盲杖具有超声波障碍物探测、语音报时、闪光警示等功能，其探测距离为 3 米，探测角度为 60 度，探测到障碍后，可以进行声音和震动提示；国外也有一些不同的电子探测仪器，其中的一些产品可以单独应用，如激光束盲杖，还有一些产品需要与标准盲杖结合使用，如定向行走训练器可以安装在普通盲杖上，声波向导则戴在头上对使用者进行提示。

普通盲杖目前仍然是视障者主要使用工具，随着现代技术的发展，盲杖的材质发生了很大的变化，主要表现在能够使盲杖更轻便也更坚固耐用。视障者会长期使用盲杖，轻的质量会使他们的手腕和手臂不容易感到疲劳，坚固耐用的材质则使盲杖不宜磨损，更好地探测地面，在这些方面，国内生产的盲杖还有许多需要改进的地方。

4. 使用方法

(1) 一般盲杖的使用方法

①一般常用的持杖方法有"直握持杖"和"斜握持杖"两种，其中：

直握持杖，简称"直握法"，是盲人持杖手虎口（拳眼）向上握住杖柄，使杖体垂直于地面，探知脚前路面情况的一种握杖方法。直握法持杖多在雪后、泥泞、破碎路面和探索台阶、楼梯时使用，又有"握拳法"和"握笔法"之分。

斜握持杖，简称"斜握法"，是使盲杖与持杖手臂连成一体的持杖方法。这种方法是把盲杖作为手臂的延伸，使杖尖能探索前一步及左右地面的情况。

②常用的持杖探索方式有直握持杖探索、斜握持杖探索两种。持杖探索是指盲人凭借杖尖划动或点触地面发出的声音，以及杖体震动的传感，获得路面质地、边缘路线及障碍物等信息。

③常用的持杖行走可采用"两点式触地"和"三点式触地"的探索方式，其中：

两点式触地是指盲人持杖行走时以杖尖在体前左右两侧点地探索行进的方法。

三点式触地是指盲人持杖行走时以杖尖在体前三次点地探索行进的方法，是两点式触地的拓宽，主要用于较复杂地段和对边缘线的探索。

(2) KLF—ZNZ1 型多功能超声波电子盲杖的使用方法

在对盲杖进行正确安装后，用右手握住杖柄上端，杖体尽量垂直于地面，传感器（探头）指向行进的方向，右手食指按一下探测开关，探测系统即可开始工作，在探测范围内有障碍物，该系统即可根据障

图 3-21 装在普通盲杖上的超声波导向仪

碍物的距离进行声音提示，使用者可以根据声音的频率判断出障碍物的距离，以便及时躲避。

二、轮椅

1. 设备用途

该项设备是协助盲校中的多重残疾学生行走所需要的辅助设备，根据学校中多重残疾儿童的实际情况进行配备。

2. 设备构造

目前轮椅主要有普通轮椅和电动轮椅两类，它们的构造基本相似，电动轮椅的结构则更为复杂。

普通轮椅主要由轮椅架、车轮、刹车装置及坐靠四部分构成，其中轮椅架是轮椅的支撑部分，由不锈钢制成，车轮包括大车轮、小车轮、手轮圈、轮胎等部分，刹车是轮椅的制动部分，坐靠部分由椅坐、坐垫、脚托及腿托、靠背、扶手或臂托几部分构成。

电动轮椅则需要由蓄电池提供能源，并具备驱动系统、变速系统、刹车系统和控制系统。其中需要特别注意的是需要根据使用者的需要选择适合的控制系统，控制可选用手控、头控、舌控、颊控、颏控、气控、声控等多种形式。除手控外，其余各种控制用于四肢瘫患者，C4 及以下损伤，呼吸肌仍有功能时尽量用气控；C4 以上损伤，呼吸功能差，可选用头、舌、颊、颏、声控等控制形式，但以颏控为多。

轮椅的坐垫、脚托、靠背的选择十分重要，其中为避免压疮，对垫子要高度注意，有可能尽量用蛋篓（eggcrate）型或 Roto 垫，这种垫由一块大塑料、上面带有大量直径 5 厘米左右的乳头状塑胶空心柱组成，每个柱都柔软易动，患者坐上后受压面变成大量的受压点，而且患者稍一移动，受压点随乳头的移动而改变，这样就可以不断地变换受压点，避免经常压迫同一部位造成压疮，同时应在坐骨结节相应处的垫子上挖去一块，让坐骨结节架空；脚托的高度不易过高，以避免屈髋角度过大，体重更多地加在坐骨结节上，引起该处压疮；靠背有高矮及可倾斜和不可倾斜之分，可根据使用者的具体情况而定。如患者对躯干的平衡和控制较好，可选用低靠背的轮椅，使患者有较大的活动度。反之，要选用高靠背轮椅。

3. 使用说明

使用者可根据自己的实际情况在专业人员的指导下选用适合的轮椅或助行器械。

轮椅一般按照以下步骤进行使用：

（1）轻压坐垫两侧，轮椅即会轻松展开，请不要硬扳扶手。

（2）乘坐时将轮椅脚板竖起，坐稳后放平脚板，双手同时向前或向后扳动左右侧手圈，控制轮椅前进或后退。转弯时，如握住左手圈不动，扳动右手圈可原地左转，向右反之，前进中适当调节手圈，左转或右转可获得任意转弯度。

（3）先将踏板向上转动竖起，双手抓住坐垫，前后中间部位向上提起，轮椅即可折叠。

（4）托腿、脚踏板可根据使用者的不同需要进行升降调节和高低调整。

三、助行器

1. 设备用途

该项设备是协助盲校中的多重残疾学生行走所需要的辅助设备，应当根据学生的实际情况进行配备，同时必须进行专门的训练，以保证这些学生能够在学校中安全行走。

2. 设备构造

助行器包括助行架、拐杖及手杖两大类。

（1）助行架的作用是保持立位身体平衡、支撑体重、训练行走、增强肌力，由于其支撑面积较大而稳定、安全，适用于下肢功能损伤严重的患者站立和行走，主要由架体、扶手、调整旋钮等部分构成。

（2）拐杖是用于下肢残疾及下肢病患者长距离行走的辅助用具，其作用是支撑体重、保持平衡、锻炼肌力、辅助行走，主要由杖体、杖头、扶手等部分构成，制作材料可以有木质、钢材、铝合金等，目前铝合金材料使用较多。

手杖是症状较轻的下肢功能障碍者辅助行走的用具，主要由杖体、杖头、扶手等部分构成，制作材料可以有木质、钢材、铝合金等。

3. 常用规格

助行架可以分为无轮式和轮式两种。

（1）无轮式助行架可以双手使其逐步向前移动，具有稳定性能好、高度可随使用者的身高随意调节的特点，主要用于上肢功能完善而且下肢功能损伤较轻的患者。无轮式根据其形式的不同，可分为固定式、折叠式、差动步进式。

（2）轮式助行架则带脚轮，行走时助行器始终不离开地面，由于轮子的摩擦阻力小，易于推行移动。适用于下肢功能障碍，且不能抬起助行架前行的使用者，但其稳定性能稍差。轮式又可以分为两轮式、三轮式、四轮式，并可具有带座位、手闸制动、其他辅助支撑功能的多种功能。其中两轮助行架较无轮助行架易于操作，由使用者推动，可连续前行；前轮固定式，轮子只向前或向后滚动，方向性好，但转弯不够灵活；四轮助行架操作灵活，分为四轮均可转动和前轮转动、后轮固定位置两种形式。

拐杖则分为腋拐和前臂拐。腋拐是利用腋、手复合辅助支撑体重，可有固定式、可调式、加拿大式；前臂拐则是用前臂及手辅助支撑体重，可根据臂套的开口方向有前开口和侧开口两种类型。其种类分为 T 型单足手杖、问号式单足手杖、三足手杖、四足手杖。

4. 使用说明

使用者可根据自己的实际情况在专业人员的指导下选用适合的轮椅或助行器械。

助行架的支撑面积较大，较拐杖的稳定性高，但只能在室内使用，选用时应注意：

（1）两上肢肌力差、不能充分支撑体重时，应选用腋窝支持型助行器，这是一种四轮型的助行器，由两腋窝支持体重而步行，有四个脚轮，体积最大。

（2）上肢肌力较差、提起助行器有困难者，可选用有轮型助行器，使用时可以前轮着地，提起助行器后脚向前推即可。

（3）上肢肌力正常，平衡能力差的截瘫病人可选用交互型助行器，这种助行器体积较小，无脚轮，可调节高度。使用时先向前移动一侧，然后再移动余下的一侧向前，如此来回交替移动前进。

一般情况下，前臂杖和腋杖适用于截瘫病人，而手杖适用于偏瘫病人或单侧下肢瘫痪病人。在选用时可使用以下原则：

符合下列条件的宜使用前臂杖和腋杖：

（1）双下肢完全瘫痪（T10 以下截瘫，必须穿长下肢支具），可使用两支腋杖步行；单侧下肢完全瘫痪，使用一侧腋杖步行。

（2）下肢不完全瘫痪时，根据下肢残存肌力情况，选用腋杖、前臂杖。

（3）一般先用标准型腋杖训练，如病人将腋杖立起，以手扶住把手亦能步行，则可选前臂杖。

（4）肱三头肌肌力减弱时，选用肱三头肌支持片型腋杖；肘关节的稳定性较差时，选有前臂支持片的腋杖或前臂杖；腕关节伸肌肌力差、腕稳定性较差时，选有腕关节固定带的前臂杖或腋杖。

（5）肘关节屈曲挛缩，不能伸直时，可选用平台杖。

只有使用者上肢和肩的肌力正常才能选用手杖，如偏瘫病人的健侧、下肢肌力较好的不完全性截瘫病人。握力好、上肢支撑力强的病人可选用单足手杖，如果平衡能力和协调能力较差，应选用三足或四足手杖。

截瘫使用者的拐杖步行方式，根据拐杖和脚移动的顺序不同，可分为交替拖地步行、同时拖地步行、四点步行、三点步行、两点步行、大小步幅步行等方式。

偏瘫使用者的手杖步行则可采取三点步行或两点步行法。

图 3-22　儿童助行器

四、位置移动辅助器具

1. 设备用途

该项设备是帮助盲校中多重残疾儿童位置进行移动时的一系列辅助工具，这些器具一些可以由儿童自身进行操作，一些则是为辅助者提供的。盲校可以根据多重残疾儿童的实际情况，结合学校的建筑设施和教学、生活护理的需求，采用相应的位置移动辅助工具，保证这些儿童的需求。

2. 设备构造及使用方法

位置移动辅助器具主要包括体位变换器具、移动辅助器具、运送辅助器具和升降辅助器具四大类设备，这些设备根据使用功能的不同，其构造也有很大的区别。

（1）体位变换辅助器具是主要包括滑动垫、体位变换器、抓梯等设备，该类设备主要用于帮助多重残疾学生在床上翻身和进行体位变换，以防止保持同一体位时间过长而导致一些压迫性的疾患产生，同时为学习提供适合的体位。

①滑动垫是一种摩擦系数较小的筒状垫子，使用时，将垫子铺设至多重残疾学生的身下，利用垫子的自身滑动，帮助卧床者翻身或移动。

②抓梯是由横木和连接索两部分共同构成梯状的设备，使用时，将抓梯的一端进行固定，另一端用于使用者抓握，利用使用者上肢的力量来辅助其体位的改变，如帮助使用者坐起。

③电动体位变换床包括床体、电子控制系统等部分，通过使用者的控制，可以协助使用者完成一些体位的变化，如进行坐起、卧和侧翻等体位变换。

（2）移动辅助器包括滑动板、立式站台、转盘、抓梯、移动带、搬运带、坡道等设备，主要用于帮助多重残疾学生完成轮椅与床、轮椅与坐便器之间的一些室内或室外的短距离的转移，或越过一些台阶或门槛之类的小障碍。

①滑动板是能够承受人体重量，且表面光滑、摩擦力很小的薄板，可有长方形、弧形等不同的形状，主要是用来帮助多重残疾学生完成床和轮椅间的转移，对于下肢瘫痪患者可利用滑动板消除轮椅与床的高度差，进行不等高的位置移动。使用时将滑动板两端分别搭在床和轮椅上，由辅助者帮助使用者利用该设备完成移动。

②转盘是能够承受人体重量，且表面光滑、摩擦力很小的圆盘，可在原地进行旋转。使用时，将其置于地上，使用者站在上面，辅助者帮助其稳定，并帮助其通过圆盘的旋转进行位置转移。

③搬运带是能够承受人体重量的垫子，在垫子的四个角的左右各有两个共八个抓带构成，用于两个或两个以上辅助者搬运使用者。使用时，将搬运带置于使用者的身体下方，辅助者抓住搬运带的抓手，共同用力将使用者抬起搬动。

④立式转台由底盘、立柱、膝挡板、扶手几部分构成，底盘可以在原地进行旋转。用于上肢功能健全但下肢站立困难者从坐位到站位的体位转变，使用时使用者将膝部放至膝挡板处，使用者自行抓住扶手用力将自己的身体拉起，并转动转台，完成位置的改变。

⑤移动带由带体和拉手两部分构成，根据不同的作用而有不同的规格。如固定腰部以完成移动的移动带为长圆形，在其背面正中有两个拉手；固定膝部以完成移动的移动带则由上下两个圆形环带构成。使用时，可将移动带

围在患者的腰部及腿部，辅助者抓住拉手用力将患者抬起进行转移。

⑥室内坡道是由金属或木材制成的楔形小窄板，用于消除室内由于门槛等造成的障碍。使用时将楔形木块高的一端放置门槛处，形成坡度，轮椅即可通过门槛。

⑦室外坡道用于消除台阶或汽车形成的高度差，由金属材料制成，能够承受人体和轮椅等移动设备的重量，可以折叠方便随身携带，是坐轮椅的多重残疾学生出行时需要的工具，使用时将室外坡道搭在台阶和地面之间，轮椅即可从坡道的一端行走到另一端。

（3）运送辅助器具包括移动式运送升降架、固定式运送升降架、轨道式运送升降架和立式运送升降架等设备。这类设备主要是用于帮助长期卧床和活动困难的多重残疾儿童进行轮椅与床、轮椅与坐便器之间的室内移动，或者室外轮椅与车之间的移动。

①移动式运送升降架（运送吊架）由金属材料制成，能够承受人体和轮椅等设备的重量，其驱动方式可分为液压和电动两种形式，可由支架、活动脚轮、运送吊架等部分构成，可利用脚轮进行整体较长距离的移动。使用时利用吊架将多重残疾儿童进行固定，使使用者呈半坐位，即可利用脚轮进行移动。

②地面固定式运送升降架（运送吊架）由立柱、运送臂、运送支架等部分构成，金属材质，能够承受人体和轮椅的重量，需要固定在地面上，不可移动，由于设备固定在地面上，因此只可在限定区域内进行小范围的移动，使用时将轮椅和多重残疾儿童利用吊架进行固定后，利用旋转臂即可完成转移。

③立式运送升降架（运送吊架）由立柱、导轨、运送臂、运送支架等部分构成，金属材质，能够承受人体和轮椅的重量，与固定式运送升降架相比，由于没有固定在地面上，而是可以进行一些短距离的移动，因此使用上较为灵活，使用方法同地面固定式运送升降架（运送吊架）。

④墙壁固定式运送升降架（运送吊架）由固定在墙壁上的底盘、运送臂、运送支架等部分构成，不可移动，金属材质，能够承受人体和轮椅的重量，由于固定在墙壁上，所以此设备主要是用于在限定的比较小的区域内进行移动，如帮助多重残疾学生从轮椅进入浴池等，使用时将使用者固定在吊架中呈半坐位，然后完成转移。

⑤轨道式运送升降架（运送吊架）由固定在天花板上的轨道、升降架和

吊架等部分构成，金属材质，能够承受人体和轮椅的重量，吊架可以在轨道内进行自由移动，使用时将使用者固定在吊架中呈半坐位，利用操作系统控制升降架在轨道内进行移动，完成室内的转移，这种方式位移的距离较远，可根据需要进行轨道的安装，因此是一种比较方便室内移动的方式。

（4）升降辅助器具包括台阶升降机和轮椅升降机等，是一系列用来消除高度差，帮助轮椅使用者上下楼梯和汽车的升降装置。

①曲线式楼梯升降机由安装在楼梯上的曲线型轨道、坐椅、脚托、扶手几部分构成，金属材质，能够承受人体重量，曲线式楼梯升降机装置的运行轨道为曲线，适用于弧形楼梯，使用时使用者可坐在坐椅上自行操作，即可沿轨道上下楼梯。

②直线型楼梯升降机由金属材料制成，由安装在楼梯边缘的直线型轨道、坐椅、脚托、扶手几部分构成，能够承受人体重量，直线型楼梯升降机装置的运行轨道为直线，使用时使用者坐在坐椅上自行操作，沿轨道上下楼梯。

③平台式楼梯升降机由安装在楼梯上的轨道、平台等部分构成，金属材质，能够承受人体和轮椅的重量，使用时使用者将轮椅推上平台，自行操作，即可沿轨道上下楼梯。

④轮椅式台阶升降车由运送履带、靠背、固定带等部分构成，金属材质，能够承受人体和轮椅的重量。这是一种由辅助者操作用来运送乘坐轮椅者自动上、下楼梯的装置，使用时将使用者及其轮椅固定在靠背上，在辅助者推动下，履带装置即可沿楼梯上下。

⑤椅式台阶升降车由运送履带、折叠椅、扶手等部分构成，金属材质，能够承受人体的重量。这是一种由辅助者操作用来运送乘坐轮椅者自动上、下楼梯的装置，坐椅平时可折叠平放，使用时将其打开呈"N"型，可使乘坐者的上身倾斜躺在椅上、膝部呈屈曲状态，将使用者固定在折叠坐椅上，在辅助者推动下，履带装置即可沿楼梯上下。

⑥轮椅升降平台由底盘、升降架、平台构成，金属材质，能够承受人体和轮椅等设备的重量，根据驱动方式的不同可有动液压式、脚踏液压式、电动式等不同规格，该设备是用于乘坐轮椅者上、下台阶和汽车的升降装置，使用时将使用者及其轮椅放置平台上，即可利用该设备进行升降，适于地面和高处平台之间的位置转移。

第四节 康复训练设备

综合康复在近年来越来越得到盲教育界的重视,《盲校义务教育课程方案（试行）》中明确提出视障教育应"全面贯彻党的教育方针,促进视力残疾学生全面发展,尊重个性发展,开发各种潜能,补偿视觉缺陷,克服残疾带来的种种困难,适应现代生活需要"。要求盲校在对学生进行文化知识和技能的教学同时,还需要针对学生的实际情况,对他们进行一定的康复训练,提高学生的适应能力,并帮助学生有效利用自己的现有能力,同时根据学生的不同情况合理配备各类康复设备以更好地对学生进行康复训练,如:

针对多重残疾学生进行物理治疗、作业疗法、语言康复、感觉统合等康复训练;

针对视力残疾儿童的心理进行心理康复等。

盲校中的各康复训练室不但可以为本校的视障学生提供康复帮助,同时也为本区域中随班就读的视障儿童提供有效的服务和技术、设备的资源支持。本节主要介绍盲校中各种康复训练中所需的专业设备,这些设备主要是在各专业教室进行训练时使用,其中部分设备与普通康复设备通用,也有一些设备可以在各康复训练中通用,除了专业设备外,在康复训练中还有许多设备取材于日常生活,或根据受训者的实际情况进行专门设计。

一、物理疗法康复训练设备

（一）设备用途

物理疗法康复训练设备是为视障学校中的多重残疾儿童提供运动疗法的康复指导和训练时所用的设备。主要针对多重残疾儿童的躯体运动功能,对他们的肌力、关节活动度、平衡、姿势控制、步态矫正等方面进行矫治,从而提高他们的机体功能水平。盲校应根据学校需进行运动疗法训练的学生的人数、残疾类型及康复场地选择适合的器械进行配备。

（二）常用设备名称及使用方法

物理疗法康复训练设备包括上肢训练器具、下肢训练器具、综合训练器具、平衡及步行训练器具、辅助治疗训练器具等系列多种训练用具,其中盲校经常使用的设备分列于下,部分设备的构造、规格及使用方法可见培智学校相应内容，在此不作赘述。

1. 上肢训练器具：主要有肩梯，肩关节回旋训练器、肩抬举训练器、上肢推举训练器、肘关节牵引椅、前臂旋转训练器、腕关节屈伸训练器、系列哑铃、手指肌力训练桌等器械。

2. 下肢训练器具包括儿童站立架、下肢康复训练器、重垂式髋关节训练器、髋关节旋转训练器、股四头肌训练板、股四头肌训练椅、踝关节屈伸训练器、踝关节矫正板、踏步器等器械。

3. 综合训练器具包括肋木、站立架、胸背部矫正运动器、划船运动器、系列沙袋等器械。

4. 平衡及步行训练器包括平衡杠、平衡板、辅助步行训练器、训练用阶梯、内外翻足矫正板等器械。

5. 辅助治疗训练器具包括训练床、PT凳、组合软垫、楔形垫等器械。

盲校中主要利用PT训练器械来对视力残疾儿童或兼有其他残疾的多重残疾儿童进行物理治疗。盲校中部分视力残疾儿童由于视力障碍，难以掌握正确的身体姿势，从而导致了脊椎胸廓变形、步态异常等病理状态；兼有肢体残疾的多重残疾儿童更是需要通过PT训练以达到增强肌肉的力量，增强和改善运动的协调性，改善机体的平衡等目的，从而改善他们的生活学习状态。

在进行PT训练时，首先需要学校中经过专业培训的康复训练教师对受训视力残疾儿童进行评估，并根据评估的数据和受训儿童的实际情况，为其制定专门系统的训练计划，选择适合的训练器械开展训练。应当明确的是，PT训练不同于日常的体能训练，必须在专业人员的指导下进行，而不能盲目进行训练。

二、作业疗法康复训练设备

（一）设备用途

为视障学校中的视力残疾儿童和兼有其他残疾的多重残疾儿童提供作业疗法的康复指导和训练。通过作业疗法，对他们的日常生活能力（Activity of Daily Living，ADL）、感觉、认知及知觉、精细动作与协调性、耐力等功能进行矫治，从而提高他们的作业活动能力水平。盲校应当根据校内需进行作业疗法训练的学生的人数、残疾类型及康复场地选择适合的器械进行配备。

(二) 常用设备名称及使用方法

作业疗法康复训练设备主要包括精细工作训练器具、粗大动作训练器具、综合治疗训练器具、儿童认知感知类训练器具、儿童手眼协调类训练器具5类。其中盲校经常使用的设备分列于下，部分设备的构造、规格及使用方法可见培智学校相应内容，在此不作赘述。

1. 精细工作训练器具：主要有上肢协调功能练习器、橡筋手指练习器、插板、上螺丝、上螺母、作业训练器和模拟作业工具等。

2. 粗大动作训练器具：主要包括分指板、套圈、可调式沙磨台、腕部功能训练器等工具。

3. 综合治疗训练器具：主要包括几何图形插件、OT桌，OT综合训练工作台、手平衡协调训练器等常用设备。

4. 儿童认知、感知类训练器具：包括儿童图形认知组件拼板、认知拼装积木、仿真水果、分类盒、大算盘等常用设备。

5. 儿童手眼协调类训练器：包括字母列车、数字平台组、切切看、串珠、拼字母游戏等常用设备。

视力残疾儿童的视力障碍往往导致其肌肉的精细动作能力较弱、手眼协调性比较差，对捏、切等小动作难以精确完成，对于低龄视力残疾儿童来说，这些能力的薄弱使他们在学习书写、手工等课程中存在一定的困难；认知、感知类的训练器具能够丰富视力残疾儿童的认知内容，对他们的整体发展提高非常有效；部分兼有肢体、智力残疾的视力残疾儿童通过OT训练能够最大限度地改善与提高他们自理、工作及休闲娱乐等日常生活能力，提高生活和学习质量。因此，盲校的OT训练是综合康复中非常重要的部分。

盲校开展OT训练时，需要首先由经过专门培训的康复教师对受训视力残疾学生进行评估，根据评估的数据和受训儿童的实际情况，为其制定专门系统的训练计划，并选择适合的训练设备开展训练。需要特别注意的是，由于视力残疾儿童的视力受限，因此在训练器械的选择和使用上应进行考虑，也可以根据他们的特点对部分设备进行改装，如在平面的认知卡片上进行立体标识等；同时在训练时也应制定符合其特点的灵活的训练方式，如使用手协调协调器时就需要将其使用的规则进行调整。

三、感觉统合康复训练设备

（一）设备用途

为盲校中感觉统合失调的视力残疾儿童和多重残疾儿童进行指导和训练的综合训练设备，主要针对他们平衡、触觉、本体感、视觉和听觉统合方面的失调进行矫治，从而使他们对感觉信息能够进行正确的综合，机体进行有效运作，改善他们的学习、生活状况。盲校应根据需要进行感觉统合训练的学生的人数、类型及康复场地选择适合的器械进行配备。

（二）常用设备名称及使用方法

盲校常用的感觉统合康复训练设备主要包括平衡统合训练器材、触觉统合训练器材、本体觉统合训练器材、综合治疗训练器材四类设备，其中盲校经常使用的设备分列于下，部分设备的构造、规格及使用方法可见培智学校相应内容，在此不作赘述。

1. 平衡统合训练器材主要包括平衡旋转器、手摇旋转盘、1/4 圆平衡板、平衡踩踏车、平衡秋千等器械。

2. 触觉统合训练器材主要包括平衡触觉板、平衡步道、踩踏石、魔术环、各种手握球类等器械。

3. 本体觉统合训练器材主要包括跳袋、跳床、滑板、太极平衡板等器械。

4. 统合治疗训练器材是用于对儿童进行多部位、综合性的训练器具，主要包括钻滚筒、训练球、球浴、万象组合、彩虹伞、彩虹接龙等器械。

感觉统合失调是指当大脑对感觉信息的综合发生问题而使机体不能有效运作时所产生的各种症状，感觉统合失调的儿童主要可以分为平衡、触觉、本体、视觉和听觉统合失调五大方面。

在盲校中，我们常可以发现具有上述表现的视障儿童，通过感觉统合训练，特别是通过触觉、前庭平衡觉和运动觉的各种训练，可以刺激矫正感觉统合失调儿童的神经系统不协调的现象，也可以加强其他各种感觉对视觉的代偿，将对视障儿童的发展起到非常重要的作用。如不同质地并具有鲜艳色彩的按摩球，视力残疾儿童在使用时，丰富的触觉和色彩觉会带给他们综合的感觉刺激，同时安抚他们的情绪。

盲校在对视力残疾儿童进行感觉统合训练时，首先应先由经过专业培训的康复教师对受训儿童进行测查评估，再根据受训儿童的实际情况制定训练方案。需要注意的是，在使用一些摇动、滑动和通过行走来进行练习的器材时，如平衡旋转器、平衡板时，训练教师应加强对受训儿童的保护，以避免在使用中出现事故。

四、语言康复训练设备

（一）设备用途

语言康复训练设备是对视障学校中的合并听、说障碍的多重残疾儿童提供语言康复训练的设备。盲校根据需要进行语言康复训练的学生的人数、类型及康复场地选择适合的器械进行配备。

（二）常用设备及使用说明

语言康复训练仪器主要包括语言障碍诊断仪器及语言障碍训练仪器两部分，此部分内容可见聋校语言康复训练室仪器配备一节内容，此处不再赘述。

五、心理康复训练设备

（一）设备用途

心理康复训练设备是为视障学生提供心理咨询、心理健康教育的训练设备。视障学生在心理发展上既有与普通学生相似的方面，也有自己的特殊之处，受到视力障碍的影响，视障学生往往较普通学生更为敏感、更容易因外界影响而产生心理方面的波动，这些仅仅靠思想教育无法取得很好的效果，因此各盲校应按照本校的实际情况，包括心理咨询教师资源、心理咨询场地的大小等条件，配备适合的设备创造性地进行学校心理康复训练，有针对性地解决学校中视障学生的心理问题，帮助学生健康成长。

（二）设备构成

心理康复训练设备主要包括心理测量、评估设备，咨询设备，宣泄设备，游戏、活动、放松设备等部分。

1. 心理测量、评估设备主要由心理测量、评估软件及心理实验仪器构成。

2. 咨询设备主要是用心理咨询教师进行个体或团体咨询时使用的设备，如可调遮光床帘、投影仪、银幕、音响设备、录音笔、黑板、沙发、坐垫等，由于心理咨询的特殊性，心理咨询室内部的器物摆放，以及装饰都将对心理咨询产生极大的影响，因此这部分设备虽然没有特殊性，但是在整体的布置上需要注意布置应有温馨感，并给来咨询的学生以安全感。

3. 宣泄设备主要由涂鸦墙、宣泄不倒翁（沙袋）、各种抚摸大型毛绒玩具等可供学生宣泄使用的设备构成，可与建筑装修相结合。

4. 游戏、活动设备主要由游戏益智玩具、沙盘、各类放松系统等构成。

（三）常用规格

1. 心理测量、评估设备

（1）心理测量、评估软件

目前国内有多种心理测量、评估软件，但是没有专门针对视障学生进行分析的系统，学校应选择具有丰厚的理论背景、经过权威认证、具有中国学生常模的测评量表、结果科学，可提供进行科研的数据的软件系统来使用，如"心海软件"开发的中小学学生心理测量和档案管理系统。

（2）心理实验仪器

心理实验仪器可进行心理特质的检测及训练，目前没有专门针对视障学生开发的心理实验仪器，许多仪器在使用时都需要使用视力来进行，如记忆广度测试仪、镜画仪、注意力集中仪等，仅能用于盲校中视力较好的部分学生，比较局限，如两点阈测量仪、注意力集中仪、皮肤电测试仪、听觉实验仪、河内塔等，设备构造及使用方法可参见培智学校心理康复专用仪器设备一节内容，此处不再赘述。

2. 咨询设备

心理咨询室应特别重视环境的布置，心理咨询环境的布置首先要考虑到心理咨询教师的工作状态，同时还需要考虑到咨询者的情绪和认知，他们对心理咨询环境的感觉将在很大程度上影响着咨询的效果，并影响其来访者下次是否继续前来咨询。因此心理咨询室的设备和整体环境的布置需要注意以下几方面。

（1）个体咨询室

个体咨询室是心理咨询教师接待单人咨询者咨询的场所，这个场所应让来咨询的学生感到安全、温馨。

①整体色调应使用温和、平静的色调，如苹果绿色调，具有安全、平和、凉爽的感觉，而米黄色，则显得温馨、亲切。

②沙发、躺椅颜色要与墙壁形成对比，线条简洁，质地柔软舒适，两张沙发成 90 度摆放，避免咨询双方对视。

③采用可调节明暗的灯具，把灯具作为空间的视觉焦点，光线含蓄柔和，能令情绪平静。

④简易的音响设备，例如录音机或 CD 机，用于播放松弛音乐和指令。

⑤装饰画要反映广阔、恬静的自然景观，令人心情舒畅。

⑥绿色植物象征生命力，用作室内点缀可是使环境充满生机。

（2）团体咨询室

团体咨询室是学校进行心理课程或进行团体咨询活动时的场所，这个场所应让来活动的学生感到轻松、快乐。

①整体色调应轻松、宁静，如浅蓝色让人感到明亮、心胸开阔。

②地面易采用暖性地面，便于从事团体游戏。

③桌椅可采用组合式桌椅，方便进行搬动和重新进行组合以适用训练所用，也可采用坐垫或放置多个桌椅两用的箱体。

④电脑、投影、音响设施可进行观看专题影片和欣赏音乐，用于模仿和放松训练。

⑤如果团体咨询室兼作活动室，可在咨询室内放置游戏用具。

3. 宣泄设备

宣泄室宜分成两个部分，其中主要的设备包括：

涂鸦墙可以与基础装修时进行，供学生书写发泄使用。宣泄不倒翁（沙袋）有多种类型，如利用拳击手套或充气槌打击的充沙不倒翁，利用充气槌打击的充气不倒翁，还有打击后可发出声音及各种表情的表情不倒翁等。

供学生进行比较安静的情感宣泄的宣泄室中应配备各种适合学生拥抱抚摸的质地柔软的大型毛绒玩具。

4. 游戏、活动、放松设备

（1）沙盘：又被称为箱庭疗法，主要由沙盘和沙盘模型两部分构成。沙盘是一种特殊的装着沙子的供人在上面进行建造活动的盒子，一般被放在低矮的桌子上。沙箱内侧的尺寸为 57 厘米×72 厘米×7 厘米，外侧涂深颜色或木本色，内侧涂蓝色，沙箱里面装有白沙，一般沙盘游戏室中至少要配两个沙盘，一个装干沙，一个装湿沙，供来者自由选择。沙盘模型主要包括人物（职业人物、卡通人物），交通工具（飞机、火车、汽车、加油站、交通标志等），动物（野兽、家禽、昆虫、野生动物、怪兽等），植物（花草、树木、盆景、水果、蔬菜、草坪等），自然景物（山、珊瑚、彩虹、云、星星等），建筑物（学校、医院、超市、高楼大厦、桥、栏杆等），军事（战车、坦克、枪炮、工事等），宗教（佛、鬼怪、塔、教堂等）等类型。

（2）其他益智玩具不作赘述。

（四）使用说明

1. 心理测量、评估设备

略。

2. 宣泄设备

宣泄室宜分为两个部分，一部分可供学生借助沙袋、涂鸦板等辅助设施在心理辅导教师的指导下，将自己的内心矛盾与痛苦情绪体验宣泄出来，缓解自己的心理压力，减轻或消除紧张的情绪，释放心情，从而促进身心健康；另一部分可供一些比较内向、需要温情的学生，他们可以借助拥抱、抚摸一些大型的毛绒类玩具，倾诉、放松自己的心情，从而减轻自己紧张的情绪。

其中的涂鸦墙可供学生自由涂画，这种方法比较适用于不愿意进行剧烈体育活动的学生，学生借画笔表达自己内心的想法，张扬个性并缓解其内心的情绪。

沙袋可供学生进行击打，宣泄自己的内心紧张、压抑、痛苦的情绪体验等，从而达到缓解自己心理压力的目的。

3. 游戏、活动、放松设备

沙盘游戏疗法的理论基础是瑞士著名心理学家荣格的分析心理学，由瑞士自身分析心理学家卡尔夫于1956年创始，早期主要应用于儿童心理分析，是分析来访者内心"原型"的最佳工具之一。20世纪60年代，沙盘游戏疗法由日本临床心理学家河合隼雄教授介绍到日本，称之为"箱庭疗法"，并在日本得到广泛的应用，特别是用于健康、亚健康人群压力释放、团体训练等方面，得到了全新的发展。90年代中期，沙盘游戏疗法传入中国，目前该疗法主要应用于教育和临床，已收到一定的效果。

沙盘游戏疗法是让来咨询者在独立的空间内自发地展现个人的心理冲突

和心理问题，并获得治愈的方法。与其他心理治疗方法相比较，沙盘游戏疗法给予来咨询者更多的非言语性的支持，更容易深入了解其心理轨迹，透过主动想象和创造性象征游戏的运用，制造从潜意识到意识，从精神到物质，以及从口语到非口语的桥梁，从游戏中激发出自我控制、自我完善、自我成长的动力，潜移默化地克服一些难以克服的坏习惯。对于儿童的攻击行为、焦虑、抑郁、注意力难以集中、违纪行为、社会适应障碍、思维障碍、应激综合征、情感障碍等，都能起到好的效果。既可以用于个人咨询和辅导，也可以用于团体咨询和辅导。其使用的主要步骤是：

① 向来咨询者介绍箱庭疗法，激发来咨询者的兴趣。

② 请来咨询者按照自己的想法用沙子和微缩模型自由进行创作，不限定任何内容，每次时间约 50 分钟，根据来咨询者的情况确定治疗的周期，一般每周 1 次或 2 次。

③ 箱庭作品制作过程中需要心理咨询教师进行陪伴，并始终采取接纳、共感的态度，尽可能地去把握作品中的表现。

④ 箱庭作品制作后要主要记录咨询者制作时的顺序，并在结束前拍照、描绘记录。

⑤ 分析来咨询者历次的作品并注意作品中所出现的变化、相互联系、发展的可能性。

图 3-23　沙盘游戏疗法

第五节　盲用数字信息无障碍设备

随着现代科技的进步，电脑在视障教育中的作用越来越重要，教师运用计算机、多媒体教学帮助视力残疾儿童解决其他教学手段难以解决的问题。视力残疾儿童使用电脑改善和丰富了学习和生活。通过现代网络，视力残疾儿童更是获得了其他任何途径都难以获得的无穷无尽的信息，扩大了自己的交往空间，使他们在这一空间里得以融入主流社会。

2002 年，联合国亚太经济与社会会议在第二个亚太残疾人十年活动中通过了《琵琶湖千年行动纲要》，旨在"为亚洲及太平洋地区残疾人努力缔造一个包容、无障碍和以权利为本的社会"。纲要明确指出：要优先推进信息无障碍建设，充分利用现代信息通信技术，解决残疾人的困难。

在普通的电脑上安装盲用软件或低视力的扩视软件，即可使盲生和低视力学生进行电脑的使用，并不需要配置特殊的电脑。关于相应的软件，我们将在本节的内容中进行详细的论述。

为了解决盲人在外出或不方便携带大体积电脑的问题，人们又发明了盲用便携式电脑。这种电脑不带屏幕，键盘为特制的盲用键盘，因此体积比较小，方便盲人携带，是特别为盲人设计的电脑产品。

在电脑上外接点显器即可帮助盲生利用触觉进行阅读；一些软件可以将电子文本转化为语音输出形式便于盲生阅读；将纸质文本进行扫描并转化为语音输出的盲人阅读机使盲生可以阅读各种纸质的出版物；还有一些设备可以根据需要设置个人化信息供盲生自行使用，这些先进的科技使盲生学习的途径与以往有了大的改变，并对他们今后从事的职业提供更多的可能。

一、盲用便携式电脑

1. 设备用途

便于携带和使用的盲用电脑，是提高视力残疾儿童学习效率重要的学习辅助工具。盲用便携式电脑具有体积小、质量轻、便于操作、噪声小等特点，非常适合视力残疾儿童随身携带，进行使用。

该设备目前主要由国外进口，价格比较昂贵，在人民币 50 000 元左右，这在很大程度上影响了该设备的普及。我国已经开始开发此项产品，但技术尚未完全成熟，没有在市场上大规模投入，因此，盲用便携式电脑的开发和投入已经成为我国视力残疾者迫切的需求。

2. 设备构造

盲用便携式电脑主要由键盘、点字视窗构成，并配备电源和各种接口。其中键盘根据需要有 6 点和 8 点位键的不同，可支持 6 点或 8 点位点字输入；根据机型的不同，可有 18～40 方的点字视窗提供盲文点字显示；通过外接接口可与一般电脑及笔记型电脑结合当做桌上型盲用电脑使用，并可外接打印机及耳机和扬声器；此类设备一般提供内充电池和外接电源，供电脑使用。

3. 常用规格及使用说明

目前国内使用的盲用便携式电脑多为国外进口产品，如澳洲产 Pulse-Data 盲用电脑系列，美国 Freedom Scientific 公司产 Braille Lite 和 Braille Note BT 系列。

盲人使用者可选择点字键盘以 6 点或 8 点输入，使用英文的一级或二级点字显示系统，通过键盘和快捷键对电脑进行控制，可通过点字窗口同时得知自己的输入或者电脑的输出内容，并使用 JAWS 连接 Windows 系统，在 Word 下读取、编辑、储存、附加档案，通过扬声系统或耳机获得语音支持，可以使用 POP3 方式收发点字电子邮件及上网。可直接连接打印机打印资料，也可与一般电脑及笔记型电脑结合当做桌上型盲用电脑。同时具备文书处理程序、时间、日期、定时器、工程计算器、约会管理、电话簿、拼字检查器、语音辅助功能等功能。

二、点字显示器（点显器）

1. 设备用途

点显器可以将电脑屏幕上的文字转换成为盲文点字显示，在使用中可以与盲用语音软件相互配合使用，使盲生能够充分地利用听觉和触觉的功能。

2. 设备构造

点显器主要由以下几个部分构成：

（1）盲文点字显示屏：这是点显器的核心构造，根据点显器的型号不同，盲文点字显示屏的大小不等，通常可以显示 20～80 方的盲文点字。点字显示器中的显示单元中主要采用一种叫压电陶瓷的高科技材料，这种材料通上电压时会发生伸缩、弯曲的变形，从而推动小杆的升起或下降，以此来显示盲文。每个单元上有八个（或六个）这样的小杆，可组成 256 个（或 64）个不同的文字信息。

（2）控制电路：控制盲文点位显示。

（3）控制按键：对盲文点字显示屏中的文字进行滚屏、换行等操作。

（4）USB 连接线：与电脑的主机相连，从电脑主机上获取信号，并获得电源支持，目前也有部分点显器采用无线蓝牙连接，如 Brailliant 40 无线点字显示器。

3. 常用规格

目前我国使用的点显器多由境外进口，主要有德国产 VR 点字显示器系列，新华—迈泰克 Sino-metec 盲文点显器系列、澳洲 PulseDat 盲用电脑 Brailliant 40、德国产（METEC 系列）、台湾产金点触摸显示器、Alva 系列、Focus 系列、Tieman Braille Voyager 系列等，近年来我国清华大学已研制出 THDZ－40 点字显示器，以满足我国视障群体对点显器的需要。相比来看，国外进口点显器性能稳定，但是价格较贵，国内清华产点显器价格上有较强的优势，但是性能弱于国外同类产品，如有时点字不能正常弹起而产生遗漏。

点显器的基本功能主要有可以支持 6 点或 8 点位的点字显示，支援绝大多数中、英文点字视窗软件，可利用热键对显示视窗和屏幕进行控制，通过 USB 接口或蓝牙界面获得传输信息，利用内置电池或 USB 线获得电源支持。

4. 使用说明

点字显示器的使用十分简便，我们将其通过 USB 连接线与电脑主机相连后，安装点字显示器驱动软件，即可开始使用，利用不同的控制按键进行操作。

三、盲用读屏软件

盲用软件主要是利用语音将屏幕上的文字进行朗读，从而引导视障者独立完成电脑上的有关操作，并了解相关内容，是视障者使用电脑时不可缺少的系统软件。部分盲用软件同时还具备明盲文翻译等功能，是视障教学中不可缺少的辅助工具。

盲用软件是基于 Windows 汉化视窗系统下，对电脑屏幕上的文字进行语音朗读的系统软件，主要有国内生产的清华双星、阳光、永德等读屏和明盲翻译软件，还有一些语音合成软件可以将通用的电子文档转化为语音合成处处，这些软件在基本功能上有相似之处，但也有一些不同，现将其功能介绍分析如下：

（一）清华双星盲用软件

清华大学开发的清华双星盲人编辑器是我国最早开发的盲用软件，最早运行在 DOS 系统下，随着计算机系统的不断进步，清华双星也在不断更新。该软件主要由屏幕朗读、语音服务器、盲用编辑器、汉字的拼音联想输入系统等构成，软件具有强大的文字读出、输入、编辑和打印功能，并配有字典查询功能；同时还配有英汉、汉英字典，英语九百句、唐诗三百首等字、词典。该软件所有操作均可用快捷键进行。

（二）中国盲文计算机系统

该系统是由中国盲文出版社主持开发的盲用软件。主要包括阳光标准版、阳光专业版、阳光网络版三部分内容。

1. 阳光标准版

阳光标准版主要面向个人用户，使用者能够独立地操作电脑，并完成简单的工作，依托互联网络和应用软件，盲人能够无障碍地获取信息和参与社会生活，该系统可以操作 Windows 的通用控件以及操作系统支持的通用软件。

阳光标准版包括阳光语音、屏幕阅读、点字显示器输出连接支持和阳光双典功能。其中阳光软件在设计上采用国际流行的架构方式，通过语音服务为应用平台模块提供语音支持，并为用户预留出充分的自定义空间，用户可加挂不同符合 SAPI 标准的语音引擎，语音的音量、速度可随意调节；支持中英文混读、自动识别朗读简、繁体汉字；提供复读功能，并可在任何条件下重复阅读听到的信息；支持 PDF 文档朗读。在屏幕阅读时，它可对 Windows 通用控件进行朗读。如桌面图标、任务栏、窗口的标题栏、菜单栏及菜单内容、地址栏等，能够通过模拟鼠标功能朗读出鼠标指针处的文字信息，并通过鼠标方式对选定内容进行相应操作，如左击、右击、双击等。在电脑外接点显器时可以通过内部的汉—盲翻译模块，将屏幕取词进行即时翻译，并将翻译结果转换成点字显示器能够识别的 ASCII 码输送给点字显示器，支持国际上各种主流的点字显示器连接。并同时配备专业的英汉、汉英词典库。

2. 阳光专业版

阳光专业版主要针对的是用户对明眼文字和盲文之间转换的需求，明眼人和盲人用户均可使用，是目前盲校中制作教辅材料时常用的软件。该软件通过专业的盲汉文编辑器，随时将汉字转换为盲文，包括现行盲文（部分带调）、现行盲文（全部带调）、双拼盲文，或者将现行盲文、双拼盲文转换为汉字，并按照盲文的行首禁则、行尾禁则、页首禁则、页尾禁则、转行连号规则等对盲文文本进行自动排版。同时该软件还可以提供专用的盲文输入法，其中包括用户可以直接用六点键盘输入盲文码；也可以用六点键盘直接输入盲文编码而经过转换后输入汉字；或者通过输入汉语拼音，完成盲文点字的输入及"盲英输入"和"盲文 ASCII 码输入"，并在 Windows 系列操作系统下在屏幕上显示盲文六点文字，对显示的文字进行打印预览。

3. 阳光网络版

阳光网络版主要针对学校等集体用户，盲校在进行安装后，可以通过服务器同时供多部电脑使用，适用于盲校计算机课教学。

（三）永德盲用软件

是由王永德先生自主开发的盲用软件，主要包括永德读屏软件和明盲翻译家两部分。

1. 永德读屏软件

永德读屏软件主要针对盲人个人用户开发，独创的自动语音导航绿色安装法能够解决盲人独立安装盲用软件难的问题，使盲人用户在没有明眼人帮助的情况下，独立安装本软件。这种新的安装法还可以使盲人脱离只能使用自己电脑的困扰，让盲人可以在任何有电脑的地方（例如网吧）随时随地安装软件。由于《永德读屏软件》不会添加注册表，所以，不会对系统环境造成任何影响。永德读屏软件采用多语音库支持，可使用多种语音引擎，同时具有英汉混合朗读功能。该软件可支持多框架结构网页，在网页中，可一键全文朗读，并且光标跟随，可选择逐行、逐句、逐词、逐字朗读，并可以任意选择网页内容。

同时，永德读屏还开发了手机读屏软件，盲人用户可在具有 Windows 系统支持的手机（如多普达系列）中进行使用，在语音指导下可以完成接听、收发手机短信、文本阅读、上网等活动。

2. 明盲翻译家

明盲翻译家 V2.0 可将简、繁体中文及英文等翻译为现行或双拼汉语盲文、广东话盲文、台湾盲文、一级或二级英语盲文等，并对段落、对齐方式、缩进、行宽等进行设置，用户可根据自己的需要制作、添加、维护自己的词库，以便对特殊的专有名词进行准确的转换，翻译排版后可进行盲文打印。

目前国内通用的几种盲用读屏软件在功能上各有特点，基本可以实现盲人用户独立操作电脑进行文本、网页浏览、收发邮件、搜寻信息、使用功能性软件进行沟通和制作（如 QQ、Skype、MSN、飞信等通用网络聊天软件，Cool Edit 等音乐编辑软件等），随着语音库的不断丰富，其语音效果也更为自然流畅。但是这几个软件也存在着一些需要改进的方面，突出的问题有：

在语音阅读方面：中英文混读、阅读表格错误率较高，英文语音不够流畅，对网页中的一些内容无法进行阅读。

在进行汉盲翻译方面：翻译的正确率还有待于提高，如对于汉字向盲文转换时对于多音字的翻译处理错误率较高，对数理化格式和符号（如数学方程、函数，化学方程式）的翻译正确率较低。

此外，还有一些目前常用的多媒体阅读系统对视力残疾儿童的阅读提供帮助，这些系统各有其独特之处。下面介绍几种。

数字无障碍信息系统（Digital Accessible Information System，DAISY）是供盲人及有印刷版图书阅读障碍人群服务的开放式国际标准的多媒体技术，该技术的标准是由多国图书馆及图书数据专家所组成的 DAISY 联盟共同开发制定的，是全世界一直认同的制作有声读物的技术标准。利用该标准，可以制作出与一般书籍相同体例的数字有声读物，使用者可以一页、一章、一段的翻阅、指定页码或通过自己所做的记号来进行阅读，同时将数字文字文件与声音文件同步化，这种技术制作出来的读物的体积较小，一张普通光盘上即可容纳播放 50 小时的有声读物。目前通过微软的相应软件，已经可以将 Word 文档直接保存成为 DAISY 文件。利用这种技术也可将 DAISY 数字文字文件制作成为盲文点字书。DAISY 有声读物可以通过电脑或便携式播放器进行播放，这些设备可以通过键盘供使用者对文件进行选择，并可调节语速（语速增快时不改变音色质量），部分设备同时具备录音并转化为 DAISY 文件的功能，便携式设备通常可以支持播放光盘上或 SD 卡。DAISY 联盟使许多国家录制的 DAISY 文件可以进行共享，使更多的视力残疾人士可以享受到该项服务。

我国安徽科大讯飞信息科技股份有限公司自主研发的中英文混读语音合成系统——InterPhonic 语音合成系统是以大语料语音合成技术为基础，能够实时动态的将文本信息转换为自然、流畅的语音数据，能够在任何时间、任何地点提供语音信息服务；基于其中文语音合成技术开发的讯飞语音电子书可以适用

图 3-24 家庭用录音机

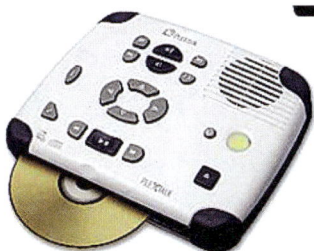

于 Pocket PC、Smartphone、Symbian S60 掌上电脑，使用者即可以语音的形式阅读文本内容；"播音王"系统则可以支持 TXT、Word、HTML 及 PDF 等多种常用文件格式。

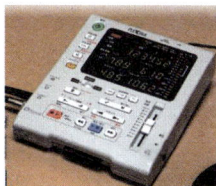

图 3-25 播放器

爱国者"妙笔"采用隐形码红外识别技术，可以在配套的阅读产品印刷时，置入肉眼看不到的隐形红外编码，使用时用"妙笔"点击这些带有隐形红外编码的文字图片，就能够通过红外识别感应器，将这些隐形红外编码准确地识别出来，通过一系列运算解码过程，将此编码对应的声音调节并播放，再配合盲文点字，即可形成文字、图画、声音三者的配合。

图 3-26 爱国者"妙笔"

四、扩视软件

扩视软件是针对低视力人群开发的能够将屏幕上的文字进行放大的一类软件，目前国内对扩视软件没有专门的开发。这可能主要与两方面的因素有关，一方面低视力者可以使用 Windows 系统上自带的放大软件对屏幕上文字进行放大，另一方面低视力者可以使用各种助视设备来对屏幕上文字进行阅读，对扩视软件的需求相对于读屏软件较为缓和，缺乏关注。

目前国际上比较通用的扩视软件有 ZoomText（展飞），这是是一套功能强大、操作简单的扩视软件，适用于 Word、Excel、PowerPoint、Access 或其他的图形及文字模式，甚至网页内容，只要在 Windows 下，任何的文字或图像皆可任意放大或缩小。它的放大倍率可从 2 倍到 16 倍，前景和背景有很强的反差效果，具有字体清晰强化功能，操作时通过移动鼠标就可以实现操作控制，并具有定位功能，可以锁定要看的目标状态。它的 Level·2 版本同时具备语音的功能。

五、数字信息自动查询系统

数字信息自动查询系统是捷尔达科技 GLD（Good Love Delivery）研发的。该技术主要由 GLD 特殊代码和读写器两部分组成，即首先将需要表达的信息编成 GLD 特殊代码，植入印刷品中，再用捷尔达读写器读取 GLD 特殊代码中的信息内容，通过多媒体等视频、音频、语音、彩光、图像及其他表现形式播放出来。目前，捷尔达科技系列产品主要应用于助残，助盲领域。

（一）GLD—C 型自动信息提示语音笔

1. 设备用途

对信息图标及植入在印刷品上的信息进行识读并播放，非常方便于残疾人和视障人士查询资料、获取信息、查找和区分物品。

2. 设备构造

GLD—C 型自动信息提示语音笔主要由笔体和笔尖的摄拍镜头（读取信息图标的关键部位）构成。笔的外侧有开关/功能切换键、音量调节键，正面有录音键、播放/暂停键、选曲播放键，内侧有 USB 接口、总电源开关键及 SD 存贮卡槽，笔的尾部有耳机及麦克风插口。

3. 使用方法

使用 GLD—C 型语音笔录音并自动播放录音内容。所录信息已存储在信息图标。这时可将信息图标粘贴在对应物品上。当需要识别物品时，用 GLD—C 型语音笔轻触信息图标，信息即可自动播放。

信息图标可以反复使用，信息内容也可进行修改。除自己录制信息外，也可以录入 MP3 和 WAV 文件。

4. 特点

操作简单，具有语音提示；体积小，携带方便；识别速度快，准确；不需外接设备，可自己录制个性化信息；可播放音乐文件；可自由制作，播放各种有声读物。

（二）GLD—WRJ 无键微软程控硬件系统（简称 GLD—新式键盘）

1. 设备构造及使用方法

GLD—WRJ 无键微软程控硬件系统主要由光学识别器（读写器）和新式键盘（印刷产品及信息资料）组成。

使用 GLD—WRJ 无键微软程控硬件系统时，在电脑中安装相应软件后，光学识别器即可通过 USB 连接线和电脑连接，将图书、教材等平面媒体上的 GLD 特殊代码的信息直接转换成音像信息，形成直接转换式的多媒体表现形式。使用时，将光学识别器轻触平面媒体上信息储存区，即可在 TV 或电脑中播放相应的音像信息，操作方便、切换自如。

2. 设备特点

"GLD—新式键盘"的功能键是在纸介和其他材料上印刷而成，其造型和面积不受限制；不与电源、电脑相连接，不会发生电路故障；携带方便，不怕摔碰，并具有耐水、耐热、耐寒、防尘、耐油污、耐潮湿、抗高温等特

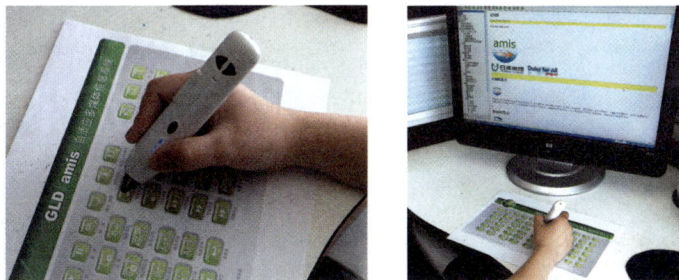

图 3-27　GLD—WRJ 无键微软程控硬件系统

性；键盘采用容易识别的说明词组和各按键的功能来标注用途，并可以印刷盲文点字和各种放大的图案文字，易看、易懂、易识别。

六、盲用读书机

（一）设备用途

对纸质文本进行扫描并朗读，是视力残疾儿童进行信息获取、查找资料的非常方便的辅助工具。

由于盲文读物的生产周期长、生产成本昂贵，因此虽然近年来排版、印刷技术不断提高，但每年仍然只有很少的盲文读物生产，远远不能满足视障人群对新读物的需求。通过盲用读书机，视力残疾儿童能够大量地阅读文本读物，增强他们的信息量，同时缓解低视力学生过度用眼的问题，该设备国产产品的价格约在 1 万～2 万之间，价格比较适中，适合盲校在各教学班和学校的阅览室中进行集中配备，帮助学生进行阅读。

（二）设备构造

该设备主要由扫描系统、扬声系统、按键几部分构成。其中扫描系统将文本进行扫描后，通过扬声系统将扫描过的文本转化为语音输出，盲人使用者在操作时可通过小键盘进行开关、音量的增减、语速调整、重读和跳读等操作。

（三）常用规格和使用方法

目前国外进口的盲用读书机有多种型号，但是对中文的识别分辨率较低。近年来，国内也开始有厂家开发生产该项产品，如杭州联正科技有限公司开发的瑞杰珑一键式智能阅读器。该设备可阅读报纸、杂志、书籍、文件等各类资料；支持繁简中文、英文、数字资料阅读；支持图文表格混排阅读。使用时，只要连接电源，打开开关，插入控制小键盘，即可开始使用，将资料放在扫描板上，按下播放键后即可实现全自动阅读，使用者也可根据自己的需求选择男、女声阅读语音，实现增加或降低音量，加快或减慢语速，前进和后退，重读上一句和跳读下一句等功能。

图 3-28　盲用读书机

此设备在很多方面都考虑到了视障人群的实际情况，如无论放入资料角度颠倒或倾斜，均有人工智能模块把关筛选并进行准确阅读；操作简单，进行一键全自动阅读；可将扫描过的文件进行储存以便于使用者随时可以阅读；语音朗读流畅自然，类似真人播送语音。

七、移动语音设备

（一）**设备用途**

移动语音设备是支持电子书朗读，MP3 及 WMA 形式播放的多功能便携式硬件终端设备，同时具备语音菜单导航、通用 U 盘、录音、FM 收音、复读等多种功能，是专门为盲人设计的移动语音设备。

由于设备本身体积小、质量轻，又具备朗读电子文本的功能，可以使视障人群在没有电脑的情况下仍可阅读电子文本，是视力残疾儿童学习的一种非常好的便携式辅助工具。

（二）**设备构造**

由于移动语音设备设计主要面对视障人群，因此，在使用细节上非常注意视障者的特点，如控制面板上各种键盘设计的比较大，对比清晰、方向明确，且可以轻松地实现设备的所有功能，以便于视障者使用。

设备主要由面板和系统两部分构成，其中面板主要由液晶屏幕、按键、扬声器、USB 插口和耳机插口几部分组成，内置可充电池并可支持外接电源。

（三）**常用规格**

我国目前使用的移动语音设备主要有中国盲文出版社开发的听书郎系列，该设备实行全系统菜单和操作方式语音导航，提供普通话、粤语和英文三种语音库，并可设置多种语调、语速、男声或女声，随时播报当前位置、电量、时间和存储空间大小等信息；该设备可自动识别 TXT，IBOOK（智能书）等 eBook 文本；支持逐段、逐句、逐字朗读；支持朗读中的快进、快退等操作；支持屏幕文字显示和朗读内容同步；同时可以播放 MP3 及 WMA 立体音乐模式，并具备 FM 立体声收音机功能，设备同时内置麦克风，具备高压缩比数字录音功能，即可内录又可外录。

这些设备使用起来非常简单，较好地考虑到盲人用户的特点，符合他们的使用习惯，面世以来，非常受视力残疾学生的欢迎，成为他们一种较好的便携式学习辅助设备。

第六节　盲用教具

视力残疾儿童由于全部或部分丧失视觉这个获得信息的主要渠道，需要以触觉、嗅觉、听觉来进行部分的补偿。因此，视障学校在教学中必须采用一定的教具以帮助视力残疾儿童认识事物、理解事物，弥补学生视觉障碍所带来的认知困难。

盲校的盲用教具主要指在教学中使用的与教材配套的各种实物、标本、立体触摸模型、触摸图以及体育教学中所需要的特殊用具等，还有一些教具及设备可以与普通学校通用或经过简单改造后即可供视力残疾儿童使用。

由于市场需求小，所以产品的开发成本很高，而国内盲校数量仅为几十所，购置能力很有限，所以开发厂家短期内难以收回成本，这使盲用教具的开发受到了严重的局限，导致盲校目前使用的盲用教具数量和种类远远不能满足盲校教学所需，各盲校均严重存在着教具紧缺的现实问题。加上近几年，国家加快了教育改革的步伐，教学内容多次更新，但是盲用教具仍在沿用多年前旧教材所需的旧教具，特别是配套的模型、图谱远远跟不上教学的改革和发展，甚至与教材严重脱节。

目前盲用教具的开发类型主要集中在触摸模型上，采用的方式主要是将较大的物体缩小（如建筑模型）、将较小的物体扩大（如 DNA 模型）、将相对关系模式化（如中国行政区域拼图），方法比较单一。因此，增加盲用教具的开发种类、提高研制的技术手段、利用更多的现代技术、缩短开发周期是改善盲校教学资源短缺现状的急需解决的重要问题。

本节主要将盲校目前在教学中经常使用的教具进行介绍。

一、显形板

（一）设备用途

显形板是帮助盲文初学者掌握盲文点位的组成和分布规律的教具，主要用于低年级盲文教学，是学习盲文时重要的教学辅助工具。

（二）设备构造和常用规格

显形板主要由箱体、触摸点、复位键几部分构成。其中箱体为长方体塑质，通常为蓝色，长 23 厘米，宽 6 厘米，高 3 厘米。触摸点为白色塑质凸起，与箱体颜色呈鲜明对比，贯穿箱体，在底面按下则可以在对面突出，通常在显形板面上分布 8～10 方触摸点。复位键则在箱体的两侧，按下后，所有触摸点可以恢复原始位。

（三）使用说明

该设备主要是为低年级盲文教学提供帮助，由于由盲板（笔）或盲文书写器书写出来的盲文比较小，学生刚接触盲文时不易分清点位与点位之间的关系，不容易理解盲文的点位组成，而显

图 3-29　显形板

形板上的触摸点位被放大了数倍，学生非常容易观察和触摸到，因此使用显形板适用于低龄盲生学习盲文时使用。

二、触摸模型

（一）设备用途

触摸模型是用于帮助视力残疾儿童理解和掌握有关的教学内容，是完成视障教学不可缺少的教学辅助用具，根据学科需求的不同，在相应的学科专门教室内配备教学相应的触摸教具，为师生教和学提供条件。

（二）制作原则

触摸模型是根据教学的需要将建筑、名胜、器具、植物、动物等各类型的物体或者一些关系模式（如地球与月球之间的关系）等按比例进行缩小或放大后做成的立体可触摸的模型，供视力残疾儿童学习时触摸理解。

由于各科的教学需要不同，因此触摸模型规格也有非常大的区别，但是有一些原则是所有教具需要共同注意的。

1. 模型应严格遵循实物的基本特点，按照比例进行缩小或放大，不能随意改变原有事物的各部分比例，以免对视力残疾儿童造成误导。

2. 模型的结构不宜太复杂，过多的琐碎内容可能会影响视力残疾儿童对整体模型的观察。

3. 模型的大小应适中，过大，视力残疾儿童不容易在脑中树立整体的印象；过小，视力残疾儿童可能不容易明晰所有的结构。一般来说，模型的大小不宜超出视力残疾儿童两臂张开的范围，便于视力残疾儿童确定定位。

4. 模型上的重要结构应对比鲜明，可采用尽量反映原物的材质或明确标示，也可考虑使用不同的颜色进行对比，便于学生进行对比，反映事物本质特点的部分应进行重点的标示，使学生容易掌握。

5. 教具上不宜有尖锐的突出物和易脱落的结构，避免对学生的皮肤造成损伤，特别是一些细小的结构必须要牢固，避免脱落后被低龄学生吞咽造成危险。

6. 触摸教具必须坚固耐摸，一方面松动可能造成安全隐患，另一方面当教具松动后可能导致变形移位，造成视力残疾儿童的理解错误。

盲校义务教育阶段的各学科均不同程度地需要使用各类触摸教具，如语文课文中的各种建筑物，数学中的各种几何形状，历史中的文化、科技、建筑、军事、艺术、生活等类模型，地理中的各种地形及演示模型，生物中的各种人体、动物、植物标本模型等。这些触摸教具中一部分可以与普通学校中的设备通用，但更多地需要根据盲校教学要求特殊制作。

目前盲校使用的很少量触摸教具部分由中国盲文出版社开发制作，如系列建筑物的模型（人民大会堂、英雄纪念碑、毛主席纪念堂、卢沟桥等）；也有部分是学校根据自己的需要与厂家共同开发的；另有一些是由教师自行制作的。但这些远远不能满足盲校的教学需求。

（三）使用说明

触摸是视力残疾儿童对视力障碍进行补偿的重要方法途径之一。通过触摸，视力残疾儿童可以获得对事物的直观印象，理解掌握事物的具体形态。

图 3-30　触摸地球仪

使用触摸教具在盲校教学中是十分重要的教学方法，因此触摸教具的制作和使用应当遵循视力残疾儿童观察事物的基本规律，才能取得比较好的效果。

在使用触摸教具时，教师应首先指导视力残疾儿童掌握触摸时的方向和顺序，保证学生具有正确的方位感，然后指导学生按照由整体到局部、由轮廓到细节、由重点部位到一般部位的方式逐步进行触摸。

三、触摸图

（一）设备用途

触摸图是突出于纸张表面的图形，视力残疾儿童通过触摸图可以帮助他们对教学内容进行理解。盲校教学中的地图、几何图形、示意图等平面图形都需要制作成相应的触摸图以保证视力残疾儿童进行感知。同时学校还应当建立相应的制度，便于触摸图的系统制作和管理，并保证能够在教学中有效的使用。

（二）设备构造

触摸图是根据教学需求，针对视力残疾儿童的需求，将平面图形做成相应的可触摸的凸起图形，供学生触摸，帮助他们理解掌握学习内容的教具。

（三）常用规格

从适用学科来说，盲校义务教育阶段的各科均需要配套的触摸图，如几何图形、电路图、实验图、地图等。

从制作工艺上来说，触摸图可以通过手工或盲文印刷机在盲纸上以凸点形式构成，热塑进行印制及热敏发泡复印纸进行制作等几种不同形式。

触摸图的规格可以因教学需要的不同有多种形式，但是必须遵守以下原则。

1. 图形清晰，线条简洁，重点突出：触摸图形的制作应符合视力残疾儿童的触摸感知的习惯，图形应重点突出，避免过多的或交错的线条引起学生的歧义。

2. 图形中的信息量不宜过多，大小适中。图形过大，学生不容易整体把握图形中的内容，过小，学生则不容易分辨其中的细小结构，一般来说，触摸图形不宜超过 A3 纸的规格。

3. 图形比例应符合规律，避免对视力残疾儿童造成误解：触摸图形制作时应尽量忠实于原始图形，容易造成误解的部分可进行适当的修改，如果需要进行扩大或者缩小，则应当注意应进行整体的扩大或缩小，避免造成比例的失调。

4. 图形不易磨损。

5. 符合视力残疾儿童触摸特点，手感好。

6. 图形应明确指示方向。

7. 触摸图中应适当标注盲文，文字量不宜过多。

目前盲校使用的图一部分是由中国盲文出版社生产制作的；部分由学校教师根据教学需求使用 Tiger 机、热塑机或热敏复印机进行制做。由于出版社的制图更新周期比较长，远远赶不上我国课程改革的速度，难以与现行教材配套；盲校又往往没有专门人员从事制图工作，仅依靠各学科教师在课余时间进行制图，难以保证制图的质量、制图规格的一致性以及制图的连续性。目前各盲校的触摸图很难满足学科教学的需求，因此各学校也在通过建立资源中心对触摸图进行系统制作的方式来缓解该困难。

（四）使用说明

1. 使用触摸图时，教师应首先指导学生进行触摸方向的确认，避免造成图形颠倒，引起认知的错误。

2. 使用触摸图时，应遵循由整体向局部，由轮廓到细节的原则，同时注意图中的盲文标示，以帮助视力残疾儿童进行理解。

（1）手工制作方法取材简单，产品制作起来耗时长、没有统一的质量标准、制作工艺比较粗糙、一旦成型不可更改，适宜制作特殊规格尺寸的触摸图，但不易进行多份复制，且由于采用材料比较简单，难以长久保存。

（2）Tiger 机制作速度较快，制作平直图形效果非常理想，做曲线时效果略差，特别是不规则的曲线效果较差，如地图，但制作所需的耗材成本较低。由于是在盲纸上以凸点形式呈现，学生使用时手感较好，但是反复使用后会逐渐变平，需要不断更新。制作需要在特定的软件支持下进行编辑，编辑软件的操作类似 Windows 系统下的画图板，较容易掌握。

（3）热塑机制作速度较快，图视觉效果较好，但是需要先进行模板制作再进行热塑，因此对模板制作的要求比较高。但由于模板多为手工制作，在一定程度上影响了图形的热塑效果。虽然制作的耗材价格比较低廉，且不易变形、压平，但是由于材料不吸汗，因此视力残疾儿童在触摸时往往容易出现打滑的现象，影响触摸的速度和效果。

（4）热敏复印机可以完全按照模板复印出相应的触摸图形，对于边缘不平整或有不规则曲线的图形尤其适合，制作时可以将电脑图形直接打印或复印到发泡复印纸上后，即可利用热敏仪进行制作，因此所制成的图形非常规范。由于凸起的线条有一定的弹性，因此学生在触摸时手感很好。这种方法制出的图形可以反复触摸，保存时间较长，但不能用尖利物品抠划，同时保存时应注意防潮和避免阳光直晒。

（五）配备原则

盲校应尽可能地利用现有资源为各学科教学配备并制作相应的触摸图。

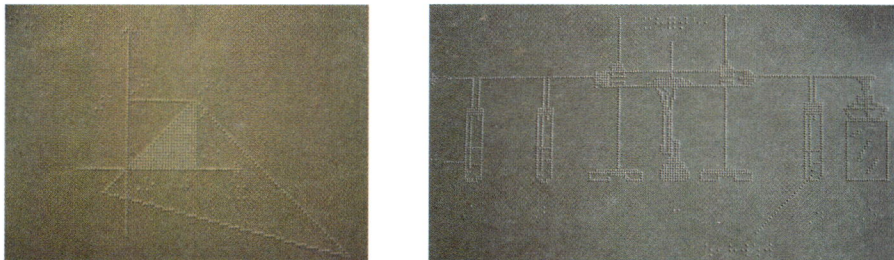

图 3-31　Tiger 机制作数学、化学图形

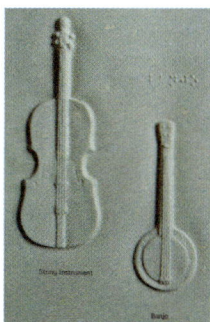

图 3-32　热印图形　　　　　　　　图 3-33　热敏地图

四、体育教学设备

盲校体育教学开设的教学内容多数与普校相同，在设备需求上也与普通

学校有许多相同之处。但是盲校根据视力残疾儿童的运动特点，还开设了一些特殊的体育活动，以提高视力残疾儿童的体质，加强他们的体育锻炼，下面介绍一些盲校体育教学中的特殊设备：

（一）盲人门球及场地

1. 设备用途

盲人门球是根据盲人的特点和能力专门为盲人开设的一项体育活动。盲人门球和场地是为视障人提供盲人门球锻炼和比赛的特殊器具。

2. 设备构造

盲人门球训练和比赛设备包括：专用门球、门球门、门球场、辅具（眼罩、护膝、护肘）。

3. 常用规格

（1）盲人门球是带响铃的橡胶球，球重 1 250 克，周长 76 厘米，球上有 8 个直径为 1 厘米的洞保证声音的发出。当球投出后发出响声，使对方可以根据声音判定球的滚动位置接球。

（2）盲人门球球门宽 9 米，与赛场的底线宽度相同，其立柱和横梁为圆形，最大直径为 0.15 米，球门柱高为 1.30 米，球场的底线即为球门线，球门上的横线应坚固牢靠，与球门线平行。

（3）盲人门球赛场为长 18 米、宽 9 米的长方形场地（含标志线），场内不允许有其他与本场无关的标志。赛场内的所有标志线均为 5 厘米宽，3 毫米厚，要清晰，能触知，便于球员确定自己位置。

4. 使用说明

盲人门球运动 1946 年起源于德国和奥地利，在 1976 年举行的多伦多残奥会上开始被列为正式比赛项目，是目前盲人的主要运动之一，在盲校中深受学生的喜爱。

（二）盲人足球及场地

1. 设备用途

盲人足球是根据盲人的特点和能力专门为盲人开设的一项体育活动。盲人足球及场地为视障人提供盲人足球锻炼和比赛的特殊场地和设备。

2. 设备构造

盲人足球训练和比赛器具包括：专用足球、足球门、足球场、辅具（头罩、眼罩、护膝、护肘)。

3.常用规格

(1)盲人足球为皮革制品,直径为 9 厘米,重 410~430 克,内部装有发声系统。

(2)球门:高 2 米、宽 3 米,守门员区域长 5 米、宽 2 米,在距两球门立柱间中点 6 米和 9 米处各有一个罚球点。

(3)场地:使用无遮盖场地,长 32~42 米,宽 18~22 米,硬质地面或铺设人造草皮,球场的边界是约有 1 米高的围栏,以便于提高比赛节奏和引导场上队员确定方位,并防止足球滚离足球场地。

图 3-34　盲人门球门及门球

4.使用说明

五人制足球于 20 世纪 70 年代起源于德国。1986 年,西班牙第一个举办国内五人制(盲人)足球比赛。2004 年,雅典残奥会首次设立五人制盲人足球赛项目。我国目前有多所盲校开展了盲人足球运动,受到视力残疾儿童的喜爱。

图 3-35　盲人足球

(三)盲人乒乓球

1.设备用途

盲人乒乓球是针对盲人特点开发的一种体育锻炼项目,盲人乒乓球台和球是为视障人提供乒乓球锻炼和比赛的特殊设备。

2.设备构造

盲人乒乓球训练和比赛设备主要包括盲人乒乓球桌、乒乓球网、乒乓球拍和乒乓球 4 部分。

3. 常用规格

（1）盲人乒乓球桌：球桌的大小与普通乒乓球桌相同，台面为 2 740 毫米×1525 毫米，台高为 760 毫米，在网架向运动员的方向 50 厘米以后三面均有约 1 厘米高的边沿。球区主要是白色、暗绿色或蓝色。球区与桌面画线颜色对比明显，如球区为白色，桌面画线则使用黑色；球区在蓝色情况下，桌面画线则使用白色，画线宽度为 1 厘米。

（2）盲人乒乓球球网：球网材质和式样与普通乒乓球网相同，但球网距离底线 137 厘米，距离台面 4 厘米，球网需固定在球桌上，球网架支角不能占有球区上的空间。在球网的底边设 1.5 厘米宽的白布，下边穿上一根绳子，以进行固定。球网上下沿两端固定在球网架上，要求上下沿绷紧和球区平行。

（3）盲人乒乓球：在普通乒乓球中加入三颗重量为 0.6～0.8 克的铅丸，颜色为白色或黄色。

（4）盲人乒乓球拍：由无胶面的一整张木板制成，且不能粘有半圆形的软木。

4. 使用说明

盲人乒乓球是用球拍击打可发出声音的专用乒乓球在台面上滚动进行比赛，在对方击打过来的球进入接发球区且未碰到自己的边框前将球击回，若对方的球碰到自己的边框或是飞出台面时，则一回合的比赛结束。

图 3-36　盲人乒乓球台

（四）盲人棋类

1. 盲人五子棋

（1）设备用途

盲人五子棋是为视障人提供盲人五子棋训练和比赛的特殊器具。

（2）设备构造

盲人五子棋训练和比赛器具包括棋盘和棋子。

（3）常用规格

①盲人五子棋棋盘：由铁和木质合成，长40厘米，宽40厘米，厚2厘米，长方形，淡黄色，纵横各15条凸起黑色线条，使用者可进行触知，间距2.5厘米，共225个交叉点。其中纵线从左下至右下用英文字母A～O表示，横线从左下至左上用阿拉伯数字1～15表示。

②棋子：为磁性，直径2厘米，厚4毫米，呈扁圆形，分黑白两色。白棋下面平形，上面鼓形，黑棋下面平形，上面鼓形，中间有直径为3毫米的凹陷，以示区别。

（4）使用方法

盲人五子棋的比赛规则与普通的比赛规则相同，它由两名选手参加，以先将自己的五枚棋子连在一起为胜方，或以一方出现禁手判负，另一方胜出，五子棋的比赛规则可有猜先、指定开局、三手交换、五手连打及禁手等。这项运动近年来在我国逐渐推广开展，取得了一系列的成绩。由于这种运动不受运动场地的限制，设施简单，经过系统的训练后学生均可参加，逐渐吸引了许多盲人学生，目前许多盲校都开展了此项活动。

2. 盲人象棋

（1）设备用途

盲人象棋为视障人提供中国象棋训练和比赛的特殊设备。

（2）设备构造

盲人象棋训练和比赛设备包括棋盘和棋子。

（3）常用规格

①盲人象棋棋盘：由木质构成，按照中国象棋棋盘格式，棋盘上的线路被刻成沟状，在相应落子的位置上制作出圆形凹陷，以供棋子放入。在棋盘的边缘上标有盲文数字，使盲人可以明确棋子的位置。

②象棋：由木质构成，与普通象棋子相同，双方棋子上均标有盲文，使盲人可以通过触摸分辨双方的棋子，并判断对方出棋。

（4）使用方法

盲人象棋的比赛规则同普通中国象棋规则。

其他适用于盲人使用的球类还有盲人橄榄球、

图 3-37　盲人象棋

盲人保龄球、盲人篮球、盲人排球等，棋类还有盲人国际象棋、盲人跳棋、盲人黑白棋，以及盲人扑克、低视力大字扑克、盲人多米诺等体育娱乐设备，由于这些体育活动在国内开展得不多，在这里就不作赘述，仅提供一些图片以做参考。

图 3-38　盲人篮球

图 3-39　盲人国际象棋

图 3-40　盲人跳棋

图 3-41　大字扑克

第七节　盲文（图）制作和印刷设备

盲生所使用的课本、辅导材料、考卷，需要根据要求制作成盲文，各科学习中出现的平面图形也需要制作成凸起的使盲生可以触摸进行感知的触摸盲图，这样才能保证盲生学业的正常进行。

盲校使用的盲文（图）材料主要来源于现有的两家盲文制作厂家，远远不能满足盲校的教学需求。因此，目前各盲校都非常注重学校资源中心的建设，将盲文和盲图的制作作为资源中心的重要工作内容之一，为教学提供服务。

本节将就盲校常用的各种制作盲文（图）的专用设备进行介绍，随着科学技术的不断提高，这些设备也在不断发展和更新，所制作出的盲文（图）材料更加符合盲生的需求。

一、盲文（图）刻印机

（一）设备用途

盲文（图）刻印机是进行盲文和盲图快速印刷的重要工具，是视障学校重要的教学辅助设备。

（二）设备构造

盲文（图）刻印机的主要结构包括：

1. 主机：在盲纸上打印出经过编辑的盲文文本或图形，根据机型的不同，可打印单页盲纸或信息盲纸，具备不同的打印速度，其中盲文可以进行单面打印和双面打印，盲图则进行单面打印。

2. 电源：为主机提供电力。

3. USB 接口：通过连接线实现与电脑的连接，接受电脑的指令。

4. 配套软件：一般通用的盲文翻译软件均可支持这些刻印设备，对编辑好的盲文文本进行直接刻印；盲图编辑则可以使用刻印机所配备的制作软件，对需要制作的图形进行编辑，并进行刻印。

（三）常用规格

由于目前国内没有厂家生产盲文（图）刻印设备，所以目前国内使用的此类设备全部为进口，价格较为昂贵（约人民币 6 万～12 万元），但是性能比较稳定，主要机型有：

瑞典的 Index 系列，如 Index Everest，Index Basic S/D，Index 4×4 Pro，Index 4 Waves Pro 盲文刻印机；

德国生产的 IMPACTO TEXTO 快速双面盲文刻印机；

美国生产的 Juliet Pro 60 盲文刻印机。

用于盲图打印的主要为美国产 ViewPlus Tiger 系列刻印机。

各类产品规格不同，性能也有所区别，现将常用的几种刻印设备的主要性能进行分析比较：

INDEX 系列盲文（图）刻印机：

该系列刻印设备的品种比较丰富，部分型号可以打印单页纸（配备送纸器后，可由送纸器连续送纸，如 Index Everest 型，但容易出现卡纸的问题），也有部分型号打印信息纸（如 Index BASIC—D、4×4 Pro 型）；部分型号可以串接多台机器可同时对同一文件进行刻印（如 Index 4 Waves Pro

型)。

Index 系列产品的刻印刷速度较快 (每秒可以打印 78～98 字符),可以支持 6 点及 8 点位输出,也可打印图形,并可进行打印行距的调整。机器与计算机连接可选择使用串行端口、USB 及网络连接端口,可提供按键式操作,并有语音操作提示功能,适合盲人用户自行进行操作。

该系列产品刻印出来的点字饱满清晰,学生触摸时手感比较好,盲点不易塌陷。除进行盲文文本的刻印外,该设备同时可以在一些软件的支持下刻印盲图,这个软件的操作类似 Windows 附件中的画板,操作比较容易,但是对扫描图形的处理不佳,比较适合用简单的画图工具直接画出规则图形,如正方形、长方形、直角等边三角形等,如果图形中有较多的斜线、弧线和不规则线时则效果不佳。同时因为该系列产品制作出的盲点比较大,间距也较大,受到纸张大小的限制,不适合打过于复杂的图形。因此,目前国内使用该系列产品仍然主要用于生产盲文文本,较少使用其进行盲图打印。该系列设备打印时噪声比较大,连续打印时需要将其放入专门的隔声柜中。

IMPACTO TEXTO 快速双面盲文刻印机刻印速度较快,每小时能够刻印 400 张 (800 页),可打印信息纸,支持 6 点或 8 点盲文输出。

Juliet Pro 60 盲文刻印机只可打印信息纸,可进行双面刻印,速度较上述两系列的产品为慢,每秒约可以刻印 60 字符,如果只进行单面打印则每秒仅能够打印 40 个字符。该设备可以支持 6 点或 8 点盲文输出,具有语音操作提示功能,并针对不同的盲文纸可以进行盲文文字缩放。刻印时的噪声稍低,连续刻印时不需要有人在周围操作,比较适用于大文本的打印。在设定好需打印的内容后,人员可离开设备,减少对使用人员的噪声干扰。

ViewPlus Tiger 盲文刻印机可以用于打印盲文和盲图,是目前比较理想的盲图制作设备。

该设备所配备编辑图形的支持软件界面类似于 Windows 附件中的画图板,功能比较全面,可以识别多种图形文件 (如 bmp、jpg、jpeg 等格式),因此基础图形的编辑可以在多种通用软件中进行,提高了基础图形的质量。在软件中将图形文件打开后可以根据使用者的需要进行修改,如用"橡皮"擦去不需要的部分、用"铅笔"对原有线条进行描画加深、对重点部分利用大面积的盲点进行标示、加入所需的盲文注释等。文件编辑中同时提供七种不同灰度供使用者选择 (不同的灰度代表着不同的凸起高度,颜色越深对应的盲点高度越高,手感越明显),一般的图形在进行修改后均可较好地表现出原有图形的特点，但是对于在比较小的范围内转折比较多的曲线处理的效果还不够理想。软件同时具备打印预览功能。

由于该设备生成盲点的原理与 Index 有所区别，所生成的盲点相对于 Index 系列的略小而尖，在盲点的顶端有小孔形成，因此在触摸时，盲生往往感到其光滑度略差，盲点略尖锐，但不影响触摸的整体效果。

该设备的刻印速度为 35 秒/页，主要使用信息纸刻印，同时也支持单张纸、信纸、塑料纸、卡片纸及标签等纸类，刻印长度可通过程序进行调整，刻印图形时，分辨率为每英寸 20 点，适用于 Windows95 以上版本系统。

（四）使用说明

盲文（图）刻印设备的使用操作比较简便，主要有以下步骤：

1. 将刻印机与电脑相连，并在电脑上安装刻印机所需驱动软件。

2. 在电脑上对所需刻印的盲文或盲图进行编辑和预览。

3. 将单页纸或连续纸放入进纸器中并固定后即可对编辑好的盲文或盲图进行刻印。

图 3-42　盲文刻印机

二、盲文（图）热印机

（一）设备用途

盲文（图）热印机是盲文和盲图进行热印复制所使用的设备，是盲校重要的制作盲文（图）的设备。

（二）设备构造

盲文（图）热印机主要由上箱推拉把手、上箱体（又称电热烘箱）、导轨及护套、石棉档板、下箱体（内存一个真空泵，用于抽吸空气）、铝托架、操作面板、网板、压框等部分组成。其中的操作面板又包括电源控制区、真空控制区、温度控制区等部分。

盲文（图）热印机需使用专用的热印纸，这是一种将高聚合度 PVC 树脂和增塑剂、稳定剂、润滑剂、填加剂经压延形成的可多次使用的塑料膜。

（三）常用规格

目前国内常用型号有 MWY－3 型和 AD－1 型。其中 MWY－3 型可对 292 毫米×280 毫米和 297 毫米×210 毫米两种大小版面的盲文制品进行热印，AD－1 型则可对 260 毫米×185 毫米版面的盲文制品进行热印，热印速度约为 20 秒/张。

（四）使用说明

热印机可以对已经制作完成的盲文文本或图形以及实物在塑膜纸上进行热印，塑膜纸上将产生与模板相同轮廓的凸起，如盲文的文本、凸起的盲图、一些实物（如钥匙）的轮廓等。使用中应注意所采用的模板不能是在高热下易变形的物体（如塑胶制品），否则在加热的过程中模板将被损坏。因此，通常使用的模板是纸制、棉制等（如纸制的盲文文本，在纸上用棉线粘贴制作的凸起式盲图等）。

该设备操作比较容易、制作速度较快、耗材价格便宜，在日常使用中能够快速地对盲文文本或图形进行大量的复制，是盲校制作盲文（图）的基础设备之一，这种设备所存在的主要问题有：

1. 由于热印的材质是塑料，没有吸汗性，因此盲生在触摸时特别是长期触摸后容易打滑，影响触摸的手感和速度；

2. 作为模板的图形往往需要手工制作，因此存在着规格难以统一，较为粗糙的问题；

3. 在加热塑膜时会产生难闻有毒的气体，对制作人员身体有一定影响，需要在设备上加装排风设备。

热印机作为对盲文和图的基础制作设备，虽然还存在着一些问题，但是设备本身和耗材的价格都比较便宜实用，因此还是比较适合盲校使用用的。

三、立体复印机

（一）设备用途

立体复印机是进行立体复印时所使用的设备，是视障学校重要的制作盲图（文）的设备，适用于制作高品质的曲线、标志、标签、地图、图表等图形及盲文。

（二）设备构造

立体复印机主要由面板（包括电源开关、温度调节旋钮、散热孔）、电子控制加热系统、辊筒、进纸口和出纸口、电源几部分构成。

（三）常用规格

目前国内没有开发研制该项产品，所以设备和耗材均需要由国外进口。常用的品牌有澳大利亚产的 P. L. A. T 立体复印机、德国产 Zy—FUSE Aeater 和 Zy—FUSE Pro 立体复印机。P. L. A. T 及 Zy—FUSE Aeater 适合印制较小数量时使用，Zy—FUSE Pro 则适合印制数量较大时使用。

立体复印机所使用的纸张是专门的发泡复印纸，这种纸比普通复印纸略厚，其中一面上涂有特殊的发泡药膜。这种纸的特点是，用签字笔、铅笔或普通复印机、打印机将所需复制的图形或文字印制在涂有发泡药膜的一面，通过立体复印机加热后，黑色的部分即可产生相应的凸起，制成视力残疾儿童可以触摸的盲图。这种纸的价格比较昂贵，一张 A4 大小复印纸的价格在人民币 12 元左右，这在很大程度上影响了此类设备的推广使用。

（四）使用说明

用立体复印机制作时，首先将需要复制的平面模板复制（可采用复印、打印、签字笔或铅笔绘制等方法）在专用发泡复印纸有发泡药膜的一面上。将立体复印机连接上电源，打开开关，将加热旋钮调整至合适的温度处，进行预热，一般需要预热 5～8 分钟（根据周围环境的温度有所不同），将印有图形的一面向上，平放入送纸口中，由辊筒滚动将发泡复印纸带动通过加热系统，由出纸口送出，即可完成立体图形的复印。

这种设备操作简单，使用方便，制作速度较快，一般完成一张 A4 纸大小的立体复印仅需要 10 秒钟左右，在制作过程中无刻印机产生噪声和热印机产生有害气体的问题，制作出的产品的质量是目前各种设备中效果最好的，主要有以下特点：

1. 复印出的触摸图形清晰、光滑、细腻，无盲文刻印机处理圆、弧线及斜线等图形时的盲点断续和移位的问题，可以保证与原设计图形完全一致，特别适于处理曲线和其他不规则的线条（如生物图、地图等）。

2. 该设备制成的图形有一定的弹性，盲生在使用的时候触感好，凸起和纸张本身又有明显的颜色对比（纸张本身为象牙白色，凸起部分为黑色），对低视力和全盲学生都十分适用。

3. 平面模板制作简单，需要注意保证所制成的图形的规范性和一致性。

（1）需要复制的图形应经过处理，保证线条清晰、无毛刺，符合视力残疾儿童触摸规律，可根据需要对图形进行设计，如对线条加粗、加深或利用斜线、网格等表示不同的区域，注意黑色的深度和凸起的高度成正比，线条的粗细与凸起的宽窄成正比。除需要复制的图形外，纸面上应保证清洁无污点，以免造成歧义。

（2）绘制图形可使用黑色签字笔、铅笔或利用复印机将需要的图形进行复印，不可使用圆珠笔或水彩笔，这些笔绘制的线条都不能产生凸起。

（3）在复印成型后，如果需要添加一些内容，可以在以前的基础上进行绘制后再进行复印，新添加的部分也可以相应地形成凸起，这种操作不可超过 3 次，之后纸张将逐渐硬化，新添加的部分不能形成凸起，同时还可能影响以前制作的图形，使图形的清晰度下降。

（4）要保证机器处于一定的温度，根据实际情况对温度进行调整，避免过长时间的连续使用使机器过热。

图 3-43　立体复印机

第二篇 聋校

特殊教育学校的设施与专用仪器设备

第4章　聋校的校园规划与建设 ▶▶▶

　　聋校的校园规划和基本设施建设，在很多方面与普通中小学学校的建设是一致的，其基本建设标准首先应该达到普通中小学校建设的一般性要求。因此，针对正常儿童制定的《托幼建筑设计规范》、《中小学建筑设计规范》、《城市普通中小学建设标准》等，对聋校的校园规划和建筑设计有着重要的参考价值。

　　在聋校校园规划和教学设施建设的过程中，还应充分考虑到听力残疾学生独特的生理心理特点以及"医教结合"的基本原则，积极创造条件满足学生在教育学习、康复训练等方面的特殊需求，以最大限度地帮助学生补偿身心缺陷，回归主流社会。例如在校园建筑设施建设方面，考虑到听力残疾学生听觉通道受损，信息的获取主要依赖于其他通道，因此聋校校园内光环境、声环境都要优于普通中小学校；聋校校园内还应充分利用颜色、光闪、震动等方式帮助听力残疾学生感知外界信息。比如在教室、餐厅、宿舍、走廊等各处的显要位置须设置能指示上下课信息的信号灯、电铃，在学校及教室适当位置应设置电子显示板等。聋校的教室设置与基本设施建设也有不同于普通学校的特殊要求。为了满足听力残疾学生独特的发展需求，除了普通教室以外，聋校还应设置相应的工艺美术室、多功能活动室、音乐律动室、家政室、烹饪室等专用教室；为了给部分在聋校就读的学前儿童提供教育和康复服务，同时也为了给一些多重障碍的学生提供特殊的教育服务，聋校还应设置专门的学前和特需教室等。聋校教室在采光、隔音等方面的建设标准都要高于普通学校，有些还需要采取特殊的隔音防噪措施，以便给学生提供一个优良的学习训练环境。

　　此外，"医教结合"、康复训练的特殊需求也对聋校的校园规划和设施建设提出了更多更高的要求。首先，在硬件设施建设上，聋校应积极创造条件设立专门针对听力残疾学生进行康复训练的各种康复教室，满足聋校学生的日常听力检测、耳模制作、助听器验配、听觉康复、言语矫治，以及语言和认知能力训练、学科学习能力训练、心理与行为训练、感觉统合训练等一系列特殊需求，为听力残疾学生的康复训练提供康复服务场所和设备。

第一节　聋校的校园规划

一、聋校校址的选择

校址的选择对一所学校的正常运行和未来发展起着至关重要的作用，世界各国都非常重视学校校址的选择问题，美国、英国等国家相关法律、法规中都有明确地对学校校址选择的规定。由于听力残疾学生的身心发展具有一定的特殊性，环境对他们的影响十分突出，因此校址的选择对聋校来说显得尤为重要。在选址过程中，聋校应联合当地政府部门、教育管理部门，并邀请有经验的建筑和规划专家一同参与，全面考察所在地区的环境、校园周边环境以及校园内部环境等，采用综合分析的科学方法予以确定。

与盲校选址一样，聋校在选址前也应首先对学校的规模进行预测，根据服务区内生源状况和学校未来发展趋势做出合理预算，从而确定学校的总用地面积。教育部的《特殊教育学校建设标准（试行）》（1994）对聋校的用地面积指标作出了明确规定：18 个班的聋校生均用地面积不低于 62 平方米，9 个班的不低于 88 平方米[1]。综合考虑我国现阶段的国情和经济发展水平以及聋校的未来发展趋势，并参照美国、英国、台湾地区以及国内相关省份的特殊教育合格学校建设标准，我们认为新建聋校的生均用地面积 10 个班以上应不低于 85 平方米，9 个班以下不低于 95 平方米。由于特殊教育一直处于不断地发展之中，对相应环境设施的需求也在不断增长，为了满足以后发展的需要，聋校选址要留有充足的发展余地，而且在平面布局设计时也应该预留一定面积的发展用地，以利于今后的发展建设需求。

教育部颁布的《特殊教育学校建筑设计规范》（2004）对特殊学校校址的选择也作出了明确的说明和规定。一般来说，在确定聋校校址时应综合考虑以下几个方面的因素。

（一）便捷

交通便利是聋校选址时首先应该考虑的基本原则。同普通中小学相比，聋校的服务半径相对较大，一般是按行政区域划片设校，很多学生的家庭住址相对较远。为方便学生上学与回家，聋校附近应有相对完善的交通网点，学校周边应有便于安全通行的校园外部道路，并与城市道路相连，学校宜临文教设施、医疗机构、福利机构及公园绿地等地段。避免将聋校设在较为偏僻、闭塞的地区，也是社会正视特殊学校、尊重残疾学生的体现，同时也有利于学校利用各种公共设施获得社会各方面的支持，为听力残疾学生回归社会创造条件。

（二）安全

在聋校选址过程中还应贯彻安全性原则。听力的损失减弱了听力残疾学生对各种灾害的感知和避难能力，他们对环境的认识能力较弱，对周围环境变化的感知能力差，对很多危险信息的反应不够敏捷。因此，聋校不应毗邻可能危及师生安全的危险品仓库、煤气站或有污染源的工矿企业等，与各类污染源的距离应符合国家有关防护距离的规定；应尽量避开地震断裂带、滑坡段、山坡地、悬崖边及岩底、河湾地，避开泥石流和洪水频发地区等地段，以防气象变化大时发生事故；聋校不应选择建在有各种车辆威胁的城市干道和铁路、高速公路交叉口和铁路道口；也应该远离精神病院、传染病房、医院太平间等可能对学生教学和生活产生不利影响的建筑。

另外，聋校还应避开有强大电波发射的区域，不得将校址选在架空高压线影响范围内或城市热力管线穿越区，建校后亦不得在校园内敷设过境架空高压线或热力管线。这不但是出于对保障学生安全的考虑，亦是防止电磁电波干扰设于教室、语训教室内的集体助听系统、听力检测设备等，以免影响对听力残疾学生的教育与康复训练。

（三）安静

聋校的许多康复训练教室对声环境有着较高的要求，而且听力障碍学生在噪声环境中易产生耳鸣等不适感觉。为了保证听力残疾学生的康复训练效果，维护其身心健康，聋校应选择建在安静的地段。教育部《特殊教育学校建筑设计规范》（2004）特别规定："盲学校、聋学校校界处的噪声允许标准：昼间不应超过 60 分贝、夜间不应超过 45 分贝。"所以聋校在选择校址时，应尽量避免城市交通噪声源（指机动车辆、火车、飞机在运行时所产生的噪声）、社会生活噪声源（人群社会活动时所引起的噪声，如农贸市场、汽车摩托车修理站等商业、娱乐、体育活动产生的噪声）以及工厂生产和基建施工等噪声源对听力残疾学生学习和生活所造成的影响。

除了上述因素外，在选择聋校校址时还应考虑校园内部环境的问题，应保证在学校用地范围内阳光充足、空气清新、通风良好、排水通畅。比如在一些大城市中，建筑密度较高，有时学校会处于高层建筑的阴影遮挡之下，或密集建筑群包围的角落中，使学校无法保证最起码的日照、通风条件；再如有些学校的建设拨地可能会为湿洼地，排水不通畅，在建校时不得不将大量资金用于处理地基排水，以致影响正常建筑施工。这些因素都需要在确定聋校校址前进行全面考察、综合分析，及时排除各类不良影响及隐患。

二、聋校校园的用地规划

根据不同的功能和用途，一般可以将聋校的校园用地分为三类：建筑用地、运动用地和绿化用地。

（一）建筑用地：建筑用地主要包括各类建筑用房的占地，以及这些建筑周围的通道、建筑物前后的零星绿地及建筑组群之间的小片活动场地等。聋校的建筑用房主要是指行政用房、教学用房、学前教育用房、康复用房和生活用房等。《特殊教育学校建设标准》（试行）规定了各类特殊学校的校舍建筑面积，其中聋校 9 班规模的生均建筑面积为 31.80 平方米，18 班规模的为 25.70 平方米，结合当前实际情况，我们认为这一标准应视为聋校建筑规划的最低标准。另外，《中小学建筑设计规范》还规定[2]：小学建筑容积率不宜大于 0.8，聋校的建筑容积率也应符合这个标准。

（二）运动用地：运动用地包括学生上体育课、课间操以及进行课外体育活动时使用的整片运动场地。此外，还包括适合低年级学生学习活动的室外游戏活动场地。《特殊教育学校建筑设计规范》规定，9～12 班规模的聋校应设置有 200 米环形跑道及 4～6 股 100 米直形跑道的运动场，班级规模较大时，尚需增设 1～2 个球类场地。

（三）绿化用地：聋校绿化用地包括校前区成片绿地，集中绿地和宽度不小于 10 米的绿地带以及室外自然科学园地（植物园地）等。《特殊教育学校建筑设计规范》对特殊学校的校园绿化率做出了明确的规定，不应小于35％，聋校绿化建设亦应参照这一标准。

三、聋校校园总平面布局

总平面布局规划是校园建设中至关重要的一步。在聋校校园规划中，需要合理地利用学校用地的地形地势条件，因地制宜地、创造性地进行校舍建筑的空间组合和设计，并报请有关部门审核批准，以避免出现大方向和原则性的错误。一般来讲，在进行学校平面布局规划时，需要从以下两个维度综合考虑。

（一）空间环境建构

在聋校校园建设和规划中，首先要妥善处理好室内建筑空间和室外空间的关系。这两类空间共同构成了校园总体环境，两者之间互相影响、互相包容并互相沟通。选择空间作为校园规划的切入点，主要基于以下考虑：首先，学校是以建筑为主体的空间环境，从建筑学范畴来讲，空间是解读建筑的最重要的元素，空间要素是建筑中最有概括力的内容；其次，就聋校乃至普通中小学来看，与教学康复训练模式关系最密切的是供各种活动开展的空间，无论是室内或室外。

1. 室内建筑空间：主要指校园内由各种建筑实体所建构用于进行教学训练活动的空间（普通教室、专用教室、学前和特需教室、公用教室、康复训练室等）及其他服务性空间（如师生宿舍、办公用房、食堂、厕所等）。

2. 室外空间：一般而言，除了室内建筑空间以外的校园区域内环境，都应该隶属于外部空间的范畴，称为室外空间。聋校的室外空间主要是指室外运动场所、室外教育场所、室外绿地园区，以及由道路、校园广场等构成的其他区域。

（二）区域功能划分

从区域功能上来讲，聋校一般可分为行政区、教学区、康复区、生活区、运动区和绿化区。另外，考虑到聋童的语言训练必须赶在语言发展的关键期之前，所以学前听力障碍儿童教育应得到广泛的重视。随着特殊教育办学体系的逐步完善，越来越多的聋校在校园规划中开始开辟出独立的学前教育区。这些主要的功能区域必须明确划分、整体协调，根据动静需求合理规划，且要符合安全要求，以利于聋校师生的学习、生活和交往。其中，教学区、学前教育区与康复区是聋校校园内最主要的功能区域，而且要求相对安静，所以在校园规划和建设中应妥善处理好它们与运动场、生活区等的关系。

1. 行政区：是聋校校内教师和职工日常办公和处理日常校务的主要场所。作为一所学校的核心区域，行政区负责协调和控制着校园一切事务的正常运转。所以在区域安置上，应本着以学生为本，便于管理的原则来考虑。

2. 教学区：是对学生实施日常教学活动的主要场所。它主要由各种不同要求的教室、辅助用房以及交通面积组成，其中普通教室和学科专用教室是数量最大、使用率最高的主要房间。

3. 学前教育区：是聋校对 7 岁以下听力障碍儿童实施听力语言训练以及进行德智体美的启蒙教育，为其今后顺利接受义务教育打下基础的主要区域。

4. 康复区：是对聋校学生实施康复训练的主要区域，它主要包括各类康复训练室以及相关室外教育康复场地等。

5. 生活区：是指为满足在校师生的生活需要而建立的相关场所和设施，如宿舍、食堂、浴室、厕所等。生活区的设置，应结合学校的规模、类型和管理方式来确定其具体的组成内容。各种用房在设计中应布局合理，功能明确，便于集中使用和管理。

6. 运动区：主要指聋校的运动场地、各类球类场地、课外活动场地，包括室内运动场所等。文体活动区同样是校园平面布局设计中的关键部分。因为从动静分区的角度考虑，它属于动区，是学校主要的噪声源，而且占地面积较大，所以在规划中应首先考虑它的位置，以此为基础进行校园动静分区，否则会给学校正常教学和训练带来不便。

7. 绿化区：主要指校园建筑周边绿地、道路两侧绿地、运动场周边绿地以及成片绿地等。植物绿化是形成校园景观的主导因素，它对优化教学训练环境、提高教学训练效率具有重要意义。在校园建设中，要合理规划、精心设计，才能避免绿地建设中的盲目性，提高土地使用率，增强绿化效果。

第二节　聋校校舍的建设

一、聋校校舍的构成

聋校校舍主要由行政用房、教学用房、学前教育用房、康复用房以及生活用房等几部分组成。

（一）行政用房：包括行政办公室、教师办公室、会议接待室、文印室、广播及团队办公室、心理咨询室、卫生保健室、档案室、网络管理室、传达室等。

（二）教学用房：主要包括各班级普通教室、学科专用教室（工艺美术中心、多功能活动室、理科实验室、计算机教室、音乐律动室、家政室、烹饪室等）、特需教室以及教育资源中心等。

（三）学前教育用房：主要包括为学前听障儿童专门设置的主活动室、音体活动室、听力语言训练室、寝室、衣帽储藏室、卫生间（包括厕所、盥洗、洗浴）等。聋校全日制学前听障儿童的寝室可与主活动室合并设置，寄宿幼儿必须独立设置宿舍区。

（四）康复用房：主要包括听力检测室、耳模制作室、助听器验配室、听觉功能评估与训练室、言语功能评估与训练室、语言能力评估与训练室、认知能力评估与训练室、学科学习能力评估与训练室、心理与行为评估与训练室等。

（五）生活用房：包括宿舍、食堂（含操作间、备餐间、蒸饭间、仓库、餐厅等）、浴室、卫生间（包括厕所、盥洗室）等。

二、聋校校舍建设的基本原则

校舍是校园环境的核心，是学生学习、生活的主要场所。《城市普通中小学校校舍建设标准》特别指出[3]："中小学校园、校舍应整体性强。建筑组合应紧凑、集中，建筑形式和建筑风格要力求体现教育建筑的文化内涵和时代特色。具有优秀历史文化重大价值的校园及校舍应依法保护，并合理保持其特色。"

聋校的校舍建筑除了可以借鉴普通中小学校舍建筑的成功经验，遵循普通中小学建筑设计的一般要求外，还应结合听力残疾学生的身体特点以及教学康复训练的基本需要，突出以下基本原则。

（一）多感官补偿的原则

听力残疾学生由于听觉通道受损，在感知外界事物时更多的是依赖于视觉、触觉、嗅觉等感觉通道。在聋校的建筑规划和设计中，应该充分考虑和尊重听力残疾学生的这一特点，尽可能利用颜色、光闪、震动等方式帮助学生感知环境。例如在教室、餐厅、宿舍、走廊等处要设置能指示上下课的信号灯或电子显示屏，卫生间内安装闪光式警铃，学生宿舍床板下面装设电子震动器以便可以唤醒学生等。

（二）无障碍原则

随着随班就读的深入开展，进入聋校就读学生的障碍程度越来越严重，其中有很多多重障碍者，他们有听力残疾伴随智力残疾的，也有听力残疾伴随肢体残疾的。而且就国际特殊教育的发展趋势来看，学前化倾向愈来愈明显，目前国内已有很多聋校开始招收学前阶段的孩子。这些因素都要求聋校在规划和设计过程中，站在较高的高度，以面向未来的眼光为学生创设一个方便、舒适的、高标准的无障碍活动环境。

（三）安全性原则

由于聋校学生的安全意识和危险躲避意识差，所以在聋校建筑设计中，要特别注意相关设施在以后使用中的安全性问题。另外，凡聋生可及的场所，均应设置不同的安全指示系统，以便于及时传达信息，尤其当发生突发事故时更为重要。例如在建筑物的门厅、过厅、走廊等处，均应设有明显的疏散路线标志。

（四）智能化原则

智能化是信息时代中小学校园建筑发展的重要标志之一。智能化建筑是指充分利用计算机网络、程控电话交换机等办公自动化设备，创设出舒适、安全的工作环境的建筑。这也是聋校未来发展的必然趋势。而就智能化建筑而言，除了设备的配备以外，更重要的是管理方式要便于教师和学生的使用。这样，空间的多功能、开放性以及地板配线、室内开窗、照明、空调调节等均需要在规划和设计时综合考虑。

（五）节能环保原则

我国是个能源消耗大国，能源相对短缺。节能环保是我国发展国民经济的一项长远战略方针，建筑节能更是国家实现可持续发展战略的重要组成部分。在聋校校园规划和建筑建设的过程中，也应该自始至终地贯彻以节约能源、减少污染为核心的可持续发展理念，以节约能源、保护环境。

三、聋校行政、教学、学前教育与康复用房的建设

作为聋校最为主要的建筑，教学区与康复区用房担负着聋校中大部分的教育和训练功能，最能体现聋校教育的建筑特征，所以是聋校校舍建筑建设的重中之重。行政用房也是聋校的主要建筑，为了便于对学生的监护和管理，增进与学生的沟通和交流，很多聋校的行政用房也多设置在教学区。学前教育用房除了应考虑到幼儿的独特需求外，在建筑设计上的要求与上述几类区域基本类似，基本要求如下。

（一）建筑层高及净高要求

《特殊教育学校建筑设计规范》规定：教学及生活用房在无电梯的情况下，聋校的建筑层高不宜超过三层。当然，如果是独立设置的行政用房可以不受此限制。楼层超过三层的，应考虑设置残疾人专用电梯，以保证行动不便者在行进中的垂直方向无障碍。另外，《规范》还对建筑净高（房间净高是指从房间地面到顶棚的垂直距离）做出规定。为保证聋校室内有良好的采光、通风，《规范》规定：聋校普通教室、专用教室、康复室净高不得低于3.2米，多功能活动室净高不得低于3.8米，音乐律动室的净高不得低于4米，教师行政用房净高不得低于2.8米。这些规定应视为聋校用房建设的底线，有条件的学校为改善通风和散热，可适当提高净高。

（二）建筑入口设计

学校建筑物的出入口处一般为室外空间和室内空间的分界处。按照国际规定：建筑物的出入口与户外高度必须一致，如果有高低差，或者设阶梯，或者用坡道来代替阶梯。聋校建筑入口处应符合无障碍设计的规范。在建筑

入口存在高度差的情况下可设置台阶，另外还应单设无障碍斜坡通道。关于坡道的宽度，可遵循《特殊教育学校建筑设计规范》中的规定：坡道宽度不得小于 0.90 米。《美国残疾人法令：建筑设施无障碍通行准则》（ADAAG）规定的最小坡度宽为 0.92 米，台湾无障碍校园建设的要求是室外坡道有效宽度建设为 1.35 米，最好为 1.50 米以上[4]，可参照。台湾规定中小学校园坡道坡度以 1/20 以下为宜，高度差每间隔 0.75 米就必须设置休息平台，平台深度应为 1.50 米以上。

坡道两侧需设置扶手。参照美国、英国、台湾无障碍校园建设的要求，坡道扶手需自坡道两端向外水平延长 0.3 米以上。扶手分两道时，高度分别为 0.65 米及 0.85 米，若仅设置一道时，则高度为 0.80～0.85 米，扶手末端应作防撞弯曲处理。扶手与墙壁面之间隔为 0.05 米以上，为避免坡道因加设扶手而导致所需净宽不足的情况，安装扶手时可考虑将扶手设在墙壁凹入部分。

考虑到学生出入的方便和安全，建筑物出入口处不得设立弹簧门和旋转门，以避免学生被门扇碰到，阻碍平时通行人流及紧急疏通。

（三）门厅和走廊设计

教学楼宜设置门厅，在寒冷或风沙大的地区，教学楼门厅入口应设挡风间（门斗）或双道门，为保证门扇同时开启所需的最小间距，门道深度不应小于 2.40 米（见图 4-1）；门厅和走廊内不宜设踏步，如必须设踏步时应少于三级或做成 1/8～1/10 坡度的斜搓坡道；房间出入口与走廊有高度差时，连接处也应采用斜坡，其坡度应符合现行行业标准 JGJ50 的规定；走廊沿墙宜做踢脚线，颜色应与地面相区别；另外，廊道宽度也是在建设规划过程中需要特别注意的问题，建筑廊道一般有内走廊和外走廊之分。按照我国《特殊教育学校建筑设计规范》的规定，聋校的内走廊宽度一般不应小于 2.40 米，外廊及单面内廊的宽度一般不应少于 1.80 米，行政及教师办公用房走廊的净宽度不应小于 1.50 米，具体尺寸可以结合建筑楼的内部构造来确定。对此，美国 ADAAG 规定的最低标准为 1.52 米，台湾中小学校园的建设标准为 1.80 米；聋校所有走廊、通路两侧宜设置连续性扶手，如果设置扶手，廊道净宽应为两侧扶手之间的宽度。

聋校门厅和走廊的地面以及坡道应为防滑地面。根据"美国保险商实验室"（UL）和"美国材料与测试学会"（ASTM）提供的测试依据：地面静摩

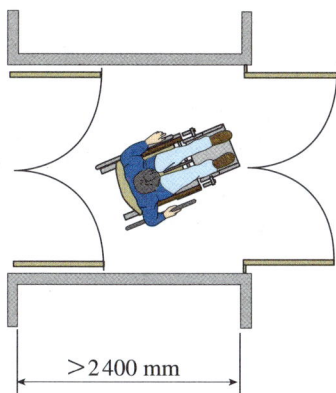

>2400 mm

图 4-1 门厅最小深度示意图

擦系数小于 0.40 为非常危险范围；摩擦系数在 0.40～0.50 为危险环境范围；摩擦系数在 0.50～0.60 为基本安全范围；摩擦系数大于 0.60 时为非常安全范围[5]。为了保障学生的人身安全，避免发生意外，聋校门厅及走廊地面的摩擦系数应达到 0.60 以上的标准。就具体防滑措施而言，新建通路可采用防滑地面铺材；旧有无障碍通路可利用地面防滑处理剂、防滑地面涂料等作防滑处理。但是应该注意，通道内墙壁表面不宜太过粗糙，否则容易发生擦伤事件，聋校可考虑在通道内墙壁 1.20 米以下区域铺设木质壁板。

聋校走廊上还应设置视觉警示设备，如能指示上下课的信号灯和电铃，信号灯需设置在廊道的主要通道口和方便学生看到的位置，高度 2.50 米左右。信号灯和电铃应互相连接，铃响灯亮，用不同颜色的灯光表示上课时间和下课时间，这样既可方便有残余听力的学生，也方便没有听力的学生。

（四）门窗设计

建筑物内的门分单开和双开两种。一般来说，聋校教室和训练室应设单开门，楼道设双开门，门口尽量不设置门槛。考虑到学生出入的方便和安全，聋校教学及训练用房宜采用自动门，也可采用折叠门、推拉门或铰链门，但不得使用旋转门。建设部颁布的《城市道路和建筑物无障碍设计规范》对无障碍环境中各类门的有效宽度做了明确规定。门的开闭方向与开口大小，必须考虑走廊宽度、墙壁位置及与其他障碍物之间的间隔。自动门的门扇要能够迅速开启，并需注意门扇开启时间的长短，自动门需要用按钮、刷卡、遥控或感应器开启的，控制开关高度一般在 0.70～1.00 米。非自动门应设关门把手，门把手应设计为方便使用的形状，参照台湾无障碍校园环境建设的标准，拉门宜设计成棒状式门把手，推门宜为杆状式门把手，门把手应设置于高约为 0.85 米处。门上方应设能够开启的上亮，以满足教室通风的要求；为了有利于房间的通风和采光、维持良好的教学秩序，聋校教室一般宜设置前后门，门扇上应设较大面积的观察窗（安装安全玻璃），以便于教学管理人员进行检查、督导，具体尺寸见图 4-2。

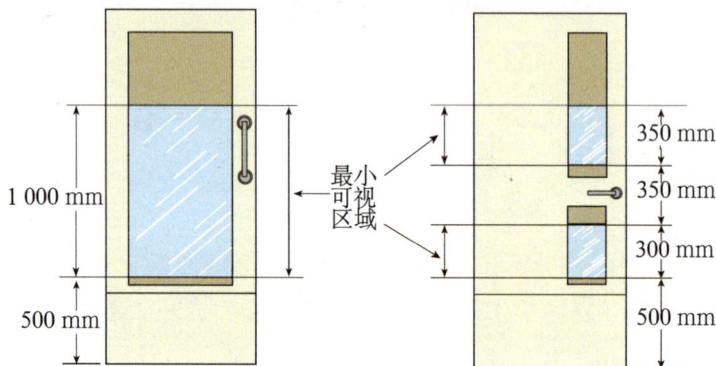

图 4-2　门扇观察窗规格及尺寸

教室、训练室靠近外廊和单内廊一侧应设窗，窗台高度不应低于 0.8 米，不得高于 1.00 米；为不影响教室、走廊的使用和通行安全，宜设立推拉窗；为防止窗外来往行人对学生学习的干扰，临廊道窗户应安装磨砂玻璃或压花玻璃等；另外，聋校教师办公室的窗户高度也不宜太高，应控制在 1.00 米左右，这样可便于教师随时观察和了解室外学生情况；教学楼内二层以上向外开启的窗户应设置不妨碍窗户开启的防护栏。

（五）楼梯设计

聋校建筑物内的楼梯应参照无障碍建筑设计的标准来建设。楼梯形式有很多种，聋校应采用直通楼梯或转折楼梯，不宜使用旋转梯、圆形梯及扇形梯。楼梯坡度不得大于 30 度，楼梯与台阶的颜色要有鲜明的对比。台湾无障碍校园建设标准规定：行动不便者使用楼梯的有效宽度为 1.20 米以上，我国《特殊教育学校建筑设计规范》规定盲校的楼梯宽度不应小于 1.8 米，聋校宜可参照这一标准。转折楼梯的平台处需空间宽敞，平台处不可有坡度或高低差。参照美国联邦政府无障碍设施建设标准（UFAC）[6] 以及台湾地区等关于无障碍校园环境建设的要求，聋校楼梯台阶的级高应在 0.10～

0.16米，级深在0.30～0.35米。梯级踏面不得凸出，且应加设防滑条，防滑条勿凸出于踏面之外，颜色要与踏面有明显的对比，防滑条上每0.30米左右设纵向的缝条；梯级斜面不得大于0.02米，挑头需圆角平滑，以免绊脚。楼梯两侧应装设扶手，可并设高低两道，扶手应连续不得中断，与壁面保留至少0.05米的间隔（见图4-3）。参照台湾地区无障碍设施法令以及美国ADAAG建设标准，楼梯扶手的直径应为0.028～0.04米，周长在0.09～0.13米，楼梯扶手端处还应水平延长0.30～0.45米，最好还能与走廊、通道上的扶手连接，以方便行动不便者依扶手前进。

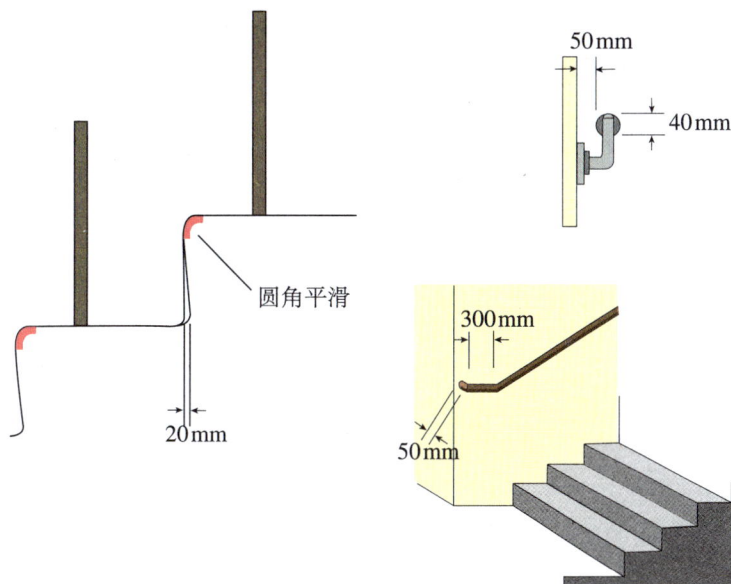

图4-3　楼梯台阶示意图

　　为避免学生从楼梯井处坠落，楼梯一般不设楼梯井。有时为了消防或其他方面的需要，楼梯栏杆之间必须要留缝隙，该缝隙不得大于0.20米。在聋校各楼梯上下口处，还应张贴警示标贴，提醒学生小心行走、注意安全。

（六）电梯设计

　　聋校电梯的设置主要是为多重障碍学生或肢体不便的学生考虑，因此电梯的设置应符合无障碍设施建设的标准。电梯附近应设置通往电梯的象形标志。电梯内要求空间宽敞，便于轮椅进出和转弯，电梯内宜设扶手，电梯使用按钮要有良好的光线和语音合成系统提示，并且应从轮椅上可以触及，以方便坐轮椅的学生使用。建设部颁布的《城市道路和建筑物无障碍设计规范（第六章表 6-2）》对电梯各设施部位的规格尺寸做了严格规定，该标准与美国、英国以及我国台湾地区等对无障碍电梯设施建设的要求基本一致，可在设计时参照。考虑到行动不便者的行动都较为缓慢，因此需要将残疾人专用电梯门的开关速度变慢，并且张开时间也需适当延长（10 秒以上）。

（七）扶手设计

为创设安全、适用的无障碍活动环境，聋校很多地方也需设置扶手，包括：走廊通路、楼梯、电梯、斜坡道、台阶、浴厕等处。这些扶手是行动不便者在行进中的重要依靠设施，他们需要利用这些扶手发挥支撑的作用，以保持身体平衡，因此扶手应安装牢固。参照台湾地区无障碍设施建设标准，可设定扶手荷重为 150kg，这是考虑了体重 100kg 的人加上 50％冲击力余量的结果。另外，扶手高度、扶手规格以及与墙面距离也是在设计扶手时应该慎重考虑的重要因素。英国颁布的《建筑规则 2000，建筑物的可达与使用 (The Building Regulations 2000，Access to and use of buildings)》规定：扶手高度应为 0.90～1.00 米，至少延伸 0.30 米；材料光滑，没有冰凉感；圆形扶手直径应为 0.04～0.045 米，椭圆形扶手宽不超过 0.05 米；扶手与墙壁之间距离位 0.06～0.075 米；扶手到坡道或楼梯侧边缘不大于 0.05 米。ADAAG 中对扶手形状及其安装的相关规定是：扶手的直径和宽度应该在 32 毫米到 38 毫米，或者同等便于抓握的形状。考虑到国内学生与西方学生在身高比例方面的差异，为满足不同学生的需求，我们建议所有扶手可平行设立高低不同的两条，低扶手高度宜为 0.55～0.60 米，高扶手高度宜为 0.85 米左右；扶手起点与终点处延伸应大于或等于 0.30 米；扶手末端应向内拐到墙面，或向下延伸 0.10 米。

四、聋校生活用房的建设

生活区是聋校学生课外休息和活动的重要场所，生活区环境的建设直接会影响着学生的身心健康和生活质量，因此在聋校校园建设中也应重点考虑。生活区建筑设施中所有与教学区、康复区建筑设施相同的部分，如楼梯、廊道、扶手、门等的建设标准应等同于前面教学区建筑的标准。另外，在一些单体建筑的设计上还应考虑到听力残疾学生的独特特点。学前教育区的生活用房（寝室、衣帽贮藏室、卫生间等）应设计成每班独立使用的生活单元，同时也应特别考虑到学前幼儿的特殊需求。

（一）宿舍的建设

聋校学生宿舍的设计应满足听力残疾学生的基本起居需求，必须符合防火与安全疏散的要求；宿舍楼不宜于教学楼合建，男女寝室应分区设置；宿舍楼各层均应设置寝室、活动室、储藏室、盥洗室、厕所等；学生寝室面积可以根据实际情况来确定，但人均不应少于4平方米。寝室内应给每位住宿学生提供床、床头柜等生活必要设施，床铺可为双层上下铺。学生寝室地面最好铺设木质地板，廊道地面需利用地面防滑处理剂、防滑地面涂料等作防滑处理，地面摩擦系数不得小于0.6。

宿舍各楼层走廊显要位置应设置视觉警示设备（声光电铃等）。另外，听觉障碍学生由于听觉的损伤，不能听到铃声，为了方便日常教学生活中提醒学生和紧急情况下能唤醒学生，聋校学生寝室的床板或枕头下面应设置震动唤醒装置。另外，学生宿舍楼应设管理员室或值班室。值班室设于宿舍入口处，并设有面向入口的观察窗，值班室内设唤醒操控设备。在宿舍入口及主要通道处，应安装监控设备。

学前班寄宿幼儿必须按班级独立设置宿舍区，所有设施要按照幼儿教育的要求设置，可参照《托儿所、幼儿园建筑设计规范》（JGJ39-87）。

（二）食堂的建设

聋校的食堂规模应根据用餐学生人数来估算，食堂餐厅内应设立固定餐桌、洗手池、餐具回收点、餐具存放柜等。低年级学生可以采用送饭菜到桌的就餐方式，所以餐桌间的走道宽度应满足送餐车的通行空间，不得低于0.80米；高年级学生宜采用到窗口购买饭菜的方式，窗口的数量要满足学生购买需求，窗口的设置宽度要照顾到轮椅学生的使用方便。另外，为了照顾不同身高学生的购餐需求，还应设立一部分较低高度的购餐窗口；学生食堂内要保持良好的通风条件，地面需做防滑处理或铺设防滑地面铺料，地面摩擦系数不得小于0.6。

聋校餐厅内应在适当位置设置视觉警示设备，如声光电铃以及液晶显示牌等，以便让学生及时了解相关信息。

（三）浴室的建设

聋校浴室的设计应以公共淋浴式为主，辅以特殊需要的浴盆式浴室。淋浴式的公共浴室面积可以根据条件作适当调整，但起码要按每班一个浴位，每个浴位 150 厘米×120 厘米，加上 150 厘米×80 厘米的更衣面积计算，如一个 9 班校的浴室面积最少不能低于 27 平方米。

聋校浴室应靠近锅炉房设立；浴室出入口的门型，以使用自动门为最佳，或装设拉门、折叠门、外开门；根据建设部《城市道路和建筑物无障碍设计规范》的要求，并参照美国、英国、台湾等国家和地区关于无障碍浴室建设的标准，聋校浴室出入口有效宽度应设为 80 厘米以上，其高低差应在 2 厘米以下；淋浴间应采用单管固定温度的温水喷淋，喷头位置应可调节，以便不同身高的学生使用；浴室地面应采用防滑地面，选用的防滑材料应兼具排水或透水特性，使其在潮湿环境下也具防滑止跌功能。

聋校浴室内至少应设置一处无障碍淋浴隔间，该隔间要安装座位，座位高度为 0.40～0.50 米；墙面上还应装设高 0.70 米的水平抓杆和高 1.40 米的垂直抓杆，直径为 0.03～0.04 米，材料可选用金属或塑料管材，抓杆要安装坚固，要能承重 100 千克以上。

（四）厕所的建设

聋校的厕所设计应以安全、卫生和使用方便为原则。一般来说，生活区、教学区与康复训练区的楼房每层至少应各设一处男女厕所，如平面面积较大，应根据使用人数设置 2～3 处厕所，教工厕所与学生厕所宜分开设置。进入厕所的通道、出入口必须无高低差及障碍物，宽度不得小于 1.50 米。出入口的门宜设置自动门、拉门或折叠门；聋校厕所宜采用水冲厕所，厕所应有天然采光及自然通风条件，厕所内宜设宽度为 0.90 米的大便隔间。

参照美国等国家的做法，聋校厕所内也应安装闪光式警铃，以方便听觉障碍学生了解紧急情况的发生。另外，我们也可借鉴韩国聋校的设计，在卫生间每个隔间的上方都设置一盏指示灯，聋生入厕后只要按下开关灯即可打开，这样可方便外面的人知道里面有人与否。

另外，聋校应设立残疾人专用的无障碍厕所，或每个厕所内至少应设置一个面积不小于 1.8 米×1.4 米的无障碍隔间厕位，其建设标准应符合《城市道路和建筑物无障碍设计规范》的要求。

聋校厕所应设有前室，内设洗手池（盆）、墙面镜等设施。洗脸盆应加装台面，高度约离地面0.80～0.90米。参照英国、美国等国家的做法，前室洗脸盆宜单分一处专供坐轮椅者及行动不便者使用。该专用洗脸盆高度需配合轮椅的尺度，约离地面0.70～0.80米，周围装设扶手，扶手位置以不妨碍使用洗脸盆为原则。室内镜子应使用倾斜式或面积较大者。镜子上下缘，分别约离地面1.70米和0.90米，如使用圆形者，则镜子中心点高度约为1.20米。

学前教育区听障幼儿的厕所应独立设置，位置应临近活动室和寝室，厕所和盥洗应分间或分隔开，并应有直接的自然通风。参照《托儿所、幼儿园建筑设计规范》（JGJ39-87）的要求，聋校学前教育区厕所内无论采用沟槽式或坐蹲式大便器，均应有1.2米高的架空隔板，并加设幼儿扶手；每个厕位的平面尺寸为0.80米×0.70米，沟槽式的槽宽为0.16～0.18米，坐式便器高度为0.25～0.30米；盥洗池的高度应为0.50～0.55米，宽度为0.40～0.45米，水龙头的间距为0.35～0.4米。

五、室内环境与相关建筑设备

良好的室内物理环境和卫生条件不但有利于学生保持愉悦的身心，还有利于学生更好地学习和训练，提高康复效果。所以聋校各种教学训练和生活用房，应满足不同学生所需的声、光、热、通风等物理环境及卫生条件，达到国家规定的相关标准。

（一）采光

听力障碍学生在很大程度上主要运用视觉获取外界信息，优良的采光环境是视知觉过程顺利进行的重要保证。所以聋校的光环境应优于普通中小学，采光标准也要相应提高。为保证学生有一个优良的光环境，聋校的教室用房、宿舍用房应保证良好的日照条件，南向的普通教室冬至日底层满窗日照不应小于3小时。《特殊教育学校建筑设计规范》还对聋校教室用房的采光系数标准值和侧窗窗地面积比以及教室内各表面的反射比值做出了明确规定，在进行建筑设计时应严格参照。比如在进行教室窗户设计时，要注意窗间墙的宽度不宜过大，否则教室采光会不均匀，不易达到《规范》中对玻地比的要求。另外，聋校每个班级人数较少，面积相对较小，为了提高采光效率，教室内表面宜作浅色处理。

（二）隔声

聋校各种用房应有安静的环境，便于有轻度听力障碍的学生可借助助听器听到声音。如处于嘈杂的环境中，其他噪声同样会传到助听器中，声音受到干扰将难以准确地学习和相互交流。《特殊教育学校建筑设计规范》对聋校的声环境质量做出了具体要求："有特殊安静需求的房间室内允许噪声级不应高于 35 分贝，一般房间不应高于 40 分贝。"

聋校的声环境可以通过合理的平面设计来实现。比如在进行学校平面布局总规划时要根据各功能区的特点实行动静分区，教室不宜直接面对运动场布置，当必须面对运动场时，窗与运动场之间的距离不应小于 25 米。运动场四周设置一定宽度的绿化带，能在一定程度上达到隔音防噪的效果；对教学区内不同的教学训练用房亦应进行合理的平面布置，当产生噪声的房间与其他教学训练用房设于同一教学楼时，应分区布置，并采取适当隔声措施；另外，房屋建筑良好的构造措施也能产生优良的声环境。为防止外部噪声的干扰，聋校建筑外墙宜采用重混凝土构造，室内做吸声处理。比如在教学楼内的封闭走廊、门厅及楼梯间的顶棚，以及相关教室和训练室内，条件许可的话宜设置吸声系数不小于 0.50 的吸声材料或在走廊的顶棚、墙裙以上墙面设置吸声系数不小于 0.30 的吸声材料，吸声材料的选用应符合防火的要求。

（三）采暖、通风与换气

《特殊教育学校建筑设计规范》规定：聋校的普通教室及学生宿舍冬季设备采暖设计温度不应低于 18 ℃。学校可选用地板辐射采暖，严寒及寒冷地区宜可采用集中热水采暖系统。当使用普通铸铁或钢散热器时，为避免听力残疾学生因不慎发生散热器烫伤事件，应对散热器采取相应的防护措施，如暗藏或设置暖气罩等。

聋校教室及宿舍内可安装空调或吊扇，若采用吊扇时应注意与灯具的位置，以免对灯具的照明产生影响。室内应有良好的通风和换气，二氧化碳浓度不得高于 1.5‰。夏热地区的聋校可采用开窗通风的方式，而温和地区应采用开窗与小气窗相结合的方式，寒冷和严寒地区应采用在教室外墙和过道开小气窗或室内做通风道的换气方式；小气窗设在外墙时，其面积不应小于房间面积的 1/60；小气窗开向过道时，其开启面积应大于设在外墙上的小气窗的 2 倍；当在教室内设通风道时，其换气口设在顶棚或内墙上部，并安装可开关的活门。

（四）给水与排水

聋校应在校内适当位置设置供应全校学习、生活、消防用的蓄水池，其容量应根据全校人数等因素来计算。校区内应设有完善的室内外给、排水系统。在严寒及寒冷地区，寒假期间，学校用房停止使用，为防止管道冻裂以及管内存水变质，在给水进户管上，应设泄水装置；聋校教学楼各层，应设有符合国家卫生标准的饮用水供应点。另外，因为聋校学生面临灾害时逃生能力差，所以聋校还应配备完善齐全的消防给水系统及相应设施设备。

（五）电气与照明

通过各种助听设备，可以在很大程度上补偿聋生听觉缺陷，提高聋生听觉能力。聋校应考虑在校内的公共教学用房及相关教室内设置集体助听设施，以改善聋生听觉环境，设备的传输天线可布置在使用空间的顶部，或敷设在地板面上外部置以地毯等。通向教室的通电线路，要考虑每张桌子都配备助听器时的电容量；康复训练与职业技术训练用房的用电，应设专用回路，回路保护应采用漏电开关装置。

聋校各种用房应有良好的照明，除满足一般要求外，还应使聋生在学习及相互交往过程中能互相看到手势及口形。一般来说，聋校各教学用房、康复训练用房的平均照度建议为 300～500 勒克斯，黑板面上的照度建议为不低于 500 勒克斯，照度的均匀度不应低于 0.7。为了便于听力残疾学生上课时能看清老师的口形，聋校还应加强教室内教师面部照明，其垂直照度不宜小于 300 勒克斯。室内的各种照明灯具，不宜采用裸灯，以防产生直接眩光。

（六）电教、信息网络设备

为适应校园建设智能化发展的趋势，同时也为了借助现代化科技手段对各类障碍儿童进行更好的教育与训练，聋校应结合在校学生的身心特点，分别设置相应的电教、信息网络系统和校园广播系统。至少应设有 1 间外接网络进入、内部局域网维护管理以及视听文件制作的用房，使用面积应满足安装、摆放、维护网络设备以及视听文件制作设备的需要，并配齐基本设施。聋校还至少应设有 1 间用于摆放广播器材的用房。广播室的位置可靠近运动场，便于指挥集会、早操和课间操，里面应配齐能摆放、保管整套广播器材的橱柜和其他设施。《特殊教育学校建筑设计规范》还特别规定：聋学校应设置灾害广播系统，可在报警系统上增设发出闪动信号的装置，以便听力残疾学生了解紧急状况的发生。

设有接收共用天线设施、闭路电视系统的教室应有合理的线路设计，线路敷设宜暗装。对这些教室的窗户、灯具等亦应做出合理设计。例如明亮的窗户、灯具在显示屏上会形成亮度高于屏幕的影像，造成反射眩光或光幕反射，应设法避免。聋校教学用房、训练用房和操场应根据使用需要，分别设置广播支路和扬声器。播音系统中兼作播送作息音响信号的扬声器应设置在教学楼的走道、校内学生活动的主要场所。

第三节 聋校的室外空间建设

一、聋校室外空间建设的意义及要求

（一）聋校室外空间建设的意义

室外空间建设是聋校校园建设的重要环节，它在功能上承担着集散人流、停车、举办户外活动等作用。近些年来，人们对室外空间建设的认识由轻到重，设计内容从最初的操场空地到今天的多层次外部空间，含校园广场、庭院、操场等；空间功能也从最初的满足集散人流等机体功能拓展开来，延伸到陶冶情操等精神功能的领域，环境绿化也日益优美，极大地丰富了学生生活学习其间的兴趣。室外空间在校园生活中有着极为重要的地位，聋校应特别重视校园环境对教书育人所起的特殊意义。教育部颁布的《特殊教育学校暂行规程》（1998）中特别指出："特殊教育学校要重视校园环境建设，搞好校园的绿化和美化，搞好校园文化建设，形成良好的育人环境。"

幽雅、恬静、富有文化气息的校园环境如同无言的桃李一样会感召人，在潜移默化中对学生良好素质的形成产生重要影响。良好的学习生活环境不仅有利于培养学生良好的学习习惯，有利于调整学生的学习情绪，有利于促进学生的身心健康发展，还能激发学生丰富的想象力、创造力，满足学生对未来的憧憬与追求，使学生能全方位发展。

对聋校而言，室外空间建设还有更深一层的意义，那就是要充分挖掘室外空间环境在配合学生康复教育过程中的积极作用，提高康复训练效果的提高，促进学生的全面发展。对聋校学生来说，教师应利用有限的室外空间环境，结合聋生特殊的身心特点和障碍程度，配合康复训练进程，积极开展各种室外教育训练活动，增加他们接触自然的机会，提高他们参与的热情和积极性，最大限度地满足学生的特殊发展需要。这些也都对聋校的室外空间建设提出了更高的要求。

（二）聋校室外空间建设的基本要求

1. 安全性要求

聋校学生对各种危险的感知及躲避能力较差，很容易受到伤害。所以在进行室外空间建设时，也应该首先考虑使用中的安全性问题，这是需要遵循的首要原则。另外还应在聋校内聋生可及的场所，设置灯光安全指示系统，以便于及时传达信息。

2. 教育性要求

聋校的室外空间应结合聋校教育的基本特点，依据听力残疾学生的特殊需要而设置，应符合教育康复训练的基本要求，以促进聋校整体教育环境质量的提高。而且，室外空间各区域的设置还应考虑到不同学生残疾程度的差异和身体成长变化等因素，以使其具有更加广泛的适用性。

3. 知识性要求

聋校室外空间还应承担起教育学生的"第二课堂"的重任，可以创设一些科学园地，比如像动物园区、植物园区等。这既可作为聋校学生的实践教学基地，又能激发学生的求知欲望，丰富校园文化；另外，外部空间设计中，环境小品等形成的艺术氛围，也是促进学生情感和审美能力发展的手段之一，审美素质是素质教育的重要组成，它对学生形象思维的发展、情感意志的培养、心性的健康均有重要作用。

4. 协调性要求

《特殊教育学校建筑设计规范》对特殊学校的室外空间建设做出了协调性的要求。聋校室外空间的设置应结合校园总体环境进行规划，并根据功能和空间上的连续性，组织成多层次的空间。另外，校园的外部空间环境除了满足校内学生的使用以外，作为所在地域的文化教育设施，还应与学校的周边景观环境相协调，形成良好的地域景观环境。

5. 环保性要求

在学校建设中重视保护环境是社会发展提出的新要求。种树种花，绿化环境是聋校室外环境建设的重要方面，特别是在我国这样一个生态环境脆弱，国土绿化面积少的国家，绿化校园显得尤为重要。《特殊教育学校建筑设计规范》也对聋校的绿化面积作出了具体规定，要求聋校绿化面积不应小于35％。

二、聋校室外空间的建设

（一）聋校室外运动设施的建设

聋校室外运动场地的建设主要指田径场地、球类场地的建设以及固定运动器械的设置。结合聋校学生生均运动用地指标，9个班以下的聋校至少应建设250米的环形跑道田径场，至少应设有两组60米的直形跑道（直跑道按每组6条计算）；9个班以上的聋校宜采用300米环形跑道，应设有两组100米的直形跑道。聋校还应设有篮球场、排球场、1片室外乒乓球场地、1个跳高跳远用的沙坑。为了提高学生身体机能与体能素质，聋校还应在运动场地内设置固定的安装室外运动器械的场地一片，其类型和数量应充分考虑到学生身体机能障碍的程度差异，满足学生身体成长发育阶段的要求，器械的周边危险部位应有防止学生碰伤的保护措施。

由于室外运动场地占地面积较大，所以它是校园规划中举足轻重的要素之一。可以说，选好运动场，校园规划和外部空间就做好一半了[7]。运动场地的选址主要考虑朝向要适宜运动，聋校田径场地和球类场地的长轴应为南北方向。因为运动场也是噪声源，所以要注意减少对教学区和康复训练区的干扰，这可以在空间上合理布置，将运动区和教学训练区适当隔离。另外，还可以在运动场地外围及各项运动场地之间设置绿化带，以起到减少噪声干扰和安全保护的作用。为减少和避免学生受到伤害，聋校运动场地的表面材料应选用不起灰尘、表面平坦，具有一定弹性的地面材料，并确保良好的排水性。为满足部分需借助轮椅来进行活动学生的要求，聋校运动场地的建设还应符合无障碍原则的相关标准。

为了便于运动场地的使用和维护，应在临近运动场地的位置设置体育器材管理库房，库房的大小和形式可结合运动场地的规模和利用情况来确定，面积一般不小于40平方米，9班以下聋校可降低到20平方米；另外，为了方便学生的使用要求，运动场地周围应设卫生设施，如学生用洗手池、洗脚池、厕所等，并在室内设置更衣室等设施。

（二）聋校室外教育设施的建设

1. 室外学习活动场地

为了活跃低年级学生的学习生活，满足学校多样化的教学需要，以及配合高年级学生职业技术训练的需要，聋校除了必需的室内教育空间以外还应设置相应的室外学习活动园地，包括独立的室外游戏场地以及职业训练场地等。场地应选择设置在具有良好日照和通风的场所，同时也应采取适当措施降低噪声以减小对周围环境的影响。

低年级游戏场应包括能开展游戏活动的游戏区和设置固定游戏器具的玩具活动区，游戏器具的设置应确保使用中的安全性。为了避免学生在游戏中跌倒而不至于受伤，游戏场地地面宜采用塑胶或橡胶砖等，并应有良好的排水性。

职业训练场地的大小、形状应以开设的职业技术培训内容而定，从使用方式上应是职业培训教室向室外的延伸，因此训练场地应邻近职业培训教室，以便于使用和管理。根据职业训练内容的需要可以划分出准备空间、训练空间以及训练器材的存放场所等，场地内所建的简易、临时性设施应与周边空间环境相协调并确保使用中的安全性。

2. 动、植物园区的建设

聋校设置动、植物园区是为了帮助学生通过观察植物在一年四季中的生长变化来增强对自然的认识，通过观察对小动物的饲养来了解动物的成长过程等，这是特殊教育学校一个重要的实践教学场所。

聋校的动、植物园区应设置在阳光充足、适于动植物生长的位置；小动物饲养舍应合理地安排好饲养空间、观察空间、收藏空间以及动物排泄物的暂时保管场所等；园地内种植及饲养的植物、动物等应便于动、植物的成长，以及管理上的方便；当设置水生植物及水生动物作为观察内容时，应采用池底水深不大于 0.4 米的水池；植物园区内应结合当地土壤、气候等条件，选择无刺、无毒、不生长各种寄生虫，且四季富有变化、形态相异的树木种植在适于观察的位置。

（三）聋校室外绿地设施的建设

通过对校园绿地系统的合理规划，充分发挥其综合效益，对于促进聋校教育工作的顺利进行、提高康复训练效果及建设文明校园都具有十分重要的意义。

在进行聋校校园绿化设施建设时应遵循这样几条原则：首先，绿化规划作为校园建设的一个重要组成部分，应纳入校园总体规划之中。其次，校园绿化设计要遵循为教学服务的宗旨，坚持实用、经济、美观和因地制宜的原则，要充分利用原有的地形地貌、水体、植被、历史文化遗址等自然、人文条件，与校园文化建设有机地结合起来，形成特有的风格。最后，在绿地设施建设过程中，要做到点、线、面的立体配置，使绿化布局与校园建筑相协调，在校园中形成多层次，丰富多彩的绿色环境。

聋校校园内的绿地应结合学校所在地区的气候特性、植物生态的需要以及降水、温度和湿度及土壤条件等，选择易于管理的树木、花草。在建筑物附近绿化时要充分考虑室内通风采光的需要，离建筑物 5 米以外才可种植大乔木；靠近墙基可种植些低矮的花灌木，但其高度不能超过首层窗户，以免影响室内采光。在建筑物的东西两侧，可种植一些速生大乔木或攀援植物，以防日晒。道路两侧行道树的选择，应以遮阴目的为主，可选用大乔木。运动场周边绿化既要保持通透，又要有一定遮阴。运动场与建筑物之间应有宽15 米以上的常绿与阔叶乔木混交林带，以起到隔音作用。幼儿及低年级学生使用的游戏场及普通教室前面应种植草坪，并应合理选择品种。另外，聋校还可根据自身的经济状况、用地条件等，在校园适当位置建设休憩绿地和花坛等，花坛最好设立于便于管理、向阳及易于观察的场所。

（四）其他室外设施的建设

1. 校门

学校校门是聋校内外联系的主要通道，它的选定对学校总平面的布置有极大的制约性，对学生上学、放学的方便、安全也有较大影响。确定学校校门时应综合考虑学校的平面布局，应有利于学校的功能分区和道路组织，保证学生入校后应能直接到达教学与训练区，不应横跨运动区、生活区等。学校校门应设于靠近交通方便、上下学安全、车流较少的街道内。如果必须将主校门设于干道时，应避开与大量车流出入的单位为邻。

为了确保学生出入校门时的人身安全，聋校校门的位置应退后城市干道红线 5 米以上，形成相应的缓冲空间，并在校门外设置提醒过往车辆在学校出入口附近慢行的警示标志；聋校校门的大小尺寸应该以人流、车流的通过量，以及校门与城市干道之间的环境特征为依据设计。校门的形式应体现出学校的精神风貌，车行与人行的出入口必须分别设置。应注意选择安全性能高的门及其开闭形式，防止夹伤、碰伤事故的发生。

2. 前庭广场

前庭广场是对外展现学校校园风貌的一个重要空间，一般位于校园入口和教学楼之间，是人们进入校门之后对整个校园环境的第一印象，也是学生上学、放学的主要集散场所，必要的时候还可作为学校的临时停车场地。因此在进行设计时，要本着以人为本的思想，结合多种方式和方法，努力营造一个良好的广场环境。

聋校前庭广场应规划好车行与人行的交通流线，设置全天候校车接送学生的上、下车场所；在前庭广场内应设置能满足师生使用的自行车存放处和外来机动车辆的停车场。另外，在前庭广场内还应设置校区标识向导图，大型电子显示屏等。广场的铺地一般为硬质铺地，应当结合学生的审美需要，采用色彩较鲜艳的材料，选取尺度合宜的图案，并适当结合绿化、灯具、小品等，形成有实质活动及交际功能的场地。

3. 道路

道路是通向校区各个场所的主要途道，聋校在校园建设过程中应合理规划校园内的交通路线，科学地构建好校内的道路系统以及消防车通道等。道路宽度、形状及路面铺装材料应根据学校的规模及本校学生残疾特征来确定。聋校校园道路应符合无障碍通行环境的基本标准，道路有高差变化时，应设坡度不超过 1：12 的坡道；高差超过 0.60 米时，坡道两侧应设高度为 0.65 米的扶手，具体要求可参照本章第二节相关内容。

参考文献

[1] 中华人民共和国教育部. 特殊教育学校建设标准（试行）[S].
[2] 中小学建筑设计规范（GBJ99—86）[S].
[3] 中华人民共和国建设部，国家计委，教育部. 城市普通中小学校舍建设标准 [S].
[4] 台湾无障碍协会. 特殊教育设施及人员设置标准 [S].
[5] 高延继，曲雁. 地面防滑材料与防滑技术 [J]. 防水材料与施工，2001，7：31-33.
[6] Uniform Federal Accessibility Standards.
[7] 张宗尧，李志民. 中小学建筑设计 [J]. 中国建筑工业出版社，2000.

第5章　聋校教室建设

聋校教室是听觉障碍以及多重障碍学生接受康复和教育的主要场所，它是在聋校校园建设整体规划的基础上而进行设计的。在综合国内外聋校教室建设相关资料的基础上，我们将聋校的教室共分为以下五类，学前教室、普通教室、专用教室、康复训练教室以及教学资源中心。聋校每类教室的建设都应遵循以下原则：

1. 以人为本

以人为本是我国建设和谐社会的基本理念和要求，随着国家对残疾人事业的重视，以人为本的理念正逐渐渗透到特教事业的方方面面。在聋校教室建设的过程中，坚持以人为本的原则就是聋校教室的设计要以聋学生为本，教学的照明、色彩、标识、桌椅、黑板等都要基于他们身心发展的特点，充分考虑到聋学生的实际需要。

2. 医教结合

聋校教室的设计应该体现特殊教育的先进理念和发展趋势。"医教结合"原则是特殊教育实施的一项基本原则，它指的是将医学康复与教育教学相结合，以最大限度地促进聋学生的缺陷补偿和潜能开发。对于聋学生来说，康复是教育的前提和基础，教育是促进康复成果的重要手段。"医教结合"不仅是特殊教育中的一个基本理念，该理念也同样应该渗透到聋校的教室建设中去，即聋校的教室的设施和设备的配备都要体现出"医教结合"的理念。

3. 功能集中

一般认为在特殊教育与康复教室的设计中，功能相对紧凑集中型优于疏松分散型，在聋校教室建设中，相对集中的原则就是同一功能的分区（如康复训练室）要相对集中。相对集中既便于聋学生识别，又有利于同一功能区中的各子区域实现功能互补。

4. 节能环保

聋校的教室建设也应该体现出开源节流、降低能耗、节能环保的理念。在电器采购上，要选择能够节能、节水型的产品；在室内装修上，要选用无辐射、无异味、各项环保指标合格的材料。教室内的其他设计也要体现出绿色的理念，尽量降低能耗和污染。

第一节　聋校普通教室建设

聋校的普通教室是对聋学生进行学科教学以及个别化训练的场所，是各学科教育教学通用的教室，包括集体教室、个训室、职教教室、情绪宣泄室四类。

一、集体教室

1. 功能

集体教室是聋学生集体活动和集体生活的场所，设施要体现他们以视学为主要活动感官的特点。

2. 间数与面积

根据学校班级数及发展规划确定教室的间数，每间面积不小于 90 平方米。低年级教室以能容纳教学、游戏、休息、图书、玩具、洗涮等功能区为准；高年级可根据需要划分所需功能区域。

3. 基础设施

集体教室中不同年级段功能区的基础设施应该有所区别：低年级教室中要设有（1）教学区：主要设施包括讲台、学生桌椅、展示台、自动升降黑板、物品存放柜、多媒体设备存放柜、组合橱柜、上下课灯铃、木质地板、踏台等。（2）游戏区：可铺设地垫或毯，便于学生席地而坐。（3）图书区：主要设施包括取阅架、阅报栏等。（4）玩具区：主要设施包括橱柜、玩具存放柜、架等。（5）饮水区：主要设施包括饮水机、水龙头、洗手池（加扶手）等。（6）洗涮区：主要设施包括下水道、水龙头、洗涮盆、浴位、浴缸、马桶、镜子等。（7）办公区：主要设施包括隔断式办公桌、椅等。中高年级教室可只设教学区、图书区、饮水区、办公区。

聋校教室中的学生桌椅要排成半圆形，讲台、电脑柜、不阻挡学生视线，1～3 年级的黑板要大。

该室在窗户和门、采暖、遮光、照明、隔音、信息点等方面的设计要遵照《聋校校舍建筑基本要求》中相关规定。

二、个训室

1. 功能

个训室是在低年级普通教室邻近的位置设置的一个小教室，供低年级聋学生处理突发情绪问题或个别训练使用。

2. 间数与面积

根据需要设置个训室若干间，每间面积 6 平方米左右，能同时容纳 2～3 人为宜。

3. 基础设施

个训室可放置训练桌椅、训练用品存放柜等基础设施，也可放置沙袋等对学生不会产生伤害的用具，房间 1.2 米以下应采用软包装。

其他方面的设计根据需要参考《聋校校舍建筑基本要求》中相关规定。

第二节　聋校学科专用教室建设

聋校的学科专用教室是指专门用作某些学科教学的教室。它是为满足聋校各学科教学中的实验、演示、操作而设置符合学科实验特殊要求的教室。美工、律动等艺术类课程、生活指导课程、职业技术课程对于场地及设施的要求很高，因此需要单独设计。学科专用教室包括工艺美术中心、理科实验室、计算机教室、生活自理训练室、体育专用室、音乐律动室、职业劳动室等 7 类教室。

学科专用教室是保证聋校教育教学活动正常开展，提高各学科教育教学水平的基本条件。聋校的学生由于听力障碍，聋校应针对聋学生的身心特点，重视学科专用教室的建设。

一、工艺美术中心

（一）工艺美术室

1. 功能

工艺美术室是聋学生进行工艺美术学习和制作的场所。

2. 间数和面积

设置准备室一间，面积以不小于 20 平方米为宜。创作室一间，面积以不小于 55 平方米为宜。陈列室一间，面积以不小于 55 平方米为宜。学校规模大的应另增间数。

3. 基础设施

准备室中包括物品存放柜、橱柜等基础设施；创作室中包括升降静物台、可升降桌椅、美术工作台、白板、投影仪、电动幕、中控系统控制台、教师演示台等基础设施；陈列室中包括展板等基础设施。

创作室的设计在以下几方面需要格外注意：（1）水源：创作室中宜置 2 个水池，设置供、排水设施，安装水龙头和水槽。（2）照明：书写板上方设置局部照明，其照度平均值不低于 500 勒克斯，书写板上的照度均匀度不低于 0.7，教师面部照度不宜小于 300 勒克斯。室内照明宜采用高显色性光源。（3）采光：要求无太阳直射，而用散射光或人造光。可设北向采光或顶部采光。（4）通风：采用排风扇强制排风，以降低粉尘浓度。

该室其他方面的设计需要可参照《聋校校舍建筑基本要求》中相关规定。

（二）陶艺室

1. 功能

陶艺室是聋学生进行陶艺制作和展示的场所。

2. 间数和面积

设置准备室一间，面积以不小于 20 平方米为宜；设置创作室一间，面积以不小于 55 平方米为宜；设置陈列室一间，面积以不小于 55 平方米为宜。学校规模大的应增间数。

3. 基础设施

准备室中包括物品存放柜、橱柜等基础设施；创作室中包括陶艺台、美术工作台、白板等基础设施。陈列室中包括展板等基础设施。

创作室的设计在以下几方面需要格外注意：（1）水源：创作室中应该设

置供、排水设施，安装水龙头和水槽。（2）照明：书写板上方设置局部照明，其照度平均值不低于 500 勒克斯。书写板上的照度均匀度不低于 0.7，教师面部照度不宜小于 300 勒克斯。室内照明宜采用高显色性光源。（3）采光：要求无太阳直射，而用散射光或人造光。可设北向采光或顶部采光。（4）通风：采用排风扇强制排风，以降低粉尘浓度。

该室其他方面的设计需要可参照《聋校校舍建筑基本要求》中相关规定。

（三）书画室

1. 功能

书画室是是聋学生进行书画创作、展示的场所。

2. 间数和面积

设置准备室一间，面积以不小于 20 平方米为宜，设置创作室一间，面积以不小于 55 平方米为宜，陈列室一间，面积以不小于 55 平方米为宜。学校规模大的应另增间数。

3. 基础设施

准备室中包括物品存放柜、橱柜等基础设施；创作室中包括美术工作台、白板等基础设施。陈列室中包括展板等基础设施。

创作室的设计在以下几方面需要格外注意：（1）水源：创作室中应该设置供、排水设施，安装水龙头和水槽。（2）照明：书写板上方设置局部照明，其照度的平均值不低于 500 勒克斯，书写板上的照度均匀度不低于 0.7，教师面部照度不宜小于 300 勒克斯。室内照明宜采用高显色性光源。（3）采光：要求无太阳直射，而用散射光或人造光。可设北向采光或顶部采光。（4）通风：采用排风扇强制排风，以降低粉尘浓度。

该室其他方面的设计需要可参照《聋校校舍建筑基本要求》中相关规定。

二、科学实验室

（一）理、化、生实验室

1. 功能

理、化、生实验室是聋校对聋学生进行物理、化学、生物学科的实验教学、科学探究活动，以及开展学校科学类兴趣小组的教学和活动的场所。

2. 间数和面积

设置实验室 1 间，也可以分设实验室。每间面积以不小于 55 平方米为宜；设置准备室 1 间，面积以不小于 20 平方米为宜；设置储藏室（药品室）1 间，面积以不小于 15 平方米为宜。

3. 基本设施

理、化、生实验室的设计在以下几方面需要格外注意：（1）地面和墙面：实验室地面要求防滑、耐磨、易清洗、耐酸碱腐蚀。严寒地区的教室地面宜采用热工性能好的地面材料。四周墙面 1.20 米以下墙面贴墙面砖，墙面安装木制扶手。（2）通风：自然通风，安装电扇。设有通风换气装置，通风换气装置的中心距地面不小于 300 米，室内通风口一面应设防护罩，室外一面应有挡风设施。（3）电源：设置独立控制开关、漏电保护器，并设分路控制开关，分别控制演示讲台和学生桌的分路电源。演示讲台和学生桌提供低压直流电输出。（4）水源：演示讲台一侧应设置一个事故急救冲洗水嘴（洗眼器），配备防护用品和急救箱。设置地漏。演示讲台设置供、排水设施。

该室其他方面的设计需要遵照《聋校校舍建筑基本要求》中相关规定。

（二）小学科学实验室

1. 功能

小学科学实验室是小学阶段聋学生认知自然的重要基地。是学校对聋生开展自然常识学科的实验教学、科学探究活动，以及开展学校科学类兴趣小组的教学和活动的场所。

2. 间数和面积

设置实验室 1 间，面积以不小于 55 平方米为宜；设置准备室 1 间，面积以不小于 20 平方米为宜。

3. 基本设施

小学科学实验室中包括物品存放柜、橱柜等基础设施。

小学科学实验室的设计在以下几方面需要格外注意：（1）地面和墙面：实验室地面要求防滑、耐磨、易清洗、耐酸碱腐蚀。严寒地区的教室地面宜采用热工性能好的地面材料。四周墙面 1.20 米以下墙面贴墙面砖，墙面安装木制扶手。（2）通风：自然通风，安装电扇。设有通风换气装置，通风换气装置的中心距地面不小于 3.00 米，室内通风口一面应设防护罩，室外一面应有挡风设施。（3）电源：设置独立控制开关、漏电保护器，并设分路控制开关，分别控制演示讲台和学生桌的分路电源。演示讲台和学生桌提供低压直流电输出。（4）水源：演示讲台一侧应设置一个事故急救冲洗水嘴（洗眼器），配备防护用品和急救箱。设置地漏。演示讲台设置供、排水设施。

该室其他方面的设计需要遵照《聋校校舍建筑基本要求》中相关规定。

三、计算机教室

1. 功能

计算机教室是对聋学生进行计算机和信息技术教学的场所。

2. 间数和面积

设置计算机教室 1 间，面积以不小于 61 平方米为宜；设置准备室 1 间，面积以不小于 20 平方米为宜。

3. 基础设施

（1）计算机教室

计算机教室中包括书写白板、教师主控桌、椅、学生电脑桌、椅、资料橱、机柜等基础设施。

计算机教室的设计在以下几个方面需要格外注意：①地面和墙面：室内地面可铺设耐磨地砖、活动防静电木地板或专用防静电地毯等，切忌铺设地毯。墙面安装木制扶手。②温度：室内温度一般最低要求为 15～30 ℃。计算机开机工作运行时室内温度最佳为（23±2）℃。③遮光：电脑台面无阳光直射。室内无可见眩光，宜安装遮光窗帘。④电源：设置独立控制开关、漏电保护器。设置带保护门的安全型电源插座。⑤湿度：宜安装一台抽湿机。室内湿度一般最低要求为 40％～70％。计算机开机工作运行时室内湿度最佳为 45％～65％。⑥防磁：计算机教室应远离有强电磁场辐射的物体。当室外附近有强电磁场干扰时，教室内应有屏蔽设施。

（2）准备室

准备室中包括电源的总开关、放置稳压器、配备消防器具、衣架、鞋柜等基础设施。

计算机教室和准备室在窗户和门、采暖、遮光、照明、隔音、信息点等方面的设计要遵照《聋校校舍建筑基本要求》中相关规定。

四、音乐律动室

1. 功能

音乐律动室是聋校学生进行音乐、舞蹈、体操、律动教学及其他艺术活动的场所。

2. 间数和面积

设置活动教室 1 间，面积以不小于 140 平方米为宜；设置准备室 1 间，面积以不小于 30 平方米为宜。

3. 基础设施

（1）活动室

活动室中包括把杆（高、中、低）、橱柜、小讲台、二级台阶、小演奏台等基础设施。

活动室的设计在下面几个方面需要格外注意：①窗户和门：设置铝门窗（北方地区可设置塑料门窗）。窗台高度 0.80～1.00 米。窗间墙宽度不应大于 1.20 米。靠后墙的门设置观察孔。宜采用自动门、平开门、推拉门，严禁设置门槛。②地面：悬空木地板（距地面不小于 2.5 厘米）。③安装音响、舞台灯、投影仪、屏幕或电视，以及能够显示节奏变化的灯光。照明灯光应可调，并且所有灯具安装应保证安全和伴随音乐震动不发出噪声。④室内墙面装镜子，高度以 2.40 米为宜。镜子距地面应有 0.3 米的距离。⑤把杆：沿墙设低、中、高把杆，低把杆距地面 0.6～0.7 米，中把杆距地面 0.7～1 米，高把杆不少于 1 米；镜前设把杆的，与镜面距离不宜小于 0.40 米。⑥隔音：音乐律动教室宜选在距教室较近又不干扰或干扰甚小的区域，音乐教室在连续走廊或教学用房处的，应做成隔声门，与走廊邻接的墙面不设窗。

（2）准备室

准备室中包括橱柜、鞋柜、电源的总开关和消防等基础设施。

该室其他方面的设计需要遵照《聋校校舍建筑基本要求》中相关规定。

采暖、遮光、照明、隔音、信息点等方面的设计，可遵照《培智学校校舍建筑基本要求》中相关规定。

随着科技的不断发展，律动教室的基础设施和教室设备已经开始向系统化方向发展，将以往教学中孤立使用的设施和设备进行连接和整合，使原有设施和设备发挥的作用更加有效。如利用埋设在地板下面的与声音同步震动的激励装置，产生与悬空木地板同步震动的效果，有效吸引了学生的注意力，增强学生对音乐和身体的感受；利用计算机控制诸如电子琴、音响乃至话筒等所有外部设备的声音输出和震动输出，方便教师根据需要及时调用和变换教学资源，满足聋校特殊学生音乐律动教学中的特殊需要；以及利用节奏灯光和频率变换图谱等信息为聋生的音乐律动训练提供了更多有针对性的技术支持等。

五、体育专用室

体育专用室是聋学生进行乒乓、排球、保龄球、武术等室内体育活动的场所。设置体操房、体育馆和健身房。

（一）体操房

设置体操房1间，面积以不小于140平方米为宜。

体操房的地面采用强性的橡胶地板或木地板。墙四周应设通长照身镜，镜子的高度规格不宜小于2.10米，镜面宽度不小于190厘米。沿墙把杆（低、中、高把杆），低把杆距地面0.6～0.7米，中把杆距地面0.7～1米，高把杆不少于1米；把杆与镜面的距离不宜小于0.40米。设橱柜、舞台灯、音响、小讲台、二级台阶、小演奏台、软垫等基础设施。

体操房在连续走廊或教学用房处的，应做成隔声门，与走廊邻接的墙面不设窗。

（二）体育馆

设置体育馆1间，面积以不小于200平方米为宜。体育馆的高度设计要考虑能放置篮球架等高大的运动器材。其他方面可参照体操房设计。

（三）健身房

设置健身房1间，面积应不小于80平方米，高度可容纳大型健身设备。健身房中应有一面墙装有镜子，其他方面可参照体操房设计。

其他方面的设计需要参照《聋校校舍建筑基本要求》中相关规定。

六、职业劳动室

（一）生活自理训练室

1. 功能

生活自理训练室是对聋学生生活自理能力进行训练的场所。

2. 间数和面积

设置生活自理训练室 1 间，面积以不小于 77 平方米为宜。其中可分为卧室、客厅、卫生间三个区域。

3. 基础设施

生活自理训练室中不同功能区的基础设施应该有所区别：（1）卧室：主要包括床、床头柜、衣帽架、衣橱、台灯、床上用品等设施。（2）客厅：主要包括沙发、桌、椅、茶具等设施。（3）卫生间：主要包括浴缸、洗手池、镜子等设施。

该室其他方面的设计需要参照《聋校校舍建筑基本要求》中相关规定。

（二）烹饪室

1. 功能

烹饪室是对聋学生进行烹饪知识和技能训练的场所。

2. 间数和面积

设置烹饪室 1 间，面积以不小于 77 平方米为宜。其中可分为教师讲解示范区、准备工作区、学生操作及品尝区、餐具及炊具存放区。

3. 基础设施

烹饪室中包括厨柜、灶台、水槽、下水道、油烟机出口、餐桌椅等基础设施。

烹饪室的设计在以下几个方面需要格外注意：（1）地面、墙面和顶棚：地面和地面铺设易清洗、不积灰尘的材料。（2）通风：安装电扇或空调。应具备良好的通风及排风系统，在炉灶上方安装排油烟设备，保证安全有效排出操作时灶具处所产生的油烟、蒸汽。（3）电源：设置独立控制开关、漏电保护器。设置带保护门的安全型电源插座。客厅控制电源总开关。（4）水源：设置供、排水设施，安装 2 套以上水龙头和水槽。厨房控制水源总开关。（5）气源：设置管道燃气，并有燃气控制总开关。（6）安保：配备安全防盗和消防设施（如燃气泄漏报警器）。

该室其他方面的设计需要遵照《聋校校舍建筑基本要求》中相关规定。

（三）职业技术劳动室

1. 功能

职业技术劳动室是对聋学生进行手工、维修、缝纫、美容美发、插花等职业技术劳动知识和技能训练的场所。

2. 间数和面积

职业技术劳动室根据学校规模设置间数，每间面积以不小于 90 平方米为宜。其中可分为教师讲解示范区、准备工作区、学生操作区。

3. 基础设施

职业技术劳动室的设施需根据工种特点进行配备，其他如门窗、采暖、遮光、照明、隔音、信息点等方面的设计遵照《聋校校舍建筑基本要求》中相关规定。

第三节　聋校康复训练室建设

聋校的康复训练室是对聋学生进行康复训练的主要场所，聋校设置的康复训练室可以包括：听力检测室、耳模制作室、助听器验配室、听觉康复室、言语矫治室、语言训练室、认知训练室、学科学习能力训练室、心理与行为训练室、感觉统合训练室等。

基于"医教结合，强化口语，读写并举"的理念，聋校学前至 3 年级以医学康复为主，后期以教育教学为主，因此学龄前至 3 年级以前，聋校的康复训练以听觉康复与言语矫治为主，3 年级以上侧重语言教育和认知训练。

一、听力检测室

1. 功能

听力检测室是对聋校学生进行听力检测的场所。

2. 间数和面积

听力检测室分为测听室和控制室，测听室 1 间，面积以不小于 12 平方米为宜；控制室 1 间，面积以不小于 6 平方米为宜。

3. 基本设施

听力检测室中包括桌椅、橱柜等基础设施。室中墙面色彩柔和，宜贴上防止声音反射、共鸣的材料。室内本底噪声以小于 25 分贝为宜。室内应安装全电子三基色荧光灯。

测听室与主控室间安装单向可视玻璃，以便家长和其他教师观察。

该室其他方面的设计需要遵照《聋校校舍建筑基本要求》中相关规定。

二、助听器验配室

1. 功能

助听器验配室是为聋学生进行助听器验配和调试维修的场所。

2. 间数和面积

助听器验配室 1 间，面积以不小于 12 平方米为宜；设置维修室 1 间，面积以不小于 6 平方米为宜。

3. 基本设施

助听器验配室中包括桌椅、橱柜等基础设施。

该室其他方面的设计需要遵照《聋校校舍建筑基本要求》中相关规定。

三、耳模制作室

1. 功能

耳模制作室是为聋学生进行耳模制作的场所。

2. 间数和面积

设置制作室 1 间，面积以不小于 10 平方米为宜。

3. 基本设施

耳模制作室中包括桌椅、橱柜等基础设施。

该室其他方面的设计需要遵照《聋校校舍建筑基本要求》中相关规定。

四、听觉功能评估与训练室

1. 功能

听觉功能评估与训练室是对聋学生进行听觉功能评估与训练的场所。

2. 间数和面积

设置听觉评估室 1 间，面积以不小于 12 平方米为宜。按照训练室数目与受训人数 1∶4～1∶6 的比例，设训练室若干间，每室的面积不小于 12 平方米。

3. 基础设施

听觉能力评估与训练室中包括个别化训练桌椅、橱柜、陈列架、玩具柜、鞋柜、书柜等基础设施。评估室要求教室的本底噪声低于 50 分贝。训练室周围环境应比较安静，噪声低于 55 分贝。

该室中要设置单向观察玻璃，以便家长和其他教师观察。

该室其他方面的设计需要遵照《聋校校舍建筑基本要求》中相关规定。

五、言语功能评估与训练室

1. 功能

言语功能评估与训练室是对聋学生进行言语评估与训练的场所。

2. 间数和面积

设置言语评估室 1 间，面积以不小于 12 平方米为宜。按照训练室数目与受训人数 1∶4～1∶6 的比例，设训练室若干间，面积不小于 12 平方米。

3. 基础设施

言语能力评估与训练室中包括个别化训练桌椅、橱柜、陈列架、玩具柜、鞋柜、书柜等基础设施。评估室要求教室的本底噪声低于 50 分贝。训练室周围环境应比较安静，噪声低于 55 分贝。

该室中可设置单向观察玻璃，以便家长和其他教师观察。

该室其他方面的设计需要遵照《聋校校舍建筑基本要求》中相关规定。

六、语言能力评估与训练室

1. 功能

语言能力评估与训练室是对聋学生进行语言能力评估与训练的场所。

2. 间数和面积

设置语言能力评估室 1 间，训练室若干间，每室的面积以不小于 12 平方米为宜。

3. 基础设施

语言能力评估与训练室中包括个别化训练桌椅、橱柜、陈列架、玩具柜、鞋柜、书柜等基础设施。

该室中可设置单向观察玻璃，以便家长和其他教师观察。

该室其他方面的设计需要遵照《聋校校舍建筑基本要求》中相关规定。

七、认知能力评估与训练室

1. 功能

认知能力评估与训练室是对聋学生进行认知能力评估与训练的场所。

2. 间数和面积

设置认知能力评估室 1 间，训练室若干间，每室的面积以不小于 12 平方米为宜。

3. 基础设施

认知能力评估与训练室中包括个别化训练桌椅、橱柜、陈列架、玩具柜、鞋柜、书柜等基础设施。

该室中可设置单向观察玻璃，以便家长和其他教师观察。

该室其他方面的设计需要遵照《聋校校舍建筑基本要求》中相关规定。

八、学科学习能力评估与训练室

1. 功能

学科学习能力训练室是对聋学生进行学科学习能力评估与训练的场所。

2. 间数和面积

设置学科学习能力训练室 1 间，面积不小于 18 平方米。

3. 基本设施

学科学习能力评估与训练室中包括个别化训练桌椅、橱柜、陈列架、玩具柜、鞋柜、书柜等基础设施。

该室可设置单向观察玻璃，以便家长和其他教师观察。

该室其他方面的设计需要遵照《聋校校舍建筑基本要求》中相关规定。

九、心理评估与康复室

1. 功能

心理评估与康复室是对聋学生进行心理评估与训练的场所。

2. 间数和面积

设置心理评估室 1 间，面积不小于 10 平方米。心理康复室 1 间，面积不小于 15 平方米。

3. 基础设施

心理评估与康复室中包括组合桌、椅、沙发、橱柜、书柜、茶几、白板等基础设施。地面要铺设地砖或地毯，防止行走时发出声响，影响评估与训练。墙面采用柔和的色彩。

该室中要设置单向观察玻璃，以便家长和其他教师观察。

该室其他方面的设计需要遵照《聋校校舍建筑基本要求》中相关规定。

十、感觉统合训练室

1. 功能

感觉统合训练室是对聋学生进行感觉统合能力训练的场所。

2. 间数和面积

设置感觉统合训练室 1 间，面积以不小于 120 平方米为宜。设置准备室 1 间，面积以不小于 10 平方米为宜。

3. 基础设施

感觉统合训练室中包括橱柜、陈列架、鞋柜、衣架、坐椅、凳等基础设施。

感觉统合训练室的设计在以下几方面需要格外注意：地面要铺设地毯。

1.2 米以下墙面采用软包。四周墙应设沿墙木制扶手，高扶手距地面不小于 1 米，低扶手距离地面 0.6~0.7 米，扶手与墙面距离应为 0.4 米。

该室其他方面的设计需要遵照《聋校校舍建筑基本要求》中相关规定。

第四节　聋校学前教育区与特需教室建设

一、学前教育区

1. 功能

学前教育区是聋幼儿接受教育和康复的场所。近年来，随着人们对特殊教育认识的提高，早发现、早诊断、早干预等理念已深入人心，聋教育的对象有低幼化的趋势。因此，在聋校中，要求设置学前教室以满足聋幼儿的新需要。学前教室的设计要符合国家对普通托幼机构教室或教室区建设的基本要求，要能够满足聋学生学习、生活和教师办公的需要。

2. 间数和面积

根据班级数及学校发展规划确定学前教育区的大小，该区中要设置活动、休息、图书、玩具、饮食、洗漱、家长陪护等小的功能区。

3. 基础设施

学前区中小功能区的基础设施应该有所区别：（1）活动区：主要设施包括幼儿桌椅、升降黑板、多媒体储存柜、组合橱柜等。（2）休息区：主要设施包括床、褥子、被子等。（3）图书区：主要设施包括木制取阅架、书柜等。（4）玩具区：主要设施包括玩具存放柜等。（5）饮食区：主要设施包括小餐桌、饮水机、水龙头、洗手池（加扶手）等。（6）洗漱区：主要设施包括下水道、水龙头、洗漱盆、浴位、浴缸、马桶、镜子等。（7）办公区：主要设施包括隔断式办公桌等。

学前教室在以下几方面的设计上要格外注意：（1）地面、墙面：教室铺设有弹性的木制地板，卫生间铺设磁砖，教室 1.20 米以下墙面要进行软包。（2）窗户和门：窗户和门各设一扇。下方为移动式透明玻璃窗户，上方为气窗。

该室其他方面的设计需要遵照《聋校校舍建筑基本要求》中相关规定。

二、特需教室

1. 功能

特需教室是为聋幼儿提供亲子互动以及特殊康复服务的场所。

2. 间数和面积

设置特需教室 1 间，面积以不小于 54 平方米为宜。

3. 基础设施

特需教室中包括幼儿桌椅、升降黑板、多媒体存放柜、组合橱柜等基础设施。

该室其他方面的设计需要遵照《聋校校舍建筑基本要求》中相关规定。

三、早期咨询矫治室

1. 功能

早期咨询矫治室是对特殊儿童进行早期发现、早期诊断和早期治疗的场所。

2. 间数和面积

设置早期咨询矫治室 1 间，面积以不小于 54 平方米为宜。

3. 基础设施

早期咨询矫治室中包括幼儿桌椅、升降黑板、多媒体存放柜、组合橱柜等基础设施。

该室其他方面的设计需要遵照《聋校校舍建筑基本要求》中相关规定。

第五节 聋校教学资源中心建设

聋校的教学资源中心，是为教学提供各种信息支持的教室，包括图书馆、教具存放与制作室、电子资源编辑室和信息交流中心。

一、图书馆

（一）阅览室

1. 功能

阅览室是师生阅读和检索电子资源的场所，是聋教育重要的教育教学渠道。

2. 间数和面积

设置图书阅览室和电子阅览室各 1 间，总面积以不小于 120 平方米为宜。

3. 基础设施

阅览室中包括阅览桌、椅、阅报栏、电脑桌、网络端口等基础设施。还要注意防火、防潮。

该室其他方面的设计需要遵照《聋校校舍建筑基本要求》中相关规定。

（二）书库

1. 功能

书库是图书馆中藏书的场所。聋校的图书馆书库是存储聋校师生所需印刷读物及多媒体等电子读物的场所。

2. 间数和面积

设置书库 1 间，面积应不小于 40 平方米，各校可根据实际需要和条件增加面积和间数。

3. 基础设施

书库中包括阅报栏、书架、书柜等基础设施。

该室其他方面的设计需要遵照《聋校校舍建筑基本要求》中相关规定。

（三）教学资料室

1. 功能

教学资料室是存放教学资料的场所。

2. 间数和面积

按学校规模设置教学资料室若干间，每间面积以不小于 20 平方米为宜。

3. 基础设施

教学资料室中包括阅报栏、书架、书柜等基础设施。

二、教具存放与制作室

（一）教具存放室

1. 功能

教具存放室是教师存放教具和学校陈列教具的场所。

2. 间数和面积

按学科需要设置教具存放室若干间，每间面积以不小于 20 平方米为宜。

3. 基础设施

教具存放室中包括书架、橱柜、大桌子、椅子等基础设施。

（二）教具制作室

1. 功能

教具制作室是教师制作教具的场所。

2. 间数和面积

设置教具制作室 1 间，面积以不小于 20 平方米为宜。

3. 基础设施

教具制作室中包括书架、橱柜、大桌子、椅子等基础设施。

三、电子资源编辑室

1. 功能

电子资源编辑室是教师搜索网络资源，进行资源共享，完成电子备课的场所。

2. 间数和面积

设置电子资源编辑室 1 间，面积以不小于 20 平方米为宜。

3. 基础设施

电子资源编辑室中包括电脑桌、网络客户端椅子等基础设施。

四、信息交流中心

（一）会议室

1. 功能

会议室是聋校师生举办会议的场所。

2. 间数和面积

聋校应根据需要设置大小会议室若干间，面积以不小于 20 平方米为宜。

3. 基础设施

会议室中应包括会议桌、椅、投影控制台等基础设施。

（二）报告厅

1. 功能

报告厅是师生组织教学观摩等学校大型活动的场所。

2. 间数和面积

设置报告厅 1 间，其面积以不小于 200 平方米为宜

3. 基础设施

报告厅中包括主控台、报告桌、座位等基础设施。

报告厅的设计在以下两方面需要格外注意。（1）照明：要配备舞台灯、大厅灯、调光灯、射灯。教室中自然采光良好（宜北向采光）。报告厅侧窗窗地面积比不应小于 1/5。室内天然临界光照度不应小于 150 勒克斯。当室外临界照度为 5 000 勒克斯时，采光系数不应小于 2%。（2）隔音：室内噪声级不应高于 40 分贝。隔墙、楼板的空气隔声计权隔声量应大于 50 分贝。楼板计权标准化撞击声压级不应大于 75 分贝。

其他方面的设计需要遵照《聋校校舍建筑基本要求》中相关规定。

（三）多功能活动室

1. 功能

多功能活动室是教学观摩及观看视频的场所。

2. 间数和面积

设置设备室 1 间，面积以不小于 20 平方米为宜；设置活动室 1 间，面积以不小于 90 平方米为宜；设置工作室 1 间，面积以不小于 20 平方米为宜。

3. 基础设施

多功能活动室中包括主控台、闭路电视、音频广播等基础设施。

多功能活动室的设计在以下几方面需要格外注意。（1）地面、墙面：设备间、工作室地面要铺设具有防尘、防静电的专用地板；演播室铺设木质地板。（2）窗户和门：窗户和门各设一扇。下方为移动式透明玻璃窗户，上方为气窗。（3）照明：多功能活动室操作面上的垂直照度不低于 200 勒克斯，配备冷光源舞台灯光。（4）电源：工作室安装控制设备间电源的总开关，设

备间、演播室设置独立控制开关、漏电保护器。设置带保护门的安全型电源插座。(5)信息点：设置网络接口多个、配有闭路电视接口和广播接口。

该室其他方面的设计需要遵照《聋校校舍建筑基本要求》中相关规定。

(四) 演播室

1. 功能

演播室是存放闭路电视、音频广播等系统的场所。

2. 间数和面积

设置设备室1间，面积以不小于20平方米为宜；设置演播室1间，面积以不小于30平方米为宜；设置工作室1间，面积以不小于20平方米为宜。

3. 基础设施

演播室中包括主控台、闭路电视、音频广播等基础设施。

演播室的设计在以下几方面需要格外注意。(1)地面、墙面：设备间、工作室地面要铺设具有防尘、防静电的专用地板；演播室铺设木质地板。(2)窗户和门：窗户和门各设一扇。下方为移动式透明玻璃窗户，上方为气窗。(3)照明：演播室操作面上的垂直照度不低于200勒克斯，配备冷光源舞台灯光。(4)电源：工作室安装控制设备间电源的总开关，设备间、演播室设置独立控制开关、漏电保护器。设置带保护门的安全型电源插座。(5)信息点：设置网络接口多个，配有闭路电视接口和广播接口。

该室在窗户和门、采暖、遮光、照明、隔音、信息点等方面的设计要遵照《聋校校舍建筑基本要求》中相关规定。

(五) 校园机房

1. 功能

校园机房是学校管理校园网等系统的专用场所。

2. 间数和面积

设置设备室1间，面积以不小于30平方米为宜；设置工作室1间，面积以不小于20平方米为宜。

3. 基础设施

校园机房中包括主控台、校园网服务器端等基础设施。

校园机房的设计在以下几方面需要格外注意。(1)地面、墙面：设备间、工作室地面铺设具有防尘、防静电的专用地板；演播室铺设木质地板。(2) 窗户和门：窗户和门各设一扇。下方为移动式透明玻璃窗户，上方为气窗。(3) 照明：演播室操作面上的垂直照度不低于 200 勒克斯，配备冷光源舞台灯光。(4) 电源：工作室安装控制设备间电源的总开关，设备间、演播室设置独立控制开关、漏电保护器。设置带保护门的安全型电源插座。(5) 信息点：设置网络接口多个，配有闭路电视接口和广播接口。

该室在窗户和门、采暖、遮光、照明、隔音、信息点等方面的设计要遵照《聋校校舍建筑基本要求》中相关规定。

（六）信息监控室

1. 功能

信息监控室是应对学校课堂教学情况以及校园安全情况进行监控的场所。

2. 间数和面积

设置信息监控室 1 间，面积以不小于 20 平方米为宜。

3. 基础设施

信息监控室中包括主控台和教室监控、校园监控客户端、桌椅等基础设施。

该室在窗户和门、采暖、遮光、照明、隔音、信息点等方面的设计要遵照《聋校校舍建筑基本要求》中相关规定。

参考文献

[1] 中华人民共和国教育部. 特殊教育学校建筑设计规范（JGJ76—2003）[S]. 2007.

[2] 中国残联残疾人康复中心建设标准 [S]. 2006.

[3] 学校课桌椅卫生标准（GB7792—87）[S]. 2003.

[4] 建筑照明设计标准（GB50034—2004）[S]. 2004.

[5] 城市区域环境噪声标准（GB3096—93）[S]. 2000.

[6] 上海市聋校、辅读学校教学与康复设施设备装备标准（试行）[S]. 2007.

[7] 上海市普通中小学校教学装备标准（征求意见稿）[S]. 2006.

[8] 广东省示范性中小学实验室及功能教室装备要求及建设标准（征求意见稿）[S]. 2005.

[9] 普通高级中学家政科设备标准 [S]. 台湾：2005.

[10] 职业学校家政群科课程暂行纲要暨设备标准 [S]. 台湾：2005.

［11］陈云英. 培智教育学校办学条件调查报告［J］. 中国特殊教育，2006，12：33-38.

［12］杜晓新，王和平，黄昭鸣. 试论我国聋校课程框架的构建［J］. 中国特殊教育，2007，5：13-18.

［13］黄昭鸣，杜晓新，孙喜斌，卢红云，周红省. "多重障碍、多重干预"综合康复体系的构建［J］. 中国特殊教育，2007，10：3-13.

［14］黄昭鸣，万勤，张蕾. 言语功能评估标准及方法［M］. 华东师范大学出版社，2007.

［15］孙喜斌，刘巧云，黄昭鸣. 听觉功能评估标准及方法［M］. 华东师范大学出版社，2007.

［16］幼儿园建设标准（教基字 108 号，1988）［S］.

［17］幼儿园建设标准（上海教委，1995）［S］.

第六章　聋校康复教学专用仪器设备

　　2007年2月，教育部颁布了我国《聋校义务教育课程设置实验方案》，在其课程设置原则中指出[1]："课程设置要按照聋生身心发展规律，积极开发潜能，补偿缺陷，增设具有聋教育特点的课程，注重发展聋生的语言和交往能力。"该《方案》科学地、有针对性地提出了"积极开发潜能，补偿缺陷"的主要原则。这对于推动我国聋教育的发展具有重要的理论与实践指导意义。聋校的有些听力残疾学生，表现出了多重障碍的特点，单纯和传统意义上的康复和教育已远远不能满足听力残疾学生全面发展的需要，在实践中效果也不明显。因此，对于听力残疾学生，既要进行传统意义上的学科教育，又应该接受系统的整体的康复训练；既要强调教育教法的革新，更应注重康复新技术和新手段的应用。

　　"医教结合"原则是特殊教育实施的一项基本原则。"医教结合"中的"医"是指康复医学，对于听力残疾学生而言，主要是听觉康复与言语矫治。它是以听觉、言语功能恢复为主要目的，其主要手段是：听觉康复和言语矫治；"医教结合"的"教"对于听力残疾学生而言则主要是语言教育。听觉康复、言语矫治与语言教育，这三者正是聋校康复与教育的主要内容，而且越早进行效果越好，可以为他们形成语言，接受全面素质教育提供真正意义上的保障[7]。

　　为适应聋校对听力残疾学生进行康复和教育的需要，聋校应从听力残疾学生的康复、教育、心理三大领域入手，配置听力检测与听力补偿或重建、听觉康复、言语矫治、语言教育、认知训练、心理与行为干预，以及学科学习能力训练的相关配套设备，应用现代化的教育、康复技术与设备，对听力残疾学生进行相应的教育与康复训练[2]。聋校的专用仪器设备包括：

　　1. 听力检测与听力补偿或重建的专用仪器设备

2. 听觉康复的专用仪器设备

3. 言语矫治的专用仪器设备

4. 语言教育的专用仪器设备

5. 认知训练的专用仪器设备

6. 心理与行为干预的专用仪器与设备

聋校用于康复训练的设备属于医用康复器械，不仅应注重其有效性，而且更应该强调在使用上的安全性，应该满足国家对于医用设备安全性的通用要求。因此，聋校所选用的康复训练设备必须符合国家医用设备的安全通用要求，通过国家医疗器械市场准入审查，获得国家医疗器械注册许可证，这样才能保障聋校师生尤其是残疾学生在康复训练中的安全，以利于聋校教学及康复训练的顺利进行。

第一节 听力检测、补偿、重建的专用仪器设备

听力检测、补偿、重建的对象为聋校中具有不同程度听力残疾的学生。对听力残疾学生进行适当的听力检测，可以获知其听力损失程度，为其康复和听力补偿教育策略的制定提供依据。

一、听力检测、补偿、重建的主要内容

听力检测包括主观检测和客观检测两类方法，即通过听力计、便携式听力评估仪、音叉、耳声发射仪等仪器对听力残疾学生的听力状况进行检测和评定。任何一种听力检测方法都不能单独用来判断一个人的听力状况，因此，应对听力残疾学生的听力进行综合检测，最终获得较为准确的诊断结果。

听力补偿是指充分利用听力残疾学生的残余听力，通过放大等技术手段，使之获得可以满足日常交流的听力。目前主要是通过助听器来实现。

听力重建是指放弃现有的极少的残余听力，用电子技术手段代替内耳工作的方法。目前，主要通过植入人工耳蜗来实现。

听力检测可以提供听力残疾学生的听力水平情况，决定是否需要听力补偿或听力重建，并可以为听觉康复的效果进行对比和监控，而进行良好的听

力补偿或听力重建是听力残疾学生进行后续的听觉、言语、语言等康复训练以及学科教育的基础。

二、听力检测、补偿、重建的专用仪器设备

（一）听力检测的专用仪器设备

1. 主观检测的专用仪器设备

（1）纯音听阈检测仪器

听阈是指能够引起听觉的最小有效声压级，即在临床听力评估中，受试者能够识别出至少50％声音信号的最小声压级。纯音声信号稳定而且容易测量和校准，测试时给声方式可靠，受试者对纯音的感知只需觉察，而无认知过程的参与，因此，临床上多采用纯音对听阈进行测量，即纯音听阈检测。纯音听阈检测是用以测试听敏度的、标准化的主观行为反应测听，是行为听力测试与临床听力计的结合，反映受试者在安静环境下所能听到的各个频率的最小声音的听力情况。通过骨、气导两种测试法对比可以对听力损失进行定性、定量及粗略的定位诊断。纯音听阈检测是目前能准确反映听敏度的一种主观行为测试方法，在临床上仍是最基本、最重要的主观听力检查手段之一。可以完成纯音测听、高频损失测听、声场测试等听力测试。

目前，进行纯音听阈检测主要是采用听力计来进行。听力计以衰减器来调节输出信号的强度，可以在125赫兹、250赫兹、500赫兹、1 000赫兹、2 000赫兹、3 000赫兹、4 000赫兹、6 000赫兹和8 000赫兹的不同频率进行纯音给声，多为双声道设计，可以对气导和骨导听力进行测试。现在常用的听力计有丹麦产的"ORBITER 922"型、"Madeson"型、美国产的"MA40"等。纯音听阈检测虽然现在应用广泛，可以对听力损失进行定性、定量以及粗略的定位诊断，是一种临床上最基本的听力检查手段，但它属于一种主观检测方法，受主观因素的影响较大，对于检查者的操作要求也较高，因此有时难以准确客观地反映受试者的听力水平，而且难以反映整个听觉通路和中枢听觉的状态。此外，该设备体积较大，不易携带，是其一大缺点，因此多用于医院和康复机构。

（2）便携式听力评估仪器

便携式听力评估仪是用于听力筛选、助听晨检及助听听阈评估的设备。主要功能：①频率1千赫，2千赫，4千赫；②声强：耳机20～

100 dBHL/SPL，每挡 5 分贝；③测试音：一般有纯音、啭音以及滤波复合音等；④给声方式：声场是啭音和滤波复合音，插入式耳机是纯音。

便携式听力评估仪由微电脑控制，具有微电脑声音校准及频率存储系统，评估者可根据需要选择不同的频率并确定给声声强，频率和声强的大小可在其液晶显示版面上显示。许多便携式听力评估仪还设计有灯光视觉刺激以强化婴幼儿的听力反应。可应用于助听器验配后听力的主观评估等。便携式听力评估仪具有体积小、易于携带，方便实用的特点，尤其适合于学校、康复机构的晨检使用。

（3）音叉

音叉试验是临床最常用的基本听力检查手段，可初步判断耳聋，鉴别属于传导性还是感音神经性聋。音叉由钢质或合金所制，有两个振动臂（叉臂）和一个叉柄，每套音叉一般有五个倍频程频率音叉：C_{128}、C_{256}、C_{512}、C_{1024}、C_{2048}，分别发出不同频率的纯音，其中最常用的为 C_{256} 和 C_{2048}。音叉试验可用于检查气导听力和骨导听力。一般可通过以下几个试验进行检测：①林纳试验（Rinne test，RT）：又称气骨导比较试验。②韦伯试验（Weber test，WT）：又称骨导偏向试验。③施瓦巴赫试验（Schwabach test，ST）：又称骨导比较试验。音叉试验检查所用仪器简单，通过以上试验可以了解受试者是否存在听力损失并大致判断传导性聋还是感音神经性聋，但不能对听力损失的程度进行定量。

2. 客观检测的仪器设备

（1）耳声发射仪

耳声发射仪主要在医院和康复中心使用，不建议在聋校使用。这里，仅作简单的介绍。

耳声发射起源于耳蜗，经中耳传播至外耳道，与耳蜗外毛细胞的正常功能密切相关，属于神经反应机制，为耳蜗内可能存在的一种能增强基底膜振动的正反馈声能，也可能来自于螺旋器的振动，特别是外毛细胞的伸缩活动及耳蜗中向前波动的声能形成的。20 世纪 70 年代，David Kemp 首先报道了这一现象。利用敏感麦克风在外耳道可以记录到耳声发射的信号。一般而言，耳声发射分为自发性耳声发射（spontaneous OAE，SOAE）和诱发性耳声发射（evoked OAE，EOAE）两类。自发性耳声发射无任何刺激声诱发，约 50% 听力正常者可以检测到自发性耳声发射；诱发性耳声发射只在刺激声诱发下才能产生。诱发性耳声发射根据刺激声的不同又可分为瞬态诱发性耳声发射（TEOAE）和畸变产物耳声发射（DPOAE）。研究发现，几乎所有听力和中耳正常者均可记录到诱发性耳声发射，但当感音神经性听力损失超过30～50分贝时则几乎记录不到诱发性耳声发射，因此，在临床中广泛应用诱发性耳声发射检测。通过诱发性耳声发射检测，能有效地检测出听力损失，预估听阈，并且可用于听力筛查。耳声发射检测是一种无创伤、简便、省时和敏感度高的客观听力检查方法。

　　耳声发射仪用于进行耳声发射的检测，专门用于检测人耳的耳蜗病变的仪器。该仪器发射特定的刺激声波，人耳接到刺激声后，大脑听中枢神经引起听觉后，由听神经再次激发耳蜗内外耳毛细胞产生的主动发声。测试时可设置刺激声类别和频率，刺激声频率一般为 500 赫、1 000 赫、2 000 赫、4 000赫，刺激声声压级一般有 60 分贝、65 分贝、70 分贝、75 分贝、80 分贝，可测试瞬态诱发耳声发射和畸变产物耳声发射。目前，常用的耳声发射仪可分为手持式和台式的。手持式的如 MSOAE-1H 型耳声发射仪；台式的有美国产 GSI-70 耳声发射仪、MSOAE-1T 型耳声发射仪、Madsen 公司的 CAPELLA 耳声发射分析仪等。

　　（2）脑干诱发电位检测仪

　　脑干诱发电位检测仪主要在医院和康复中心使用，不建议在聋校使用。这里，仅作简单的介绍。

　　听性脑干反应（auditory Brainstem response，ABR）是产生于听神经和大脑的一种听觉诱发电位。其潜伏期在 10 毫秒之内，可由中等强度短声诱发，属于短潜伏期听觉诱发电位。在耳科、听力及神经科都正常的成年人，听性脑干反应可见 5～7 个峰，由 5～7 个在 10 毫秒内出现的正向峰组成，多数情况下波峰幅度小于 $10\ \mu V$；若出现 V 波潜伏期延长、波缺失、波间期异常等异常波形，则提示听神经或脑干病变。听性脑干反应是目前临床应用最广的听觉诱发电位，也属于客观的听力检测，可以不需要被测者的配合，主要包括各波潜伏期和幅度的测量。通过听性脑干反应的检测，可以用来评估听阈，听力筛查，进行外周或中枢病变的鉴别诊断。与耳声发射相比，听性脑干反应检查时间更长，费用更高，但在听阈评估方面，却优于耳声发射。此外，由于听性脑干反应基本不受注意力和醒觉状态的影响，因此很适用于小年龄者。听性脑干反应检测基本可准确地反映受试者的听力损失情况，但它的检查结果一般只反映 2～4 千赫高频段的听力情况，并不能反映全部。

脑干诱发电位检测仪即用于听性脑干反应检测的仪器，目前，脑干诱发电位仪大致分为台式和便携式，主要是美国或丹麦产。如 EP15 型、EP25型脑干诱发电位仪、Madsen Octavus 脑干诱发电位仪、CS 脑干诱发电位仪（台式/便携式）等。

（二）听力补偿的专用仪器设备

听力补偿即对听力残疾学生的残余听力进行有效地补偿。听力残疾学生在日常生活和教学活动中进行听力补偿主要依靠助听设备，对于听力残疾学生而言，助听设备显得尤其重要，因为只有在听力得到补偿的前提下，才能对其进行有效的康复和教育。目前，最常用和有效的听力补偿仪器为助听器。

1. 助听器的结构与工作原理

助听器虽然种类繁多，但其结构基本一样，一般由电源、换能器、放大器、控制元件和附件五个部分组成。

（1）电源。助听器的电源为声信号的放大提供能量，目前助听器所使用的电源一般为锌-空气电池，少数采用可充电电池。

（2）换能器。换能器主要包括麦克风和受话器。麦克风属于输入换能器，将振膜上接收的声压转换为模拟电信号。自 1971 年以来，助听器主要使用驻极体电容器麦克风，当声波在驻极体麦克风入口处对振膜产生振动时，声压的变化使振膜产生位移，从而在后板电极和振膜间产生一个电压，该电压经驻极体麦克风内部的场效应管放大后最终被传送至主放大器的输入端。驻极体电容器麦克风敏感性高，频率响应稳定，对声信号处理的失真度小，性能稳定，内部噪声小。根据压力或压力梯度可以将麦克风分为全向性和方向性麦克风两种。受话器包括耳机、扬声器或者输出换能器，其作用是将经助听器放大后的电信号重新转换为声信号或振动信号输出。受话器有气导和骨导两种类型。

（3）放大器。放大器一般由单片集成电路、混合集成电路或两者的结合构成，其主要作用是对麦克风提取的微弱直流电信号进行放大，常用的放大器有 A 类放大器（单端点输出阶段放大器）、B 类放大器（推挽式放大器）和 D 类放大器（脉宽调制放大器）。

（4）控制元件。助听器的控制元件主要用于调整助听器的性能，最常用的为增益或音量控制旋钮。音量控制旋钮实际上为一选择聆听强度的可变电阻器，通过旋转音量旋钮使放大器的电阻变化，从而改变放大器的电流量，最终实现调节音量的目的。

（5）附件。助听器的附件可以包括音频输入和电感线圈：大部分助听器都有音频输入的接触片或插孔，主要用于听收音机或看电视。因为音频信号直接来自于声源，没有经过声—电、电—声的转换，因此输入信号的质量比经麦克风转换过的信号质量好。电感是一个磁感应线圈，能对从电话机上的受话器泄露出来的电磁场发生相应，转换为电信号后放大，使助听器可用于听电话。其优点是不会产生啸叫，无干扰，噪声环境下的信噪比高。信噪比是语音信号与环境噪声的差值，信噪比高则语音信号强，易分辨。

2. 助听器的种类及类型

目前常见的助听器按照配戴方式的不同可分为耳道式、耳内式、耳背式、体配式；按照刺激方式的不同可分为气导助听器和骨导助听器；按工作方式则可分为单通道助听器和多通道助听器，其中多通道助听器在编程助听器中较为常见；按照信号处理方式的不同又可分为模拟助听器和数字助听器。

目前，数字助听器是较为流行的助听器，通过数字信号处理技术，数字助听器具有以下优点：（1）提高言语可懂度；（2）抑制麦克风导致的声反馈和助听器内部噪声；（3）通过多个参数的调整实现个性化的最佳验配。

目前，市场上最常见的助听器主要为丹麦奥迪康、美国斯达克、瑞士峰力、加拿大优利康、丹麦瑞声达和德国西门子等厂家生产的助听器，各厂家生产的助听器种类型号繁多，可根据情况加以选配。

3. 助听器的专业选配

助听器的补偿效果是听力残疾学生能否获得满意的康复效果的前提和基础，选配助听器和验光配镜一样，必须到专业机构，由专业人士进行专业选配，这样才能保证助听器可以最大程度地满足听力残疾学生的听力需要，不可作为普通商品购买，否则不但可能限制了听力残疾学生的康复进度和效果，还有可能造成更多的听力损伤。助听器的选配一般需要考虑以下几个因素：

（1）听力损失性质和程度。每个听力残疾学生的听力损失的侧别、程度和性质不同，即使平均听阈值相同的两个听力残疾学生，他们的纯音听力图也会具有不同的构型，因此对助听器的要求也不同，助听器需要严格依照听力残疾学生的听力图进行专业选配。

（2）个人选择。不同年龄的听力残疾学生对助听器的选择会提出不同的需要，如较大年龄的女学生会比较排斥耳背式助听器，而倾向于选择隐蔽性较好的耳道式助听器，这时就需要专业人士给出专业建议，在满足听力损失需要的基础上，尽量满足听力残疾学生的个人选择。

（3）双耳选配因素。双耳聆听的优势包括整合声音、降噪、消除头影效应、定位等。对双耳听力损失的听力残疾学生应尽量建议双耳选配合适的助听器，为听觉康复奠定完善的基础。

（4）特殊需要。有些听力残疾学生有看电视、打电话、看电影的需求，这时需要专业人士选择带有 T 挡功能或者相应设备的助听器，满足听力残疾学生的生活需要。

（5）经济因素。助听器的一般寿命为 7～10 年，它是电子设备，需要维护和电池消耗，因此，专业人士需要根据听力残疾学生的家庭环境和可承受的经济能力，选择最合适的助听设备。

助听器的专业选配流程可归纳如下：

（1）听力检测。对每个听力残疾学生进行全面的听力检测，综合得出听力损失的诊断结果。

（2）个人资料收集。详细收集全面的听力残疾学生的个人资料，包括听力检测结果、家族史等。

（3）助听器预选。根据听力残疾学生听力损失的侧别、程度和性质，推荐一款最适合的助听器。

（4）综合因素。根据听力残疾学生及其家庭的建议，适当调整助听器的选择。

（5）耳模制作。根据听力残疾学生耳甲腔、耳道的大小和走形，制作定制式的耳模，根据听力残疾学生的实际情况选择耳模的种类和硬度。

（6）试戴助听器。佩戴预选的助听器，根据听力损失图调试助听器的各个频段增益，与听力残疾学生进行简单交谈，根据实际情况对助听器进行微调。

（7）随访和调试。对选配了助听器的听力残疾学生进行定期随访和听力检测，如有需要，及时调试或更换，以满足听力残疾学生的实际需求。

助听器是含有滤波及放大音量功能的装置，听力残疾学生通过助听器对声音进行放大，达到充分利用残留听力的目的。但对于极重度耳聋帮助较小，对全聋的听力残疾学生几乎没有帮助。此外，在音调的感知和高频的补偿方面，助听器也有其局限性。但相比于人工耳蜗，助听器仍有其优势，如花费小，无须手术等。

4. 助听器调试系统

聋儿所佩戴助听器，每隔一段时间，需配合言语测试结果进行调试，以达到合适的效果。

（1）助听器调试系统的基本功能

根据聋儿的检查报告及评估结果，调试助听器，根据助听器厂家不同，所使用的编程线及验配软件不同，可实现助听器增益、拐点、压缩比、程序等的调试。

（2）助听器调试系统的基本构造

①计算机。满足厂家验配软件的硬件及软件要求即可。

②助听器编程器（Hippro）。用于连接助听器和电脑，以便进行软件编程，各个厂家的助听器编程器基本相同。

③编程线。各个厂家的编程线根据助听器型号的不同均有所区别。

（3）助听器调试系统的基本使用方法

①将 Hippro 连接至安装好助听器验配软件的电子计算机。

②将调试助听器所对应的编程线连接至 Hippro。

③在电子计算机中启动 NOAH 软件，输入听力图，启动相应品牌助听器的验配软件（有些品牌的助听器可在电子计算机中直接启动验配软件）。

④将助听器连接上编程线，在验配软件中调试各个参数即可。

⑤调试完毕，保存程序至助听器，拔掉编程线，可开始正常使用助听器。

5. 助听器分析仪

聋儿所佩戴助听器，家长及老师非常关注助听器的工作状态是否正常，但很少有聋儿可以自主判断助听器的工作状态，此时就需要助听器分析仪。

（1）基本功能

对耳内式、耳背式、盒式助听器进行常规检测，测试助听器各个参数、进行真耳分析、测量 RECD、测量插入增益及根据插入增益调整助听器。

（2）基本构造

助听器分析仪一般由扬声器、计算机、探测麦克风、2cc 耦合腔、测试软件等组成。一般测试声频范围：125 赫至 8000 赫。测试强度范围：50 分贝至 90 分贝。

（3）基本使用方法

①将助听器与 2cc 耦合腔相连接，将助听器的音量等旋钮放在指定位置。

②打开分析软件，获得助听器各参数值和频响曲线等结果，与参考值相比较，判断助听器是否工作良好。

③输入患者听力图，获得目标插入增益值。

④测试患者未戴助听器时，外耳道的共振相应，即真耳无助增益（RE-UG）。

⑤佩戴好助听器，将音量调节到最舒服处，测得此时的增益，即真耳有助增益（REAG）。

⑥将两个数值求差，获得插入增益的值（REIG）。

⑦对比获得的 REIG 和目标 REIG，再让患者佩戴助听器，进行简单交流，根据实际情况，再微调助听器。

⑧将 REAG 值与 2cc 耦合腔获得的增益值求差，获得 RECD 值，对比耦合强增益和真耳增益的差，方便对儿童佩戴的助听器进行分析。

（三）听力重建的专用仪器设备

听力重建即对听力残疾学生的听力进行重建，使重度至极重度的听力残疾学生重新获得听力。听力重建是近几十年来随着科技的进步和医学的发展而逐渐发展起来的，人工耳蜗是听力重建的最常用的电子设备。

1. 人工耳蜗的结构与工作原理

人工耳蜗是一种电子设备，必须通过手术植入人体内，植入部件与体外部件相配合，才能发挥作用。所有的人工耳蜗都包括麦克风、言语处理器、电极、信号发送线圈与接收线圈五个部分。其中接收线圈、电极属于体内植入部分，麦克风、言语处理器和信号发送线圈属于体外构件。

（1）麦克风：从环境中获取声音。

（2）言语处理器：将声信号转换为电信号并发送到体内结构；言语处理器一般可分为体佩式和耳背式两种。

（3）电极：分为蜗内电极和蜗外电极，都与接收器相连。蜗外电极位于耳蜗外，有的在接收线圈上，有的位于颞肌下，在单电极刺激模式下，蜗外电极通常作为接地电极使用。蜗内电极装在一个载体内，称为电极序列，通过编程，可以将蜗内电极设为刺激电极或参考电极。电极的刺激方式主要有两种，即双极刺激模式（刺激电极和参考电极距离很近）和单极刺激模式（刺激电极和参考电极距离很远）。

（4）信号发送线圈：与体内的接收线圈通过磁铁相耦合，将信号发送到体内的接收器。

（5）接收线圈：接受信息并将其解码，然后以电刺激的形式传送到电极。

人工耳蜗开机后，麦克风首先获取环境中的声音，然后经导线传送到言语处理器，言语处理器将声音转换为编码的电信号并发送到体内结构，已编码的电信号经导线从言语处理器输送到头件上的发射线圈；通过体内外的磁铁，发射线圈与体内接收线圈相连并将信号传到体内的接收器；集成电路接收信号并解码，然后将电刺激传递到植入体的电极上。

2. 人工耳蜗的种类及类型

目前，市场上销售的人工耳蜗主要有奥地利 MED-EL 公司生产的 COMBI 40＋人工耳蜗；美国 Advanced Bionics 公司生产的 Clarion 多言语编码策略人工耳蜗；澳大利亚 Cochlear 公司生产的 Nucleus 多导人工耳蜗。

3. 人工耳蜗植入的术前康复

很多听力残疾学生的听力损失十分严重，佩戴助听器没有明显效果，在等待植入人工耳蜗的期间，没有任何术前康复的经历，使得人工耳蜗术后的康复变得异常困难和漫长。

满足人工耳蜗植入条件的语前听力残疾学生的听力损失程度大都在重度以上，他们几乎没有任何听觉输入，因此听觉经验极少，为了降低术后训练的难度和长度，使人工耳蜗可以尽快发挥作用，让听力残疾学生尽早学会聆听，从而使言语矫治的难度降低，应对听力残疾学生进行术前康复，即佩戴大功率助听器进行听觉康复训练。

人工耳蜗植入可绕过内耳的一些损伤部分，直接刺激听觉神经，使病人重获听力，这些是一般助听器所无法做到的。因此适用于重度至极重度的听力残疾学生，在音调的感知和高频的补偿方面人工耳蜗比助听器明显更好，但人工耳蜗有较严格的手术适应征，花费大。因此应该考虑听力残疾学生的听力状况、家庭经济状况、体检结果等诸多因素。

（四）辅助仪器与设备

听力残疾学生即使经过了助听器的听力补偿或人工耳蜗的听力重建，在集体教学或个训时仍然可能会听不清，尤其是助听器佩戴者。距离、噪声、回声是影响听力残疾学生佩戴助听器后言语可懂度的三大重要因素，是这些听力残疾学生听不到或者听不清楚的根源。佩戴助听器的听力残疾学生，近距离的聆听和交流的困难不是很大，但是在一些比较嘈杂的环境里，例如，在教室、超市、马路上等环境，进行稍远距离的对话就存在比较大的困难，有些听力残疾学生会听不到声音，有些则可以听到声音但是听不清楚。这主要是因为这些环境的背景噪声大，言语声相对显得不够突出，都埋没在背景噪声中了，也就是信噪比不够，而听力残疾学生尤其需要更大的信噪比，听力越差所需信噪比越大。因此，在听力残疾学生的日常教学和听觉语言训练中，还应该有一些听力辅助的仪器或设备，以较好地完成集体教学目标或使听力残疾学生的助听设施更好地发挥作用。

1. 无线调频系统

无线调频系统（即 FM 系统）是目前聋校中使用较多的一种辅助设备（必须注意：无线调频系统不是语训设备）。FM 调频系统可以减少距离、噪声及回响导致的言语理解力下降，它缩短了声源与聆听者的距离，实现了"耳边讲话"的效果，极大限度的屏蔽了噪声，提高了信噪比，减少因回响造成的影响。

（1）无线调频系统的基本功能

儿童佩戴助听器或植入人工耳蜗之后，可以实现对听力的补偿或重建，但是仍然存在距离、信噪比等因素的影响，不能达到最佳的康复效果。聆听环境中，距离每增加一倍，声音强度约下降 6 分贝，感音神经性听力损失的儿童保障言语清晰度所需要的信噪比约为 15～20 分贝，教室中的回响亦影响聆听效果。FM 调频系统可与多数耳背式助听器及人工耳蜗相连接，兼容性强，缩小了聆听的距离，有效地提高了信噪比，使助听器和人工耳蜗的效果增强。

（2）无线调频系统的基本构造

FM 调频系统一般由发射器、接收器等四个部分组成。

①发射器

采用数字信号处理技术，可调节多个通道，具有三种工作模式：全向性、方向性及超级方向性。有效距离可达 30 米。LCD 指示屏显示，并可外接其他音频设备。提供 8.5AI-DI。

②接收器

标准型的接收器可连接多数助听器，是耳级接收器，其增益可调节±7

分贝，提供大于55分贝信噪比。采用针脚锁定，具备三种工作模式：助听器＋FM；仅使用FM；仅使用助听器（FM关闭）。

R2型接收器也是耳级接收器，具有LED状态指示灯，可指示FM是否正确连接；是否使用正常，并且具有频道搜索功能。其增益可调节0～30分贝，提供50分贝信噪比。同样具备三种工作模式：助听器＋FM；仅使用FM；仅使用助听器（FM关闭）。

体佩式接收器，具有LED状态指示灯，可指示FM系统是否正确连接；是否工作正常，可以通过接收器的感应线圈与助听器的T档相配合使用，无须音靴等附件，助听器或人工耳蜗拥有T档即可使用。

（3）无线调频系统的基本使用方法

①将接收器通过音靴或CI适配器连接到助听器或人工耳蜗；或者将感应线圈佩戴在学生颈部，将助听器或人工耳蜗调整至T档。

②打开接收器及发射器，调整至一致通道即可使用。

③工作正常时LED指示灯为常亮，异常时为闪烁。

④可开始使用FM调频系统进行听觉康复训练或一般教学任务。

2. 教学声场设备

如果以每教室15人计算，需要一台发射器及15～30个接收器，这对于一般的学校而言是一笔不小的支出，此种情况可以通过教学声场设备来解决。

（1）基本功能

此套设备用于在教室内构建声场，扩大老师讲课的声音，同时将老师的声音输送至四个音箱，形成四个声源，覆盖所有的学生，拉近学生与声源的距离，使学生听得更加清楚，数字信号处理技术最优化声音质量，一键触摸式操作异常简单，2个麦克风通道实现学生与教师的互动。

（2）基本构造

教学声场设备由接收器、红外传感器、发射器、麦克风、音响等部分组成。

接收器，用于接收由老师或学生的麦克风转换而成的红外线信号，有两个通道，具有降噪、防反馈等功能，本身亦为红外线传感器。

红外线传感器，接收老师或学生麦克风转换而成的红外线信号，传递给接收器，每间教室配置2个红外线传感器。

发射器，将老师的声音转换为红外线信号，并发送给接收器或红外线传感器，具有静音功能，可连接附加麦克风，音质极佳。

手持麦克风，将学生的声音转换为红外线信号，并发送给接收器或红外线传感器，可连接附加麦克风，音质极佳。

附墙式音响，每间教室标准配置 4 个音箱，可在附墙式和天花板式中选择，与普通的音箱不同，此音箱重点播放言语频率的声音，言语声非常清晰。

天花板式音响，每间教室标准配置 4 个音箱，可在附墙式和天花板式中选择，与普通的音箱不同，此音箱重点播放言语频率的声音，言语声非常清晰。

（3）基本使用方法

①将接收器固定于教室一角。

②将红外线传感器安装在相应位置，2 个红外线传感器与接收器配合，覆盖范围应为整个教室。

③将 4 个音箱安装在教室中，覆盖范围应为整个教室。

④老师佩戴发射器，需要回答问题或发言的学生使用手持麦克风。

⑤可开始使用教学声场设备进行听觉康复训练或一般教学任务。

第二节　听觉康复的专用仪器设备

听觉康复是指对听力残疾者的听力进行科学的听力补偿与重建，并在此基础上对听觉功能进行系统评估和训练，同时进行监控的过程。

听觉康复的主要对象为聋校具有听觉障碍的听力残疾学生，听觉障碍的临床表现一般体现在以下 4 个方面：

1. 听觉察知障碍：听不到声音或听到的声音失真，不愿意聆听声音，很难主动地将注意力集中在声音信号上。多数听力残疾学生对于高频声不敏感。

2. 听觉分辨障碍：听觉分辨障碍的程度根据助听效果不同而有所差异，助听效果在看话范围的只能分辨较大差异的夸张的超音段音位特征（语调），较适范围的能分辨日常生活中常见语音的超音段音位的差异，如语调、长短、快慢等。

3. 听觉识别障碍：听觉识别障碍的程度同样与助听效果有密切关系。在言语声方面，助听效果在看话范围的只能识别较大差异的声音。助听效果在较适范围的听力残疾学生语音均衡式韵母识别和声母识别的最大识别率能达到 70% 左右。助听效果在适合范围的能识别最小音位对比中的大部分韵母和部分声母。

4. 听觉理解障碍：聋校中的听觉障碍学生听觉理解障碍体现尤为明显，他们不能理解老师上课的指令和要求，上课的内容、进度、效率等都受到极大影响。

通过听觉康复可以最大限度地发挥听觉障碍学生残余听力的作用，促进听觉障碍学生的听觉察知、分辨、识别和理解能力的发展，增强沟通交流能力和社会适应力。

一、听觉康复的主要内容

随着科技的进步，医学诊断与干预的手段有了前所未有的进展。通过医学诊断，已能明确绝大部分造成听力残疾的病因。医学干预已从听力补偿（助听器）发展到听力重建（人工耳蜗植入）。因此，医学诊断与干预为听力残疾学生康复提供了重要的基础。听觉康复就是在这一基础上训练听力残疾学生各项听觉功能，帮助听力残疾学生最大限度地利用其补偿或重建听力，为言语矫治与语言教育作铺垫。听力残疾学生的听觉康复采用个别化康复的形式进行是听力残疾学生进行言语矫治、语言教育、认知训练的基础环节。

据华东师范大学言语听觉康复科学研究院研究发现，汉语言环境下听觉功能的发展有 4 个阶段（听觉察知，听觉分辨，听觉识别，听觉理解）。其中，听觉察知能力主要是指个体判断声音有和没有的能力，听觉分辨能力主要是指个体判断声音相同和不同的能力，听觉识别能力主要是指个体把握声音主要特性的能力，听觉理解能力主要是指个体将音和义结合的能力。从听觉察知到听觉理解的这 4 个阶段难度是逐渐加深、层层递进的。

因此，听力残疾学生的听觉康复以听觉功能发展的 4 个阶段为主体框架进行，即从听觉察知逐渐发展到听觉理解。在实际康复过程中，根据内容和方法的差异又可将每个阶段分成初、中、高三个分阶段，其中初级和中级是较基础的能力，必须具备；高级阶段则是需要提升和扩展的能力，涉及的内容比较多，对学生的整体要求比较高。对整体康复框架而言，在初级和中级阶段，可逐渐渗透高级阶段的内容，但强化训练一般在初级和中级阶段之后才开始进行，且可与语言和认知的训练联合进行。

听觉康复包括听觉功能评估和听觉功能训练两大部分，评估是训练的前提和基础，在聋校特别要强调早期的听觉康复。

1. 听觉功能评估

听觉功能评估包括数量评估与功能评估二大部分。数量评估主要用于评估学生的听阈并考查听觉通路的完整性；听觉功能评估是指对患者的听觉察知、听觉分辨、听觉识别和听觉理解功能进行的评估。

听觉功能评估的专用仪器和设备是用于确定听觉康复级别的，主要功能包括：（1）对纯音、啭音、窄带噪声、滤波复合音等进行数量评估；（2）对自然环境声，听觉定向，语音、词语、词组、短句、选择性听取等方面进行功能评估；（3）基于语音均衡条件下的听觉分辨练习；（4）产生主频特性明确的滤波复合测试音；（5）言语主频分析和助听效果模拟。

为了提高听觉功能评估的效果，治疗师或康复教师在听觉评估训练阶段应选用具有以上功能的专业仪器和设备。

2. 听觉功能训练

用于听觉功能训练的专用仪器和设备，其主要功能应包括：（1）主频特性明确的听觉察知；（2）滤波复合音的视听训练；（3）基于超音段分辨条件下的听觉分辨训练及模拟；（4）基于音位对比条件下的音位识别评估、错误走向分析及训练；（5）基于单、双、三条件下的听觉理解评估及训练；（6）根据听觉功能评估常模提供动态的个别化康复计划。

听觉功能训练以听觉功能评估为基础，听觉训练需材料广泛，浓缩日常环境中儿童最常接触的声音，且可结合动画、图片、灯光等视觉刺激进行，充分调动学生聆听的兴趣。为了提高听觉功能训练的效果，治疗师或康复教师在听觉功能训练阶段应选用具有以上功能的专业仪器和设备。

二、听觉康复的仪器设备

（一）听觉评估导航仪

"听觉评估导航仪"是利用助听验配及评估技术、语音信号数字处理技术、声学测量分析技术、频谱合成和分解及滤波技术、FFT 快速分析技术、聋幼儿测听技术等国内外先进技术，对助听（重建）听觉进行评估和学习的过程。该系统集趣味性、科学性于一体，完整体现了听力残疾实用评定标准，是目前用于进行听觉评估的主要设备之一。

1．基本功能

该系统通过数量评估和功能评估考查患者的助听听阈及语音识别能力，其中数量评估含有多种频率特征明确的测试音，测试形式活泼；而功能评估以语音均衡式词表为核心。此外，还可用于听觉学习和言语分析。该系统包括档案管理、数量评估及学习、功能评估及学习、滤波复合音、言语主频分析和模拟及存储打印功能。

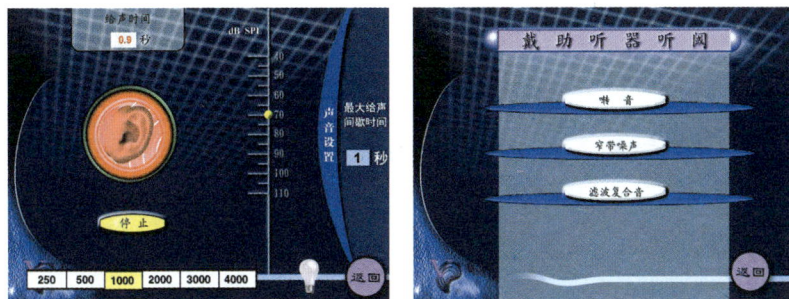

图 6-1　滤波复合音测试

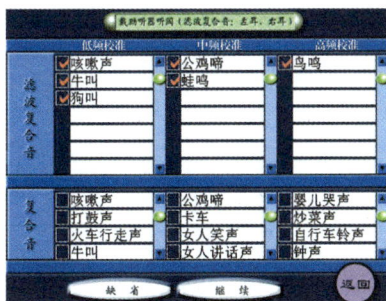

图 6-2　滤波复合音测试

图 6-3　测试结果与康复评级标准

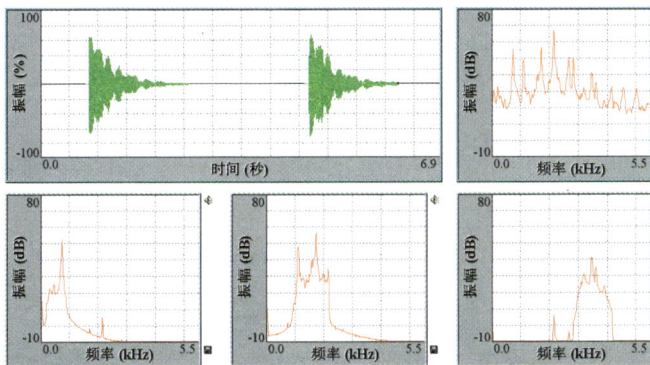

图 6-4　滤波功能

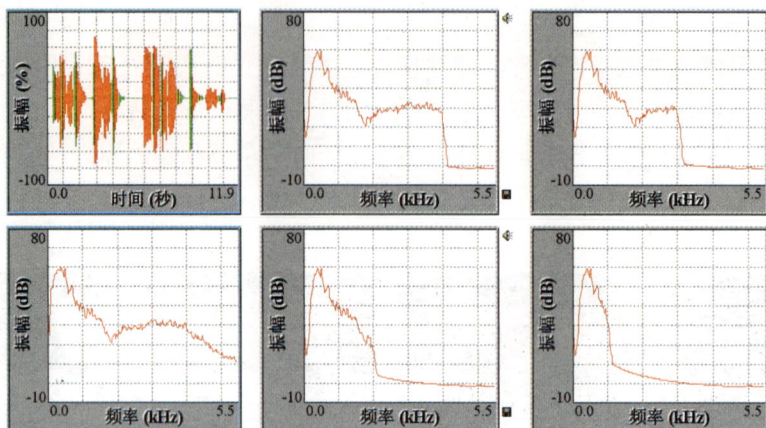

图 6-5　言语分析功能

2. 基本构造

听觉评估导航仪由软件、硬件和课程三个部分组成。

（1）软件部分

软件部分包括数量评估及学习、功能评估及学习、专业工具（滤波复合音产生器和言语分析仪）等 4 个模块。提供用户手册和使用指导。

软件可在 Windows XP 以上的操作系统下运行。

（2）硬件部分

听觉评估导航仪的主要技术参数：

数量评估部分主要技术参数：

- 啭音：0.5，1.0，2.0，3.0，4.0 千赫，波频：5 赫；频偏：±5％
- 窄带噪音：0.5，1，2，3，4 千赫
- 滤波复合音：钟声：0.75 千赫；蛙叫：1.6 千赫；鸟鸣：3.0 千赫
- 中心频率误差：±3％，波形总失真：5％
- 信噪比：10，20，30

专业工具部分主要技术参数：

- 响度（强度）范围：0～90 分贝
- 基频范围：50～1 200 赫
- LPC 阶数：10，12，14，16
- FFT 阶数：9～10，频带宽度：60，120，240 赫

听觉评估导航仪的通用硬件：

- 计算机 CPU：奔腾 4 或同级别以上的 CPU

• 计算机硬盘：剩余空间至少 200GB

• 计算机内存：至少 256MB

• 彩色显示器：分辨率最低在 1 024×768，至少 16 位色，推荐使用 32 位色

• 彩色触摸屏：分辨率最低在 1 024×768，至少 16 位色，推荐使用 32 位色

• 专用台车：105 厘米×65 厘米×78 厘米、Ⅲ型台车（85 厘米×60 厘米×78 厘米）

• 彩色喷墨打印机，位于台车内

听觉评估导航仪的专用硬件：

• 音频输入/输出（采样频率 11 025/22 050/44 100 赫，采样精度 16bit）

• 单向麦克风

• 专用前置放大，其可选滤波器特性为：

采样频率为 11 025 赫时，4.5 千赫低通滤波，截止频率最大衰减50～60 分贝。

麦克风前置放大器增益可选：25 分贝、30 分贝、35 分贝、40 分贝。

• 信号频率误差≤±4％

• 信号电压误差≤±5％

• 专用内置功放、专用音箱

3. 使用方法

（1）基本信息：新建或选择用户。选择已有的用户或用键盘输入新的用户信息。

（2）内容选择：选择评估或学习内容。根据评估要求选择评估内容。若儿童尚无法进行评估，则选择学习内容，练习一段时间后再进行评估。

（3）评估（或学习）过程：开始评估或学习。根据要求选择目标词或目标音。在数量评估时应注意 SPL 和 HL 的区别及转换。

（4）结果分析：分析评估结果和错误走向。测试完毕后，对测试结果进行全面分析。

（5）方案制定：根据结果制定月或阶段性的康复计划。

（6）结果打印：打印评估报告单。将评估结果打印备份存档。

（二）听觉康复训练仪

"听觉康复训练仪"是利用语音信号数字处理技术和多媒体技术、数据统计分析等技术编制的一套评估与训练工具。该系统是目前听觉康复领域中广泛使用的评估与训练系统之一。

"听觉康复训练仪"是一个融评估和训练为一体的听觉言语学习系统。该系统以国际通行的听觉发展的四个阶段（听觉察知、听觉分辨、听觉识别、听觉理解）理论为指导，将丰富的视觉和听觉材料有机的结合，来强化对特殊学生的听觉康复。

听觉康复训练仪中的评估包括儿童最小音位对比识别评估和听觉理解能力评估两部分。评估结果不仅应与发育正常儿童相比较，而且应结合儿童听力补偿（或重建）状况进行考虑，制定合理的康复训练方案。

1. 基本功能

听觉康复训练仪分为听觉功能评估与听觉功能训练两个部分。

听觉功能评估包括音位对比识别评估和听觉理解评估。

听觉训练包括听觉察知、听觉分辨、听觉识别和听觉理解四个子系统，每个子系统由基本技能、参考方案、自选方案和卡通游戏四个部分组成。

该系统中的四个子系统都分别包括四个模块：基本技能为掌握各个阶段主要能力的掌握提供基本支持，主要适用于初级阶段训练；参考方案是根据理论和经验编制的系统训练方法，主要适用于中级阶段训练；自选方案由训练者根据训练需要自行选择干预内容、组合训练材料，既可用于强化训练初、中级阶段能力，又可用于训练高级阶段能力；卡通游戏能让特殊学生在游戏中强化巩固该阶段的技能。

2. 基本构造

听觉康复训练仪由软件、硬件组成。

（1）软件部分

软件部分包括为音位对比识别评估、听觉理解评估、听觉察知训练、听觉分辨训练、听觉识别训练、听觉理解训练共 6 个模块。

软件必须在 Windows XP 以上的操作系统下运行。

（2）听觉康复训练仪的通用硬件：

- 计算机 CPU：奔腾 4 或同级别以上的 CPU
- 计算机硬盘：剩余空间至少 200GB
- 计算机内存：至少 256MB

• 彩色触摸显示器：分辨率最低在 1 024×768，至少 16 位色，推荐使用 32 位色

• 专用台车：105 厘米×65 厘米×78 厘米

• 彩色喷墨打印机，位于台车内

听觉康复训练仪的专用硬件：

• 音频输入/输出（采样频率 11 025/22 050/44 100 赫，采样精度 16bit）

• 单向麦克风

• 专用前置放大，其可选滤波器特性为：

采样频率为 11 025 赫时，4.5 千赫低通滤波，截止频率最大衰减50～60分贝。

采样频率为 22 025 赫时，9.0 千赫低通滤波，截止频率最大衰减50～60分贝。

采样频率为 44 100 赫时，18 千赫低通滤波，截止频率最大衰减50～60分贝。

麦克风前置放大器增益可选：25 分贝、30 分贝、35 分贝、40 分贝。

• 信号频率误差≤±4％

• 信号电压误差≤±5％

• 专用内置功放、高保真音箱

3. 使用方法

（1）建立档案：通过新建、选择用户或采用系统缺省的方式建立用户档案。

（2）音量校准：在使用听觉康复训练仪前，首先必须进行音量校准，从而保证系统发出的声音在适合学生听力的范围之内。音量太大易造成听觉疲劳，音量太小学生无法听到。

（3）选择模块：选择进入适合学生的模块进行评估或训练。

（4）参数设置：在选择完材料后，设定参数，包括游戏类型、材料呈现的内容、反应速度等。

（5）评估或训练：根据各子系统的要求进行评估或训练。

（6）结果分析：查看学习或测验过程中学生的结果及错误走向。

（7）填写建议：在系统给出的参考意见基础上，对需要强化训练的内容进行进一步的分析，并将康复建议补充得更为完整和具有可操作性。

（8）打印结果：将训练过程和建议打印出来，作为学生评估和训练的历史资料。

（9）布置家庭作业：根据建议将作业内容打印并布置给家长。

（三）视听统合训练仪

提供主频特性明确的音乐声并结合滤波复合音进行视听训练。

三、听觉康复的配套用品用具

听觉评估与训练过程中应有相应的配套用品用具，这样既可以使听力残疾学生的听觉评估和训练丰富多彩，能引导听力残疾学生进行积极主动的康复训练，又能使听觉康复专用的仪器与设备得到更好地使用。根据汉语言环境下听觉功能的四个发展阶段（听觉察知，听觉分辨，听觉识别，听觉理解），听觉评估与训练的配套用品用具应包括以下方面：

（一）玩教用具

1. 听觉察知能力评估与训练

听觉察知能力评估的卡片与光盘；

初级阶段：使用光盘及声响玩具进行无意注意训练，如打击乐器（鼓、铝片琴、三角铁等）；

中级阶段：使用光盘进行有意注意训练，如环境声（家禽家畜、交通工具、人体声等）。

2. 听觉分辨能力评估与训练

听觉分辨能力评估与训练的卡片与光盘：提供超音段分辨能力的评估及简单的听觉分辨训练。

初级阶段：使用卡片、光盘、声响玩具进行不同时长的环境声、音乐声、言语声的训练等；

中级阶段：使用卡片、光盘、声响玩具进行三音节词/单音节词，双音节/单音节，三音节/双音节的训练等。

3. 听觉识别能力评估与训练

听觉识别能力评估与训练的卡片与光盘：提供语音均衡条件下的声母、韵母、声调识别和简单的听觉识别训练；提供音位对比条件下的 87 对声母、

92 对韵母音位识别和简单的听觉识别训练。

初级阶段：使用卡片及光盘进行首辅音不同方式、不同部位的三音节词、双音节词和单音节词的训练。

中级阶段：使用最小音位对比卡片及光盘进行最小音位对比的训练；使用语音均衡卡片及光盘进行语音均衡的训练。

4. 听觉理解能力评估与训练

听觉理解能力评估与训练的卡片与光盘：单、双、三关键条件理解识别和简单的听觉理解训练。

初级阶段：使用名词篇、动词篇、形容词篇的积木、卡片及光盘进行单条件的听觉理解训练。听觉语音训练板是一种常用的工具，可以进行听觉的单、双、三关键条件的理解能力训练，包括词语理解（水果类、动物类、常见物品类、人物称谓类）、词组理解（并列词组、动宾词组、主谓词组、偏正词组和介宾词组）的训练。

中级阶段：使用双条件及三条件卡片及光盘进行双条件及三条件的听觉理解训练。

（二）教材量表

可供参考指导的教材主要有《听觉功能评估标准及方法》、《听觉干预方法及案例分析》、《听觉干预的原理及方法》等。此外，应该有配套的听觉评估与训练的教案，使得听觉干预有章可循。

量表可以参考听觉功能评估标准及方法《儿童语音音位对比式识别能力评估词表》、《儿童语音均衡式识别能力评估词表》、《汉语最低听觉功能测试》（MACC）、《听力言语康复评估词表》。其中，《儿童语音音位对比式识别能力评估词表》是根据汉语言声母和韵母的声学特征及构音特点编制而成的，包括 23 项 87 对仅有单纬度差异的声母音位对材料和 29 项 92 对仅有单纬度差异的韵母音位对材料，用于评估个体音位对的识别能力；《儿童语音均衡式识别能力评估词表》是根据语音均衡原理编制的听觉言语测听词表，包括声母识别和韵母识别，用于评估个体语音识别能力；《汉语最低听觉功能测试》（MACC）主要用于成人言语测听；《听力言语康复评估词表》主要用于 3 岁以上学生言语测听。

第三节　言语矫治的专用仪器设备

言语矫治是指对存在呼吸、发声、共鸣、构音和语音功能方面障碍的言语功能障碍人群进行相应的评估和训练，同时进行监控的过程。

言语矫治的对象为聋校中存在言语功能障碍的听力残疾学生，主要指由于听力损失的存在，使得听说系统不能建立正常的反射链，从而导致呼吸、发声、共鸣、构音与语音功能的退化，最终造成言语发育迟缓或言语障碍。

一、言语矫治的主要内容

听力残疾学生由于长期的听力损失（即使进行了听力补偿或听力重建），导致听觉皮层、言语感觉、言语运动中枢以及皮质延髓束的损伤，引起言语听觉反馈机制的缺乏，破坏了言语正常发育所需要的内部和外部的反馈，进而影响到听力残疾学生呼吸、发声以及构音系统之间不能很好地协调。而且，由于听力残疾学生没有良好的听觉反馈机制，在短语的停顿后难以继续其后面的发音动作，直接影响到在言语感觉运动系统和语言系统之间的对应关系的建立，因而造成他们的言语模式不完全，导致他们的言语滞后。言语障碍的临床表现一般体现在以下五个方面：

1. 呼吸障碍：大部分有言语障碍的听力残疾学生都表现为说话有气无力、断断续续、声音响度低、一字一顿的现象；也有些听力残疾学生在表达句子时，出现句尾音乏力等情况。这些现象都是呼吸障碍的典型临床表现。

呼吸障碍的临床表现可归纳为呼吸方式异常、呼吸功能减弱、协调性异常（呼气和吸气不协调、呼气和发声不协调）和起音方式异常（硬起音、软起音）四个方面。这主要是与言语时呼吸控制差、肺活量不足有关。

2. 发声障碍：重度以上听力损失的听力残疾学生由于缺乏正确的听觉反馈机制，他们对外界声音的音调、响度、音强等特性的感知减弱或缺失，导致发音时音调异常、音强异常、音质异常。有些听力残疾学生由于呼气不足，为了提高声音响度，习惯挤紧喉咙说话，结果导致硬起音，高音调；而有些听力残疾学生发音时声带过于外展，气流无效消耗，结果导致软起音和低音调；有些则声调单一，缺乏抑扬顿挫，或者男声女调；有些听力残疾学生说话时声音响度过大过响，而有些听力残疾学生响度过小，或有些听力残疾学生说话时声音嘶哑，粗糙，低沉等，而有些听力残疾学生说话时声音刺耳等问题。这些现象都是发声障碍的典型临床表现。

发声障碍（又称嗓音障碍）的临床表现可归纳为音调异常、响度异常、音质异常三个方面。这主要与喉部功能控制不稳定有关。（1）音调异常：表现为音调偏低、音调偏高、音调变化单一、音调变化太大等；（2）响度异常：表现为响度过小、响度太大、响度变化单一、响度变化太大等；（3）音质异常：表现为声音嘶哑，有粗糙声、气息声等。

3. 共鸣障碍：听力残疾学生中高频听力的损失，将直接影响语音中声韵母的听觉感知和辨识，听感的扭曲直接影响到言语共鸣的异常。语前聋听力残疾学生的共鸣特征为咽腔共鸣，伴有鼻音过重或鼻音缺失。这主要是由于听力残疾学生呼吸控制差，喉的阀门功能差，舌体位于下咽部，即舌后缩造成的，发音时表现为喉位聚焦。有些听力残疾学生由于舌的前后运动能力和协调能力不足，可能出现口腔共鸣问题，表现为前位聚焦或后位聚焦等问题。这些不正常的聚焦都是共鸣障碍的典型临床表现。

共鸣障碍的临床表现可归纳为口腔共鸣异常、咽腔共鸣异常、鼻腔共鸣异常三个方面。这主要是指在言语形成的过程中，由于下颌、舌、唇、软腭等共鸣器官的运动异常，导致共鸣腔形状和体积的异常，使言语聚焦点出现了偏差，从而影响了声道共鸣效果。（1）口腔共鸣异常：由于舌的前、后运动能力和协调能力不足，发音时表现为前位聚焦或后位聚焦等问题；（2）咽腔共鸣异常：主要是由于呼吸控制差，喉的阀门功能差，舌体向后缩，发音时则表现为喉位聚焦；（3）鼻腔共鸣异常：主要表现为鼻音过重或鼻音缺失等，除器质性因素外，大多数都与软腭功能异常有关。

4. 构音障碍：听力残疾学生常表现出吐字不清、发音困难、音位替代、扭曲和遗漏等构音异常。这主要是由于听力残疾学生通过听反馈获得的信息减少，不能即时了解和纠正相关系统在动作协调方面的不当之处，导致言语行为中各系统的动作协调差。因此导致构音器官如双唇、舌、下颌的运动功能长期受限，每个构音器官的精细分化运动和彼此之间的协调运动都存在异常。普遍表现为下颌运动幅度过小，舌尖后缩，舌尖伸不出来、舌体普遍后缩、舌中部和舌后部运动受限等。这些均会导致听力残疾学生发不出声或构音不清、发音不准等构音问题。这些构音器官的运动障碍或发音障碍是构音障碍最主要的临床表现。

构音障碍的临床表现可归纳为构音运动功能异常和构音语音能力异常，最终将导致在发出有意义言语过程中出现构音不清和声韵调异常等现象。

（1）构音运动功能异常指下颌、唇、舌等构音器官的言语功能减弱或退化；

（2）构音与音能力异常指某些声母的发音歪曲、遗漏、替代等。

5. 语音障碍：听力残疾学生的语音障碍主要体现以下两个方面：

（1）超音段音位问题即语调问题：语调主要由超音质成分的音高、音强和音长组成，它在语言线性组合的序列中不占一定时段，是与元音、辅音等音质音位完全不同的超音质音位，这是语调的本质特征。狭义的语调指一个语句的音调模式，也就是语句音高变化的总体轮廓，即将语调等同于句调；广义的语调是指语音的轻重缓急和抑扬顿挫的腔调，它包括句调的抑扬、语音的轻重和节奏的快慢等。我们探讨的语调是广义的语调。听力残疾学生语调单一，语速缓慢或急促，缺乏韵律和节奏感，说话或朗读时缺乏抑扬顿挫。

（2）音段音位问题即音位流畅性问题：音位流畅性也称首字母流畅性或词汇流利性。它主要指的是在规定时间之内（如 1 分钟）说出以某个字母开头的词的个数。听力残疾学生在言语产生过程中，单音节词能发清楚，但在词语和句子中需要协同构音时则发生困难，语音清晰度迅速下降。

言语矫治强调整体生理功能的恢复，它通过发音训练，使聋儿呼吸、发声、共鸣系统协调统一，使他们能够自然舒适地发音与准确地构音，从而促进聋儿语音清晰度的提高，为听力残疾学生学说话奠定基础。

言语矫治包括言语功能评估和言语功能训练二大部分。

言语功能评估是对听力残疾学生的呼吸功能、发声功能、共鸣功能、构音功能、语音功能进行评估。通过评估，确定听力残疾学生的言语问题，并制定合理的矫治方案。

言语训练和评估密切相关。在言语训练之前，首先应对听力残疾学生的言语障碍症状及体征作一些客观的评估测定，以便训练后进行疗效的比较和判断。而且在整个言语训练的过程中，必须不断地通过言语评估来调整言语训练的方法，以寻找听力残疾学生的最佳发音。一旦发现，这个最佳发音便成为听力残疾学生在言语训练中需要模仿的声音。通常，听力残疾学生只要将最佳发音作为目标声音，不断地进行实时反馈和匹配训练，就能够取得效果。

二、言语矫治的仪器设备

（一）实时言语测量仪

实时言语测量仪是利用多种数字信号处理技术和实时反馈技术对言语功

能进行定量评估和实时训练的现代化言语治疗设备。它是国内目前应用最广泛的言语功能评估与训练仪器之一。

1. 基本功能

实时言语测量仪可以用于呼吸功能评估、发声功能评估、共鸣功能评估和构音语音功能评估，还可用于呼吸功能训练、发声功能训练、共鸣功能训练和构音语音功能训练。

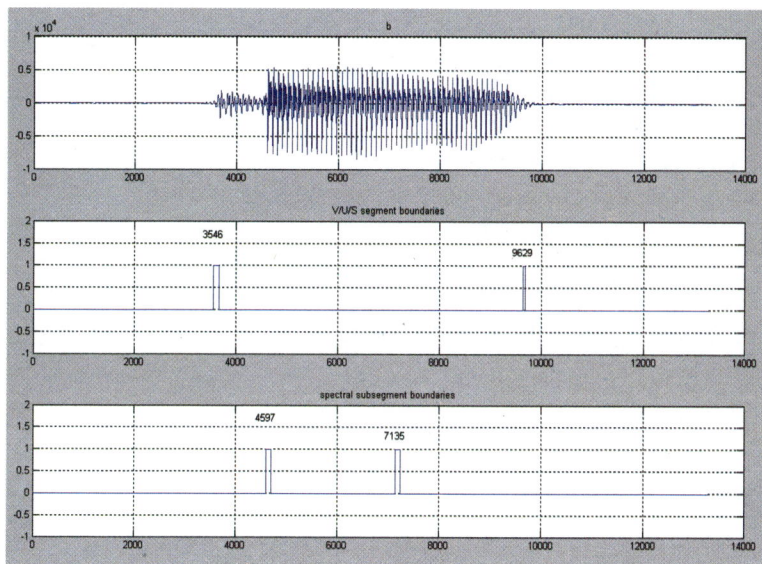

图 6-6　语音段类型的标注

实时言语测量仪包括背景噪声和言语声音的自动检测、基本信息录入、简单的编辑、发声功能和实时显示测量结果、统计报告和直方图的显示、共鸣功能和语谱图动态显示、共鸣功能和舌位图动态显示、语音分割及音位类型标注、实时显示声道的动态变化、训练目标匹配模板、丰富的参数设置和打印等功能。

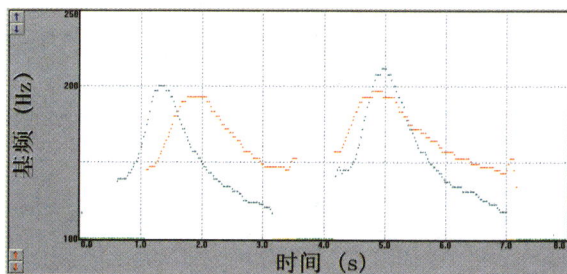

图 6-7　音调训练目标匹配

2. 基本构造

实时言语测量仪由软件、硬件组成。

（1）软件部分

软件部分包括文件、编辑、音频、分析、意见、样板、效果、设置、帮助等9个模块。软件部分必须在 Windows XP 以上的操作系统下运行。

（2）硬件部分

实时言语测量仪的主要技术参数：

- 响度范围：0～90 分贝
- 基频范围：50～1200 赫
- LPC 阶数：10，12，14，16
- FFT 阶数：9～10 频带宽度：60 赫，120 赫，240 赫

实时言语测量仪的通用硬件：

- 计算机 CPU：奔腾4或同级别以上的 CPU
- 计算机硬盘：剩余空间至少 200GB
- 计算机内存：至少 256MB
- 彩色显示器：分辨率最低在 1 024×768，至少 16 位色，推荐使用 32 位色
- 专用台车：105 厘米×65 厘米×78 厘米
- 彩色喷墨打印机，位于台车内
- 单向麦克风
- 有源落地音箱

实时言语测量仪的专用硬件：

- 音频输入/输出（采样频率 11 025/22 050/44 100 赫，采样精度 16bit）
- 专用前置放大，其可选滤波器特性为：

采样频率为 11 025 赫时，4.5 千赫低通滤波，截止频率最大衰减50～60 分贝。

采样频率为 22 025 赫时，9.0 千赫低通滤波，截止频率最大衰减50～60 分贝。

采样频率为 44 100 赫时，18 千赫低通滤波，截止频率最大衰减50～60 分贝。

麦克风前置放大器增益可选：25 分贝、30 分贝、35 分贝、40 分贝。

• 信号频率误差≤±4%

• 信号电压误差≤±5%

3. 使用方法

（1）噪声设定：通过数字录音设备、放大设备、麦克风，自动录入评估和训练现场的环境噪声和被评估或训练者的言语声音信号。

（2）信息录入：通过计算机键盘输入听力残疾学生基本信息，建立档案。

（3）录音：通过单向麦克风，将听力残疾学生发出的所需要的测试声音进行实时录音。

（4）查看结果：根据实际需要选择分析结果的显示方式，如波形图、频谱图、语谱图、线性预测谱。

（5）编辑：编辑和处理分析结果。

（6）报告：查看统计报告。

（7）训练：根据听力残疾学生的评估结果，选择合适的目标模板，进行实时反馈的匹配训练。

（8）打印：打印评估结果数据及训练过程中产生的数据结果，作为监控训练过程的依据。

（二）发声诱导仪

发声诱导仪是一种集实时录音录音、播放、统计数据、分析数据等功能为一体的视觉反馈治疗系统，以活泼可爱的形式供学生进行音调、响度、起音、最长声时、清浊音以及声母和韵母音位发音的练习，还可以随时查看听力残疾学生的对各种声音特性的认识程度或训练结果。

1. 基本功能

发声诱导仪可应用于呼吸功能训练、发声功能训练、共鸣功能训练、构音语音功能训练。它分为认识阶段和训练阶段：

（1）认识阶段：认识阶段的设计目的是让听力残疾学生了解言语声的基本特性，诱导听力残疾学生发音。包括认识声音、音调感知、响度感知、发音教育、起音认识、清浊音的认识 6 个项目。

（2）训练阶段：训练阶段的目的是让听力残疾学生通过不同的卡通游戏进行有目的的练习，从而提高言语的各项功能。包括最长声时训练、音调训练、响度训练、发音训练、起音训练、清浊音训练 6 个项目。

a. 背景中的直线诱导平调发声　　　　b. 背景中的曲线诱导升降调发声

图 6-8　通过画面中鲜明的线条诱导患者调整音调

2. 基本构造

发声诱导仪由软件、硬件组成。

（1）软件部分

软件部分包括文件、音频、认识、训练、分析、设置和帮助等 7 个模块。

软件部分必须在 Windows XP 以上的操作系统下运行。

（2）硬件部分

发声诱导仪的主要技术参数、计算机工作环境、专用硬件与实时言语测量仪相同（除电声门图仪外）。

电声门图仪的专有特性：

①电极：

两片镀金电极，电缆长 1.2 米；

直径 32 毫米，面积 804 平方毫米；

• 工作频率：2.5 兆赫。

②频率响应：在 70～500 赫频率范围内为 0～－3 分贝。

③噪声：当无电声门信号输入时，放大器静止噪声小于 5 毫伏。

④电声门图前置放大增益可选：－6 分贝（±1 分贝）、0 分贝、＋6 分贝（±1 分贝）。

3. 使用方法

（1）信息录入：通过计算机键盘输入听力残疾学生基本信息，建立档案。

（2）噪声设定：通过数字录音设备、放大设备、麦克风，自动录入评估以及训练现场的环境噪声和被评估或训练者的言语声音信号。

（3）参数设置：根据实际需要设置响度、背景噪声、倒计时等参数。

（4）选择认识模块：根据听力残疾学生的康复方案，选择合适的游戏，进入相应的认识模块，如"认识声音"等。

（5）录音：通过单向麦克风录制各种设定的声音，完成游戏过程。

（6）选择训练模块：根据听力残疾学生的康复方案，选择合适的游戏，进入相应的训练模块，如"音调训练"等。对前面认识过的声音属性进行训练。

（7）查看训练效果：观察统计数据。

（8）打印：观察各项分析数据，并根据需要打印。

（三）构音测量和训练仪

"构音测量和训练仪"将定量测量与定性评估相结合，不仅从语音角度，而且从运动角度都给予评测，强调对听力残疾学生的构音功能进行科学的全面评价，从而诊断出听力残疾学生造成构音障碍的生理水平及语音水平的双纬度原因，是应用于构音语音障碍评估与矫治的仪器。

1. 基本功能

构音测量和训练仪包括"评估篇"和"治疗篇"。

构音评估与训练仪的"评估篇"包括构音运动功能评估和构音语音能力评估两部分，每个部分都分别具有主观评估和客观评估。

2. 基本构造

构音测量和训练仪由软件、硬件组成。

（1）软件部分

软件部分包括构音运动功能评估、构音语音能力评估、口部运动治疗、构音运动训练、构音音位训练等 5 个基本模块。

软件部分必须在 Windows XP 以上的操作系统下运行。

（2）硬件部分

构音评估与训练仪的主要技术参数、计算机工作环境、专用硬件与实时言语测量仪相同。

3. 使用方法

（1）信息录入：通过计算机键盘输入听力残疾学生基本信息，建立档案。

（2）评估：进入"评估篇"，对听力残疾学生的构音运动功能和构音语音能力进行全面评估，点击"导出"，获得听力残疾学生的评估结果，可以根据需要打印。

（3）方案制定：根据评估结果，制定合适的构音语音能力训练的康复方案。

（4）口部运动治疗：根据制定的康复方案，选择治疗篇中的"口部运动治疗"，对听力残疾学生的下颌、唇、舌等构音器官进行运动训练。

（5）构音运动训练：根据制定的康复方案，选择治疗篇中的"构音运动训练"，练习听力残疾学生发各种声母和韵母时，下颌、唇、舌等构音器官的运动能力。

（6）构音音位训练：根据制定的康复方案和听力残疾学生的兴趣爱好，选择治疗篇中的"构音音位训练"中的某一个模块，对听力残疾学生进行声母的发音训练。

（7）打印：打印训练过程中产生的数据，并根据训练内容生成家庭作业，以便家庭康复内容对训练内容进行巩固以及与下次训练内容的衔接。

（四）语音评估和训练仪

语音评估和训练仪是考查和提高听力残疾学生的连续语音能力的系统。该系统以特定的场景中词语作为铺垫，以问答的形式完成的连续语音。该系统为完成从言语听觉到语言能力的过渡起到很大的作用。

1. 基本功能

语音评估和训练仪的基本功能包括语音功能的主观评估、语音功能的客观评估与语音功能训练三大部分。

（1）语音能力的主观评估：主观评估包括超音段音位评估和音段音位评估两个部分。

超音段音位能力评估主要包括升调评估、降调评估和升降调评估等；音段音位评估主要包括语言重复能力评估、语音切换能力评估、语音轮替能力评估和综合运用评估。

（2）语音能力的客观测量：语音功能的客观测量主要包括超音段音位测量和音段音位测量两个部分。超音段音位测量的主要参数为音调的变化率；音段音位测量的主要参数为发音部位比率、发音方式比率、送气时间比率、清浊音比率、口鼻气流比率。

（3）语音能力训练：语音功能训练的主要功能在于提高患者音调的变化能力主要包括超音段音位训练和音段音位训练两部分。超音段音位训练主要包括升调训练、降调训练和升降调训练；音段音位训练主要包括语音巩固、语音重复、语音切换和语音轮替、综合运用等五个部分。

2. 基本构造

语音评估和训练仪由软件、硬件组成。

（1）软件部分

软件部分包括超音段音位评估、音段音位评估、超音段音位训练、音段音位训练等 4 个模块。

软件部分必须在 Windows XP 以上的操作系统下运行。

（2）硬件部分

语音评估和训练仪的主要技术参数、计算机工作环境、专用硬件与实时言语测量仪相同。

3. 使用方法

（1）信息录入：建立档案。通过新建、选择用户或采用系统缺省的方式建立用户档案。

（2）噪声设定：设定背景噪声。在使用语音评估系统前，首先必须进行背景噪声，排除背景噪声对目标语音的干扰。

（3）评估选择：选择评估材料。根据患者的现有水平，选择合适的评估材料，如语音重复、语音切换、语音轮替和综合运用等。

（4）语速选择：选择适合的示范语速。在选择完材料后，选择合适的示范语速。

（5）录音：复述并录音。患者跟读示范材料同时录音。

（6）结果分析：主观评估时，记录目标音的发音情况，包括"正确、遗漏、歪曲、替代"等现象，系统会自动计算单字清晰度、词语清晰度、句清晰度、连续语音清晰度。客观评估时则将录音调入客观测量模块，由系统分析数据。

（7）制定康复方案：根据评估结果，对需要强化训练的内容进行进一步的分析，并将康复建议补充得更为完整和可操作性。

（8）选择训练内容：根据所制定的康复方案，在训练系统中选择训练内容进行训练。

（9）评估监控：训练一段时间后，再次进行评估，并与上次训练结果作比较，分析进步状况。

（五）鼻音测量与训练仪

1. 基本功能

鼻音测量与训练仪可以应用于共鸣功能的评估与训练，它的主要功能包括：

（1）基本信息录入和存档：

采用键盘输入姓名、性别、出生年月、病历号、手术日期，并且可对输入文本信号和通过隔离板录制的口部言语信号和鼻部言语信号进行分 SIj 存档。

（2）实时分析，同屏双窗显示

采用鼻腔和口腔信号实时分析技术，同屏双窗显示鼻腔和口腔信号。采用隔离板，将鼻腔和口腔隔绝开来，以获取最纯净的两个通道的信号，通过对比鼻部、口部两个通道的能量值、共振峰值、共振峰幅度值，来对听力残疾学生的共鸣功能进行评估。

（3）计算鼻流量的参数值

鼻流量是鼻腔声压级（n）和输出声压级（口腔声压级（o）和鼻腔声压级（n）之和）的比值，即鼻流量：$n/(n+o) \times 100\%$，它是主要反映鼻腔共鸣功能的最主要参数。获得听力残疾学生鼻流量的平均值、标准差等客观数据后，可以依据参考标准判断出该听力残疾学生是否有鼻腔共鸣功能异常。

（4）视觉反馈信息提供训练目标

当听力残疾学生出现鼻音功能亢进或鼻音功能低下的情况，可以用鼻音测量与训练仪进行训练，让听力残疾学生在进行鼻音或非鼻音发音时，通过实时的鼻流量可视反馈，纠正异常的鼻音功能亢进或鼻音功能低下，达到鼻音功能正常的训练目的，同时也对训练的过程进行了实时监控。

（5）简单的编辑功能和打印功能

可以对输入的两个通道的声音信号进行简单编辑，如删掉不需要的声音信号。

2. 基本构造

鼻音测量与训练仪由软件、硬件组成。

（1）软件部分

软件部分包括文件、编辑、音频、视频、分析、意见、样板、效果、设置、帮助等 10 个模块。

软件部分必须在 Windows XP 以上的操作系统下运行。

（2）硬件部分

鼻音测量与训练仪的主要技术参数、计算机工作环境与实时言语测量仪相同：

鼻音测量与训练仪的专用硬件：

• 音频输入/输出（采样频率 11 025/22 050/44 100 赫，采样精度 16bit）

• 专用头盔式拾音器

• 专用内置双通道功放，其可选滤波器特性为：

单通道采样频率为 22 025 赫时，9.0 千赫低通滤波，截止频率最大衰减 50～60 分贝。

单通道前置放大器增益可选：10 分贝、20 分贝、30 分贝。

• 信号频率误差≤±4％

• 信号电压误差≤±5％

3. 使用方法

（1）硬件检查：将声音分隔板放在前置放大器架子上，将前置放大器的后面板上开关打开，前面板上显示绿灯。

（2）校准：校准音调和设置背景噪声。

（3）信息录入：输入自己真实的姓名、出生日期、性别及学号（作为病历号）。

（4）准备：戴好头套。调整头后面及两侧旋钮，使之适合自己的尺寸；将分隔板置于口和鼻之间（人中穴），使之紧贴皮肤，阻止气流通过。

（5）参数设置：进行录音和播放设置、实时训练和分析参数设置。

（6）录音：对预先设定的声音进行录音。

（7）查看分析结果：根据常模判断鼻流量是否在参考范围之内。

（六）言语重读干预仪

言语重读干预仪是根据重读治疗的原理设计而成的综合性训练设备。它的主要核心在于为听力残疾学生设置了多种类型的课程，以便根据实际需要选择最适合的课程进行重读训练。

1. 基本功能

言语重读干预仪可用于呼吸功能训练、发声功能训练、共鸣功能训练、构音功能训练，主要包括：样本课程设置、音乐干预课程设置、重读治疗课程设置、言语技能训练课程设置。

（1）样本课程设置

重读治疗仪中自带了大量的样板文件，可以作为听力残疾学生训练时的首要选择，样板文件均由专业人士录制完成，可以快速地引导听力残疾学生进入并熟悉重读治疗的过程，此外，还可以自己进行录音，将自己过去的声音或者别人的声音录制成样板，进行匹配训练。

（2）音乐干预课程设置

包含了钢琴等四种乐音以及全音等三种节拍，听力残疾学生可以选择自己感兴趣的乐器和节拍组合进行变调训练，这是对发生功能进行的最自然的训练。

（3）重读治疗课程设置

重读治疗课程包括慢板、行板、快慢三种方式，将重读与呼吸、发声、构音功能紧密结合在一起，实现了从变调训练到转调和韵律训练最佳过渡。

2. 基本构造

言语重读干预仪由软件、硬件组成。

（1）软件部分

软件部分包括文件、音频、课程、样板、工具、设置、帮助等 7 个模块。

软件部分必须在 Windows XP 以上的操作系统下运行。

（2）硬件部分

言语重读干预仪的主要技术参数、计算机工作环境、专用硬件与实时言语测量仪相同。

3. 使用方法

（1）噪声设定：通过数字录音设备、放大设备、麦克风，自动录入评估和训练现场的环境噪声和被评估或训练者的言语声音信号。

（2）信息录入：通过计算机键盘输入听力残疾学生基本信息，建立档案。

（3）课程选择：选择合适的训练课程。

（4）参数设置：进行必要的参数设置。

（5）录音：录制预先设定的声音。

（6）匹配训练：与模板匹配，观察训练效果。

（7）查看分析结果：根据实际需要选择分析结果的显示方式，如波形图、基频线、强度线等。

（8）查看统计报告：根据统计报告显示的数据和相关内容，确定听力残疾学生的训练效果。

三、言语矫治的配套用品用具

言语矫治过程中应有相应的配套用品用具，这既使听力残疾学生的言语评估和训练丰富多彩，能引导听力残疾学生进行积极主动的康复训练，又能使言语矫治专用的仪器与设备得到更好的使用。根据言语功能的五个方面（呼吸、发声、共鸣、构音、语音），言语矫治的配套用品用具包括以下方面：

（一）玩教用具

1. 呼吸训练：用于指导呼吸放松训练（肩部、胸腹部放松等）的图片、示范光盘及软件等；用于指导生理呼吸训练、生理呼吸向言语呼吸过渡训练以及言语呼吸训练等的图片、示范光盘及软件等；以及用于呼吸训练的玩具（蜡烛、气球、喇叭、卷龙、乒乓球、游戏板）和学具（口风琴、积木板等）。

2. 发声训练：用于指导嗓音放松训练（声带放松、颈部放松等）的图片、示范光盘及软件等；用于指导音调训练和响度训练以及软起音和硬起音矫治等的图片、示范光盘及软件等；以及用于发声训练的玩具（哨子、喇叭、游戏板、口琴等）和学具（口风琴、积木板、电子琴等）。

3. 共鸣训练：用于指导共鸣放松训练（口腔放松、鼻腔、咽腔放松等）的图片、示范光盘及软件等；用于指导聚焦训练（前位聚焦、后位聚焦、鼻位聚焦和喉位聚焦）、共鸣训练和音质训练等的图片、示范光盘及软件等；以及用于共鸣训练的玩具和学具。

4. 口部构音运动训练器：用于口部运动治疗工具，包括咀嚼器、唇运动训练器、舌尖运动训练器、舌前位运动训练器、舌后位运动训练器、下颌运动训练器、悬雍垂运动训练器、唇肌刺激器、舌肌刺激器、指套型乳牙刷、压舌板等。

5. 构音训练：用于指导口腔训练（下颌运动训练、舌运动训练和唇的强化和运动训练）的图片、示范光盘及软件等；用于指导口部运动治疗（韵母重读治疗、声母重读治疗、词语重读治疗）的图片、示范光盘及软件等；用于指导音位感知训练和音位习得训练的图片、示范光盘及软件等；用于指导音位对比训练的图片、示范光盘及软件等；用于构音训练中的玩具和学具（游戏板、积木板、卡片、必备工具）。

6. 语音训练：用于指导句调训练的图片、示范光盘及软件等；用于指导语速训练的图片、示范光盘及软件等；用于指导韵律和节奏训练的图片、示范光盘及软件等；用于指导音位巩固训练的图片、示范光盘及软件等；用于指导音位重叠训练的图片、示范光盘及软件等；用于指导音位切换训练的图片、示范光盘及软件等；用于指导音位轮替训练的图片、示范光盘及软件等；用于指导综合运用训练的图片、示范光盘及软件等。

7. 语音积木训练板：用于名词、动词、形容词的发音以及韵律训练。

（二）教材量表

可供参考指导的教材主要有《言语障碍的评估与矫治》、《言语功能评估标准及方法》、《嗓音言语的解剖与生理学》、《嗓音治疗学》《言语的重读治疗法》、《嗓音言语矫治实用方法》、《构音运动训练》、《口部运动治疗学》等。

量表可以采用《言语功能评估表》。其中呼吸功能评估量表包括最长声时、s/z 比测量和最大数数能力的参考范围及其临床意义；发声功能评估量表包括言语基频和强度等的参考范围及其临床意义；共鸣功能评估量表包括鼻流量等的参考范围及其临床意义；构音功能评估量表主要为《汉语构音能力测验词表》；语音功能评估目前还没有较成熟的量表。

第四节　语言教育的专用仪器设备

在聋校，语言教育是指在听觉康复和言语矫治的基础上，通过语言学习，促进听力残疾学生语言能力和认知水平的发展，并与后续的语文教学相衔接，为听力残疾学生完成义务教育学业，适应融入主流社会的需要奠定基础。

听力残疾学生由于听觉功能上的限制，在语言的习得和发展上异于正常学生，主要体现在以下四个方面：

1. 语音障碍：语音主要指声母和韵母结合成音节的规则，以及多个音位进行组合的规则。一般而言，学生在 4～5 岁时已经建立了母语的语音体系，但是听觉功能受限使听力残疾学生在语言发展的关键期不能获得充分的语音刺激，致使他们的语言感知和理解能力低于同年龄正常学生。

2. 语义障碍：语义包括词语的意义、词语结合之后的意义以及概念网络等。听力残疾学生的词汇量比同年龄正常学生小、不能分辨同音异义词，较少使用形容词、动词和关联词；对词语的理解不完整，常有扩大或缩小词义的现象；从词过渡到概念困难。

3. 语法障碍：语法主要包括构词规则和句法规则，在汉语中主要指词语在句子中排列的先后顺序。听力残疾学生在语法异常方面主要表现为：对句型的理解存在困难；使用的句子较短，存在明显的句法问题，很少使用冠词、介词、关联词、代词等。

4. 语用障碍：语用主要指在不同沟通情境中语言的使用及功能，涉及如何以符合社会规范或约定俗成的方式使用语言与人沟通。由于得不到恰当的听觉反馈和他人的言语强化，听力残疾学生的语言表达动机不强，在沟通过程中过多地依赖肢体语言，在交流过程中通常处于被动地位。

听力残疾学生由于听力损失程度、补偿效果等方面的不同，其语言障碍的表现症状和程度不同，教师应该在了解听力残疾学生现有语言水平和具体语言缺陷的基础上，充分利用各种方法和手段，对听力残疾学生的语言活动进行干预，从而提高其语言表达能力。

一、语言教育的主要内容

语言教育是听力残疾学生康复的主要内容，也是听觉与言语康复成果得以巩固与发展的重要手段。听力残疾学生语言教育的主要内容包括主题教育（句子训练、句群训练、应用练习），语言学习，构音功能训练，语音功能训练，言语语言综合训练，语言韵律训练六个方面。主要形式有主题教育、区角活动、生成课程以及语文学习等。其中，主题教育应包括"我的家庭"、"我的学校"等；区角活动是在一定目标的指导下，有组织、有计划的教学活动；生成课程是一种灵活机动的听觉、言语、语言训练形式。语文学习则包括低年级、中年级、高年级语文教学，组织策略的训练是语文学习的有效方法。

听力残疾学生的语言教育既有与普通学生共性的一面，也有其特殊性的一面。从共性来看，听力残疾学生与正常学生应有共同的教育及教学目标。但是，对于听力残疾学生来说，共性的教育目标需要通过相应的阶段目标与特殊的途径才能逐步达到。听力残疾学生语言教育的重点是：强化口语，学词学句，学段学篇，说写并举、读写并举。教学内容应尽量结合听力残疾学生生活的实际与经验；教学安排应小步递进、稳步发展。教学手段应立足现代先进技术，传承优秀传统经验，切实提高听力残疾学生的语言能力与认知水平。应从听力残疾学生语言障碍的实际情况出发，结合心理测量和现状描述的方法，通过最能反映各自功能的参数及其参考标准，运用可操作的科学手段，系统地收集听力残疾学生语言障碍的信息、资料，通过分析处理和诊断决策，找出语言障碍的原因，确定听力残疾学生的障碍类型和程度，并找到与之相对应的教育方法。

语言教育包括语言能力评估和语言教育实践。

（一）语言功能评估

根据语言功能障碍的分类和语言的四要素——语音、语义、语法、语用，语言功能的评估应从以下方面进行。

1. 语音能力评估

通过词表测试获得听力残疾学生连续语音的声学数据，通过主观和客观相结合的方法分析结果并与参考标准相比较，从而评估听力残疾学生连续语音中的超音段音位能力和音段音位能力。超音段音位能力评估主要包括升调评估、降调评估和升降调评估等。音段音位能力评估主要包括四个组成部分，分别为语音重复评估、语音切换评估、语音轮替评估和综合运用评估。通过评估分析听力残疾学生连续语音能力的现状，为制定训练方案提供依据。

2. 语义能力评估

语言的意义受到很多因素的影响，如词语、言语技能、姿态、环境等。有语义障碍的听力残疾学生通常有词汇贫乏、语义信息处理困难以及语法障碍等多种语言障碍现象。通常情况下，对语义能力的分析主要是对语义关系多样性的考查，贫乏的语义关系类型也往往预示着语义能力上的不足。汉语中较为常见的语义关系有：施事＋受事、施事＋行为、行为＋受事等等，语义关系可以通过分析听力残疾学生能够理解和表达的词组、句子来获得。

此外，词语使用能力是考查听力残疾学生语义能力的一个重要方面，包括词语的理解能力和表达能力。词语理解能力评估的典型代表有皮博迪图片词汇测验（PPVT），由华东师范大学言语听觉专业制定的《词语理解能力评估》是近年来发展的比较适用于汉语听力残疾学生的一个词语理解能力评估工具。而考查词语表达能力的参数有词汇量、词语类型、词语使用率、词语误用频率等等。其中，词语使用率是经常使用的一个参数，参数标准以下的词语使用率往往预示着语言表达能力的不足或障碍。

3. 语法能力评估

语法包括词法和句法，由于汉语没有词语形态的变化，对汉语语法的评估主要指对句法的评估。对语法理解能力的评估可以通过其对词组、句子、句群的理解和模仿能力获得。对汉语听力残疾学生语法表达能力的评估可以通过分析听力残疾学生语料中词组、句子、句群的结构及复杂性获得。平均句长是常用于评价听力残疾学生语法表达能力的一个参数，它能告诉评估者听力残疾学生大致的语法发展水平，但是不能表明听力残疾学生语法发展的具体情况。评估者仍然需要对听力残疾学生已有的句法结构和句子类型进行详细的分析。

4. 语用能力评估

语用指把语言运用于沟通交流，语用行为与情境和环境紧密相关，因此语用能力的评估往往要在多种环境下进行。教师可以设置以下 15 种半结构化的情景，然后观察听力残疾学生的语用行为：问候、提要求、描述事件、轮流、命令、视线交流、重复、邀请到某项任务、维持话题、角色扮演、程序化活动、解释词语、分类活动、描述物品功能、自发活动或对话。

需要指出的是，语音、语义、语法、语用不是相互分离的，而是相互影响、相互制约的，对它们分别进行考查不是为了将听力残疾学生简单地归为某种类型的语言障碍，而是为了找到语言教育的重点、难点以及突破口。

（二）语言教育实践

结合听力残疾学生的语言表现和语言发展规律，听力残疾学生的语言教育可以分成 3 个方面：主题教育、康复活动、生成课程。根据听力残疾学生在词语、词组、句子、短文理解和表达能力评估中的表现，并结合其他方面的情况，为听力残疾学生选择适合其语言发展水平的教育内容，并及时监控教育效果。

1. 主题教育与语言学习

主题教育是系统训练听力残疾学生的语言理解、表达能力的课堂教育活动，是集体康复教育的基本形式。其目标为：系统培养词句的理解和表达能力；培养主动交流的意识，提高口语交流的能力；促进思维的发展。其内容包括词语、句子、对话、短文和看图说话。

在进行主题教育时，应遵循整体性、全面性、生活性和趣味性原则。主题教育的内容选择上，应按照由近及远、由易到难的顺序安排。

2. 教育活动

教育活动是集体康复教育的重要形式，是在一定目标的指导下，有组织、有计划的教学活动，包括区角活动、运动活动和生活活动。

（1）区角活动：区角活动一般分为语言活动、操作活动、音乐活动和认知活动四种。

作为主题教育的延伸，区角活动在实施时应注意与主题教育内容的衔接，有效地渗透听觉康复、言语矫治以及认知能力的训练内容，以游戏的形式进一步巩固和发展听力残疾学生的语言能力。

（2）运动活动：运动活动主要是通过一系列有目的、有计划、有组织的体育游戏活动，达到锻炼听力残疾学生身体，增强听力残疾学生体质的目的。运动活动可以采取体育游戏、放松韵律操等形式进行，其目标为：在运动中训练言语肌群；在运动中提高动作的协调性；在运动中增强体质。

（3）生活活动：对于年龄小的听力残疾学生，日常生活中的语言交往不仅有趣，能够吸引听力残疾学生的注意，而且真实、自然。因此在课堂教学之外，要在听力残疾学生的日常生活中进行语言教育的活动。由于不受课堂限制，生活活动在时空上具有一定的开放性。生活活动的形式可以采用参观活动、交流活动（包括晨间对话、用餐对话、值日活动等）进行，其目标为：在自然情景中培养与提高选择性听觉能力；在生活活动中训练与提高言语功能；在生活活动中培养交往能力；在生活中养成良好的行为习惯。

3. 生成课程

生成课程是最近才被引入听力残疾学生康复教育领域，是集体康复教育的辅助形式。与其他形式不同，生成课程没有固定的教学时间和教学内容，而是在课程实施过程中，教师根据具体的教学情景，结合听力残疾学生的兴趣需要，在合理的情况下，对教学的内容进行适当的调整，以师生互动的方式使听力残疾学生获得知识能力。

生成课程的实施按照"教学自发性与计划性统一"和"听力残疾学生主体性与教师主导性统一"的原则进行，具有"强调目标与活动相统一"、"强调师生共建知识"两大特点。其目标为：创设一种能让听力残疾学生自主、自由学习的课程，寻求一种能真正适应听力残疾学生学习的教学方式，将过去以听觉、视觉学习为主的接受式学习改为以探究、体验为主的自主式学习，同时积极探索集体康复教育与个别化康复的结合点。生成课程主要体现在集体康复教育的主题教育、音乐活动、运动活动和生活活动等环节中。

二、语言教育的仪器设备

目前，市场上可用于听力残疾学生语言教育的专门仪器有"主题教育系统"和"语言学习系统"。为使听力残疾学生完成从言语听觉到语言能力的过渡起到很大的作用，还需要和"构音评估与训练系统"、"语音评估与训练系统"、"语言重读训练系统"配套使用。

（一）主题教育系统

主题教育系统主要适用于聋校低年级学生或学前班儿童，其主要作用是帮助听力残疾学生增强沟通交流意识，提高日常会话能力，包括增强语言韵律能力。

1. 基本功能

针对聋生抽象思维能力较差的特点，"主题教育系统"提供大量的图片和影片资源，为听力残疾学生直观地认识事物创造条件，同时有利于使聋生保持学习兴趣；其循序渐进、逐步增加句长的语言练习有利于听力残疾学生掌握汉语语序，增加语言流利度。其基本功能如下：

（1）贴近生活的教育内容为听力残疾学生融入主流社会创造条件：主题教育系统在选择材料时从学生生活出发，以学生日常需要为首要条件，并按照由远及近的原则编排内容出现顺序，在考虑学生接受能力的基础上使得语言康复教育的成果能最大限度地运用于学生生活。

（2）在语言教育的同时，帮助听力残疾学生和听力残疾学生提高听觉功能：主题教育在考虑听力残疾学生认知接受能力的同时，考虑了听觉障碍给其语言学习带来的困难，在语言学习的过程中创造条件帮助听力残疾学生提高听觉功能，比如可以设置不同频率成分的词语，不同类型、不同音量的背景噪声等。

（3）以大量替换练习的材料帮助听力残疾学生和听力残疾学生学习语法规则：语法混乱、语序颠倒是听力残疾学生语言学习过程中最容易犯的错误，也是最难纠正的错误。针对这一问题，主题教育系统提供了大量的示范范例和替换练习的材料，以帮助听力残疾学生在反复做替换练习的过程中感知汉语的语法规则，并通过大量的问答练习帮助听力残疾学生运用正确的语言规则。

（4）突出语音能力的练习，并强调视觉诱导在语音训练中的作用：在主题教育的看图说话部分，每一个故事都有一个语音训练目标。在这个故事会大量出现含有某个声母的词，学生在看图说话的过程中不仅学习了相关的语义、语法还练习了语音。同时，克服听力残疾学生在语音感知上的特殊困难，主题教育系统还提供了实时的音调图，帮助听力残疾学生更准确地感知语音。

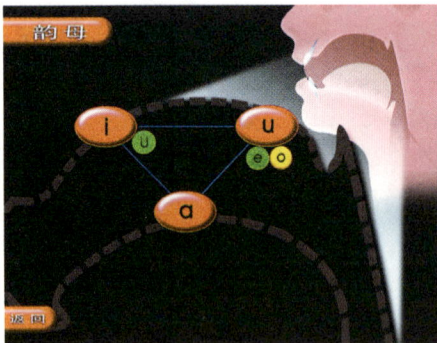

图 6-9　以韵母为目标的故事　　　　图 6-10　以声母为目标的故事

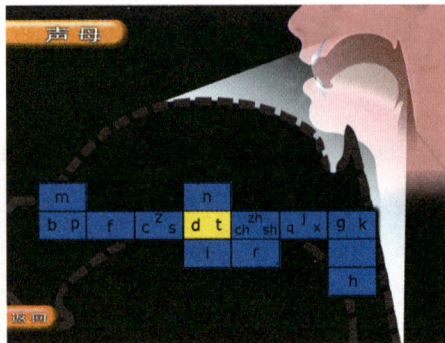

（5）以游戏的方式寓康复于乐趣中：针对每一个学习内容，主题教育都采用"认一认"、"学一学"和"玩一玩"三个步骤。"认一认"主要是让学生熟悉语言教育中会出现的事物，并引起学生的兴趣；"学一学"将"认一认"中的动画、影片分解开来作为学生学习语言的材料，也是学生学习词语、句子、会话、短文的主要过程；"玩一玩"采用涂色、拼板等游戏形式，让学生在游戏中说一说学过的语言，是帮助学生巩固学习成果

的重要步骤。

2. 基本构造

"主题教育系统"由软件和硬件组成。

（1）软件部分

软件部分主要包括单元主题和认识主题两部分。其中 14 个为单元主题，4 个为独立的认识主题，以贴近生活的内容和形象生动的画面对听力残疾学生的语言交流意识和日常会话能力进行训练。14 个单元主题包括：我自己、我的家、我的幼儿园/学校、可爱的动物、我们的食物、漂亮的衣服、美丽的大自然、欢乐的节日、交通、儿童乐园、体育活动、好孩子、公共场所、农场；每个单元主题下都包含有词语、句子、对话、短文和看图说话。所有的词语、句子、看图说话按由近及远、由易到难的原则分成了六册：启蒙上册、启蒙下册、基础上册、基础下册、提高上册和提高下册。4 个认识主题包括：认识形状、认识颜色、认识数字、认识动物。认识主题按照形状、颜色、数字、动物的认知目标对主题教育中的相关内容进行归纳，帮助听力残疾学生学习与此相关的基本概念并运用于听力残疾学生的口语交流，为听力残疾学生扩展句子长度、丰富表达含义扫清认知障碍。

软件部分必须在 Windows XP 以上的操作系统下运行。

（2）硬件部分

"主题教育系统"通用硬件：

• 计算机 CPU：奔腾 4 或同级别以上的 CPU

• 计算机硬盘：剩余空间至少 200GB

• 计算机内存：至少 256MB

• 彩色显示屏：分辨率最低在 1 024×768，至少 16 位色，推荐使用 32 位色

• 专用台车：105 厘米×65 厘米×78 厘米

• 彩色喷墨打印机，位于台车内

"主题教育系统"的专用硬件：

• 音频输入/输出（采样频率 11 025/22 050/44 100 赫，采样精度 16bit）

• 信号频率误差≤±4%

• 信号电压误差≤±5%

• 专用内置功放、高保真音箱

3. 使用方法

（1）选择训练水平：进入单元主题，选择语言训练的水平（启蒙、基础，还是提高）。

（2）选择训练主题：选择该语言训练水平包含的主题及其分单元。

（3）选择训练形式：选择训练该分单元中的词语、句子、对话还是看图说话，选择"认一认"、"练一练"或"玩一玩"作为具体的训练形式。

（4）调整音量：根据学生需要，结合声级器调整音量。

（5）设置背景噪声：根据学生情况选择背景音乐有无及其音量。

（6）设施呈现内容：选择需要呈现的图片，以及选择是否呈现文字。

（二）语言学习系统

语言学习与评估系统的主要作用是帮助听力残疾学生增强语言沟通交流意识，提高日常会话能力。它包括：

1. 词语训练：主要作用是让听力残疾学生在游戏的过程中认识词语，记忆词语，并在需要的时候提取词语。

2. 语法训练：每一个游戏都有一个明确的语法学习目标，并根据听力残疾学生语法发展的规律编排卡片的难度和学习顺序。

3. 会话训练：主要目的是在游戏的过程中提高听力残疾学生理解和回答"谁"、"什么"、"哪里"、"什么时候"、"为什么"这五类问题的能力。

（三）构音评估与训练系统

该系统可以在帮助听力残疾学生完成从听觉言语到语言能力的过渡方面起到很大的作用。

（四）语音评估与训练系统

该系统可以在帮助听力残疾学生完成从语音能力到语言能力的过渡方面起到很大的作用。

（五）言语语言综合训练仪

言语语言综合训练仪是一种适用于各种言语障碍矫治的专用工具，其独特的双屏显示功能使治疗效果一目了然。该系统不但提供语言韵律能力、语言各种参数的测量，还为听力残疾学生完成从言语（口语）到语言能力（有声语言）的过渡起到很大的作用。它的主要核心在于为特殊学生设置了多种类型的有声语言课程，以便根据实际需要选择最适合的课程进行言语语言的综合能力训练。该系统能为听力残疾学生完成从言语到语言能力的过渡起到很大的作用。

（六）语言韵律训练系统

该系统采用重读训练的方式帮助听力残疾学生提高语言韵律能力，主要包括语调应用、重音应用以及重读应用能力。

三、语言教育的配套用品用具

语言教育过程中特别需要配套用品用具，不仅能使听力残疾学生的语言评估和训练丰富多彩，还能引导听力残疾学生进行积极主动的康复教育，使语言教育专用的仪器与设备得到更好的使用。语言教育的配套用品用具包括：

（一）玩教用具

配备有一些配套的评估和训练玩教用具，如词语使用能力训练卡片、汉语语法训练卡片、会话沟通能力训练卡等。

1. 韵律能力训练：语言和言语重读训练卡片及光盘，包括核心韵母、韵母运动、声母运动、声母音位。主要作用是：采用重读训练的方式帮助听力残疾学生提高语言韵律能力（音调应用、响度应用以及重读应用）。

2. 词语训练："说一说，做一做"词语篇训练卡片及光盘，包括棋盘游戏卡片（含色子等）及其配套用刺激卡片。主要作用是让听力残疾学生在游戏的过程中认识词语，记忆词语，并在需要的时候提取词语。

3. 语法训练："说一说，做一做"语法训练卡片及光盘，包括棋盘游戏卡片（含色子等）及其配套用刺激卡片。每一张棋盘游戏卡片都有一个明确的语法学习目标，并根据听力残疾学生语法发展的规律编排卡片的难度和学习顺序，适合于2～6岁语言年龄的个体学习语法之用。

4. 会话训练："说一说，做一做"会话训练卡片及光盘，包括棋盘游戏卡片（含色子等）及其配套用提问卡片。会话训练卡片的主要目的是在游戏的过程中提高听力残疾学生理解和回答"谁"、"什么"、"哪里"、"什么时候"、"为什么"这五类问题的能力。

5. 新概念学说话词语和句子训练：结合言语技能训练进行为词语和句子的训练。

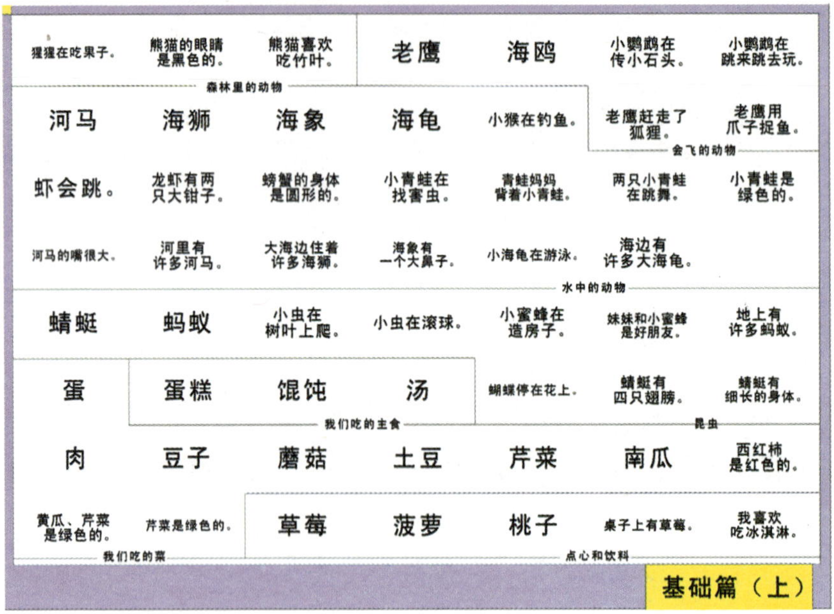

图 6-11　新概念学说话词语和句子训练

（二）教材量表

教材可以参考《语言障碍与矫治》、《聋校语文教学法》、《听力残疾学生康复教育的原理与方法——HSL 理论与 1＋X＋Y 模式的构建与实践》等。

量表可以采用《词语理解能力评估量表》、皮博迪图片词汇测验（PPVT）、《语言理解能力评估量表》等。《词语理解能力评估量表》可以评估听力残疾学生的词汇掌握和语言发展处于哪个阶段；皮博迪图片词汇可以测验听觉词汇能力，反映其语言能力；《语言理解能力评估量表》可以详细评估个体在语言理解方面的能力。

第五节　认知训练的专用仪器设备

认知训练是指对认知发育迟缓和认知障碍的听力残疾学生进行注意力、记忆力、推理能力、元认知能力等多项认知能力的评估和训练。

认知训练的对象为聋校中具有认知功能障碍的听力残疾学生。认知功能障碍主要指由于听觉障碍和言语障碍等原因所导致的认知发育迟缓或认知障碍。认知发育迟缓是指听力残疾学生的认知发展遵循正常的顺序，但速度较慢。认知障碍是指听力残疾学生的认知发展偏离了正常的顺序，或者认知某一方面或几方面明显有异于正常学生。

聋校学校中的听力残疾学生大多具有认知功能障碍，其主要表现体现于以下方面：

1. 注意力障碍：有意注意形成和发展较缓慢，注意的稳定性差，不喜欢或不愿意投入需要持久注意的活动，易受无关刺激干扰。

2. 记忆力障碍：记忆缺乏明确目的，识记速度缓慢，工作记忆容量小，保持不牢固，再现不精确，不会使用记忆策略。

3. 推理能力不足：思维机械刻板，缺乏分析、推理能力，难以同时从两个维度对事物进行加工。

4. 元认知能力低下：对认知活动缺乏良好的计划、监控与评价能力等。

一、认知训练的主要内容

研究表明，学前和低年级听力残疾学生大多处于前运算阶段，思维依赖于事物的具体形象，信息加工能力较弱。依据当代认知心理学中的 PASS 理论和儿童认知发展规律，黄昭鸣、杜晓新、孙喜斌等人提出了适用于学前和低年级听力残疾学生认知训练的体系。PASS 理论是戴斯于 1990 年提出的智力模型。该模型认为：人的认知活动由注意、信息加工编码和计划三级系统组成，信息加工编码是其中最重要的一环，它包括两种类型：继时性编码和同时性编码。继时性编码是指将刺激整合成特定的系列，使各成分形成一种链状结构；同时性编码是指同步地整合刺激，或对有共同特征的多种刺激进行再认。继时性与同时性编码能力是认知加工的核心环节，因此也是学前和低年级阶段听力残疾学生认知能力评估和训练的重点。此外，在该阶段认知训练过程中，要充分考虑小龄听力残疾学生的思维特点，采用多种感官参与的干预形式、以实物图片、非文字的图形和符号为干预材料。

中高年级的听力残疾学生认知能力开始由前运算阶段向具体运算阶段发展，有部分听力残疾学生还可达到形式运算阶段。从总体上看，该阶段的听力残疾学生抽象逻辑思维能力逐渐提高，并且开始学会使用学习策略。根据当代学习理论中组织策略的思想和学龄儿童认知发展规律，黄昭鸣，杜晓新，孙喜斌等人提出了适合于中高年级听力残疾学生的认知训练体系。组织策略是一种重要的学习策略，它是指按信息间的关系与特征，将其组织起来形成各种逻辑严密结构的过程。组织策略将信息的结构类型分为线性结构、坐标式结构、网状结构及综合结构四种。线性结构是指信息之间存在序列关系，能将其关键项目组织成链状结构；坐标式结构是指可以从两个维度同时对信息进行组织，两个维度的属性结合在一起才能决定信息的特征；网状结构是指材料中信息之间存在着上位、次上位、下位、次下位的关系，能将信息组织成一种网状系统；综合结构材料是指以上结构的变式或者其他结构不明显的材料。一般来说，绝大多数信息都可归为以上四种类型。组织策略的运用要求个体对大量信息进行正确的分析与整合，属于信息的深度编码，反映了个体逻辑思维能力，是中高年级听力残疾学生认知评估和训练的重点。在该阶段认知训练过程中，可采用图形、数字、符号、文字等多种干预材料，循序渐进地提高听力残疾学生认知能力。

认知障碍听力残疾学生的认知训练可以分成两个阶段：（1）学前及低年级阶段；（2）中高年级阶段。每个阶段听力残疾学生的认知特点是不同的，因此认知评估与训练的内容也有所侧重和不同。以下分别介绍：

（一）认知能力评估

认知能力评估包括主观评估和客观评估两个方面。主观评估可采用智力量表、注意力量表等工具，客观评估则需要配备专门的测验工具和仪器设备，主要内容介绍如下。

1. 学前和低年级听力残疾学生认知能力评估

学前和低年级阶段听力残疾学生认知能力评估应依据 PASS 理论，重点考查个体在认知过程中的信息编码能力，根据黄昭鸣、周红省、易海燕、杜晓新等人的研究，可通过空间次序、动作序列、目标辨认、图形推理、逻辑类比等五项分测验进行考查。其中，空间次序是指让听力残疾学生在刺激消失后，回忆一组物体摆放的空间位置；动作序列是要求听力残疾学生先观察然后再回忆一系列动作的先后顺序；目标辨认则是要求听力残疾学生在一组材料中根据事物特征辨认目标；图形推理即要求听力残疾学生依据已有的图形规律，推理出后续图形；逻辑类比是指让听力残疾学生依据数字、符号及事物之间的逻辑关系进行类比推理。五项测验中，空间次序、动作系列两项属于继时性信息加工能力评估；目标辨认、图形推理、逻辑类比三项分测验属于同时性信息加工能力评估。

2. 中高年级听力残疾学生认知能力评估

中高年级听力残疾学生认知能力评估应依据组织策略思想，重点考查个体在深度信息加工过程中运用组织策略的能力。根据宋永宁，秦宁箴，杜晓新等人的研究，可通过数字推理、图形推理、异类鉴别、情景认知和记忆策略五项分测验进行考查。其中，数字推理是要求听力残疾学生在掌握数概念的基础上进行数字推理；图形推理是要求听力残疾学生利用抽象图形和符号进行推理；异类鉴别是要求听力残疾学生根据事物的逻辑关系，在一组图片中找出最不相同的一项；情景认知是要求听力残疾学生将一组打乱顺序的图片，根据各情景之间的关系重新排序；记忆策略是要求听力残疾学生在刺激消失后，自觉运用记忆策略将一组蕴涵内在规律的图片正确排序。五项分测验中，情景认知和记忆策略用于评估听力残疾学生线性结构组织水平，异类鉴别用于评估听力残疾学生网状结构组织水平，数字推理和图形推理则属于综合结构组织水平的评估。

（二）认知能力训练

1. 学前和低年级听力残疾学生认知能力训练

根据黄昭鸣、周红省、易海燕、杜晓新等人的研究，可从注意力、观察力、记忆力、数字认知、图形认知、序列认知、异类鉴别、同类匹配等 8 个方面对学前和低年级阶段听力残疾学生进行认知能力训练。其中，观察力、记忆力和注意力用来训练儿童基本的认知能力；数字认知、图形认知、异类鉴别、同类匹配用于训练听力残疾学生的同时性加工能力；序列认知则用于训练听力残疾学生的继时性加工能力。

认知 8 项训练的具体内容及功能要求如下。

（1）注意力训练：应设置包括视觉干扰（如无关图形）、听觉干扰（如噪声）等多种形式下的任务，要求聋儿在限定时间内完成，以培养听力残疾学生的有意注意能力，提高注意的指向性和稳定性。

（2）观察力训练：应包括同中求异、异中求同、拼图等多种训练维度，帮助听力残疾学生提高观察的目的性、持久性，学会使用一些基本的观察策略。

（3）记忆力训练：应在注意力和观察力训练的基础上，设计多种记忆训练内容，帮助听力残疾学生学会使用简单的记忆策略，如复述、排序、联想和分类等，从而提高记忆的容量及保持时间。

（4）数字认知：应通过点物报数、按数取物、按序填数等训练内容，帮助听力残疾学生认知数概念和学会简单的数字运算，提高听力残疾学生数字认知能力。

（5）图形认知：应遵循儿童认知发展规律，帮助听力残疾学生理解和掌握圆形、正方形、三角形等平面图形概念以及球体、正方体、长方体、圆柱体等立体图形概念，提高听力残疾学生图形认知能力。

（6）序列认知：应以图片排序和故事预测等形式帮助听力残疾学生逐步理解对象之间的逻辑关系，把握事件发展的先后顺序。

（7）异类鉴别：要求儿童从一组物体中找出最不相同的一个物体，以促进类概念的掌握。训练时使用的材料应以图形和符号为主，图形的内容应是儿童熟悉的事物如动物、水果、蔬菜等。

（8）同类匹配：要求儿童根据目标对象的外部或内部特征，从备选对象中寻找出与目标对象同类的事物，以促进类概念的掌握。训练时使用的材料应以图形和符号为主，图形的内容应是儿童熟悉的事物如动物、水果、蔬菜等。

2. 中高年级听力残疾学生认知能力训练

对于中高年级阶段的听力残疾学生，认知能力的训练应在低年级训练的基础上，依据组织策略思想，重点发展个体自觉运用认知策略的能力。根据宋永宁、秦宁箴、杜晓新等人的研究，对于中高年级阶段听力残疾学生可从情景认知、记忆策略、坐标推理、网状推理、图形推理、数字推理、逻辑类比、异类鉴别、语义理解、问题解决等 10 个方面进行训练。其中，情景认知和记忆策略主要用于进行线性结构的训练；坐标推理用于坐标结构的训练；网状推理和异类鉴别用于网状结构的训练；而图形推理、数字推理、逻辑类比、语义理解、问题解决主要用于综合结构的训练。

认知 10 项训练的具体内容及功能要求如下。

（1）数字推理：应在初级阶段数字认知的基础上，设计数的排列、数的分合、数的对称等数字推理内容，帮助听力残疾学生进一步掌握数概念，发展数字推理的能力。

（2）情景认知：应通过对一系列情景图片排序，帮助听力残疾学生理解各情景之间的逻辑关系，培养按照事件发展顺序进行推理的能力。

（3）图形推理：应在初级阶段图形认知的基础上，设计图形类比、图形变换以及图形空间旋转等训练内容，提高听力残疾学生对具体及抽象图形推理的能力。

（4）逻辑类比：应在初级阶段逻辑类比的基础上，设计包括数字、图形、抽象符号为内容的逻辑推理训练，提高听力残疾学生依据信息之间的逻辑关系进行类比推理的能力。

（5）异类鉴别：应在初级阶段异类鉴别的基础上，设计包括实物图片和抽象图形为内容的异类鉴别训练，帮助听力残疾学生在更高水平上进行归纳、分类以及辨别异类，进一步提高类概念的认知。

（6）网状推理：应通过对图形和文本按项目的上位、次上位、下位、次下位的顺序进行组织，提高听力残疾学生网状结构的组织能力。

（7）语义理解：应设计看图猜谜语和成语判断等内容，帮助听力残疾学生正确理解词语的意思，提高他们分析和理解的能力。

（8）坐标推理：应通过对图形和各类文本材料从横纵两维进行组织加工，提高听力残疾学生坐标推理，把握事物之间的关系的能力。

（9）记忆策略：应在学前记忆力训练的基础上，通过再认、排序等任务对蕴涵一定内在规律的系列图片，帮助听力残疾学生自觉使用策略进行记忆。图片内容应包括图形、数字、符号等。

（10）问题解决：设计问题情境，要求听力残疾学生根据初始条件分析和解决问题，锻炼听力残疾学生的思维能力。

二、认知训练的仪器设备

目前可用于听力残疾学生认知训练的仪器设备主要有"启慧博士工作站"，即儿童认知能力测试与训练系统。它包括"学前儿童认知能力测试和训练系统"和"学龄儿童认知能力测试和训练系统"两个组成部分。

（一）学前儿童认知能力测试和训练系统

初级阶段认知能力测试与训练仪是依据当代认知心理学理论、采用先进的计算机技术对3～5岁儿童进行认知能力定量评估和实时训练的现代化认知训练设备，是目前国内应用最广泛的儿童认知能力评估与训练设备之一。

1. 基本功能

（1）学前儿童五项认知能力测试模块

学前儿童五项认知能力测试模块依据PASS理论，重点考查儿童在认知过程中的继时性信息加工能力和同时性信息加工能力。该测验采取非文字的图形或符号为测验材料，以多媒体的形式呈现测验题目，以人机交互为测验形式，适用于 3～5 岁儿童。

其基本功能包括：

• 基本信息录入：用户可通过键盘输入被试的姓名、性别、出生日期，系统自动生成测试日期、记录编号。

• 五项认知能力测试：可以对空间次序、动作系列、目标辨认、图形推理、逻辑类比等五项认知能力进行测试评估。该功能的实现方式有鼠标点击、拖放和触摸屏操作两种方式，适应听力残疾学生操作的要求。

• 内置常模：学前儿童五项认知能力测试系统内置有 3～5 岁儿童认知能力常模，用于解释测验结果、评价个体认知发展水平。

• 直观反馈测验结果：儿童在进行测验过程中，系统会自动计算每道题的答题时间、判断对错。五项分测验全部做完后，系统可自动计算被试五项分数并将其与内置常模比较，判断个体在每项认知能力上的发展水平，以统计图表形式直观地反馈测验结果。

• 用户档案管理：系统为每名被试均建立了一个档案库。儿童在进行测验的过程中，系统会自动记录并储存其个人信息以及在每个测题上的回答时间、得分情况等。用户通过"档案"管理窗口，可实现对上述信息的浏览、查询、统计、删除、打印等多项功能。

• 疗效监控：采用了目前在特殊教育领域中被广泛使用的单一被试统计研究方法，监控个体认知训练的效果。教师在对听力残疾学生进行五项认知能力评估后，就可了解其空间次序、动作系列、目标辨认、图形推理、逻辑类比五项认知能力，以此为基线水平，确定其训练的起点。随后教师在对听力残疾学生进行认知训练过程中可定期收集其处理期数据，将听力残疾学生的基线期数据与处理期数据采用五项认知能力测试中的单一被试统计分析子模块进行处理，可判断认知训练的阶段效果。该模块采取全中文菜单式界面设计，适用于 A-B 和 A1-B-A2 两种基线设计，可快速实现对基线数据和处理期数据的自相关检验、显著性检验和回归分析，以图表形式比较训练前后的效果，并可保存和打印数据。单一被试统计分析软件操作简便，功能丰富，可直接读取 Excel 文件。

• 实时帮助：系统设置了帮助功能，提示用户操作中一些快捷键的使用方法。

（2）学前儿童认知能力训练模块

学前儿童认知能力训练模块在学前儿童认知能力评估的基础上，以提高儿童的基本认知能力和信息加工能力为目的，采用人机交互、计算机游戏的形式对 3～5 岁儿童进行认知能力训练。

其基本功能如下：

• 基本信息录入：用户可通过键盘输入被试的姓名、性别、出生日期，系统自动生成测试日期、记录编号。

• 八大认知训练项目（训练篇）：包括注意力、观察力、记忆力、数字认知、图形认知、序列认知、异类鉴别、同类匹配等八大认知训练项目。其中：注意力、观察力和记忆力是训练听力残疾学生的基本认知能力；序列认知是训练听力残疾学生继时性加工能力；图形认知、异类鉴别和同类匹配是用于训练听力残疾学生的同时性信息加工能力。每类训练项目下设置有五级难度，按照由易到难的顺序排列。每类训练项目都配有两种训练模式以供用户自由选择，即：默认模式和自定义模式。默认模式是指用户必须按照软件预设的训练等级依序完成各级项训练题，而自定义模式下，用户则可以根据认知能力评估的结果，自行选择合适的训练等级和内容。

• 辅助动画游戏（游戏篇）：系统设计了大量生动活泼的电脑动画以及电子强化物鼓励听力残疾学生积极探索，手脑并用，体会学习的乐趣，使各项认知能力在不知不觉中受到训练，得以提高。

• 训练结果智能反馈

每道训练题有两次操作机会，系统会根据儿童的表现，以语音提示的形式给予智能反馈，做到及时反馈，及时强化。

• 训练记录管理

儿童每次进行训练时，其个人信息及训练记录均被自动储存到系统数据库中。训练结束后，用户可进入数据库通过"统计"功能调看、打印训练成绩，还可对训练记录进行浏览、查询、删除等操作。

2. 基本构造

初级阶段认知能力测试与训练仪由软件、硬件和课程三个部分组成。

（1）软件部分

软件部分必须在 Windows XP 以上的操作系统下运行。软件部分包括"学前儿童五项认知能力测试"和"学前儿童认知能力训练"两大模块。其基本构造为：

•学前儿童五项认知能力测试模块

该模块包括五项分测验，每个分测验中均包括一道例题和八道测题，例题配有语音提示，用于帮助儿童理解操作方法，不计入总分。五项分测验简介如下：①空间次序：考查聋儿对空间位置的记忆能力，属于继时性信息加工能力评估；②动作系列：考查聋儿对时间次序的记忆能力，属于继时性信息加工能力评估；③目标辨认：考查聋儿整合片段信息的能力，属于同时性信息加工能力评估；④图形推理：考查儿童根据各类图形关系进行逻辑推理的能力，属于同时性信息加工能力评估；⑤逻辑类比：考查儿童依据事物之间的逻辑关系进行类比推理的能力，属于同时性信息加工能力评估。

•学前儿童认知能力训练模块

该模块包括"游戏篇"、"训练篇"两大部分。游戏篇属于辅助学习，旨在通过生动的动画吸引听力残疾学生兴趣，体会学习的乐趣；训练篇用于对儿童认知发展的八大领域进行系统的、有针对性的认知能力训练。

游戏篇包括"快乐岛"、"小小梦境"、"小画笔"三个部分，每个部分下包括若干游戏，每个游戏有三级难度。用户可根据自己需要自由选择。其中，"快乐岛"包括水果店、图书馆、医院、缆车、港口五种游戏；"小小梦境"包括农场动物找妈妈、找泡泡、小火车、森林小动物、魔法箱、分饼干、海底世界和图形填色等八种游戏；"小画笔"包括小猫的故事和可爱的小动物两种游戏，这些游戏综合训练儿童的注意力、观察力、记忆力、颜色认知、图形认知和数字认知能力。游戏篇的任务均以故事和动画的形式呈现，并配有语音提示。儿童正确操作后，系统会自动给出奖励（如金币），当积累到一定数量的正确操作后，系统就会给出更高级别的奖励物（如一段动画和晋级等），鼓励儿童不断尝试和探索。

训练篇包括注意力、观察力、记忆力、数字认知、图形认知、序列认知、异类鉴别、同类匹配等八大训练项目，每个项目下设置有五级难度，按照由易到难的顺序排列，基本构造为：①注意力训练：训练儿童在多种干扰信息下的注意能力，提高儿童注意的指向性和稳定性，属于基本认知能力训练。②观察力训练：帮助儿童学会运用特征法、顺序法和视觉分割法等策略来进行观察，提高儿童观察的目的性、持久性和计划性，属于基本认知能力训练。③记忆力训练：帮助儿童使用简单的记忆策略，如复述、排序、联想和分类等，从而提高记忆的容量及保持时间，属于基本认知能力训练。④数字认知：训练儿童点物报数、按数取物、按序填数等能力，帮助儿童掌握数概念和学会简单数字运算，属于同时性信息加工能力训练。⑤图形认知：训练儿童对平面图形和立体图形的认知，帮助儿童获得对圆形、正方形、三角形、长方形、球体、正方体、长方体等图形的概念，提高图形认知能力，属于同时性信息加工能力训练。⑥序列认知：帮助儿童在图片排序过程中逐步理解对象之间的逻辑关系以及事件发展的先后顺序，属于继时性信息加工能力训练。⑦异类鉴别：要求儿童从一组物体中找出最不相同的一项，帮助儿童掌握类的概念，属于同时性信息加工能力训练。⑧同类匹配：要求儿童根据目标对象的外部或内部特征，从备选对象中寻找出与目标对象同类的事物，以促进儿童类概念的掌握。也属于同时性信息加工能力训练。

（2）硬件部分

初级阶段认知能力测试与训练仪的通用硬件：

• 计算机 CPU：奔腾 4 或同级别以上的 CPU

• 计算机硬盘：剩余空间至少 200GB

• 计算机内存：至少 256MB

• 彩色触摸屏式显示器：分辨率最低在 1 024×768，至少 16 位色，推荐使用 32 位色

• 专用台车：105 厘米×65 厘米×78 厘米

• 彩色喷墨打印机，位于台车内

• 专用音箱：高保真扬声器

初级阶段认知能力测试与训练仪的专用硬件：

• 音频输入/输出（采样频率 11 025/22 050/44 100 赫，采样精度 16bit）

• 信号频率误差≤±4%

• 信号电压误差≤±5%

3. 使用方法

（1）学前儿童五项认知能力测试模块

• 基本信息录入：教师通过计算机键盘输入儿童基本信息，为之建立评估档案。

• 五项认知能力测试：进入五项认知能力测试界面后，教师引导儿童操作鼠标或者触摸屏逐一完成"动作系列"、"空间次序"、"人物辨认"、"图形推理"、"逻辑类比"五项分测验。五项分测验的先后顺序可由用户自由选择，但每项测验中的测题顺序不可更换。每项分测验中均包括一道例题和八

道测题，合计四十道测题。例题配有语音提示，供用户选择学习，不计入总分。

• 测验结果反馈：儿童完成全部五项测验后，系统会自动生成被试成绩曲线。用户可选择打印、保存测试结果，为后继的认知训练提供依据。

• 档案管理：教师可以在"个人信息输入窗口"对历史记录进行浏览、查询、删除等操作，还可调看系统帮助等。

（2）学前儿童认知能力训练模块

训练篇：

• 基本信息录入：教师通过计算机键盘输入儿童基本信息，为之建立训练档案。

• 选择模式：教师根据实际需要，选择默认模式或自定义模式。

• 选择训练内容：教师根据儿童认知能力评估的结果，从"观察力"、"注意力"、"记忆力"、"图形认知"、"同类匹配"、"异类鉴别"、"序列认知"、"数字认知"八大训练目标中选择合适的训练内容以及难度等级，为其制订认知训练方案。

• 训练操作：儿童按照教师选择的内容根据电脑的语音提示逐一进行练习，如果练习中连错两次，系统则自动跳转到下一题。

• 训练结果反馈：儿童训练结束后，教师查看训练成绩，打印统计报告，作为监控训练过程的依据。

• 档案管理：教师还可在"用户记录窗口"对历史记录进行浏览、查询、打印、删除等操作。

游戏篇：

• 选择游戏项目：用户可根据实际需要，从"小小梦境"、"小画家"、"快乐岛"中选择一个项目进行游戏。

• 选择游戏子项目：每个游戏项目主画面中又隐藏着若干子项目，儿童在对应的位置上双击鼠标或触摸屏就可启动该项目了。

• 选择难度等级：每个游戏项目均按由易到难的顺序配置了3级难度题目，用户可以根据需要自由选择。

• 游戏操作：游戏篇的每个环节均配有语音提示，儿童只需按照提示一步步操作即可。

• 退出游戏：完成所选游戏项目之后，儿童就可以退出游戏；在游戏过程中，也可通过相应操作随时中止。

（二）中级阶段认知能力测试和训练仪

中级阶段认知能力测试与训练仪是依据当代认知心理学理论、采用先进的计算机技术对6～15岁儿童进行认知能力定量评估和实时训练的现代化认知训练设备，是目前国内学龄阶段应用最广泛的认知能力评估与训练工具之一。

1. 基本功能

（1）学龄儿童认知能力测试模块

• 基本信息录入：用户可通过键盘输入被试的姓名、性别、出生日期，系统自动生成测试日期、记录编号。

• 五项认知能力测试：心理学家认为思维能力的核心是逻辑推理能力，学龄儿童五项认知能力测试系统可以通过数字推理、图形推理、异类鉴别、记忆策略、情景认知五方面的测验来评价6～15岁儿童的逻辑推理能力。

• 内置常模：学前儿童五项认知能力测试系统内部已经安装6～15岁儿童认知能力常模，用于解释测验结果、评价个体认知发展水平。

• 直观反馈测验结果：儿童在进行测验过程中，系统会自动计算每道题的答题时间、判断对错。五项分测验全部做完后，系统即可自动算出被试五个分数并将其与内置常模比较，判断个体在每项认知能力上的发展水平，以直观的图表形式及时反馈测验结果。

• 用户档案管理：系统为每名被试均建立了一个档案库。儿童在进行测验的过程中，系统会自动记录并储存其个人信息以及在每道题目上的测试用时、得分情况等。用户通过"成绩查询"窗口，可实现对上述信息的浏览、查询、统计、删除、打印等多项功能。

• 疗效监控：采用了目前在特殊教育领域中被广泛使用的单一被试统计研究方法，监控个体认知训练的效果。教师在对听力残疾学生进行五项认知能力评估后，就可了解其数字推理、图形推理、异类鉴别、记忆策略、情景认知五项认知能力，以此为基线水平确定其训练的起点。随后教师在对听力残疾学生进行认知训练过程中可定期收集其处理期数据，将听力残疾学生的基线期数据与处理期数据采用五项认知能力测试中的单一被试统计分析子模块进行处理，从而判断认知训练的阶段效果。该模块采取全中文菜单式界面设计，适用于A-B和A1-B-A2两种基线设计，可快速实现对基线数据和处理期数据的自相关检验、显著性检验和回归分析，以图表形式比较训练前后的效果，并可保存和打印数据。单一被试统计分析软件操作简便，功能丰富，可直接读取 Excel 文件。

· 实时帮助：系统设置了帮助功能，提示用户操作中一些快捷键的使用方法。

（2）学龄儿童认知能力训练模块

学龄儿童认知能力训练模块是在学龄儿童认知能力评估的基础上，根据组织策略的思想来训练十大认知能力：数字推理、图形推理、逻辑类比、异类鉴别、记忆策略、情景认知、语义理解、网状推理、坐标推理和问题解决。

· 基本信息录入：用户可通过键盘输入被试的姓名、性别、出生日期，系统自动生成测试日期、记录编号。

· 十大认知训练项目：可以对记忆策略、情景认知、坐标推理、异类鉴别、网状推理、数字推理、图形推理、逻辑类比、语义理解和问题解决十大项目进行认知能力训练。

· 训练模式自由选择：学龄儿童认知能力训练系统提供了三种训练模式供用户自由选择：默认模式、自定义模式和故事模式。在默认模式下，用户必须根据软件预设的训练等级和顺序逐级完成各项训练题；而自定义模式则可以由用户根据认知能力评估的结果，自由设置训练项目和等级；故事模式为每种训练项目设计了一定的故事情节以增添训练的趣味，在该模式下，训练犹如寻宝，当被试水平达到规定的等级时，就可获得对应的宝贝即奖励物。三种模式可由用户自由选择。

· 训练记录管理：儿童每次进行训练时，其个人信息及训练记录均被自动储存到系统数据库中。训练结束后，用户可进入数据库通过"统计"功能调看、打印训练成绩，还可对训练记录进行浏览、查询、删除等操作。学龄儿童认知能力训练系统为三种训练模式分别设计了柱形图、蜘蛛图、三角图、亮点图、直方图等多种统计图表形式，直观生动，用户可按自己的喜好进行选择。

2. 基本构造

中级阶段认知能力测试与训练仪由软件、硬件和课程三个部分组成。

（1）软件部分

软件部分必须在 Windows XP 以上的操作系统下运行。软件部分包括"学龄儿童五项认知能力测试"和"学龄儿童认知能力训练"两大模块。其基本构造包括：

A. 学龄儿童认知能力测试模块

包括五项认知能力测试，每项分测验都包含例题学习和测验题目两个部分，其中例题学习部分配有语音提示，帮助儿童理解操作方法，不计入测验成绩。五项分测验简介如下：①数字推理：用于评估儿童数概念的掌握及数字推理的能力。②图形推理：用于评估儿童利用实物图片及抽象图形进行推理的能力。③异类鉴别：用于评估儿童利用实物图片及抽象图形，分类与结合相关条件进行归纳的能力。④情景认知：用于评估儿童根据各情景之间的逻辑关系或事件发展规律进行推理的能力。⑤记忆策略：用于评估儿童利用蕴涵一定内在规律的系列图片，依据策略进行记忆的能力。

B. 学龄儿童认知能力训练模块

包括十大认知项目，每个项目下设置有五级难度，每级难度包括十道题，合计五百道题目。按照由易到难的原则排列。①记忆策略：在学前记忆力训练的基础上，进一步训练儿童发现材料内在规律、自觉使用记忆策略的能力，有助于提高儿童线性结构组织的能力。②情景认知：用于训练儿童把握各情景逻辑顺序和事情发展顺序的能力，有助于提高儿童线性结构组织的能力。③坐标推理：利用图形和各类文本材料来训练儿童同时从横纵两维对材料进行组织加工而进行推理的能力，有助于提高儿童坐标结构组织的能力。④异类鉴别：用于训练儿童利用实物图片及抽象图形，分类和归纳的能力。有助于提高儿童网状结构组织的能力。⑤网状推理：利用图形和各类文本材料来训练儿童将材料的项目按上位、次上位、下位、次下位的顺序进行组织，形成一个网状结构的能力。有助于提高儿童网状结构组织的能力。⑥图形推理：用于训练儿童图形类比推理、图形变换、图形空间旋转等能力，有助于提高儿童综合结构组织的能力。⑦数字推理：通过数的排列、数的分合、数的对称等内容帮助儿童掌握数的概念，训练数字推理能力，有助于提高儿童综合结构组织的能力。⑧逻辑类比：用于训练儿童依据数字、符号及与事物之间的逻辑关系进行类比推理的能力，有助于提高儿童综合结构组织的能力。⑨语义理解：通过猜谜等形式，训练儿童词语理解和把握故事主题的能力，有助于提高儿童综合结构组织的能力。⑩问题解决：训练儿童发现问题、分析问题和利用情景中的条件解决问题的能力，有助于提高儿童综合结构组织的能力。

（2）硬件部分

学龄系统的硬件与学前系统相同。

3. 使用方法

（1）学龄儿童五项认知能力测试模块

①基本信息录入：通过计算机键盘输入儿童基本信息，建立用户档案。

②五项认知能力测试：进入测验界面，施测者可以根据受试儿童不同的兴趣与爱好，灵活安排"图形推理"、"数字推理"、"异类鉴别"、"记忆策略"、"情景认知"五项分测验的先后顺序，但每项分测验中的测题顺序已经固定，不可更换。每类分测验都包括例题和测题两部分，在正式测验前，一般要求受试儿童先进行例题学习，以帮助他们理解题目要求和操作方法。例题完成后，就可进行正式测试了。

③测试结果反馈：儿童完成全部五项测验后，系统会自动生成被试成绩曲线。教师可选择打印、保存测试结果，为后继的认知训练提供依据。

④档案管理：教师可以在"个人信息输入窗口"对儿童的历史记录进行浏览、查询、删除等操作，还可调看系统帮助等。

（2）学龄儿童认知能力训练模块

①基本信息录入：教师通过计算机键盘输入儿童基本信息，为之建立档案。

②选择模式：教师根据实际需要，选择默认模式、自定义模式或者故事模式。

③选择训练内容：根据儿童认知能力评估的结果，教师从"记忆策略"、"情景认知"、"坐标推理"、"网状结构"、"异类鉴别"、"数字推理"、"图形推理"、"逻辑类比"、"语义理解"、"问题解决"十大训练目标中通过点击方格选择合适的训练内容以及难度等级，为儿童制订认知训练方案。

④训练操作：儿童按照教师选择内容逐一进行练习，操作方法为点击或者拖动鼠标。

⑤训练结果反馈：儿童训练结束后，教师查看训练成绩，打印统计报告，作为监控训练过程的依据。

⑥档案管理：教师还可在"用户记录窗口"对历史记录进行浏览、查询、打印、删除等操作。

（三）认知概念训练系统

认知概念训练系统主要用于巩固学习，帮助听力残疾学生在游戏中理解概念，进一步发展认知能力。它包括概念篇、分类篇、联想篇、填空篇，总共有 50 个学习游戏，这些游戏要求听力残疾学生在题目设置的情境下，在动手操作中完成多项有趣的学习任务，促进其表象能力和创造想象能力。其中：概念篇包括空间、属性、时间、数量等基础概念的学习；分类篇包括对事物颜色、形状、用途等类别概念的学习，帮助听力残疾学生学会按不同维度对事物进行分类；联想篇主要帮助听力残疾学生根据事物的上位、下位、同位概念多角度展开联想；填空篇则是综合训练听力残疾学生认知能力，包括反义词、同义词练习、数字游戏、表情游戏等练习。

认知概念训练系统包含以下功能

1. 基本信息录入：教师通过计算机键盘输入听力残疾学生基本信息，为之建立学习档案。

2. 选择学习内容：用户可根据实际需要，从概念篇、分类篇、联想篇、填空篇、空间篇、属性篇、时间与数量篇七类项目中选择合适的学习内容。

3. 进行学习：进入相应的学习项目后，听力残疾学生根据游戏任务的要求，点击触摸屏或者拖放鼠标进行操作。学习过程中每个环节均配有语音提示，听力残疾学生只需按照要求一步步操作即可。

4. 学习结果反馈：学习结束后，教师可选择保存学习结果，查询和打印统计报告。

三、认知训练的辅助用品用具

在认知训练过程中应包括相应的辅助用品用具，使听力残疾学生的认知能力评估和训练丰富多彩，引导听力残疾学生进行积极主动的康复训练，使认知训练专用的仪器与设备得到更好的使用。认知训练的辅助用品用具包括以下方面：

（一）玩教用具

配置一些能帮助听力残疾学生进行认知评估和训练的玩教学具，力求贴近生活、操作简单、内容直观、形式活泼，在难易和抽象程度上富有层次性。在形式上，所选物品可包括实物、玩偶、模型、折纸、画笔、橡皮泥、游戏板、棋子、塑封的实物或卡通图片，还可配备一些儿歌 DVD。在范围上，所选的物品应该能够有助于对听力残疾学生的注意力、观察力、记忆力、分类能力、数字和图形认知以及联想和想象等能力进行干预训练。

认知训练系列用具是目前市场上较为成熟的认知训练辅助用具，它包括概念篇、分类篇、联想篇、填空篇四大类主题学习的卡片、光盘以及配套的专用画笔。该用具可帮助儿童在操作中手脑并用，体会探索的乐趣，全面发展认知能力。

（二）教材量表

1. 教材

教材可以参考《学前儿童认知能力训练》、《学龄听力残疾学生认知能力训练》和《幼儿认知发展与教育》等书。

2. 量表

量表可以使用麦卡锡儿童智能量表（2.5～8.5）、团体智力测验（GITC）（适合9～18岁）、瑞文智力测验（适合5～75岁）、韦克斯勒学前和学龄初期儿童智力量表（WPPSI）（适合4～6.5岁）、韦克斯勒儿童智力量表修订本（WISC-R）（适合6～16岁）、注意力量表（适合6～17岁）等。

第六节　心理与行为干预的专用仪器设备

心理与行为干预是指通过心理辅导、音乐刺激、游戏等多种途径对具有情绪、行为和交流障碍的人群进行评估和干预的过程。

在聋校，心理与行为干预的对象主要为由于听觉言语障碍等原因导致的有心理与行为障碍的听力残疾学生。

听力残疾学生由于听觉、言语和语言等方面的障碍，通常在信息获取、人际交流、社会活动等方面会受到不同程度的限制，比正常儿童更容易出现心理与行为方面的问题。因此，聋校需要设置心理咨询与行为干预机构，帮助有需要的听力残疾学生。

一、心理与行为干预的主要内容

心理与行为干预的主要内容包括：心理与行为的评估和心理与行为干预两个方面。

（一）心理与行为评估

聋校心理与行为的评估应该包括行为、情绪和交流三个方面。通过观察听力残疾学生行为、情绪、交流的情况，判断其主要属于行为、情绪还是交流问题，了解学生的能力和爱好。

心理与行为的评估可以使用心理与行为干预系统评估软件，该系统适用于一年级到高三年级的学生。系统包括：韦氏学生智力测评软件、艾森克人格问卷软件、卡特尔16种人格因素软件、阿欣巴赫学生行为量表即CBCL量表、学生适应性行为量表、康复效果全程监控系统（单一被试）。

（二）心理与行为干预

心理与行为干预可通过心理辅导、游戏、音乐治疗等方式进行。

二、心理与行为干预的仪器设备

目前，心理和行为干预的设备主要有"心理测验系统"、"可视音乐干预仪"、沙盘等。

（一）心理测验系统

1. 基本功能

该系统主要用于成人或青少年的心理测量。具有真人发音、自动诊断功能、自动报告修改功能、数据管理及统计等功能。

2. 基本构造

由软件和硬件两部分构成，软件部分涵盖了绝大部分成人或青少年常用的心理测量表，并采用全国常模及标准的临床心理测量评分法。

（二）可视音乐干预仪

可视音乐干预仪是在音乐生理学、心理学、视听感统等原理的基础上进行定量评估和实时训练的现代化仪器设备，主要通过音乐刺激来进行。

1. 基本功能

基本功能包括基本信息录入、功能模块选择、播放方式选择、用户档案管理和疗效监控系统五个组成部分。

（1）基本信息录入：用户可通过键盘输入被试的姓名、性别、出生日期，系统自动生成测试日期、记录编号。

（2）功能模块选择：根据患者年龄、音乐喜好等特点，选择趣味视听或联想视听。进入趣味视听，根据评估结果或年龄特点，在童趣篇、动漫篇、频谱篇三个功能模块中做选择；进入联想视听，根据生理或心理特点，在中国音乐和外国音乐两个模块中做选择。

（3）播放方式选择：系统包括单个选曲和处方表选曲两种方式：用单个选曲的方式，可根据患者当下的情况即兴选择曲目；用多个选曲的方式，治疗师可根据患者的具体情况制订干预方案。

（4）用户档案管理：系统为每名患者均建立了一个档案库。患者在进行治疗的过程中，系统会自动记录并储存其个人信息以及处方曲目。用户通过"档案"管理窗口，可实现对上述信息的浏览、查询、统计、删除、打印等多项功能。

（5）疗效监控：疗效监控系统主要利用康复效果全程监控系统（单一被试）来进行治疗效果的跟踪。将每次治疗获得的生理指标和心理指标进行对照，以此来评估治疗结果，修订治疗方案。

2. 基本构造

可视音乐干预仪由软件、硬件组成。

（1）软件部分

软件部分应在 Windows XP 操作系统下运行。可视音乐治疗系统的内容分为趣味视听和联想视听两大部分。其中，趣味视听部分包括童趣篇、动漫篇、频谱篇三个功能模块组成；联想视听部分包括中国与外国音乐两个功能模块组成。两大部分皆根据不同的音乐性质归为三大类，即正性音乐（刺激型音乐）、中性音乐（过渡型音乐）和负性音乐（松弛型音乐）。

（2）硬件部分

可视音乐干预仪的通用硬件：

• 计算机 CPU：奔腾 4 或同级别以上的 CPU

• 计算机硬盘：剩余空间至少 200GB

• 计算机内存：至少 256MB

• 彩色显示器 2 台：分辨率最低在 1 024×768，至少 16 位色，推荐使用 32 位色

• 彩色监控显示器：分辨率最低在 1 024×768，至少 16 位色，推荐使用 32 位色

• 专用台车：85 厘米×60 厘米×78 厘米

• 彩色喷墨打印机，位于台车内

可视音乐干预仪的专用硬件：

• 音频输入/输出（采样频率 11 025/22 050/44 100 赫，采样精度 16bit)

• 信号频率误差≤±4%

• 信号电压误差≤±5%

• 专用内置功放

• 专用音箱：高保真扬声器（含音箱架）

3. 使用方法

（1）评估：包括生理评估、心理评估以及描述法。评估结果记录在病历表中。

（2）基本信息录入：打开系统，输入患者基本信息，建立档案。

（3）导入：在正式治疗之前，进入音乐知识板块，引导学生提前进入状态，感知音乐要素，为开始音乐治疗做准备。

（4）处方表制定：根据患者年龄特点，选择趣味视听或联想视听。进入趣味视听，根据评估结果或年龄特点，在童趣篇、动漫篇、频谱篇三个功能模块中做选择。进入联想视听，根据生理或心理特点，在中国音乐和外国音乐两个功能模块中做选择。

（5）选择选曲方式：系统包括单个选曲和处方表选曲两种方式：用单个选曲的方式，可根据患者当下的情绪即兴选择曲目；用多个选曲的方式，则可根据患者的具体情况制订干预方案。

（三）沙盘

1. 基本功能

是一种特殊的装有沙子的供人在沙子上面进行建造活动的盒子，一般放于低矮的桌子上，用于行为治疗和心理治疗或心理辅导，利用沙盘进行的游戏治疗又被称为"箱庭疗法"。

2. 基本构造

主要由沙盘和模型两部分构成。沙盘外侧为深颜色或木本色，内侧涂蓝色，里装有白色的沙子（可为干沙或湿沙）；沙子上的模型主要包括人物、动物、交通工具、自然景物、建筑物、军事、宗教等方面的物品模型。

3. 使用方法

使用时，治疗师帮助患者以一种自发游戏的心态来创造沙盘世界以及自由地表达内在的感受，帮助患者唤起"童心"。然后，患者开始摆放沙盘世界，此时按照"非言语的治疗"原则，治疗师尽可能保持一种守护性和陪伴性的观察和记录，并努力让患者自己和沙盘交流。

沙盘模型摆放结束后，治疗师开始陪同患者对沙盘世界进行探索，努力对沙盘世界进行深入的体验和经历，在必要的情况下给出建议性、隐喻性或提问性的诠释。

聋校应根据需要进行心理行为干预学生的人数、类型以及康复场地选择适合的设备进行配备。

三、心理与行为干预的配套用品用具

为使心理与行为干预有量表可依，有教材可指导，有用具可用，在心理与行为的评估与训练过程中应有相应的配套用品用具，这既使听力残疾学生的心理与行为评估和训练丰富多彩，能引导听力残疾学生进行积极主动的康复训练，又能使心理与行为评估与训练专用的仪器与设备得到更好的使用。心理与行为干预的配套用品用具包括以下方面：

（一）玩教用具

1. 玩具类：主要用于游戏治疗。包括进行创造性活动的玩具如积木、沙、黏土；运动器具如蹦蹦床、转椅；绘画工具如蜡笔、颜料等、玩具手枪；以及各年龄段听力残疾学生喜欢的卡通玩偶、玩具等，玩具和材料以结构简单，功能多变为佳。

2. 用具类：主要用于认知治疗、行为治疗和音乐治疗。包括心理障碍干预用具（男、女）、早期行为障碍干预用具、日常生活行为障碍干预用具、呼吸放松训练用具。

3. 乐器类：主要用于音乐治疗。包括口风琴、电子琴、笛子、鼓、铃等。

（二）教材量表

教材可以参考《特殊学生可视音乐治疗的理论与实践》、《可视音乐干预方法及案例分析》或世界图书出版社出版的《音乐治疗学基础理论》、华夏出版社出版的《学生智力障碍的音乐治疗》等书籍。

量表可以采用艾森克人格问卷（适用于 7 岁以上听力残疾学生）、学生 14 种人格因素问卷（适用于 8～14 岁听力残疾学生）、阿欣巴赫学生行为量表（适用于 4～16 岁听力残疾学生）、学生适应性行为量表（适用于 3～12 岁学生）等。

第三篇 培智学校

特殊教育学校的设施与专用仪器设备

第7章　培智学校的校园规划与建设 ▶▶▶

　　培智教育与普通教育的共性决定了培智学校的校园规划和基本设施建设在一定程度上与普通中小学学校的建设是一致的，具有普通学校建设的一般性特点。如教室、运动场地、图书馆、餐厅、宿舍等设施的建设，培智学校首先必须达到普通学校建设和装备的基本标准。因此，针对普通儿童制定的《托幼建筑设计规范》[1]《中小学建筑设计规范》[2]《城市普通中小学建设标准》[3]等，对培智学校的校园规划和建筑设计有着极为重要的参考价值。

　　另一方面，培智学校教育对象特殊的生理和心理特点、康复训练的基本需求以及"医教结合"的基本原则又对培智学校的校园规划和教学设施建设提出了特殊的、不同于普通学校的要求。例如，在校园建筑设施建设方面，培智学校学生由于智力和身体机能等各方面都比普通学生差，对危险的感知和躲避能力弱，所以培智学校的建筑设计要突出强调使用中的安全性原则，消除隐患，尽量避免可能发生的伤害；另外，培智学校的学生障碍类型多样，其中有很多学生伴随肢体活动障碍，甚至有些学生要借助于轮椅行动，所以培智学校在规划和设计时，应考虑创设无障碍活动环境，以增进行动不便学生在校园中生活、学习与适应的能力，使他们能与其他学生一样享用学校的各种教育资源。在教室规划和建设方面，培智学校应考虑到本校学生独特的发展需求，设立培智学校特有的、可满足学生不同发展要求的各类教室，如家政室、烹饪室等专用生活训练教室，为了给部分在培智学校就读的学前特殊儿童提供教育和康复服务，同时也为了给一些多重障碍的学生提供特殊的教育服务，培智学校还应设置专门的学前和特需教室。另外，在教室建设标准上，培智学校的要求也应高于一般普通学校。

　　为了对不同类型障碍学生实施康复训练，促进与实现缺陷补偿，培智学校还应专门设立针对学生进行康复训练的康复训练室，包括物理治疗室、作业治疗室、感觉统合训练室、听觉与言语语言训练室、音乐治疗室、认知干预室、心理治疗室等[4]。其中，很多康复训练室对外界环境设施有着特殊的要求。例如物理治疗室、感觉统合训练室等对建筑的面积和层高有着较高的建筑要求，应当建在楼层较低的位置，且远离教学区等场所；听觉与言语语言训练室要求对外界噪声进行适当控制，它对室内光环境的要求也比较高，而且在房间构造和室内设施布置上都有着特殊要求。在设立各类康复训练教室的同时，培智学校还应积极配备必要的专用康复训练仪器与设备，例如用于物理治疗、作业治疗和感觉统合训练的各类康复器具和器械，用于听觉与言语语言训练以及音乐治疗、认知干预训练的各类相关仪器设备，以及其他教玩学具和辅具等。只有这样，才有可能为各类学生提供与其发展相适应的特殊教育，才能将国家"2015 年人人享有康复服务"的目标和培智学校"康复训练"的要求落到实处。

第一节　培智学校的校园规划

一、培智学校校址的选择

由于培智学校不同障碍类型学生身心发展的特殊性，环境对他们的影响十分突出，因此校址的选择对培智学校来说显得尤为重要。所以，在选址过程中，培智学校应联合当地政府部门、教育管理部门，并邀请有经验的建筑和规划专家一同参与，全面考察学校所在地区的环境、校园周边环境等，采用综合分析的科学方法予以确定。

培智学校在选址前应首先对学校的规模进行预测，根据服务区内生源状况和学校未来发展趋势作出合理预算，从而确定学校的总用地面积。教育部《特殊教育学校建设标准（试行）》（1994）规定培智学校的用地面积指标为：18 个班的培智学校生均用地面积不低于 63 平方米，9 个班的不低于 79 平方米[5]。综合考虑我国现阶段的国情和经济发展水平以及培智学校的未来发展趋势，参照国外以及国内相关省份的特殊教育学校建设标准[6]，我们认为新建培智学校的生均用地面积 10 个班以上应以不低于 85 平方米，9 个班以下不低于 90 平方米为宜。另外，考虑到特殊教育的不断地发展及其对相应环境设施需求的不断增长，为了满足以后发展的需要，培智学校选址要留有充足的发展余地，而且在平面布局设计时也应该预留一定面积的发展用地。

教育部颁布的《特殊教育学校建筑设计规范》（2004）对特殊学校校址的选择也作出了明确的说明和规定。一般来说，在确定培智学校校址时应综合考虑以下几个方面的因素：

1. 便捷

培智学校校选址首先应该遵循交通便利的基本原则。同普通中小学相比，特殊学校的服务半径相对较大，一般是按行政区域划片设校，很多学生的家庭住址相对较远；而且培智学校学生障碍类型多样，有很多是肢体活动不便者。为了方便学生上学与回家，培智学校应该建在交通便利的地方。培智学校附近应有相对完善的交通网点，学校周边应有便于安全通行的校园外部道路，并与城市道路相连。另外，培智学校宜临近文教设施、医疗机构、福利机构及公园绿地等地段，这有利于学校利用各种公共设施，也方便学校获得社会社区支持。为培智学校选择一个交通便利、环境优雅的位置，是社会正视特殊学校、尊重残疾学生的充分体现。

2. 安全

在培智学校选址过程中还应贯彻安全性原则。培智学校学生对环境的认识能力较弱，对各种灾害的感知和避难能力差，对很多危险信息的反应不够敏捷。因此，培智学校应选择建在安全地带，保证建筑安全。根据《特殊学校建筑设计规范》[7]：培智学校不应毗邻可能危及师生安全的危险品仓库、煤气站或有污染源的工矿企业等，与各类污染源的距离应符合国家有关防护距离的规定；应尽量避开地震断裂带、滑坡段、山坡地、悬崖边及岩底、河湾地，避开泥石流和洪水频发地区等地段，以防气象变化大时发生事故；培智学校不应选择建在有各种车辆威胁的城市干道和铁路、高速公路交叉口和铁路道口；也应该远离精神病院、传染病房、医院太平间等可能对学生学习和生活产生不利影响的建筑。

另外，培智学校还应避开有强大电波发射的区域，不得将校址选在架空高压线影响范围内或城市热力管线穿越区，建校后亦不得在校园内敷设过境架空高压线或热力管线。这也主要是出于对学生安全方面的考虑。

3. 安静

由于培智学校的学生普遍存在注意力不集中的问题，加上某些康复训练如言语语言训练、听觉训练等都对外界噪声水平有严格的限制，因此，为保障学生的学习质量、满足康复训练要求，培智学校应特别注意校园内外的声环境问题，避免各种噪声干扰。教育部《特殊教育学校建筑设计规范》提出[7]：特殊学校应选择建在安静的地段，尽量避免城市交通噪声源（指机动车辆、火车、飞机在运行时所产生的噪声）、社会生活噪声源（人群社会活动时所引起的噪声，如农贸市场、汽车摩托车修理站等商业、娱乐、体育活动产生的噪声）以及工厂生产和基建施工等噪声源对学生学习和生活所造成的影响。

除了上述因素外，在选择培智学校校址时还应考虑校园内部环境的问题，应保证在学校用地范围内阳光充足、空气清新、通风良好、排水通畅。比如在一些大城市中，建筑密度较高，有时学校会处于高层建筑的阴影遮挡之下，或密集建筑群包围的角落中，使学校无法保证最起码的日照、通风条件；再如有些学校的建设拨地可能会为湿洼地，排水不通畅，在建校时不得不将大量资金用于处理地基排水，以致影响正常建筑施工。这些因素都需要在确定培智学校校址前进行全面考察、综合分析，及时排除各类不良影响及隐患。

二、培智学校校园的用地规划

在校址确定后，接下来的工作就是进行校园规划设计了。在进行校园规划时，首先应该考虑培智学校校园的用地规划问题。根据不同的功能和用途，一般可以将培智学校的校园用地分为三类：建筑用地、运动用地和绿化用地。

1. 建筑用地：建筑用地主要包括各类建筑用房的占地，以及这些建筑周围的通道、建筑物前后的零星绿地及建筑组群之间的小片活动场地等。培智学校的建筑用房主要是指行政用房、教学用房、康复用房和生活用房等。《特殊教育学校建设标准》（试行）规定了各类特殊学校的校舍建筑面积，其中培智学校 9 班规模的生均建筑面积为 30.80 平方米，18 班规模的为 24.2 平方米，这应视为培智学校建筑规划的最低标准。另外，《中小学建筑设计规范》（GBJ99—86）还规定[2]：小学建筑容积率不宜大于 0.8，培智学校的建筑容积率也应符合这个标准。

2. 运动用地：运动用地包括学生上体育课、课间操以及进行课外体育活动时使用的整片运动场地。此外，还包括适合低年级学生学习活动的室外游戏活动场地。《特殊教育学校建筑设计规范》规定[7]，9～12 班规模的培智学校应设置有 200 米环形跑道及 4～6 股 100 米直形跑道的运动场，班级规模较大时，尚需增设 1～2 个球类场地。

3. 绿化用地：培智学校绿化用地包括校前区成片绿地，集中绿地和宽度不小于 10 米的绿地地带以及室外自然科学园地（植物园地）等。《特殊教育学校建筑设计规范》对特殊学校的校园绿化率作出了明确的规定，不应小于 35%，培智学校绿化建设亦应参照这一标准。

三、培智学校校园总平面布局

总平面布局规划直接影响着培智学校校园的使用。如何根据需要合理地利用学校地形地势条件，创造性地进行校舍建筑的空间组合和设计，是培智校园建设的关键环节。培智学校的总平面布局规划和设计应聘请相关专家，并报请有关部门审核批准，以避免出现原则性错误。一般来讲，在进行学校平面布局规划时，应从以下两个维度综合考虑。

（一）空间环境建构

学校是以建筑为主体的空间环境，选择空间作为校园规划的切入点，主要基于以下考虑：首先，从建筑学范畴来讲，空间是解读建筑的最重要的元素，空间要素是建筑中最有概括力的内容；其次，就培智学校乃至普通中小学来看，与教学训练模式关系最密切的是供各种活动开展的空间，无论是室内或室外。所以，培智校园建设和规划中，要妥善处理好室内建筑空间和室外空间的关系。

1. 室内建筑空间：主要指校园内由各种建筑实体所建构用于进行教学训练活动的空间（普通教室、专用教室、公用教室、康复训练室等）及其他服务性空间（如师生宿舍、办公用房、食堂、厕所等）。室内建筑空间的内容及组合方式受教育模式的深刻影响，培智学校特殊的教育训练需求及教育训练模式，引导产生了迥异于普通中小学的室内建筑空间及要求。

2. 室外空间：一般而言，除了室内建筑空间以外的校园区域内环境，都应该隶属于外部空间的范畴，称为室外空间。培智学校的室外空间主要是指室外运动场所、室外教育场所、室外绿地园区，以及由道路、校园广场等构成的其他区域。室外空间和室内建筑空间共同构成了校园总体环境，两者之间互相影响、互相包容并互相沟通。

（二）区域功能划分

建筑形式离不开其内在功能，根据动静需求合理进行功能分区是校园设计的基本准则[8]。从区域功能上来讲，培智学校一般可分为对外咨询与服务区、教学区、学前教育区、康复区、生活区、运动区和绿化区等。在校园规划中，这些主要的功能区域必须明确划分、整体协调，以利于师生学习、生活和交往，符合安全要求。教学区与康复区是培智学校校园内最主要的功能区域，而且要求相对安静，所以在校园建设过程中应妥善处理好各区域的关系，才能使整个校园显得活泼而有序。

1. 教学区：是对学生实施日常教学活动的主要场所。它主要由各种不同要求的教室、辅助用房以及交通面积组成，其中普通教室和学科专用教室是数量最大、使用率最高的主要房间。

2. 行政区：是培智学校校内教师和职工日常办公和处理日常校务的主要场所。它是一所学校的核心区域，负责协调和控制着校园一切事务的正常运转。在区域安置上，应本着以学生为本，便于管理的原则来考虑。

3. 康复区：是对培智学校学生实施康复训练的主要区域，它主要包括各类康复训练室以及相关室外康复场地等。

4. 生活区：是指为满足在校师生的生活需要而建立的相关场所和设施，如宿舍、食堂、浴室、厕所等。生活区的设置，应结合学校的规模、类型和管理方式来确定其具体的组成内容。各种用房在设计中应布局合理，功能明确，便于集中使用和管理。

5. 运动区：主要指培智学校的运动场地、各类球类场地、课外活动场地，包括室内运动场所等。文体活动区同样是校园平面布局设计中的关键部分。因为从动静分区的角度考虑，它属于动区，是学校主要的噪声源，而且占地面积较大，所以在规划中应首先考虑它的位置，以此为基础进行校园动静分区，否则会给学校正常教学和训练带来不便。

6. 绿化区：主要指校园建筑周边绿地、道路两侧绿地、运动场周边绿地以及成片绿地等。植物绿化是形成校园景观的主导因素，它对优化教学训练环境、提高教学训练效率具有重要意义。在校园建设中，要合理规划、精心设计，才能避免绿地建设中的盲目性，提高土地使用率，增强绿化效果。

7. 学前教学康复区：是培智学校对 7 岁以下学龄前智力发育迟缓等特殊儿童实施康复和训练，尽最大可能挖掘其智力潜能、补偿身心缺陷，为更好地适应社会和进一步接受学校教育创造条件的主要区域。

8. 对外咨询与服务区：是培智学校对外协调与联系、提供特殊教育咨询服务并开展相关培训及训练的主要区域。培智学校未来的发展趋势是要发挥特殊教育资源中心的作用，所以学校的校园规划和建设应该考虑到对外联系与提供咨询及服务的基本需求。

第二节　培智学校校舍的建设

一、培智学校校舍的构成

培智学校校舍主要由教学用房、康复用房、生活用房、学前教学康复用房、行政用房以及对外咨询与服务区用房、劳动技能训练用房等几部分组成。

1. 教学用房：主要包括各班级普通教室学、学科专用教室（工艺美术中心、多功能活动室、计算机教室、音乐律动室等）以及图书馆和教育资源中心等。

2. 康复用房：主要包括物理治疗室、作业治疗室、感觉统合训练室、言语听觉功能评估与训练室、语言认知能力评估与训练室、心理与行为评估与训练室、音乐治疗室、游戏训练室、水疗室等。

3. 生活用房：包括学生宿舍、食堂（含操作间、备餐间、蒸饭间、仓库、餐厅等）、浴室、厕所等。

4. 学前教学康复用房：主要包括为学龄前特殊儿童专门设置的主活动室、音体活动室、康复训练室、寝室、衣帽储藏室、卫生间（包括厕所、盥洗、洗浴）等。培智学校全日制学前特殊儿童的寝室可与主活动室合并设置，寄宿幼儿必须独立设置宿舍区。

5. 行政用房：包括各行政办公室、教师办公室、会议接待室、文印室、广播及团队办公室、心理咨询室、卫生保健室、档案室、网络管理室、传达室等。

6. 对外咨询与服务用房：包括对外咨询中心、家长陪护中心、家长休息中心、特殊教育资源中心等。

7. 劳动技能训练用房：包括烹饪室、缝纫室、编织室、电脑室等专业劳动技能训练用房。

二、培智学校校舍建设的基本要求

培智学校的建筑规划和设计，应该充分表达对不同类型在校学生特殊教育需要的人文关怀，充分表现对学生个体差异的尊重，体现服务化、个性化、人文化的时代风范；培智学校教育对象中有很多行动不便者，为满足他们的教育需求，使其能顺利达到校园建筑的每个角落，共享校园教育资源，学校建设应贯彻无障碍设施的建设原则；由于培智学校学生的安全意识和危险躲避意识差，所以在培智学校建筑设计中，要特别注意相关设施在以后使用中的安全性问题。另外，智能化和节能环保也是培智学校在建设过程中应该贯彻的基本原则，智能化是信息时代中小学校园建筑发展的重要标志之一，也是培智学校未来发展的必然趋势；建筑节能是国家节约能源、保护环境、实现可持续发展战略的重要组成部分，在培智学校校园规划和建筑建设的过程中，同样应该自始至终地贯彻以节约能源、减少污染为核心的可持续发展设计理念。

教育部颁布的《特殊教育学校建筑设计规范》对特殊教育学校各类用房的使用面积、建筑层高、建筑净高以及建筑构造等都作出了明确的规定和说明，这些指标是培智学校建筑设计和建设中应该遵循的最低标准，具体要求参见《特殊教育学校建筑设计规范》。下面，我们着重对培智校舍建设中的无障碍设施和安全防护设施的建设进行介绍。

（一）无障碍设施

培智学校学生有很多是行动不便者，他们需要借助于轮椅、拐杖等特殊的辅具才能行动。为了满足这些孩子特殊的需求，保证他们能够平等地享用各类校内资源，培智学校相关建筑设施应符合无障碍设施建设的规范，以保障学生的合法权益，这主要体现在坡道设计、通道设计、电梯设置、扶手设计、相关指示标识的设计等方面。

1. 坡道

为保证轮椅的顺利通行，同时也基于安全方面的考虑，培智学校建筑设施中存在高度差的地方都应该设计成坡道的形式。例如学校建筑物的出入口处一般为室外、室内的分界处，会有高低差，此时应设置斜坡道；门厅和走廊内不得设踏步，当有高差变化时，应采用坡道连接；房间出入口与走廊有高差时，连接处也应采用斜坡道。关于坡道的宽度，至少应保证一辆轮椅能顺利通行，《美国残疾人法令：建筑设施无障碍通行准则》（ADAAG）规定最小为 0.92 米[9]；我国台湾无障碍校园建设的要求是室外坡道有效宽度建设为 1.35 米，最好为 1.50 米以上[10]。坡道的坡度应为 1：12 以下，台湾规定中小学校园坡道坡度以 1：20 以下为宜（这也是 ADAAG 中的标准）。另外，室内坡道水平投影长度超过 15.00 米时，应设休息平台，平台宽度不应小于 1.20 米。

　　室外坡道两侧需设置扶手。参照台湾无障碍校园建设的要求，坡道扶手需自坡道两端向外水平延长 30 厘米以上[10]。扶手分两道时，高度分别为 65 厘米及 85 厘米，若仅设置一道时，则高度为 80～85 厘米，扶手末端应作防撞弯曲处理（见图 7-1）。扶手与墙壁面之间隔为 5 厘米以上，为避免坡道因加设扶手而导致所需净宽不足的情况，安装扶手时可考虑将扶手设在墙壁凹入部分。

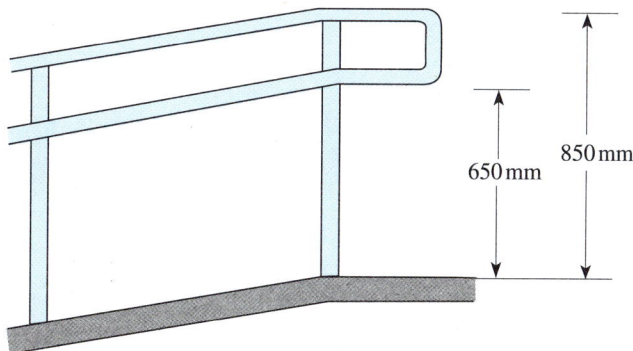

图 7-1　坡道扶手高度及末端处理示意图

　2. 通道

　　培智学校教学楼宜设置门厅，在寒冷或风沙大的地区，教学楼门厅入口应设挡风间（门斗）或双道门，但其深度不宜小于 2.40 米，以保证门扇同时开启所需的最小间距方便轮椅通行；走廊沿墙宜做踢脚线，颜色应与地面相区别；教学用房走廊的净宽度应保证两辆轮椅能以正常速度交错通过。对此，美国 ADAAG 规定的最低标准为 1.52 米，我国台湾中小学校园的建设标准为 1.80 米。我国《特殊教育学校建筑设计规范》规定外廊不应小于 1.80 米，内廊不应小于 2.40 米（指扶手间的净距离）；行政及教师办公用房走廊的净宽度不应小于 1.50 米；对于楼梯通道的净宽，台湾无障碍校园建设标准规定：行动不便者使用的楼梯的有效宽度为 1.20 米以上，我国《特殊教育学校建筑设计规范》规定盲校的楼梯宽度不应小于 1.8 米，培智学校可参照这一标准。

为保证轮椅能够顺利进入室内，建设部颁布的《城市道路和建筑物无障碍设计规范》对无障碍环境中各类门的有效宽度作了明确规定[11]。另外，门的开闭方向与开口大小，必须考虑走廊宽度、墙壁位置及与其他障碍物之间的间隔；自动门的门扇要能够迅速开启，并需注意门扇开启时间的长短，以保证轮椅顺利通过。

表 7-1　各类门的净宽

类　　别	净宽（m）
1. 自动门	≥1.00
2. 推拉门、折叠门	≥0.80
3. 平开门	≥0.80

3. 电梯

建筑物为五层楼以下时，通常不设置电梯，所以很多学校均未设置电梯。但考虑到培智学校教育对象的多样性，行动不便者占有相当比例，所以当教学楼层高超过 3 层时，应在适当位置设置专供行动不便者使用的电梯。电梯附近应设置通往电梯的象形标志。电梯内要求空间宽敞，便于轮椅进出和转弯，电梯内宜设扶手，电梯使用按钮要有良好的光线和语音合成系统提示，并且应从轮椅上可以触及，以方便坐轮椅的学生使用。建设部颁布的《城市道路和建筑物无障碍设计规范》对电梯各设施部位的规格尺寸做了严格规定（见表 7-2），可参照。该标准与美国、英国以及我国台湾地区等对无障碍电梯设施建设的要求基本一致，例如英国 The Building Regulations 2000，Access to and use of buildings 规定[12]：电梯口外应有 150 厘米×150 厘米的空间，电梯口最小 80 厘米宽，电梯厢最小 110 厘米×140 厘米，合适的是 200 厘米×140 厘米；控制开关在 90～110 厘米之间并且距离电梯开口所在墙面至少 40 厘米；至少一面墙上 90 厘米高处有扶手；电梯厢安装镜子以方便轮椅者观察后面。

表 7-2　电梯无障碍设施设计要求

设施类别	设 计 要 求
电梯门	开启净宽度大于或等于 0.80 m。
面　积	1. 轿厢深度大于或等于 1.40 m。
	2. 轿厢宽度大于或等于 1.10 m。

续表

设施类别	设 计 要 求
扶　手	轿厢正面和侧面应设高 0.80～0.85 m 的扶手。
选层按钮	轿厢侧面应设高 0.90～1.10 m 带盲文的选层按钮。
镜　子	轿厢正面高 0.90 m 处至顶部应安装镜子。
显示与音响	轿厢上、下运行及到达应有清晰显示和报层音响。

一般行动不便者的行动都较为缓慢，因此需要将电梯门的开关速度变慢，并且张开时间也需适当延长（10 秒以上）。

4. 扶手

在培智学校无障碍设施建设中，扶手的设置占有很重要的分量。为维护安全、保持平衡，保证学生顺利通行，培智学校很多地方都需设置扶手，包括：走廊通路、楼梯、电梯、庭园步道、斜坡道、台阶、餐厅、浴厕等处。这些扶手是脑瘫儿童或行动不便者在行进中的重要依靠设施，他们经常需要利用这些扶手发挥支撑的作用，以保持身体平衡；中途休息时，可将身体靠在扶手上，因此扶手应安装牢固。参照台湾地区无障碍设施建设标准，可设定扶手荷重为 150 千克，这是考虑了体重 100 千克的人加上 50％冲击力余量的结果。另外，扶手高度、扶手规格以及与墙面距离也是在设计扶手时应该慎重考虑的重要因素。在英国，《建筑规划 2000，到达和使用建筑物》（The Building Regulations 2000，Access to and use of buildings）规定[12]：扶手高度应为 90～100 厘米，至少延伸 30 厘米；材料光滑，没有冰凉感；圆形扶手直径应为 4～4.5 厘米，椭圆形扶手宽不超过 5 厘米；扶手与墙壁之间距离为 6～7.5 厘米；扶手到坡道或楼梯侧边缘不大于 5 厘米。ADAAG 中对扶手形状及其安装的相关规定是：扶手的直径和宽度应该在 32～38 厘米，或者同等便于抓握的形状[9]。考虑到国内学生与西方学生在身高比例方面的差异，为满足不同学生的需求，我们建议所有扶手可平行设立高低不同的两条，低扶手高度宜为 55～60 厘米，高扶手高度宜为 85 厘米左右；扶手起点与终点处延伸应大于或等于 30 厘米；扶手末端应向内拐到墙面，或向下延伸 10 厘米（见图7-2）。

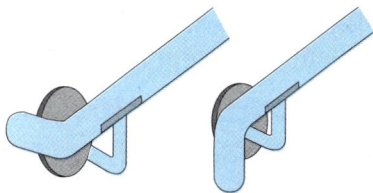

图 7-2　扶手末端设计

5. 标示

标示也是校园无障碍设施建设的必要内容。培智学校的各类功能区、建筑物、活动场所均应根据各类型学生的特性与需求，设置各类体现人性化设计的标示及引导设施，为学生指引方向。否则，行动不便者及其他特殊儿童来回寻找，容易造成困扰，也容易发生意外事故。另外，对于已设置的各类无障碍通路及无障碍设施，也需设置无障碍标示及引导设施，引导行动不便者行进及使用。

在培智学校中，各类标示位置不宜过高，标示字体不宜太小，否则不便于坐轮椅者察看。火灾时，宜利用听觉的警报装置（如一般警铃）。在行动不便者专用设施旁边或附近明显处，应设置无障碍标志，标志色彩对比应宜明晰，可采用蓝底、黑底白色图案或二者相反（即白底蓝色或黑色图案）。

（二）安全防护设施

培智学校学生障碍类型多样化，大多数学生身体机能普遍较弱，他们对危险的感知和躲避能力也比普通学生差很多，所以在培智学校建筑建设中，应特别关注相关设施在以后使用中的安全性问题，着重抓好防滑、防撞、防跌落以及相关安保设施建设。

1. 防滑设施

考虑到行动不便者以及各类特殊儿童的行走安全，培智学校的门厅、走廊及室内地面应具有良好的防滑性。根据"美国保险商实验室"（UL）和"美国材料与测试学会"（ASTM）提供的测试依据：地面静摩擦系数小于0.40 为非常危险范围；摩擦系数在 0.40～0.50 为危险环境范围；摩擦系数在 0.50～0.60 为基本安全范围；摩擦系数大于 0.60 时为非常安全范围[13]。按照这一标准，培智学校地面的摩擦系数应达到 0.60 以上。

就具体防滑措施而言，新建门厅和走廊的地面可采用防滑地面铺材，这类地面铺材利用表面处理技术或特殊材质，使其具有防滑止跌功能。旧有的无障碍通路可利用地面防滑处理剂、防滑地面涂料等作防滑处理；教室内地面宜铺设有弹性的木制地板，或其他防滑、易清洗的地面铺材。严寒地区的教室地面宜采用热工性能好的地面材料。计算机教室室内地面可铺设耐磨地砖、活动防静电木地板或专用防静电地毯等，但不宜铺设一般胶地板、地毯等。

另外，在楼梯设计中，也应特别注意防滑问题。参照美国以及台湾地区等关于校园环境建设的要求，楼梯台阶的级高应在 10 厘米以上、16 厘米以下，级深在 30 厘米以上、35 厘米以下。梯级踏面不得突出，且应加设防滑条，防滑条勿突出于踏面之外，颜色要与踏面有明显的对比，为防止拐杖侧滑，在防滑条上每 30 厘米左右设纵向的缝条，梯级斜面不得大于 2 厘米，挑头需圆角平滑，以免绊脚（见图 7-3）。

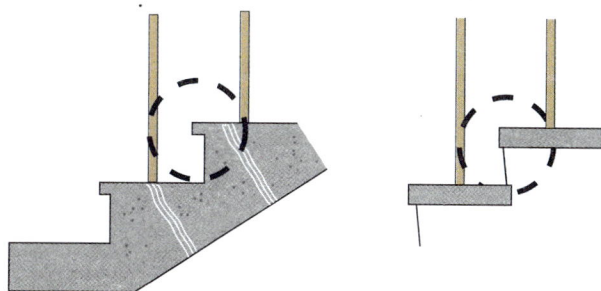

图 7-3　楼梯踏面示意图

2. 防撞设施

培智学校的廊道和室内墙面也应作安全防护处理，墙壁高度 1.5 米以下宜进行软包或贴设壁板，所选壁板材料应具有良好的保温性、吸音性和适当的弹性；为了防止轮椅的脚踏板和大轮子碰坏墙壁，培智学校廊道和室内墙壁 30 厘米以下应设置挡壁；走廊中如果存在突角，容易发生碰撞事故，因此应视实际需要，对墙面作斜面或圆角处理；考虑到学生出入的方便和安全，建筑物出入口处也不得设立弹簧门和旋转门，以避免学生被门扇碰到；培智学校教室及相关用房宜采用自动门，也可采用带有悬挂轨道的折叠门、推拉门或铰链门等，不得使用旋转门；为避免残疾学生进出房间时被开启的门或门槛碰倒，严禁设置门槛。

为了避免学生磕碰，培智学校其他相关设施例如房屋墙壁、讲台、屋柱、门窗洞口的内缘、家具设备的外缘、外露的柱、扶手断面等见棱角的地方均应消除其棱角，采用圆弧形、圆形或切角。

3. 防跌落设施

在培智学校，当建筑层高高于两层时，应特别考虑防范学生从高空坠落的可能性。楼梯是培智学校建筑设计中非常重要的建筑单元，为防止学生不慎摔倒甚至跌落造成伤害，培智学校宜采用直通楼梯或转折楼梯。楼梯坡度不得大于 30 度，楼梯与台阶的颜色要有鲜明的对比。为避免学生从楼梯井处坠落，楼梯一般不设楼梯井。有时为了消防或其他方面的需要，楼梯栏杆之间必须要留缝隙时，该缝隙不得大于 0.20 米。在两层及以上的建筑外廊，临空的一面必须设置相关防坠落设施，同时还不应遮挡住学生的观察视线；为保障室内学生安全，窗台高度不应低于 0.8 米，不得高于 1.00 米；窗间墙宽度不应大于 1.20 米。为不影响教室、走廊的使用和通行安全，宜设立推拉窗；教学楼内二层以上向外开启的窗户应设置防护栏，同时又要便于窗户开启。

4. 安保设施

为保障学生安全，避免出现险情时造成严重后果，培智学校建设过程中应严格按照相关规范配置安全防盗和消防设施，在适当位置合理规划逃生通道，在学校主要通道进出口和相关重要场所安装监控摄像装置等。

三、室内环境与相关设施

良好的室内物理环境和卫生条件不但有利于学生保持愉悦的身心，还有利于学生更好地学习和训练，提高康复效果。所以培智学校各种教学训练和生活用房，应满足不同学生所需的声、光、热、通风等物理环境及卫生条件，达到国家规定的相关标准。

1. 采光与照明

特殊教育学校的光环境应优于普通中小学，采光标准也要相应提高。为保证学生有一个优良的光环境，培智学校的教室用房、宿舍用房应保证良好的日照条件，南向的普通教室冬至日底层满窗日照不应小于 3 小时。教室自然光线的主要入射方向应为学生座位的左侧。当教室南向为外廊，北向为教室时，应以北向窗为主要采光面。《特殊教育学校建筑设计规范》还对培智学校教室用房的采光系数标准值和侧窗窗地面积比以及教室内各表面的反射比值作出了明确规定，在进行建筑设计时应严格参照。比如在进行教室窗户设计时，要注意窗间墙的宽度不宜过大，否则教室采光会不均匀，不易达到《规范》中对玻地比的要求。另外，培智学校每个班级人数较少，面积相对较小，为了提高采光效率，教室内表面宜作浅色处理。

室内照明宜采用全电子三基色荧光灯，不宜采用裸灯。灯具距桌面的最低悬挂高度不应低于 1.80 米。灯管排列应垂直于书写板布置。书写板上方设置局部照明，其垂直照度不低于 500 勒克斯。书写板面上的照度均匀度不低于 0.7。教师面部垂直照度不宜小于 300 勒克斯。

2. 隔声

培智学校学生自控能力差、注意力容易分散，噪声对他们学习和生活的影响要大于正常学生，因此培智学校的声环境也应优于普通中小学。《特殊教育学校建筑设计规范》对特殊学校的声环境质量作出了具体要求。一般来讲，培智学校室内噪声级不应高于 40 分贝，隔墙、楼板的空气隔声计权隔声量应大于 50 分贝，楼板计权标准化撞击声压级不应大于 75 分贝。

培智校园的声环境可以通过合理的平面设计来实现。比如在进行学校平面布局总规划时要根据各功能区的特点实行动静分区，教室不宜直接面对运动场布置，当必须面对运动场时，窗与运动场之间的距离不应小于 25 米。运动场四周设置一定宽度的绿化带，能在一定程度上达到隔音防噪的效果；对教学区内不同的教学训练用房亦应进行合理的平面布置，当产生噪声的房间（如音乐律动室、琴房、健身房等）与其他教学训练用房设于同一教学楼时，应分区布置，并采取适当隔声措施；另外，房屋建筑良好的构造措施也能产生优良的声环境。比如教学楼内的封闭走廊、门厅及楼梯间的顶棚，条件许可的话宜设置吸声系数不小于 0.50 的吸声材料或在走廊的顶棚、墙裙以上墙面设置吸声系数不小于 0.30 的吸声材料，吸声材料的选用应符合防火的要求。

3. 采暖、通风与换气

《特殊教育学校建筑设计规范》规定：培智学校的普通教室及学生宿舍冬季设备采暖设计温度不应低于 18 ℃[7]。学校可选用地板辐射采暖，严寒及寒冷地区宜可采用集中热水采暖系统。当使用普通铸铁或钢散热器时，为避免智障学生因不慎发生散热器烫伤事件，应对散热器采取相应的防护措施，如暗藏或设置暖气罩等。

培智学校教室及宿舍内可安装空调或吊扇，若采用吊扇时应注意与灯具的位置，以免对灯具的照明产生影响。室内应有良好的通风和换气，二氧化碳浓度不得高于 1.5‰。夏热地区的培智学校可采用开窗通风的方式，而温和地区应采用开窗与小气窗相结合的方式，寒冷和严寒地区应采用在教室外墙和过道开小气窗或室内做通风道的换气方式；小气窗设在外墙时，其面积不应小于房间面积的 1/60；小气窗开向过道时，其开启面积应大于设在外墙上的小气窗的 2 倍；当在教室内设通风道时，其换气口设在顶棚或内墙上部，并安装可开关的活门。

4. 给水与排水

培智学校应在校内适当位置设置供应全校学习、生活、消防用的蓄水池，其容量应根据全校人数等因素来计算。校区内应设有完善的室内外给、排水系统。在严寒及寒冷地区，寒假期间，学校用房停止使用时，为防止管道冻裂以及管内存水变质，在给水进户管上，应设泄水装置；培智学校教学楼各层，应设有符合国家卫生标准的饮用水供应点。另外，因为培智学校学生面临灾害时逃生能力差，所以培智学校还应配备完善齐全的消防给水系统及相应设施设备。

5. 电教、信息网络设施

为适应校园建设智能化发展的趋势，同时也为了借助现代化科技手段对各类障碍儿童进行更好的教育与训练，培智学校应结合在校学生的身心特点，分别设置相应的电教、信息网络系统和校园广播系统等相关设施。其中，设有接收共用天线设施、闭路电视系统的教室应有合理的线路设计，线路敷设宜暗装。对这些教室的窗户、灯具等亦应作出合理设计。例如明亮的窗户、灯具在显示屏上会形成亮度高于屏幕的影像，造成反射眩光或光幕反射，应设法避免。培智学校教学用房、训练用房和操场应根据使用需要，分别设置广播支路和扬声器。播音系统中兼作播送作息音响信号的扬声器应设置在教学楼的走道、校内学生活动的主要场所。

四、培智学校生活用房的建设

培智学校的生活用房是培智学校在校学生日常休息、生活的重要场所，其建筑要求首先应满足上面提到的安全、无障碍等基本原则；其次，在某些建筑单体的设计和建筑方面，也有着独特的考虑和需求。

1. 宿舍的建设

培智学校学生宿舍的设计应满足各类残疾学生的基本起居需求，必须符合防火与安全疏散的要求，生均宿舍面积不应低于 4 平方米；宿舍楼不宜于教学楼合建，男女宿舍应分区设置；各层均应设置居室、活动室、储藏室、盥洗室、厕所等；卧室内除床位外，还应留有面盆架和衣柜等的空间，并设有陪护人员床位；宿舍地面最好铺设木质地板，或者利用地面防滑处理剂、防滑地面涂料等作防滑处理。

另外，学生宿舍应设值班室、医务室，值班室应设于宿舍入口处，并设有面向入口的观察窗。在宿舍入口及主要通道处，应安装监控设备。

学前班寄宿幼儿必须按班级独立设置宿舍区，所有设施要按照幼儿教育的要求设置，可参照《托儿所、幼儿园建筑设计规范》（JGJ39-87）。

2. 餐厅的建设

培智学校的餐厅规模应按学生全员计算，食堂餐厅内应设立固定餐桌、洗手池、餐具回收点、餐具存放柜等设施。

餐厅用餐区内应划分为两大区域：一处为高年级学生用餐的自理区域，学生宜采用到窗口购买饭菜的方式或直接送饭菜到桌，购餐窗口的数量要满足学生的购买需求，窗口的设置宽度要照顾到轮椅学生的使用方便。另外，为了照顾不同身高学生的购餐需求，还应设立一部分较低高度的购餐窗口。如果采用直接送饭菜到桌的用餐方式，餐桌间的走道宽度应满足送餐车的通行空间，不得低于80厘米；自理餐区餐桌可采用固定形式，并应考虑到不同身高学生的需求。用餐区内另一处区域是专门为生活自理能力较差的学生设置的辅助就餐区，在本区域内可采用由生活老师协助进餐的方式，所以在餐桌椅的摆放和安置上，应采用单人单桌，可移动的形式。

培智学校餐厅内要保持良好的通风条件，地面同样需做防滑处理或铺设防滑地面铺料。

3. 浴室的建设

考虑到脑瘫儿童等行动不便者的需要，培智学校浴室的设计应以公共淋浴式为主，辅以特殊需要的浴盆式浴室。淋浴式的公共浴室面积可以根据条件作适当调整，但起码要按每班男女各一个浴位，每个浴位150厘米×120厘米，加上150厘米×80厘米的更衣面积来计算，例如一个9班校的浴室面积最少不能低于54平方米。

浴室应靠近锅炉房设立，浴室地面应采用相应防滑措施；根据建设部《城市道路和建筑物无障碍设计规范》的要求并参照美国、台湾等国家和地区关于无障碍浴室建设的标准[14][15]，培智学校浴室出入口有效宽度应设为80厘米以上，其高低差应在2厘米以下，与浴室出入口衔接之通道宽度应在100厘米以上。浴室出入口的门型，以使用自动门为最佳，或装设拉门、折叠门、外开门。

考虑到培智学校学生动手操作的能力较差，淋浴间宜采用单管固定温度的温水喷淋；莲蓬头、水龙头等设施的设置应照顾到不同身高学生的需要，宜设置上下二处位置，以方便使用。靠近喷淋的墙面上应装设高70厘米的水平抓杆和高 140 厘米的垂直抓杆，直径约为 3～4 厘米，材料可选用金属或塑料管材，抓杆要安装坚固，要能承重 100 千克以上，在尽端要弯入到墙内。浴室内各边角宜采用圆角，而且还应于适当位置（距地面高 40～50 厘米处）装设紧急呼叫设备，以便学生发生滑倒等突发事故时可及时呼叫。

4. 厕所的建设

厕所是培智学校的重要设施之一，教工厕所与学生厕所宜分开设置。教学楼及学生宿舍内各层均应设置学生用男女厕所。为了满足行动不便者或乘坐轮椅者的使用需求，培智学校厕所应符合无障碍设施建设的要求，每个厕所内至少应设置一个无障碍隔间厕位，面积不应小于 1.8 米×1.4 米。正常厕位的建设可参照《中小学建筑设计规范》、《特殊教育学校建筑设计规范》等作出的相关规定，下面重点介绍无障碍厕所及厕位的建设要求。

根据现行行业标准《城市建设和道路无障碍设施规范》以及我国台湾地区无障碍校园环境建设的相关标准，进入厕所的通道、出入口等，必须无高低差及障碍物，宽度不得小于 150 厘米。出入口的门宜设置自动门、拉门或折叠门。使用自动门时，应该在内侧关门时能自动上锁，并在外侧标示使用中，同时照明也能连动控制；使用手动式的门时，宜设置拉门或折叠门，拉门、折叠门把手以长条把手为宜。

为保证轮椅的顺利通行，培智学校厕所内无障碍隔间厕位入口净宽不应小于 80 厘米。内设坐式马桶，高度以 40～45 厘米为宜，安装于楼板者或壁挂式悬吊均可。马桶的两侧应设置垂直扶手与水平扶手。垂直扶手应固定于墙壁上，不得已需固定在楼地板上时，需考虑扶手不会阻碍到轮椅的移动；水平扶手的高度应为 65～70 厘米，约与轮椅的手搁同高；宜有一侧水平扶手可移动，平时将扶手靠着墙壁，使用时可将扶手垂直移动，固定于马桶旁。无障碍厕位内冲水装置开关应设置于适当的位置，使坐在马桶上或坐在轮椅上均可操作。冲水装置型式以设置长杆式、足踏式或光电感应式等容易操作的型式为宜。男厕所内最靠近出入口处的小便斗旁边也需设置扶手，扶手尺寸为高 120 厘米，宽 65～70 厘米。

培智学校厕所还应设有前室，内设洗手池（盆）、墙面镜等设施。参照美国等发达国家的做法，前室洗脸盆宜单分一处专供坐轮椅者及行动不便者使用[15]。该专用洗脸盆高度需配合轮椅的尺度，约离地面 70～80 厘米，周围装设扶手，扶手位置以不妨碍使用洗脸盆为原则。其他洗脸盆高度约离地面 80～90 厘米。洗脸盆应加装台面。坐轮椅者专用的洗脸盆，其底部应留设 65 厘米，深度 45 厘米以上的空间，以便能让坐轮椅者膝盖部分靠近。室内镜子应使用倾斜式或面积较大者。镜子上下缘，分别约离地面 170 厘米与 90 厘米，如使用圆形者，则镜子中心点高度约为 120 厘米。

学前教育区的厕所应临近幼儿活动室和寝室，必须符合幼儿教育的特殊要求。厕所和盥洗应分间或分隔开，应有直接的自然通风。参照《托儿所、幼儿园建筑设计规范》（JGJ39—87）的要求，培智学校学前教育区厕所内无论采用沟槽式或坐蹲式大便器，均应有 1.2 米高的架空隔板，并加设幼儿扶手；每个厕位的平面尺寸为 0.80 米×0.70 米，沟槽式的槽宽为 0.16～0.18 米，坐式便器高度为 0.25～0.30 米；盥洗池的高度应为 0.50～0.55 米，宽度为 0.40～0.45 米，水龙头的间距为 0.35～0.4 米。

第三节　培智学校的室外空间建设

一、培智学校室外空间建设的意义及要求

（一）培智学校室外空间建设的意义

在空间序列上，室外空间常常是作为校外空间到室内建筑空间的过渡。功能上承担着集散人流、停车、举办户外活动等作用，在校园生活中有着极为重要的地位。室外空间建设是培智学校校园建设的重要环节，学校应重视校园环境对教书育人所起的特殊意义。近些年来，人们对室外空间建设的认识由轻到重，设计内容从最初的操场空地到今天的多层次外部空间，含校园广场、庭院、操场等；外部空间功能也从满足集散人流等机体功能拓展开来，延伸到陶冶情操等精神功能的领域，环境绿化也日益优美，极大地丰富了学生生活学习其间的兴趣。

优雅、恬静、富有文化气息的校园环境如同无言的桃李一样会感召人，在潜移默化中对学生良好素质的形成产生重要影响。良好的学习生活环境不仅有利于培养学生良好的学习习惯，有利于调整学生的学习情绪，有利于促进学生的身心健康发展，还能激发学生丰富的想象力、创造力，满足学生对未来的憧憬与追求，使学生能全方位发展。教育部颁布的《特殊教育学校暂行规程》（1998）中特别指出："特殊教育学校要重视校园环境建设，搞好校园的绿化和美化，搞好校园文化建设，形成良好的育人环境。"[16]

对培智学校而言，室外空间建设还有更深一层的意义，那就是要充分挖

掘室外空间环境在配合学生运动康复中的积极作用，促进康复训练效果的提高。对培智学校学生来说，他们活动和接触自然的机会少，主动参与的热情和积极性不高。鉴于此，培智学校应利用有限的室外空间，结合学生特殊的身心特点和障碍程度，配合康复训练进程，积极开展各种室外教育训练活动，以最大限度地满足学生的特殊发展需要。

（二）培智学校室外空间建设的基本要求

培智学校室外空间的建设，除了应符合无障碍原则以外，还应遵循以下一些基本要求：

1. 安全性要求

培智学校学生的障碍程度普遍比较严重，而且障碍类型呈多样化。这些学生对各种危险的感知及躲避能力较差，很容易受到伤害。所以在进行室外空间建设时，也应该首先考虑各类设施使用中的安全性问题，这是需要遵循的首要原则。

2. 教育性要求

培智学校的室外空间应结合培智教育的基本特点，依据不同类型障碍学生的特殊需要而设置，应符合教育康复训练的基本要求，以促进培智学校整体教育环境质量的提高。而且，室外空间各区域的设置还应考虑到不同类型学生残疾程度的差异和身体成长变化等因素，以使其具有更加广泛的适用性。

3. 知识性要求

培智学校室外空间还应承担起教育学生的"第二课堂"的重任，可以创设一些科学园地，比如像动物园区、植物园区等。这既可作为培智学校学生的实践教学基地，又能激发学生的求知欲望，丰富校园文化；另外，外部空间设计中，环境小品等形成的艺术氛围，也是促进学生情感和审美能力发展的手段之一，审美素质是素质教育的重要组成，它对学生形象思维的发展、情感意志的培养、心性的健康均有重要作用。

4. 协调性要求

《特殊教育学校建筑设计规范》对特殊学校的室外空间建设作出了协调性的要求。培智学校室外空间的设置应结合校园总体环境进行规划，并根据功能和空间上的连续性，组织成多层次的空间。另外，校园的外部空间环境除了满足校内学生的使用以外，作为所在地域的文化教育设施，还应与学校的周边景观环境相协调，形成良好的地域景观环境。

5. 环保性要求

在学校建设中重视保护环境是社会发展提出的新要求。种树种花、绿化环境是培智学校室外环境建设的重要方面，特别是在我国这样一个生态环境脆弱，国土绿化面积少的国家，绿化校园显得尤为重要。现在有很多培智学校树木绿地很少，却花很大价钱造假山搞雕塑，这种假风景对校园生态环境并无大的益处，其实并不可取。

二、培智学校室外空间的建设

（一）培智学校室外运动场地及设施

1. 运动场地

培智学校室外运动场地的主要是指田径场地、球类场地以及安置固定运动器械、室外游戏器械及相关室外康复器械的场所。

结合培智学校学生生均运动用地指标，9 个班以下的培智学校至少应建设 250 米的环形跑道田径场，至少应设有两组 60 米的直形跑道（直跑道按每组 6 条计算）；9 个班以上的培智学校宜采用 300 米环形跑道，应设有两组 100 米的直形跑道；培智学校应设有篮球场、排球场、乒乓球场等球类场地；由于田径场地和球类场地占地面积较大，所以它是校园规划中举足轻重的要素之一。场地的选址主要考虑朝向要适宜运动，长轴应为南北方向。因为运动场是主要的噪声源，所以要特别注意减少对教学区和康复训练区的干扰，这可以在空间上合理布置，将运动区和教学训练区适当隔离。另外，还可以在运动场地外围及各项运动场地之间设置绿化带，以起到减少噪声干扰和安全保护的作用。为减少和避免学生受到伤害，培智学校运动场地的表面材料应选用不起灰尘、表面平坦，具有一定弹性的地面材料，并确保良好的排水性。为满足部分需借助轮椅来进行活动学生的要求，培智学校运动场地的建设还应符合无障碍原则的相关标准。

为了活跃培智学校低年级学生的学习生活，满足学校多样化的教学需要，除了必需的室内教育空间以外还需设置相应的室外学习活动空间，这主要是指相关室外游戏场地。场地应选择设置在具有良好日照和通风的场所，同时也应采取适当措施降低噪声以减小对周围环境的影响。为了避免学生在游戏中跌倒而不至于受伤，游戏场地地面宜采用塑胶或橡胶砖等，并应有良好的排水性。

另外，为了提高室内康复训练尤其是运动康复和感觉统合训练的效果，培智学校还应设置专门的室外康复训练场地，给学生提供在室外接受康复锻炼的机会。场地的面积、形状可根据学校的规模及整体校园规划情况而定，宜临近室外运动场设置；为了使场地内的训练不致受到其他活动的影响，并给训练间隙的学生有一定停留休息的地方，康复训练场地周边宜设置具有安全防护功能的扶手栏杆（高度为 0.9 米左右），并设置一定数量的休息座椅；室外康复训练场地地面宜采用塑胶、橡胶砖等材料铺面，应保证不起灰尘、表面平坦，具有一定弹性和良好的排水性。

2. 运动设施

运动场地中应设置相应运动设施，比如在田径场地中挖建沙池、设置一定数量的固定运动器械，在球类场地中安置篮球架、排球网、乒乓球台，在低年级游戏场设置一定数量的固定游戏器具，在室外康复场地中设置相关康复训练器械等。

运动及康复训练器械的选择应具有针对性，要结合学生身体发育生长阶段的体能、运动健身技能以及实际发展需求等要素而定，充分体现适用、娱乐的特点，并留有拓展余地。在器械的周边危险部位应有防止学生碰伤的保护措施。固定器械安装要牢固，部分器械下部立柱应采用软性材料包裹。

为了便于运动器械的使用和维护，还应在临近运动场地的位置设置体育器材管理库房，库房的大小和形式可结合运动场地的规模和利用情况来确定；另外，为了满足学生的使用需求，运动场地周围应设相关卫生设施，如学生用洗手池、洗脚池、厕所等，并在室内设置更衣室等。运动场地旁单位距离内应设置供学生休息用的室外座椅，以便给身体机能较差的学生提供短暂休息停留的地方。

（二）培智学校室外绿地及动、植物园区

1. 室外绿地

在进行培智学校室外绿地建设时应遵循这样几条原则：首先，绿化规划作为校园建设的一个重要组成部分，应纳入校园总体规划之中。其次，校园绿化设计要遵循为教学服务的宗旨，坚持实用、经济、美观和因地制宜的原则，要充分利用原有的地形地貌、水体、植被、历史文化遗址等自然、人文条件，与校园文化建设有机地结合起来，形成特有的风格。最后，在绿地设施建设过程中，要做到点、线、面的立体配置，使绿化布局与校园建筑相协

调，在校园中形成多层次，丰富多彩的绿色环境。

培智校园室外绿地的建设应结合学校所在地区的气候特性、植物生态的需要以及降水、温度和湿度及土壤条件等，选择易于管理的树木、花草。在建筑物附近绿化时要充分考虑室内通风采光的需要，离建筑物 5 米以外才可种植大乔木；靠近墙基可种植些低矮的花灌木，但其高度不能超过首层窗户。在建筑物的东西两侧，可种植一些速生大乔木或攀缘植物，以防日晒。道路两侧行道树的选择，应以达到遮阴目的为主，可选用大乔木。运动场周边绿化既要保持通透，又要有一定遮阴。运动场与建筑物之间应有宽 15 米以上的常绿与阔叶乔木混交林带，以起到隔音作用。幼儿及低年级学生使用的游戏场、保育室及普通教室前面应种植草坪，并应合理选择品种。另外，培智学校还可根据自身的经济状况、用地条件等，在校园适当位置建设休憩绿地和花坛等，花坛最好设立于便于管理、向阳及易于观察的场所。

2. 动、植物园区

培智学校设置动、植物园区是为了帮助学生通过观察植物在一年四季中的生长变化来增强对自然的认识，通过观察对小动物的饲养来了解动物的成长过程等，这是特殊教育学校一个重要的实践教学场所。

培智学校的动、植物园区应设置在阳光充足、适于动植物生长的位置；小动物饲养舍应合理地安排好饲养空间、观察空间、收藏空间以及动物排泄物的暂时保管场所等；园地内种植及饲养的植物、动物等应便于动、植物的成长，以及管理上的方便；当设置水生植物及水生动物作为观察内容时，应采用池底水深不大于 0.4 米的水池；植物园区内应结合当地土壤、气候等条件，选择无刺、无毒、不生长各种寄生虫，且四季富有变化、形态相异的树木种植在适于观察的位置。

（三）其他室外设施的建设

1. 校门

学校校门是培智学校内外联系的主要通道，它的选定对学校总平面的布置有极大的制约性，对学生上学、放学的方便、安全也有较大影响。确定学校校门时应综合考虑学校的平面布局，应有利于学校的功能分区和道路组织，保证学生入校后应能直接到达教学与训练区，不应横跨运动区、生活区等。学校校门应设于靠近交通方便、上下学安全、车流较少的街道内。如果必须将校门设于主干道时，应设立缓冲带。

为了确保学生出入校门时的人身安全，培智学校校门的位置应退后城市干道红线 5.00 米以上，形成相应的缓冲空间，并在校门外设置提醒过往车辆在学校出入口附近慢行的警示标志；培智学校校门的大小尺寸应该以人流、车流的通过量，以及校门与城市道路之间的环境特征为依据设计。校门的形式应体现出学校的精神风貌，车行与人行的出入口必须分别设置。应注意选择安全性能高的门及其开闭形式，防止夹伤、碰伤事故的发生。另外，在校门旁边的值班室内应安装设置视频监控系统，或设置独立的安全监控室，对学校校园的整个环境进行安全监控。

2. 前庭广场

前庭广场是对外展现学校校园风貌的一个重要空间，一般位于校园入口和教学楼之间，是人们进入校门之后对整个校园环境的第一印象，也是学生上学、放学的主要集散场所，必要的时候还可作为学校的临时停车场地。因此在进行设计时，要本着以人为本的思想，结合多种方式和方法，努力营造一个良好的广场环境。

培智学校前庭广场应规划好车行与人行的交通流线，设置全天候校车接送学生的上、下车场所；在前庭广场内应设置供师生使用的自行车存放处和外来机动车辆的停车场，停车台数可根据学校的规模和校车的台数设定；另外，在前庭广场内应设置校区标识向导图，以及通知、展示用橱窗等。广场的铺地一般为硬质铺地，应当结合学生的审美需要，采用色彩较鲜艳的材料，选取尺度合宜的图案，并适当结合绿化、灯具、小品等，形成有实质活动及交际功能的场地。

3. 道路

道路是通向校区各个场所的主要途道，培智学校在校园建设过程中应合理规划校园内的交通路线，科学地构建好校内的道路系统以及消防车通道等。道路宽度、形状及路面铺装材料应根据学校的规模及本校学生残疾特征来确定。培智学校校园内道路应创造无障碍通行环境，道路有高差变化时，应设坡度不超过 1∶12 的坡道；高差超过 0.60 米时，坡道两侧应设高度为 0.65 米的扶手。

参考文献

[1] 中华人民共和国行业标准. 托儿所、幼儿园建筑设计规范［S］. 2005.

[2] 中华人民共和国行业标准. 中小学建筑设计规范［S］. 2002.

［3］建设部，国家计委，教育部. 城市普通中小学校校舍建设标准［S］.
建设部，国家计委，教育部. 农村普通中小学校建设标准［S］.（2002年）

［4］杜晓新，王和平，黄昭鸣. 试论我国培智学校课程框架的构建［J］. 中国特殊教育，2007，5：13-18.

［5］中华人民共和国教育部. 特殊教育学校建设标准（试行）［S］. 1994.

［6］江苏省教育厅. 江苏省特殊教育合格学校建设基本标准（培智学校建设标准）［S］. 2007.

［7］中华人民共和国行业标准. 特殊教育学校建筑设计规范［S］. 2004.

［8］张宗尧，李志民. 中小学建筑设计［M］. 中国建筑工业出版社. 2000.

［9］Americans with Disabilities Act（ADA）Accessibility Guidelines for Buildings and Facilities. http：//www. access-board. gov/play/finalrule. htm.

［10］台湾无障碍协会. 特殊教育设施及人员设置标准［S］. http：//www. depa. org. tw/law. htm.

［11］建设部，民政部，中国残疾人联合会. 城市道路和建筑物无障碍设计规范［S］. 2001.

［12］The Building Regulations 2000，Access to and use of buildings（2004 edition）. http：//www. planningportal. gov. uk/uploads/br/BR＿PDF＿ADM＿2004. pdf.

［13］高延继，曲雁. 地面防滑材料与防滑技术［J］. 防水材料及施工，2001，7：31-33.

［14］台湾无障碍设施法令依据95. 10. 25修正. http：//www. hcvs. hc. edu. tw.

［15］Ansley，J. 2000. Creating Accessible Schools. Washington，D. C：National Clearinghouse for Educational Facilities. http：//www. edfacilities. org.

［16］中华人民共和国教育部. 特殊教育学校暂行规程［S］. 1998.

第 **8** 章　培智学校教室建设

　　培智学校教室是智力残疾、脑性瘫痪、自闭症、语言发育迟缓以及多重障碍学生接受康复和教育的主要场所，它是在培智学校校园建设整体规划的基础上设计的。根据我国教育部颁布的培智学校课程方案，综合我国台湾省以及欧美等发达国家培智教育的课程和教育教学特征，我们认为，当前我国培智学校的教室应以四类为主：普通教室、专用教室、康复训练教室以及教学资源中心。

　　随着国家对残疾人事业的重视，以人为本的理念正逐渐渗透到特教事业的方方面面。在培智学校的教学设施建设过程中，坚持以人为本是培智学校建设的基本的原则。表现在教室建设方面就是教学场所的照明、色彩、标识、桌椅、黑板等都要基于培智学校学生的身心发展特点，充分考虑到特殊学生的实际需要。

　　"医教结合"作为特殊教育的一项基本原则，已经从单纯地教育与康复技术的运用发展到对环境和设备的要求。为了能最大限度地促进智障学生的缺陷补偿和潜能开发，培智学校需要从教学环境建设和教学设备配备两方面入手，为医学康复与教育教学相结合提供必备条件。

　　教室作为实施教育与康复的主要场所，建设过程中必须从实际需要出发，最大限度满足培智学校的教育需要。一般来说，培智学校由于教育和康复的两大需求相对独立，因此，按照功能需求相对集中型分布优于疏松分散型分布，这样既便于特殊学生识别，又有利于同一功能区中的各子区域实现功能互补。同时，教室作为学校建筑的主体和学生活动的主要场所，建设过程中也应该体现出降低能耗、节能环保的理念，尽量降低能耗和污染。

第一节　培智学校普通教室建设

培智学校的普通教室是学生接受常规学科教育教学的场所，包括教学过程中对学生进行的个别化训练。

一、集体教室

1. 功能

集体教室是特殊学生集体活动和集体生活的场所。

2. 间数与面积

培智学校普通教室的数量要根据班级数及学校的发展规划确定。面积按照教育部《特殊教育学校建设标准（试行）》（1994），每间教室的面积以不小于 90 平方米为宜。根据培智学校教育教学要求和智障儿童的生理、学习特征，培智学校的普通教室中应该设置教学、游戏、休息、图书、玩具、洗涮、家长陪护等功能区。

3. 基础设施

集体教室中不同功能区的基础设施应该有所区别：一般来说，低年级教室中应包括（1）教学区：主要设施包括讲台、学生桌椅、展示台、自动升降黑板、物品存放柜、多媒体存在柜、组合橱柜等。（2）游戏区：可铺设地毯或地垫，安装玩具架等。（3）独处区：可设屏风，放置滚筒、跷跷板等中小型玩具。（4）图书区：安装取阅架、阅报栏等。（5）玩具区：主要设施为玩具存放橱、柜等。（6）饮水区：主要设施包括饮水机、水龙头、洗手池（加扶手）等。（7）洗涮区：主要设施包括下水道、水龙头、洗涮盆、浴位、浴缸、马桶、镜子等。（8）办公区：主要设施包括隔断式办公桌、椅等。中高年级教室可根据实际情况只设教学区、图书区、饮水区、办公区。

普通教室其他方面的设计需要可遵照《培智学校校舍建筑基本要求》中相关规定。

二、个训室

1. 功能

个训室主要是对特殊学生进行个别化训练和情绪处理的场所。

由于培智学校的学生普遍存在情绪问题，且情绪问题会随时发生，为了保证其他学生不被干扰，教师需要一个单独的空间以便及时处理学生的突发问题。

个训室也是培智学校对学生进行有针对性的个别训练场所。培智学校的学生智力、体力等各方面都存在较大差异，教师在教授集体课的同时，还需要对每个学生进行个性化训练才能完成教育教学任务。因此，原则上培智学校每个普通教室都应配备一个个训室。

2. 间数与面积

学校根据情况设置个训室若干间，每间以同时容纳 2～3 人，6 平方米左右为宜。

3. 基础设施

个训室中包括训练桌椅、训练用品存放柜等基础设施。为了保证个训质量，防止分散学生的注意力，个训室的墙、地面、门、窗、桌椅等基础设施尽量简单、朴实，不宜做过多装饰。窗户应高于学生的视线或对学生视线内的玻璃进行模糊处理，避免影响学生训练。

第二节　培智学校专用教室建设

学科专用教室是保证培智学校各学科教育教学活动正常开展，提高各学科教育教学水平的基本条件。培智学校的学生由于存在智力障碍，学校应针对智障学生身心特点，重视学科专用教室的建设。

根据我国《培智学校课程设置方案》，培智学校开设的某些课程如：美工、音乐、生活指导、职业技术、计算机等对于场地及设施有特殊要求，因此需要单独设置和设计。本书对培智学校的工艺美术中心、计算机教室、音乐律动室、生活自理训练室、劳动技能训练室、蒙氏教室等 6 个学科专用教室进行规划和描述。

一、工艺美术中心

根据教育部颁布的《培智学校课程设置方案》，培智学校应根据学校的实际情况，设置可以开展工艺美术相关课程的教室。具体间数和面积应根据所开设的课程内容由学校自行掌握，本书只对部分教室作基本描述。

（一）工艺美术室

1. 功能

工艺美术室是培智学校开展工艺美术课程，对学生进行工艺美术课程教学和实践的场所。

2. 间数和面积

工艺美术室应不少于三间。其中教学与创作实践室一间，教师准备室一间，作品陈列室一间。准备室由于兼储藏室功能，面积以不小于 20 平方米为宜。教学与创作实践室面积以不小于 55 平方米为宜。陈列室面积可根据需要。

3. 基础设施

由于准备室兼储藏室，因此应有能储存相关物品的橱柜、台、架等基础设施；教学与创作实践室中应包括升降静物台、美术工作台、白板等基础设施；陈列室中应有展板、展示柜等基础设施。

教学与创作实践室的设计在以下几方面需要格外注意：（1）水源：创作室中应该设置供、排水设施，安装水龙头和水槽。（2）照明：书写板上方设置局部照明，其垂直高度的平均值不低于 500 勒克斯。书写板上的照度均匀度不低于 0.7，教师面部垂直照度不宜小于 300 勒克斯。室内照明宜采用全电子三基色荧光灯，一般是要求无太阳直射，而用散射光或人造光。（3）通风：采用排风扇强制排风，以降低粉尘浓度。

该室在窗户和门、采暖、遮光、照明、隔音、信息点等方面的设计要遵照《培智学校校舍建筑基本要求》中相关规定。

（二）陶艺室

1. 功能

陶艺室是对培智学生进行陶艺教学和实践的场所。

2. 间数和面积

陶艺室一般由准备室和教学实践室组成，有条件和需要的学校还可附设一间陈列室，或在教学实践室设陈列区域。教学准备室的面积以不小于 20 平方米为宜；教学实践室面积以不小于 55 平方米为宜；陈列室面积根据需要。

3. 基础设施

教学准备室应有存放物品的柜、橱、台、架等基础设施；教学实践室中包括陶艺台、美术工作台、白板，陈列室应设陈列架、台、灯光等基础设施。

教学实践室的设计在以下几方面需要格外注意：（1）水源：创作室中应该设置供、排水设施，安装水龙头和水槽。（2）照明：书写板上方设置局部照明，其垂直高度的平均值不低于 500 勒克斯。书写板上的照度均匀度不低于 0.7，教师面部垂直照度不宜小于 300 勒克斯。室内照明宜采用高显色性光源，如全电子三基色荧光灯，要求无太阳直射，利用散射光或人造光。（3）通风：采用排风扇强制排风，以降低粉尘浓度。

该室其他方面的设计需要遵照《培智学校校舍建筑基本要求》中相关规定。

（三）书画室

1. 功能

书画室是培智学生进行书画学习、创作、交流和展示的场所。

2. 间数和面积

书画室一间，面积以不小于 55 平方米为宜。附设准备室一间，面积根据需要。

3. 基础设施

准备室应能兼储藏室，具有储存书画教学相关物品的柜、橱、架等基础设施；书画室中包括美术工作台、白板、挂镜线、展板、窗帘、水槽等基础设施。

书画室的设计在以下几方面需要格外注意：（1）水源：创作室中应该设置供、排水设施，安装水龙头和水槽。（2）照明：书写板上方设置局部照明，其垂直高度的平均值不低于 500 勒克斯。书写板上的照度均匀度不低于 0.7，教师面部垂直照度不宜小于 300 勒克斯。室内照明宜采用高显色性光源，如全电子三基色荧光灯，要求无太阳直射，可利用散射光或人造光。（3）通风：采用排风扇强制排风，以降低粉尘浓度。

该室其他方面的设计需要遵照《培智学校校舍建筑基本要求》中相关规定。

二、计算机教室

1. 功能

计算机教室是培智学校开展信息技术课教学的场所。

2. 间数和面积

一般情况下，培智学校设一间计算机教室，面积以能满足培智学校一个班级教学需要为准。由于设备摆放需要较大空间，加上培智学生行动较普通学生不灵活，因此，培智学校的计算机教室应有较富裕的空间，一般应不小于 61 平方米。计算机教室应附设准备室（兼储存室）一间，面积根据需要。

3. 基础设施

计算机教室中包括书写白板、教师主控桌、椅、学生电脑桌、椅、资料橱、机柜等基础设施。

计算机教室的设计和施工应注意以下几个方面：（1）地面和墙面：室内地面可铺设耐磨地砖、活动防静电木地板或专用防静电地毯等，切忌铺设一般胶地板、地毯。墙面安装木制扶手。（2）温度：室内温度一般要求为15～30 ℃。计算机开机工作运行时室内温度最佳为（23±2)℃。（3）遮光：电脑台面无阳光直射。室内无可见眩光，宜安装遮光窗帘。（4）电源：设置独立控制开关、漏电保护器。设置带保护门的安全型电源插座。（5）湿度：宜安装一台抽湿机。室内湿度一般最低要求为 40％～70％。计算机开机工作运行时室内湿度最佳为 45％～65％。（6）防磁：计算机教室应远离有强电磁场辐射的物体。当室外附近有强电磁场干扰时，教室内应有屏蔽设施。

准备室中包括电源的总开关、放置稳压器、配备消防器具、衣架、鞋柜等基础设施。

该室在窗户和门、采暖、遮光、照明、隔音、信息点等方面的设计要遵照《培智学校校舍建筑基本要求》中相关规定。

三、音乐律动教室

1. 功能

音乐律动教室是培智学校开展音乐、舞蹈、体操、律动教学及其他综合艺术活动的场所。

2. 间数和面积

一般情况下，培智学校设一间音乐律动教室，面积以不小于 140 平方米为宜；附设准备室 1 间，用于储物与更衣，面积以不小于 20 平方米为宜。

3. 基础设施

律动室中应包括把杆（高、中、低）、橱柜、小讲台、二级台阶、小演奏台等基础设施。

律动室的设计和施工需注意以下几个方面。（1）窗台高度在 0.80～1.00 米之间。门采用自动门、平开门、推拉门（严禁设置门槛），门上设置观察孔。在连续走廊或教学用房处的地方应做成隔声门，与走廊邻接的墙面不设窗。（2）采用悬空木地板。（3）安装音响、舞台灯、投影仪、屏幕或电视，以及可调的照明灯光（所有灯具安装应保证安全和伴随音乐震动不发出噪声）。（4）室内墙面装镜子，镜子的高度不小于 2.10 米，以 2.40 米为宜，距地面应有 0.3 米的距离。（5）沿墙设低、中、高把杆（低把杆距地面 0.6～0.7 米，中把杆距地面 0.7～1 米，高把杆不少于 1 米），把杆与镜面的距离不宜小于 0.40 米。

准备室应与教室相通，设存放开展音乐、舞蹈等艺术活动的相关用品、用具的储物橱柜、鞋柜，以及电源的总开关和消防等基础设施。

采暖、遮光、照明、隔音、信息点等方面的设计需要可遵照《培智学校校舍建筑基本要求》中相关规定。

随着科技的不断发展，律动教室的基础设施和教室设备已经开始向系统化方向发展，将以往教学中孤立使用的设施和设备进行连接和整合，使原有设施和设备发挥的作用更加有效。如利用埋设在地板下面的与声音同步震动的激励装置，产生与悬空木地板同步震动的效果，有效吸引了学生的注意力，增强学生对音乐和身体的感受；利用计算机控制诸如电子琴、音响乃至话筒等所有外部设备的声音输出和震动输出，方便教师根据需要及时调用和变换教学资源，满足培智学校特殊学生音乐律动教学中的特殊需要；以及利用节奏灯光和频率变换图谱等信息为特殊学生的音乐律动训练提供了更多有针对性的技术支持等。

四、生活自理训练室

（一）家政室

1. 功能

家政室是对特殊学生进行家庭生活常识、日常生活礼仪、室内清扫、整理等生活技能训练的场所。

2. 间数和面积

设置家政室1间，面积以不小于77平方米为宜。其中可分为卧室、客厅、卫生间三个区域。

3. 基础设施

家政室的基础设施包括：（1）卧室：主要包括床、床头柜、衣帽架、衣橱、台灯、床上用品等设施。（2）客厅：主要包括沙发、桌、椅、茶具等设施。（3）卫生间：主要包括浴缸、洗手池、镜子等设施。

该室在窗户和门、采暖、遮光、照明、隔音、信息点等方面的设计要遵照《培智学校校舍建筑基本要求》中相关规定。

（二）厨房

1. 功能

厨房是培智学校学生学习日常餐饮知识和技能的场所。

2. 间数和面积

设置厨房1间，面积根据可能同时受训的学生人数自定。

3. 基础设施

厨房中包括橱柜、灶台、水槽、下水道、油烟机出口、餐桌椅等基础设施。设施数量根据可能同时参与受训的人数自行确定。

厨房的设计在以下几方面需要格外注意：（1）地面和墙面：厨房及卫生间地面要铺设防滑地砖。四周墙面贴瓷砖。（2）通风：安装电扇或空调。厨房应具备良好的排风系统，在炉灶上方安装排油烟设备。（3）电源：设置独立控制开关、漏电保护器。设置带保护门的安全型电源插座。客厅控制电源总开关。（4）水源：设置供、排水设施，安装2套以上水龙头和水槽。厨房控制水源总开关。（5）气源：厨房内应具备管道燃气，并有燃气控制总开关。（6）安保：配备燃气泄漏报警器和消防设施。

五、烹饪室

1. 功能

烹饪室是培智学校对特殊学生传授烹饪知识和技能的场所。

2. 间数和面积

设置烹饪室 1 间，面积应不小于 77 平方米。其中可分为教师讲解示范区、准备工作区（或准备室）、学生操作及品尝区、餐具及炊具存放区。

3. 基础设施

烹饪室中包括橱柜、灶台、水槽、下水道、油烟机出口、餐桌椅等基础设施。设准备室的应配备储物橱柜、台、架等设施。

烹饪室的设计在以下几个方面需要格外注意：（1）地面、墙面和顶棚：地面和地面铺设易清洗、不积灰尘的材料。（2）通风：安装电扇或空调。应具备良好的通风及排风系统，在炉灶上方安装排油烟设备，保证安全有效排出操作时灶具处所产生的油烟、蒸汽。（3）电源：设置独立控制开关、漏电保护器。设置带保护门的安全型电源插座。客厅控制电源总开关。（4）水源：设置供、排水设施，安装 2 套以上水龙头和水槽。厨房控制水源总开关。（5）气源：设置管道燃气，并有燃气控制总开关。（6）安保：配备安全防盗和消防设施（如燃气泄漏报警器）。

六、蒙氏教室

1. 功能

蒙氏教室是利用蒙台梭利教具，对培智学校学生进行动作教育、感官教育、语言与知识、自由、书写、阅读、数学及品德教育等八项能力训练的场所。

2. 间数和面积

设置蒙氏教具室 1 间，面积应不小于 54 平方米。

3. 基础设施

蒙氏教室中包括桌椅、教具架、工作毯等基础设施。该室的地面要铺设木地板，墙面色彩柔和。蒙氏教室应设置单向观察玻璃，方便家长和其他教师观察与观摩。

蒙氏教室在窗户和门、采暖、遮光、照明、隔音等方面的设计需要可遵照《培智学校校舍建筑基本要求》中相关规定。

第三节　培智学校康复训练室建设

培智学校的康复训练室是对特殊学生进行康复训练的主要场所。根据我国《培智学校的课程设置方案》中的要求，和当前我国培智学校残疾学生的需要，我们认为，理论上培智学校应设置包括：物理治疗、作业治疗、感觉统合训练、言语听觉功能评估与训练、语言认知能力评估与训练、心理与行为评估与训练、音乐治疗、游戏治疗、排演治疗、水疗等 10 个教室。调研发现，上述教室除了水疗室受经济条件限制，目前还不宜在每所学校建设外，其余 9 类教室均可根据学校的实际需求进行设置。

一、物理治疗室

1. 功能

物理治疗室是对存在运动障碍的培智学校学生进行粗大运动能力训练的场所。

2. 间数和面积

设置物理治疗室 1 间，面积以不小于 100 平方米为宜。设置储藏室 1 间，面积以不小于 15 平方米为宜。

3. 基础设施

物理治疗室设鞋柜、衣架、座椅、凳等基础设施，储藏室设储物柜、架、挂钩等设施。

物理治疗室的设计在以下几方面需要格外注意：室内 1.20 米以下墙面（1～2 面）进行软包。四周应设延墙木制扶手，高扶手距地面不少于 1 米，低扶手距离地面 0.6～0.7 米，扶手与墙面距离应为 0.4 米。墙面宜贴上隔音泡膜。室内高度应不低于最高设备的高度。

该室在窗户和门、采暖、遮光、照明、隔音、信息点等方面的设计要遵照《培智学校校舍建筑基本要求》中相关规定。

二、作业治疗室

1. 功能

作业治疗室是对存在运动障碍的培智学校学生进行精细运动能力训练的场所。

2. 间数和面积

设置作业治疗室 1 间，面积以不小于 80 平方米为宜。设置准备室 1 间，面积以不小于 8 平方米为宜。

3. 基础设施

作业治疗室设陈列架、鞋柜、衣架、桌椅、凳等基础设施。准备室设储物橱柜、架等相关所需设施。

作业治疗室的设计在以下几方面需要格外注意：室内 1.20 米以下墙面（1～2 面）采用软包。四周墙应设延墙木制扶手，高扶手距地面不少于1米，低扶手距离地面 0.6～0.7 米，扶手与墙面距离应为 0.4 米。墙面宜贴上隔音泡膜。

该室在窗户和门、采暖、遮光、照明、隔音、信息点等方面的设计要遵照《培智学校校舍建筑基本要求》中相关规定。

三、感觉统合训练室

（一）功能

感觉统合训练室是对存在感觉统合障碍的培智学校学生进行感觉统合能力训练的场所。

（二）间数和面积

设置感觉统合训练室 1 间，面积以不小于 120 平方米为宜。设置准备室 1 间，面积以不小于 15 平方米为宜。

（三）基础设施

感觉统合训练室中设鞋柜、衣架、活动座椅、凳等基础设施。准备室设储物柜、架、挂钩等相关设施。

感觉统合训练室的设计在以下几方面需要格外注意：地面要铺设地毯。

1.2米以下墙面采用软包。四周墙应设延墙木制扶手，高扶手距地面不少于1米，低扶手距离地面 0.6～0.7 米，扶手与墙面距离应为 0.4 米。

该室在窗户和门、采暖、遮光、照明、隔音、信息点等方面的设计要遵照《培智学校校舍建筑基本要求》中相关规定。

四、言语听觉功能评估与训练室

1. 功能

言语听觉功能评估与训练室是对存在言语听觉发育迟缓或言语听觉障碍的培智学校学生进行言语听觉评估与训练的场所。

2. 间数和面积

培智学校应设置言语听觉评估室 1 间，训练室若干间（根据需要）。面积以不小于 8 平方米为宜。

3. 基础设施

言语听觉能力评估与训练室中包括个别化训练桌椅、橱柜、陈列架、玩具柜、鞋柜、书柜等基础设施。评估室要求教室的本底噪声低于 50 分贝。训练室周围环境应比较安静，噪声低于 55 分贝。

该室中要设置单向观察玻璃，以便家长和其他教师观察。

该室在窗户和门、采暖、遮光、照明、隔音、信息点等方面的设计要遵照《培智学校校舍建筑基本要求》中相关规定。

五、心理评估与康复室

1. 功能

心理评估与康复室是对存在心理问题的培智学校学生进行评估与康复的场所。

2. 间数和面积

设置心理评估室 1 间，面积以不小于 10 平方米为宜；设置心理康复室1 间，面积以不小于 20 平方米为宜。

3. 基础设施

心理评估与康复室中包括组合桌、椅、沙发、橱柜、书柜、茶几、白板等基础设施。其在地面要铺设地毯、墙面色彩柔和。

该室中要设置单向观察玻璃，以便家长和其他教师观察。

该室在窗户和门、采暖、遮光、照明、隔音、信息点等方面的设计要遵照《培智学校校舍建筑基本要求》中相关规定。

六、音乐治疗室

1. 功能

音乐治疗室是利用音乐手段对培智学校学生进行情绪、人格、能力等各方面进行训练的场所。

2. 间数和面积

音乐治疗室应包括集体治疗室、个体治疗室和准备室各1间。集体训练室面积以80平方米为宜，个体训练室以20平方米为宜，准备室不小于6平方米。

3. 基础设施

音乐治疗室的屋顶与墙壁应做吸音处理，门窗做隔声处理，设单项观察窗。房间形状以方形或长方形为宜，不宜有过多可能使声音产生反射的边角。音乐治疗室中应设格架、鞋柜、活动椅、凳等基础设施，1.5米以下墙面采用软包。房间设红、绿、蓝三基色灯。

准备室应有存放乐器和相关用品、用具的橱柜。

七、语言认知能力评估与训练室

1. 功能

语言认知能力评估与训练室是对存在语言认知发育迟缓或语言认知障碍的培智学校学生进行语言认知能力评估与训练的场所。

2. 间数和面积

设置语言认知能力评估室1间，训练室若干间，每室的面积以不小于12平方米为宜。

3. 基础设施

语言认知能力评估与训练室中包括个别化训练桌椅、橱柜、陈列架、玩具柜、鞋柜、书柜等基础设施。

该室中要设置单向观察玻璃，以便家长和其他教师观察。

该室在窗户和门、采暖、遮光、照明、隔音、信息点等方面的设计要遵照《培智学校校舍建筑基本要求》中相关规定。

八、游戏治疗室

1. 功能

游戏治疗室是运用游戏的方法对存在焦虑、抑郁、恐惧、多动等问题的培智学校学生进行训练的场所。

2. 间数和面积

设置游戏治疗室 1 间，面积应不小于 40 平方米。

3. 基础设施

游戏治疗室中设玩具搁置架、玩具存储柜、水槽、龙头等基础设施，可根据玩具属性进行划分，分类放置。

游戏治疗室要设置单向观察玻璃，以便家长和其他教师观察。

该室在窗户和门、采暖、遮光、照明、隔音、信息点等方面的设计要遵照《培智学校校舍建筑基本要求》中相关规定。

九、排演治疗室

1. 功能

排演治疗室是运用情境剧的方法对存在焦虑、抑郁、恐惧、情绪不稳定、多动等问题的培智学校学生进行训练的场所。

2. 间数和面积

设置排演治疗室 1 间，面积以不小于 80 平方米为宜。

3. 基础设施

排演治疗室中包括小舞台、移动椅凳、道具服装存放柜等基础设施，设单向观察玻璃。

该室在窗户和门、采暖、遮光、照明、隔音、信息点等方面的设计要遵照《培智学校校舍建筑基本要求》中相关规定。

第四节 培智学校学前教室与特需教室建设

一、学前教室

1. 功能

学前教室是培智学校对学前儿童进行教育和康复训练的场所。近年来，随着人们对特殊教育认识的提高，早发现、早诊断、早干预等早期干预的理念已深入人心，智障教育的对象有低幼化的趋势。因此，在培智学校中设置学前教室已经成为智障学生和家长的迫切需要。

培智学校的学前教室设计要符合国家对普通托幼机构教室或教室区建设的基本要求，要能够满足特殊学生学习、生活和教师办公的需要。

2. 间数和面积

学前教室的间数可根据实际需求，每间（单元）面积以不小于 90 平方米为宜，应包含卫生间、卧室、活动室。

3. 基础设施

学前教室的基础设施应以满足培智幼儿在校一天生活、训练的所需为准。按功能分为（1）教学活动设施：包括学生桌椅、升降黑板、多媒体存在柜、组合橱柜、木制取阅架、书柜、玩具柜等。（2）休息设施：包括床、褥子、被子等。（3）餐饮设施：包括餐桌、饮水设施、洗涮设施等。（4）卫生设施：包括洗涮盆、浴位、浴缸、马桶、镜子等。（5）办公设施：包括隔断式办公桌、储物柜等。

学前教室的地面以铺设富有弹性的复合木制地板为宜，也可采用其他方便清洁和安全、舒适的材料。教室 1.20 米以下墙面要进行软包，墙面安装挂镜木线。

该室在窗户和门、采暖、遮光、照明、隔音、信息点等方面的设计要遵照《培智学校校舍建筑基本要求》中相关规定。

二、特需教室

1. 功能

特需室是培智学校为具有特殊需要的学前特殊儿童设置的教学与训练场

所。用于学前儿童突发情绪问题处理、极重度残疾儿童个别训练、多重残疾儿童个性化训练等。

2. 间数和面积

培智学校可根据需要设置特需室，每间面积以不小于 15 平方米为宜。

3. 基础设施

特需室的基础设施应包括：1.20 米以下墙面软包，舒适且方便清洁的地面材料，可移动的学生安全桌椅，有安全防护设施的门、窗、灯具及冷暖设施。

第五节　培智学校教学资源中心建设

培智学校的教学资源中心，是为教室提供各种信息支持的教室，包括图书馆、教具存放与制作室、电子资源编辑室和信息交流中心 4 部分。

一、图书馆

（一）阅览室

1. 功能

阅览室是师生阅读和检索信息的场所。

2. 间数和面积

阅览室应包括图书阅览室和电子阅览室各 1 间。图书阅览室的面积不应小于 120 平方米，电子阅览室面积可根据需要。

3. 基础设施

阅览室的基础设施参考培智学校普通教室的基础设施建设相关要求，还应包括阅览桌、椅、书架、报栏、电脑桌、椅，网络端口、安全电源及插座，灭火器具等基础设施。

该室在窗户和门、采暖、遮光、照明、隔音、信息点等方面的设计要遵照《培智学校校舍建筑基本要求》中相关规定。

（二）书库

1. 功能

培智学校的图书馆书库是学校储藏图书的场所。

2. 间数和面积

根据藏书数量设置书库，面积应不小于 60 平方米。

3. 基础设施

书库的基础设施应满足纸制出版物储藏的环境要求，包括书架、书柜等基础设施。

该室在窗户和门、采暖、遮光、照明、隔音、信息点等方面的设计要遵照《培智学校校舍建筑基本要求》中相关规定。

二、教具存放与制作室

（一）教具存放室

1. 功能

教具存放室是教师进行教具存放和陈列的场所。

2. 间数和面积

根据需要设置教具存放室。集中存放于 1 间，面积应不小于 50 平方米，分别存放时根据教具种类和数量。

3. 基础设施

教具存放室的基础设施建设应考虑到教具存放的环境需求，并包括书架、橱柜、大桌子、椅子等基础设施。

该室在窗户和门、采暖、遮光、照明、隔音、信息点等方面的设计要遵照《培智学校校舍建筑基本要求》中相关规定。

（二）教具制作室

1. 功能

教具制作室是教师制作教具的场所。

2. 间数和面积

一般情况，培智学校可设置教具制作室 1 间，面积不小于 40 平方米。

3. 基础设施

教具制作室中包括书架、橱柜、大桌子、椅子等基础设施。

该室在窗户和门、采暖、遮光、照明、隔音、信息点等方面的设计要遵照《培智学校校舍建筑基本要求》中相关规定。

三、电子资源编辑室

（一）功能

电子资源编辑室是教师搜索网络资源、进行资源共享、完成电子备课的场所。

（二）间数和面积

设置电子资源编辑室 1 间，面积不小于 20 平方米。

（三）基础设施

电子资源编辑室中包括电脑桌、网络客户端椅子等基础设施。

该室在窗户和门、采暖、遮光、照明、隔音、信息点等方面的设计要遵照《培智学校校舍建筑基本要求》中相关规定。

四、信息交流中心

（一）会议室

1. 功能

会议室是师生开会的场所。

2. 间数和面积

培智学校至少应设置一大、一小两间会议室，大会议室面积不小于 120 平方米，小会议室面积不小于 20 平方米。

3. 基础设施

大会议室中应包括会议桌、椅、电脑、投影控制台、扩音设备等基础设施，小会议室应有会议桌椅。

该室在窗户和门、采暖、遮光、照明、隔音、信息点等方面的设计要遵照《培智学校校舍建筑基本要求》中相关规定。

（二）报告厅

1. 功能

报告厅是师生组织教学观摩等学校大型活动的场所。

2. 间数和面积

设置报告厅 1 间，其面积应不小于 200 平方米。

3. 基础设施

报告厅中包括主控台、报告桌、座位等基础设施。

报告厅的设计在以下两方面需要格外注意（1）照明：要配备舞台灯、大厅灯、调光灯、射灯。教室中自然采光良好（宜北向采光）。报告厅侧窗窗地面积比不应小于 1∶5。室内天然临界光照度不应小于 150 勒克斯。当室外临界照度为 5000 勒克斯时，采光系数不应小于 2％。（2）隔音：室内噪声级不应高于 45 分贝。隔墙、楼板的空气隔声计权隔声量应大于 50 分贝。楼板计权标准化撞击声压级不应大于 75 分贝。

该室在窗户和门、采暖、遮光、照明、隔音、信息点等方面的设计要遵照《培智学校校舍建筑基本要求》中相关规定。

（三）演播室

1. 功能

演播室是存放闭路电视、音频广播等系统的场所。

2. 间数和面积

设置设备 1 间、面积以不小于 20 平方米为宜；设置演播室 1 间，面积以不小于 30 平方米为宜；设置工作室 1 间、面积以不小于 20 平方米为宜。

3. 基础设施

演播室中包括主控台、闭路电视、音频广播等基础设施。

演播室的设计在以下几方面需要格外注意（1）地面、墙面：设备间、工作室地面要铺设具有防尘、防静电的专用地板；演播室铺设木质地板。（2）窗户和门：窗户和门各设一扇。下方为移动式透明玻璃窗户，上方为气窗。（3）照明：演播室操作面上的垂直照度不低于 200 勒克斯，配备冷光源舞台灯光。（4）电源：工作室安装控制设备间电源的总开关，设备间、演播室设置独立控制开关、漏电保护器。设置带保护门的安全型电源插座。（5）信息点：设置网络接口多个、配有闭路电视接口和广播接口。

该室在窗户和门、采暖、遮光、照明、隔音、信息点等方面的设计要遵照《培智学校校舍建筑基本要求》中相关规定。

（四）多功能活动室

1. 功能

多功能活动室是教学观摩以及观看视频的场所。

2. 间数和面积

设置设备室 1 间、面积以不小于 20 平方米为宜；设置活动室 1 间，面积以不小于 50 平方米为宜；设置工作室 1 间、面积以不小于 20 平方米为宜。

3. 基础设施

多功能活动室中包括主控台、闭路电视、音频广播等基础设施。

多功能活动室的设计在以下几方面需要格外注意（1）地面、墙面：设备间、工作室地面要铺设具有防尘、防静电的专用地板；演播室铺设木质地板。（2）窗户和门：窗户和门各设一扇。下方为移动式透明玻璃窗户，上方为气窗。（3）照明：多功能活动室操作面上的垂直照度不低于 200 勒克斯，配备冷光源舞台灯光。（4）电源：工作室安装控制设备间电源的总开关，设备间、演播室设置独立控制开关、漏电保护器。设置带保护门的安全型电源插座。（5）信息点：设置网络接口多个、配有闭路电视接口和广播接口。

该室在窗户和门、采暖、遮光、照明、隔音、信息点等方面的设计要遵照《聋校校舍建筑基本要求》中相关规定。

（五）校园机房

1. 功能

校园机房是学校管理校园网等系统的专用场所。

2. 间数和面积

设置设备室 1 间，面积以不小于 30 平方米为宜；设置工作室 1 间，面积以不小于 20 平方米为宜。

3. 基础设施

校园机房中包括主控台、校园网服务器端等基础设施。

校园机房的设计在以下几方面需要格外注意（1）地面、墙面：设备间、工作室地面铺设具有防尘、防静电的专用地板；演播室铺设木质地板。（2）窗户和门：窗户和门各设一扇。下方为移动式透明玻璃窗户，上方为气窗。（3）照明：演播室操作面上的垂直照度不低于 200 勒克斯，配备冷光源舞台灯光。（4）电源：工作室安装控制设备间电源的总开关，设备间、演播室设置独立控制开关、漏电保护器。设置带保护门的安全型电源插座。（5）信息点：设置网络接口多个、配有闭路电视接口和广播接口。

（六）信息监控室

1. 功能

信息监控室是应对学校课堂教学情况以及校园安全情况进行监控的场所。

2. 间数和面积

设置信息监控室1间，面积以不小于20平方米为宜。

3. 基础设施

信息监控室中包括主控台和教室监控、校园监控客户端、桌椅等基础设施。

该室在窗户和门、采暖、遮光、照明、隔音、信息点等方面的设计要遵照《培智学校校舍建筑基本要求》中相关规定。

参考文献

[1] 中华人民共和国教育部. 特殊教育学校建筑设计规范（JGJ76—2003）[S]. 2007.

[2] 中国残联残疾人康复中心建设标准 [S]. 2006.

[3] 学校课桌椅卫生标准（GB7792—87）[S]. 2003.

[4] 建筑照明设计标准（GB50034—2004）[S]. 2004.

[5] 城市区域环境噪声标准（GB3096—93）[S]. 2000.

[6] 上海市聋校、辅读学校教学与康复设施设备装备标准（试行）[S]. 2007.

[7] 上海市普通中小学校教学装备标准（征求意见稿）[S]. 2006.

[8] 广东省示范性中小学实验室及功能教室装备要求及建设标准（征求意见稿）[S]. 2005.

[9] 普通高级中学家政科设备标准 [S]. 台湾：2005.

[10] 职业学校家政群科课程暂行纲要暨设备标准 [S]. 台湾：2005.

[11] 陈云英. 培智教育学校办学条件调查报告 [J]. 中国特殊教育，2006，12：33-38.

[12] 杜晓新，王和平，黄昭鸣. 试论我国培智学校课程框架的构建 [J]. 中国特殊教育，2007，5：13-18.

[13] 黄昭鸣，杜晓新，孙喜斌，卢红云，周红省. "多重障碍、多重干预"综合康复体系的构建 [J]. 中国特殊教育，2007，10：3-13.

[14] 黄昭鸣，万勤，张蕾. 言语功能评估标准及方法 [M]. 华东师范大学出版社，2007.

[15] 孙喜斌，刘巧云，黄昭鸣. 听觉功能评估标准及方法 [M]. 华东师范大学出版社，2007.

[16] 幼儿园建设标准（教基字108号，1988）[S].

[17] 幼儿园建设标准（上海教委，1995）[S].

第9章　培智学校康复教学专用仪器设备 ▶▶▶

教育部最新颁布的《我国培智学校课程设备实验方案》中课程设备原则的第四条（教育与康复相结合）提出："在课程特色上，针对学生智力残疾的成因，以及运动技能障碍、精细动作能力缺陷，言语和语言障碍、注意力缺陷和情绪障碍，课程注意吸收现代医学和康复技术的新成果，融入物理治疗、言语治疗、心理咨询和辅导、职业康复和社会康复相关专业的知识，促进学生健康发展。"强调了特殊学校康复理念的加强和康复技术的应用[1]。培智学校的学生都需要接受系统的个别化训练或康复治疗，才能达到康复和教育的目的。因此，在培智学校的教育教学中，针对学生每一个个体的评估和训练是教育教学的重要基础和任务。本书根据教育部《我国培智学校课程设置实验方案》中课程设置原则，按照康复训练的类别对培智学校的专用设备进行了分类。

培智学校教育康复专用仪器设备包括 6 大类：

1. 运动功能康复的专用仪器设备；
2. 感觉统合训练的专用仪器设备；
3. 言语与语言康复的专用仪器设备；
4. 认知干预的专用仪器设备；
5. 音乐治疗的专用仪器设备；
6. 心理康复的专用仪器设备。

由于培智学校用于康复训练的很多设备属于医用康复器械，因此，使用的安全性很重要，不仅设备本身必须满足国家对于医用设备安全性的通用要求（通过国家医疗器械市场准入审查，获得国家医疗器械注册许可证），使用者（教师）也必须经过相关专业培训，这样才能保障残疾学生安全，按计划完成培智学校的教学及康复任务。

第一节 运动功能康复的专用仪器设备

培智学校中运动功能康复的对象主要是具有粗大运动障碍或精细运动动作障碍的智力残疾学生。

一、运动功能康复的主要内容

运动功能康复是指通过躯体运动锻炼、按摩、牵引、作业活动等手段促使具有肢体运动障碍的患者改善或恢复肢体运动功能，从而达到康复的目的，主要包括粗大运动功能的康复和精细运动功能的康复两大方面。粗大运动功能的康复主要通过物理治疗完成；而精细运动功能的康复则主要通过作业治疗完成。

物理治疗（Physical Therapy，简称PT），是基于现代西方医学的非药物治疗方法之一，是通过躯体运动、按摩、牵引、机械设备训练等力学因素和电、光、声、磁、冷热等其他物理因素预防和治疗伤病的一种治疗方法，包括运动治疗和电、光、声波等其他物理疗法。物理治疗是为了缓解症状或改善功能而进行全身或身体某一部分的运动训练以达到康复的方法。对于培智学校中的具有肢体残疾的儿童，物理治疗主要是通过运动治疗对其躯体运动功能如肌力、关节活动度、平衡、姿势控制、步态等方面进行训练和治疗，从而提高他们的机体运动功能。

作业治疗（Occupational Therapy，简称OT），是以有目的的、经过选择的作业活动为主要治疗手段，用来维持、改善和提高患者精细运动功能，使患者最大限度地达到生活自理能力的治疗方法。

通过物理治疗、作业治疗等手段进行运动功能康复，可以增加肌肉的力量，提高关节活动的灵活度，增强运动的协调性，改善机体的平衡等，从而使患者的各种粗大运动功能以及精细动作能力达到最大程度的康复，最大限度地改善与提高其日常生活自理能力，提高其生活质量，回归家庭与社会。

运动功能康复必须按照一定操作流程进行，基本操作流程如下：

1. 收集个人基本信息、肢体运动障碍的临床资料，取得家长的配合，澄清不合理的治疗期待等；

2. 了解特殊学生的肢体运动状况、关节运动能力、肌张力、步态、运动平衡、身体姿势、手指运动状况、手指协调能力等，分别对其各个方面进行详细的评估；

3. 根据评估结果，诊断特殊学生肢体运动障碍的类别以及运动功能障碍的严重程度；

4. 根据诊断结果，设定治疗的长、短期目标。目标必须具体、简单、有针对性。治疗过程中随时监控特殊学生的治疗效果，以作为后续治疗的依据，依据治疗效果修改治疗方案，并评估是否达到了预期的目标。整个物理治疗过程遵循评估→治疗→监控→评估→治疗→监控的科学程序（A＋T＋M程序，Assessment→Therapy→Monitor），在尽可能短的时间内使学生的肢体运动障碍得到康复。

二、粗大运动功能康复的专用仪器设备

目前，用于粗大运动能力评估的仪器设备主要有角度尺；用于粗大运动能力训练的仪器设备主要有关节训练器械、肌力训练器械、姿势矫正器械、步态或平衡训练器械等。

（一）角度尺

1. 基本功能

主要用于评估手指、肘等关节活动范围及脊柱弯曲程度。

2. 基本构造

质地一般为木制、有机玻璃制等。常用规格为一套包括五种不同的角度尺。

3. 使用方法

使用时，根据检查关节部位和检查方法的不同而选择相应的角度尺。

（二）腕关节掌屈训练器

1. 基本功能

用于腕关节活动范围以及进行肌力训练，以改善腕关节各方向的活动范围增强手指活动性及肌力。

2. 基本构造

主要为金属结构，手柄为木制。阻力、运动半径和高低都可根据需要

调节。

3. 使用方法

训练时，患者将双手握住手柄来回旋转来改善腕关节活动范围以及进行肌力训练。

（三）上肢推举训练器

1. 基本功能

主要用于患者上肢肌力、协调活动力的训练，通过训练可以提高上肢伸肌肌力，提高上肢关节活动度。

2. 基本构造

由底座、倾斜底盘、滑杆和滑动块几部分构成。一般的规格为450毫米×420毫米×670毫米。

3. 使用方法

训练时，患者双手抓住滑杆，将滑动块向上推举进行训练。

（四）滑轮吊环训练器

1. 基本功能

用于肩关节肌力和关节活动度的训练，以改善肩关节、肘关节、腕关节活动功能，增强肌力。

2. 基本构造

由一个滑轮、一根滑绳和两个吊环组成。

3. 使用方法

将滑轮固定于高处，滑绳穿过滑轮，训练时，患者双手抓住滑绳两端的吊环，通过滑轮进行拉伸训练。

（五）前臂旋转训练器

1. 基本功能

用于前臂旋转的运动训练。

2. 基本构造

由支架和转盘构成，转盘的高度以及转动的阻力可调节。

3. 使用方法

训练时，患者面对器械，选择舒适的距离站立，双手抓住圈中的把柄，有规律地做旋转。

（六）肩关节旋转训练器

1. 基本功能

用于肩关节旋前和旋后活动度的训练，并增强肩部力量。

2. 基本构造

由支架和转盘或转轮构成，可供多人使用，转盘或转轮的高度和转动的力量可以调节。一般有转盘式和轮式两种。

3. 使用方法

训练时，患者面对器械，选择舒适的距离站立，双手抓住圈中的把柄，有规律地做旋转。

（七）胸背部矫正运动器

1. 基本功能

用于对胸背部畸形患者的训练，配合复式墙拉力器使用，可防止、矫正胸背部畸形，并可训练上肢、胸部肌肉力量和耐力。

2. 基本构造

主要由底板、支架、长垫板等部分构成，亦可配合复式墙拉力器使用。

3. 使用方法

患者背靠于垫板上，调整拉力器的重量，使患者的胸背随垫板而改变体位。

（八）股四头肌训练椅

1. 基本功能

用于对受训者大腿股四头肌的训练，通过调整重锤的位置、重量来进行股四头肌的抗阻主动运动，进行肌力训练，并进行关节活动度训练。

2. 基本构造

股四头肌训练椅主要由坐椅、滑轮、脚镫和重锤等部分构成，通常椅上部分又可放平用于平卧。

3. 使用方法

使用时，调整训练椅力臂的角度，让患者分别以坐位，进行常规的股四头肌训练；俯卧位，进行大腿后侧肌群训练以及进行上肢肌力训练。

（九）踝关节矫正板

1. 基本功能

用于矫正受训者足下垂、足内翻、足外翻等畸形，并防止上述畸形的出现。

2. 基本构造

踝关节矫正板主要由底板、靠板、支架和防护带构成，支架可以进行调整，使矫正板的角度发生改变。

3. 使用方法

使用时，使用者取站立位，身体倚靠靠板，手扶扶手杆，系上防护带，脚踩在底板上，在自身体重作用下，强制踝关节保持在某一角度，并保持一段时间。

（十）髋关节旋转训练器

1. 基本功能

用于训练髋关节活动度及控制能力。

2. 基本构造

一般有带扶手和不带扶手两种。

3. 使用方法

使用时，通过足的旋转运动，改善髋关节的活动范围。

（十一）组合运动训练器

1. 基本功能

用于对患者腕、前臂、肩等多个部位和关节的运动和协调能力同时进行训练。

2. 基本构造

组合运动训练器由肩关节旋转训练器、前臂旋转训练器、腕关节屈伸训练器、复式墙拉力器4件组合而成。

3. 使用方法

使用时，患者根据训练部位的需要选择两个以上相应的训练器同时进行训练。

（十二）站立架

1. 基本功能

主要用于下肢瘫痪者的站立训练，增强肌力并防止肌肉萎缩、矫正畸形。

2. 基本构造

站立架主要由底座（可带轮）、支架、靠背、固定带（架）几部分构成，可有多种尺寸规格，部分站立架可根据儿童的身高的不同而进行调整。一般可分为脑瘫儿童站立架、单人、双人、四人站立架等种类。

3. 使用方法

使用时，将自身不能站立的患者固定在站立位，进行站立功能训练或游戏活动。

（十三）支撑器

1. 基本功能

可用于帮助患者身体转移动作的完成和训练以及上肢肌力训练。

2. 基本构造

主要由撑杆（钢或木质）、撑架（钢或木质）和防滑层（橡胶板或地毯类材料）构成。

3. 使用方法

在运动垫、训练台、床上使用，患者双手各撑一个支撑器，以自身体重作为负重，做上半身上举运动，或者瘫痪者利用支撑器，可在训练台上进行从轮椅到床上、从床到轮椅上的模拟移乘（身体转移）动作训练。

（十四）踏步器

1. 基本功能

主要用于提高患者下肢肌力的训练，同时可以锻炼腰部、腹部等多个身体部位。

2. 基本构造

主要由底座、支架、踏板、连杆部件、阻尼装置等部分构成。有立式和坐式两种。

3. 使用方法

使用时，患者的双脚放于踏板上，跟随踏板的灵活转动而进行身体尤其是下肢的活动。

（十五）平行杠、平衡板

1. 基本功能

用于对受训者平衡功能进行训练，适用于偏瘫、脑瘫等运动失调者的平衡训练。

2. 基本构造

平衡杠主要由支架和一组平行的长杆构成，平行杠的高度可通过螺栓进行调节。平衡板为一约 9 厘米高的底部为弧形、上部为平板的圆木。两种器械常配合使用。

3. 使用方法

两者经常合用，患者可在平行杠的辅助下，在晃动的平衡板上进行移动，肢体负重和平衡练习。

（十六）训练用阶梯

1. 基本功能

用于提高受训者步行能力训练，受训者可利用扶手或拐杖进行上下阶梯的步行训练，锻炼和增强躯干和下肢肌力，活动下肢关节，并提高受训者屈膝、屈髋的能力。

2. 基本构造

训练用阶梯主要由扶手、阶梯、平台几部分构成，一般有 L 型和一字型两种类型，两端各有两到三个阶梯，阶梯高度在 80～130 毫米之间，扶手高度可根据需要进行调整。

抽屉性阶梯由四到五个不同高度的阶梯构成，两侧无扶手。

3. 使用方法

抽屉性阶梯在使用时可将阶梯由低到高依次排放，不用时可以收回成为整体。使用时，患者利用阶梯扶手或拐杖进行上下台阶的步行训练。

（十七）助行器

1. 基本功能

用于帮助患者保持立位身体平衡、支撑体重、训练行走、增强肌力。

2. 基本构造

　　主要有手撑式和轮式两种。手撑式助行器具有稳定性能好、高度可随使用者的身高随意调节的特点。主要用于上肢功能完善，而且下肢功能损伤较轻的患者。手撑式又可分为固定式，稳定性能好、价格低；折叠式，运输收藏方便；差动步进式，双手交替移动助行器前行。

　　轮式助行器带有脚轮，行走时助行器始终不离开地面，由于轮子的摩擦阻力小，易于推行移动。适用于下肢功能障碍，且不能抬起助行架前行的使用者；但其稳定性能稍差。其中又分为两轮式、三轮式、四轮式；可具有带座位、手闸制动、其他辅助支撑功能的多种形式。

　　3. 使用方法

　　使用时患者支撑于助行器上，以双手推动使其逐步向前移动。

（十八）物理治疗床

　　1. 基本功能

　　用于进行按摩、物理治疗等。当治疗师对患者进行各种手法、牵伸治疗时，可以固定患者不同部位，防止其产生跟随性动作。

　　2. 基本构造

　　治疗床由床架、床垫及固定带等部分构成，床高度一般不超过50厘米。床垫有楔形垫和组合垫等种类。楔形垫为不同倾斜度的泡沫块，表面由皮革包裹，角度可有15度、30度、45度等不同规格。组合软垫为不同大小的防潮垫。

　　3. 使用方法

　　学校应根据学校需要进行运动疗法训练的学生的人数、残疾类型及康复场地选择适合的物理治疗床进行配备。

（十九）运动垫

　　1. 基本功能

　　用于肢体运动障碍者的主动运动训练以及被动物理治疗。

　　2. 基本构造

　　由泡沫塑料板、人造革面料或其他面料制造，常用的规格为，长：180～200厘米；宽：90～120厘米；厚：5厘米。

　　3. 使用方法

　　患者在运动垫上进行仰卧位前后左右移动、翻身、起坐、俯卧位移动，还可以进行挂拐动作中的卧倒、起立训练或者进行坐位、手膝位的平衡训练。

三、精细运动功能康复的专用仪器设备

目前，可用于精细运动康复的仪器设备主要有上肢机能检测箱、上肢协调功能练习器、橡筋手指练习器、插板、螺丝、螺母、分指板、作业训练器、手功能组合训练器等。

（一）上肢机能检测箱

1. 基本功能

通过上肢功能检查方法，可以判断患者上肢运动受限的程度，并与正常人相比较，检查结果不仅有准确的得分，而且还可以对检查过程中上肢各关节的活动，抓握动作，躯干、下肢的姿势、平衡状态、非检查侧的反应以及表情等进行细致的观察，从而分析、判断上肢受限的原因、部位等。

2. 基本构造

由箱子和内装的附件构成。

3. 使用方法

使用时，根据对上肢检查的目的选择合适的附件对上肢的肌力、关节活动等进行检查。

（二）上肢协调功能练习器

1. 基本功能

用于对患者上肢稳定性、协调性的训练。通过训练，可提高其上肢的稳定性，特别是手指的协调性，并提高上肢的日常活动能力。

2. 基本构造

由弯曲的钢丝支架和活动彩色珠子构成，彩色珠子可在钢丝支架上进行滑动。主要分为上肢协调功能练习器（手指）和上肢协调功能练习器（手腕）两种。

3. 使用方法

训练时，患者根据要求将珠子在钢丝上滑动到指定位置进行训练。

（三）橡筋手指练习器

1. 基本功能

用于对患者手活动能力的训练，提高手指关节的主动屈伸能力。

2. 基本构造

由金属框架、垫板、橡筋挂钩和橡皮筋构成，橡皮筋和橡筋挂钩组成网状。

3. 使用方法

使用时，患者将手指勾住橡皮筋往外拉伸，锻炼手指的灵活性和肌力。

（四）插板

1. 基本功能

用于上肢协调功能的训练，通过将插棒准确插到位来对患者进行协调性训练，提高其手眼协调能力。

2. 基本构造

由底板（带不同大小的圆形凹洞）和不同粗细的圆柱体构成，圆柱体可以插入底板上的凹洞中，可由木、塑料、铁等材质制成，底板可以有不同的形状（正方形、长方形、半弧形等），也有可倾斜型。

3. 使用方法

使用时，患者按照要求将不同粗细的插棒准确地插入底版上相应的凹洞中进行训练。

（五）上螺丝、上螺母

1. 基本功能

用于对患者进行手协调性和灵活性的训练。通过模拟日常生活中的上螺丝、上螺母的动作，改善患者的对指功能。

2. 基本构造

可单独成套，也可组合成套，由底板（带不同大小的螺丝洞）、不同粗细的螺丝和与螺丝配套的螺母构成，可由木、铁、塑料等材质制成。

3. 使用方法

使用时，患者按照要求将不同粗细的螺丝插入到相应的螺丝洞中，然后将螺母旋紧到对应的螺丝上。

（六）粘木

1. 基本功能

用于训练手指抓握功能和手眼协调能力。

2. 基本构造

由磁性的粘板和各种形状的粘具构成。

3. 使用方法

让患者将按照要求将粘在粘板上的粘具移动或拿下来，进行训练。

（七）作业训练器

1. 基本功能

用于对患者进行手指功能的训练，通过对日常生活中的各种常见开关的使用，改善患者的对指功能，并提高其手协调性、灵活性以及手的感觉功能。

2. 基本构造

由各种日常生活中的常用开关（如水龙头、插销、挂钩、合页、电插头）、衣夹等构成，将上述材料固定在底板上，便于受训者进行反复的练习。

3. 使用方法

通过在底板上模拟日常生活中的常用开关动作训练，进行手指功能的训练。

（八）分指板

1. 基本功能

主要用于矫正手指的痉挛畸形。可以抑制患者手指屈曲紧张，防止手指屈曲挛缩，改善手的功能状态。

2. 基本构造

由底板（可带万向轮）、分隔五个手指的隔离板和固定带构成；或可以在凸起的球面上按照五指的正常分布形态制作相应的凹槽，并在其上设有橡胶的弹力固定带；或是在手形底板上按照五指的正常分布形态在相应部分设立指套和腕套。

3. 使用方法

将患者的手指分开并保持手指在正确伸展位，并用固定带固定，完成穿戴，每次穿戴的时间不得超过 20 分钟。

（九）手指肌力训练桌

1. 基本功能

主要用于患者手指活动、手指肌力和手指关节活动度的训练，通过训练可以进行手指屈伸肌抗阻训练，改善关节活动范围。

2. 基本构造

主要由桌面、支架、滑轮、砝码、穿绳和手指拉环几部分构成。一般的规格为 810 毫米×610 毫米×1140 毫米。

3. 使用方法

训练时，按训练需要调节砝码重量，患者按照要求以手指放入手指拉环内进行拮抗运动训练。

（十）手功能组合训练箱

1. 基本功能

用于训练手指精细动作及手眼协调性。

2. 基本构造

由一个木箱和箱内的器具组成，器具一般包括握力球、插板、上螺丝等。

3. 使用方法

根据训练的目的选择适当的器具进行训练。

（十一）套圈

1. 基本功能

主要用于对患者躯干平衡的训练，可以使患者的手眼协调性、肌力、关节活动度得到训练。同时这种训练方式具有较强的趣味性，可有效地改善患者的心理状况。

2. 基本构造

主要由底板、立柱和套圈构成，底板上可涂上相应的颜色或数字以表示区别。有卧式和立式两种套圈。立式套圈多在立柱上安装交错的细柱，当与套圈上的凹槽相对应时方可顺利通过。

3. 使用方法

卧式套圈使用时需患者将套圈套入相应（颜色或数字）的立杆上，立式套圈则需要患者用手控制套圈顺利通过立杆上的凸起细棍取出或套入。

（十二）可调式砂磨台

1. 基本功能

用于对患者上肢肌力、协调性和关节活动度进行训练。

2. 基本构造

主要由桌架、可调倾斜度的砂磨台及各种附件（如双手握木盒、双手握木块、单手握木块等构成。

3. 使用方法

患者以双手或单手推动砂磨台上的各种附件，进行训练。

（十三）几何图形插件

1. 基本功能

用于训练患者的手指精细运动能力，并且可以训练其感知能力、手对图形块的触觉能力、视觉对颜色的分辨能力、大脑对图形的识别能力等。

2. 基本构造

由底板（上面各种形状的凹洞，如梯形、椭圆形、花形、五角形等）和相应的图形板（上面带可持提钮）构成。

3. 使用方法

患者将各种图形插件准确地放入相对应的底板上凹槽，进行训练。

（十四）手平衡协调训练器

1. 基本功能

用于对患者进行手眼协调功能的训练、视觉的跟踪能力等。

2. 基本构造

由叠放的两层凹盒构成，两盒中间由两组呈十字交叉的杠杆相连，通过在盒两边的旋钮可以调节上层盒的前后或左右的倾斜，上层盒上面有许多洞和突出的木条，其中的洞可容一个小钢珠落入下层盒中并通过两层之间的空隙由下层盒体上的一个出口倒出。

3. 使用方法

训练时，患者通过调整盒两侧的旋钮使上层盒发生前后左右的倾斜，控制小球绕过凸起和洞，抵达终点。

（十五）OT综合训练工作台

1. 基本功能

用于患者上肢和手功能的综合训练，通过对各种训练工具的使用，综合改善患者的对指功能、手眼协调性，并训练患肢感知能力、手对图形块的触觉能力和大脑对图形的识别能力，训练其上肢稳定性、协调性，从而提高上肢日常活动能力。

2. 基本构造

由柜式车体（下带滑轮）及多种作业训练器材构成，车体的三面均装有滑轨，上附平板，可根据患者的高度进行调节，并将作业训练器材放置在平板上进行操作。

3. 使用方法

使用时，根据治疗的目的和需要选择相应的作业训练器材在综合台的平板上进行不同的作业训练。

（十六）儿童图形认知拼板

1. 基本功能

用于训练儿童的手指运动能力和手眼协调能力，同时可以提高儿童的认知能力。

2. 基本构造

包括各种儿童所熟知的动物、交通工具、房屋、字母、中国地图等形状的拼板。

3. 使用方法

儿童通过拼图可以完成一个整体的场景。

（十七）字母、数字列车

1. 基本功能

用于训练儿童的手指运动能力和手眼协调能力，同时可以提高其对数字和字母的认知。

2. 基本构造

由多个相连的木制小车（下带车轮）和立体的英语字母（或0～9的数字）构成，立体的英语字母（或0～9的数字）可以安放在木制小车上。

3. 使用方法

训练时，儿童按照 26 个英语字母或数字的顺序将立体模型排列在列车上。

（十八）切切看

1. 基本功能

用于训练手眼协调能力，并训练其上肢肌力和关节活动度。

2. 基本构造

由面包、水果、鸡蛋等模型和模型刀构成，食物模型上有缺口可以使刀通过并将食物模型进行分割。

3. 使用方法

训练时，患者模拟用刀按照事物上的缝隙将食物切成片或块，完成任务。

（十九）串珠

1. 基本功能

用于训练患者的手指精细动作能力以及手眼协调能力。

2. 基本构造

由串珠绳及各种颜色、大小的串珠构成，串珠中有洞可容串珠绳穿过。

3. 使用方法

训练时，患者将串珠按照训练要求串到串珠绳上，完成任务。

（二十）形状轮、集合九支柱

1. 基本功能

用于训练患者的上肢关节灵活性、协调性以及认知能力。

2. 基本构造

由箱体（上面有不同形状的缺口）和对应缺口的不同形状的积木块构成，可将不同形状的几何体插入与其相适应的缺口中。

3. 使用方法

训练时，患者将不同形状的几何体通过与其相适应的空隙放入形状轮或集合九支柱的内部空间，完成任务。

学校应根据学校需进行作业治疗学生的人数、残疾类型及康复场地选择适合的器械进行配备。

（二十一）手指捏力练习器

1. 基本功能

改善手指的对指功能。提高手的协调性、灵活性。

2. 基本构造

由木架和配套的夹具构成，木架一般为木制，上有 3～4 根横向的木棍。

3. 使用方法

患者通过练习以拇指和食指按照要求将夹具夹在木棍上进行训练。

随着科技的发展，目前的许多运动功能康复设备越来越向智能化、数字化、便携化发展，简化了操作，而且种类日益增多，增加了可选性，大大提高了康复的效果。

第二节　感觉统合训练的专用仪器设备

感觉统合是指大脑将从身体各感官传来的感觉信息，进行多次的组织分析、处理，做出正确决策，使整个机体和谐有效地运作。大脑的不同部位必须经过统一协调的工作，才能完成人类高级、复杂的认识活动，包括注意力、自我控制能力、概括和理解能力。当大脑对各种感觉信息的综合处理发生问题时，会使机体不能有效运作，这种情况称为感觉统合失调或感觉统和障碍。

培智学校感觉统合训练的对象主要是具有感觉统合障碍的智力残疾学生。

一、感觉统合训练的主要内容

感觉统合主要分为前庭平衡统合、触觉统合、本体感觉统合、视觉和听觉统合五大方面。感觉统合训练主要针对这几方面的问题进行。

（一）感觉统合障碍的主要问题

1. 前庭平衡功能及本体感觉问题

多动不安，走路易跌倒，转圈时易眩晕，闭上眼睛容易摔倒，不能玩捉迷藏，方向感差，容易迷路或走失，注意力不集中，上课不专心，爱做小动作，调皮任性，兴奋好动，容易违反课堂纪律，容易与人冲突，爱挑剔，很难与其他人同乐，也很难与别人分享玩具和食物，不能考虑别人的需要。有些孩子还可能表现为语言发展迟缓，说话词不达意，语言表达困难等。

2. 视觉问题

近视，过分怕黑，或者表现为尽管能长时间地看动画片，玩电动玩具，却无法流利地阅读，经常出现跳读或漏读；写字时偏旁部首部颠倒，甚至不认识字，学了就忘，不会做计算，常抄错题抄漏题等。

3. 听觉问题

对别人的话听而不见，丢三落四，经常忘记老师说的话和留的作业等。

4. 触觉问题

害怕陌生的环境、吮手指、咬指甲、爱哭、爱玩弄生殖器等、过分依恋父母、容易产生分离焦虑，或过分紧张、爱惹别人、偏食或暴饮暴食、脾气暴躁。

5. 动作协调问题

动作协调能力差，手眼、手脚协调动作难以完成，不会系鞋带、扣纽扣、用筷子，手脚笨拙，手工能力差。走路不稳，不能像其他孩子那样滚翻、骑车、跳绳和拍球等。

（二）感觉统合训练的基本操作流程

1. 收集个人基本信息、临床资料以及父母的需求，澄清不合理的训练期待，与父母建立合作的训练关系。

2. 了解特殊学生的在前庭平衡、本体感觉、听觉、视觉及触觉等方面的能力，分别对其进行详细的评估。

3. 根据评估结果，诊断特殊学生感觉统合障碍的类别以及在前庭平衡、本体感觉、听知觉、视知觉及触觉等方面统合障碍的严重程度。

4. 根据诊断结果，设定训练的长、短期目标。目标必须具体可行、有针对性。训练过程中随时监控特殊学生的进步情况，以作为后续训练的依据，依据训练效果修改训练方案，并评估是否达到了预期的目标。整个感觉统合训练过程遵循评估→训练→监控→评估→训练→监控的科学程序（A＋T＋M程序），在尽可能短的时间内使学生的感觉统合能力得到提高。

二、平衡统合训练仪器

（一）平衡旋转器

1. 基本功能

加强受训儿童的前庭平衡，平衡神经系统的自动反应机能。

2. 基本构造

平衡旋转器为底部为尖的中空倒扁圆锥形塑料制品，顶部半径约为76厘米，高约15厘米，可以承受两个儿童的重量。

3. 使用方法

将儿童放入平衡旋转器中，即可由儿童自己或由训练者协助其推动该设备，进行摇摆训练，亦可两名儿童协作进行。

（二）手摇旋转盘

1. 基本功能

加强受训儿童的前庭平衡，平衡神经体系自动反应机能。

2. 基本构造

手摇旋转盘为底部为尖的扁圆盘形塑料制品，圆盘直径约为66厘米，圆盘上面的中央为一软垫，圆盘周围有四个扶手，可以承受两个儿童的重量。

3. 使用方法

儿童坐在圆盘上，双手抓握周边的扶手，以手摇动旋转盘使其旋转进行摇摆训练，亦可两名儿童协作进行。

（三）1/4圆平衡板

1. 基本功能

通过长期训练可以提高受训儿童的平衡能力。

2. 基本构造

1/4圆平衡板由上下两片弧形板和连接弧形板的立柱部分构成，每2块1/4圆平衡板之间可以通过扣钉相连，4块平衡板则可以构成一个完整的圆形，亦可构成一个"S"形，可以承受两个儿童的重量。

3. 使用方法

使用时，可根据需要将平衡板连接成为半圆形、圆形或"S"形，让儿童在上面行走练习；也可以将单片或半圆形的平衡板倒置在地面上，利用其侧旁进行攀爬等练习。根据组合该项设备可以提供多种练习的方法，有不同的难度。

（四）平衡踩踏车

1. 基本功能

可以增强儿童的平衡能力，并训练儿童的关节活动，加强儿童协调能力。

2. 基本构造

平衡踩踏车由轮、踏板、扶手几部分构成，踏板下面与两条轮轴相连，每条轮轴两端各连接一个车轮，扶手可根据训练儿童的实际情况选择安装或拆卸。

3. 使用方法

儿童将双脚分别放置于两块踏板上，前后蹬动踏板，带动车轮行进，根据儿童的情况可以选择使用或不使用扶手。

（五）平衡秋千

1. 基本功能

促进儿童的前庭平衡能力发展。

2. 基本构造

平衡秋千为一直径66厘米的塑料制圆盘，中间为软垫，在边缘处均匀分布四个洞以供悬挂绳索穿过，悬吊于横杆上。

3. 使用方法

相对于传统的秋千，该设备座板宽大，可供受训儿童进行坐、卧，更适合于平衡能力不佳的儿童。

（六）平衡触觉板

1. 基本功能

促进儿童的平衡功能，同时板上的触点提供神经刺激的信号，加强儿童触觉学习。

2. 基本构造

平衡触觉板由曲线和直线触觉板各若干块构成，触觉板的表面上均匀分布着多个扁球形突起，触觉板之间可以以榫扣相连，根据需要可将若干块平衡触觉板连接成不同的形状，常用规格为，长 49 厘米，宽 13.5 厘米，高 7 厘米。

3. 使用方法

根据需要，将板片之间相连，可以组成长条、圆、曲线、不规则线路等多种形状的步道，受训儿童根据训练要求在上面行走。

（七）平衡步道

1. 基本功能

可以对儿童的足底神经及全身提供触觉刺激。

2. 基本构造

平衡步道是由塑质横杆组成的步道，横杆之间由绳索相连，使用时可以打开，常用规格为，长 148 厘米，宽 30 厘米，高 3 厘米，不用时可卷起存放。

3. 使用方法

各步道之间可以并列也可串联，受训儿童可以在上面进行爬、走、跑、跳等活动。

（八）踩踏石

1. 基本功能

可以对儿童的足底神经提供触觉刺激，也可训练儿童平衡与逻辑思考的能力。

2. 基本构造

踩踏石是由塑质半圆柱形踩踏块和牵绳两部分构成，踩踏块的弧形面为上立面，可供使用者踩踏，牵绳穿过踩踏块左右立面，并附有抓手供使用者抓握。

3. 使用方法

使用时，儿童双脚分别踩踏在两块踩踏石上，双手抓握牵绳手把，向前行走；亦可将踩踏石卸下牵绳，平放或倒放在地面上，受训儿童在上面进行行走。

（九）跳床

1. 基本功能

增强受训儿童的本体感觉，前庭平衡和手眼协调能力，强化前庭刺激，抑制过敏信息，矫治重力不稳。

2. 基本构造

跳床由支架、网布和扶手几部分构成，可供使用者在上面进行弹跳，跳床可以有多种形状和规格，如方形、圆形等。

图 9-1　跳床

3. 使用方法

受训儿童在跳床上进行蹦跳。

（十）滑板

1. 基本功能

加强对儿童的本体觉和前庭平衡的训练。

2. 基本构造

滑板由滑梯和滑板两部分构成，滑梯为楔形木制，表面光滑，滑板下面附有四个小轮，可以在滑梯表面进行滑动。

3. 使用方法

受训儿童在滑板上呈坐或俯卧位，然后将滑板从滑梯上推下。

（十一）太极平衡板

1. 基本功能

加强儿童本体觉及手眼协调能力的发展，同时可以培养互助合作的观念。

2. 基本构造

太极平衡板由外盘和套盘两部分构成，为塑质圆盘，可承载两名儿童的重量，外盘和套盘可拆卸。外盘边缘光滑，可供踩踏，底部有凹槽可供训练时小球通过；套盘的表面亦有凹槽供训练时小球通过。

3. 使用方法

使用时，可双人站在外盘的边缘上，相互配合，使训练用小球在轨道内运行，也可将套盘取下，单独拿在手上运球。

（十二）滚筒

1. 基本功能

用于预防和纠正受训儿童的不良直立姿势，增强身体平衡能力。

2. 基本构造

钻滚筒为泡沫或塑质中空圆柱状，可以供使用者在其中钻爬，或使其在平面上进行滚动。

3. 使用方法

儿童可以钻入筒内，推动滚筒在地面上进行滚动，也可将筒竖起进行钻爬。

（十三）平衡木

1. 基本功能

用于增强本体感觉和加强身体平衡能力。

2. 基本构造

由平行的扶手或护栏和悬吊的圆木两部分构成。

3. 使用方法

训练时，让儿童站在平衡木上面，身体两边有护栏，单手扶持或双手平伸抬头挺胸，双脚交替前走。

（十四）独脚椅

1. 基本功能

协调身体，控制重力感，建立前庭感觉机能。

2. 基本构造

是一种在椅子下方的中央只有一只脚的椅子。

3. 使用方法

训练时，儿童坐在独脚椅上，手平伸，双脚交叉踢高或单脚连续踢，身体保持平衡。

（十五）肋木

1. 基本功能

用于对迟缓性驼背、脊柱侧弯、帕金森综合征等前屈姿势进行矫正治疗以及肢体关节的活动度、肌力、耐力和各种平衡训练。

2. 基本构造

肋木是靠墙壁安装的、具有一组横杆的平面框架，一般为钢或木质。它结构简单，由肋杆、边框和安装件组成。

3. 使用方法

肋木用途广泛，使用方便，既可以单独使用，也可以几个一起成组使用，既可以单侧使用，也可以前后双侧使用。使用时，可利用肋木进行有节律的摆动运动，既可以是主动运动，也可以是借助整个体重或部分体重的自身被动运动，还可以是儿童两人相互配合的被动运动，练习可以多种多样。例如，儿童做逐渐由上向下握横木的动作，可以训练肩关节活动度；儿童利用体重或部分体重，让肌肉作等长性或者等张性收缩，则可进行保持和增强肌力、耐力的运动训练。

三、其他类训练仪器

（一）魔术环

1. 基本功能

加强儿童的触觉感觉，同时也可以为情绪不佳的儿童提供抒发情绪的方式。

2. 基本构造

魔术环是塑胶制直径为 17 厘米的圆环，圆环表面密布突起尖刺，可供使用者扭转、挤压、按压。

3. 使用方法

使用时，可以将其放在手中进行扭转、挤压、按压等动作。

（二）跳袋

1. 基本功能

帮助受训儿童克服本体感不足及触觉敏感或不足的现象，强化前庭刺激，抑制过敏的信息，训练前庭功能。

2. 基本构造

跳袋为一圆桶状中空塑质袋，可以容纳儿童在其中。

3. 使用方法

使用时，受训儿童进入袋中，双手握袋的边缘，带动跳袋一起向前后左右跳跃。

（三）训练球

1. 基本功能

促进儿童前庭觉、本体觉的发展，增强手、眼、腿的协调能力，同时其中的部分球类表面有软质弹性颗粒，可以在游戏的同时提供丰富的触觉刺激，一些小的按摩球可以让儿童攥握在手中，帮助儿童舒缓情绪。

2. 基本构造

图 9-2　颗粒按摩大龙球

常用训练用球包括羊角球、拉环羊角球、大龙球、按摩大龙球、足部按摩球、软球等，根据训练的不同需求，各种球类均有大小多种型号，在此不做过多说明。羊角球在球体上有两个长棍状凸起可供儿童抓握；拉环羊角球在球体上有一个半圆形拉环供儿童抓握；按摩大龙球的球体表面密布半球形凸起颗粒；足部按摩球为半球形体，球体表面密布半球形突起颗粒；软球的体积较小，有圆、椭圆等多种形状，主要是供儿童抓握使用，其表面分布半球形突起颗粒。

3. 使用方法

各种训练用球可以在训练时用于儿童触摸抚抱或骑坐蹦跳，进行游戏。

（四）球浴

1. 基本功能

可以对受训儿童提供丰富的触觉和色觉刺激，加强对儿童感觉及运动功能的刺激。

2. 基本构造

球浴由球池和各种颜色的塑质小球构成，球池多由泡沫挡板构成，保证儿童的安全。

3. 使用方法

儿童可以在球池中进行各种游戏，并在游戏中增加对球的触碰和感觉。

（五）万象组合

1. 基本功能

可以促进儿童的基本动作发展，提供高层次的运动功能训练。

2. 基本构造

万象组合是一个组合系列，通过对其中的器具进行组合以满足综合训练的需求，这个组合系列通常包括半砖、全砖、平衡桥、多种规格体能环、体能棒、棒夹、环夹、豆袋、彩色手脚印等部件，各个部件既可以单独使用，也可以通过榫扣、凹槽和洞进行组合。

3. 使用方法

可以根据训练需求进行多种形式的组合，如将块砖与体能棒相连构成隧道；块砖与体能环相连构成立式钻圈；将平衡桥与块砖相连构成步道等。

（六）彩虹伞

1. 基本功能

可以促进儿童的协调能力，提供丰富的色彩刺激促进儿童的视觉功能，同时多人训练可以培养儿童的协作合作观念。

2. 基本构造

彩虹伞为圆形布质，上面

图 9-3　彩虹伞

由红、黄、蓝、绿将整个圆面分隔为扇形，伞面边缘装有拉手供使用者抓握。

3. 使用方法

由多人共同使用，受训儿童抓握伞边缘上的抓手，共同完成训练动作。

（七）彩色接龙

1. 基本功能

加强儿童的综合动作能力。

2. 基本构造

彩色接龙为由圆斜面、圆柱、大小圆、半圆组合而成的趣味滚筒，为泡沫质，表面为色彩鲜艳的耐磨布料，可根据需要进行不同的组合。

3. 使用方法

训练时，可根据需要进行不同的组合，儿童可在其中进行钻爬、滚动、摇摆等动作。

为使感觉统合训练有量表可依，有教材可指导、有用具可用，在感觉统合训练过程中还应有相应的辅助用品用具，这既使学生的感觉统合训练丰富多彩，能引导学生积极主动地进行感统训练，又能使感觉统合训练专用的仪器与设备得到更好的使用。

第三节　听觉言语语言康复的专用仪器设备

听觉言语语言康复对象是培智学校因智力发育迟缓、脑性瘫痪、自闭症、语言发育迟缓等原因导致的言语发育迟缓或言语障碍学生。

一、听觉言语语言康复的主要内容

听觉言语语言康复包括听觉干预、言语康复和语言康复三个方面。

（一）听觉干预

听觉干预（Aural Intervention，简称 AI）是指对患有听处理障碍（Auditory Processing Disorder，简称 APD）的智力残疾学生进行听觉注意、识别、记忆和理解能力进行评估和训练、提高其听觉功能，促进其言语语言能力和交流能力的整体发展的过程。听觉干预的主要对象为培智学校具有听处理障碍的智力残疾学生。听处理障碍包括：

1. 听觉注意障碍：注意是心理活动或意识对一定对象的指向和集中。培智学校的特殊学生在注意的集中方面比较差，很难主动地将注意力集中在某些声音信号上，注意维持的时间短，在有噪声的环境中特别容易分心。主要包括三个方面。（1）在无意注意方面，能引起听处理障碍学生的听觉信号强度往往与听知觉正常的学生不同。有的特殊学生弱敏，如部分智力落后学生、听觉障碍学生需要声音达到一定强度才能引起他们注意；有的特殊学生超敏，如部分自闭症学生存在听觉超敏现象，水龙头放水的声音在他们听起来正如打雷一样。（2）在有意注意方面，即使在提醒的情况下，特殊学生也无法将听觉注意力集中在聆听声音上。（3）在有意后注意方面，听觉注意力障碍学生注意的稳定性较差，对连续的、时间较长的语音与音乐信号表现出不耐烦，且正确率下降明显。在注意的分配与转移方面，很难根据任务需要将注意很快转移到另一任务。在注意的选择性方面，当处于嘈杂环境中时，很容易混淆相似的音。

2. 听觉识别障碍：识别是人脑对直接作用于感官的刺激物的个别属性的反应。培智学校的特殊学生识别的错误率较高，难以识别语音，学习汉语拼音困难。除正确率之外，在反应时方面的研究表明，培智学校一年级的学生视听反应时是正常儿童的两倍，比幼儿园中班小朋友的识别速度还要慢。此外，将听觉与其他感觉，如视觉、动觉等的整合和分化速度比较慢。

3. 听觉记忆障碍：记忆是通过识记、保持、再现（再认、回忆）等方式，在人们的头脑中积累和保存个体经验的心理过程。运用信息加工的术语讲，就是人脑对外界输入的信息进行编码、存储和提取的心理过程。培智学校的特殊学生识记慢、遗忘快、再现不准、在瞬时记忆及短时记忆方面存在缺陷，无法或很少将瞬时记忆与短时记忆转化为长时记忆的策略。智力落后儿童的记忆以机械记忆为主，有意义记忆为辅。这种机械记忆，往往将记忆材料整理为一个记忆模块，然后整个地将这个块记下，就像照相机把物像全部拍摄下来一样。

4. 听觉理解障碍：听觉理解能力差，尤其很难理解双条件、三条件以上的词语和短句。交谈时易误解他人的问话，答非所问，使交流无法顺利进行下去。

这些听处理障碍在伴有脑部功能或听觉分析器官受损的智力残疾儿童身上较为常见，通过听觉干预，可以提高特殊学生的听觉注意力、听觉感知力、听觉记忆力和听觉理解力，促进特殊学生听觉功能以及言语语言能力的发展，提高其日常交流能力和社会适应力。

培智学校的听觉干预主要是针对听觉注意、听觉识别、听觉记忆和听觉理解是 4 方面进行的，主要包括：（1）听觉识别、听觉记忆、听觉理解能力评估、错误走向分析及训练；（2）听觉注意力训练；（3）听觉统和训练；（4）个别化康复计划。

听觉干预必须按照一定的操作流程进行，一般来说，在听觉干预过程中，首先应收集特殊学生的个体信息，主要包括性别、年龄、听力、智力等基本情况，尽可能多地了解特殊学生的疾病史，康复史，特殊学生的性格特征，特殊学生在家庭中的表现，父母的教养方式等，从而为制订干预方案，预测干预效果服务。

其次，在个人信息基础上，对特殊学生进行筛查性的数量评估（评估方法参见聋校学生的数量评估）。一般来说，智力落后儿童的听觉器官一般没有什么器质性损伤，他们的问题是不想听，不会听，直接影响了学业水平。所以要从训练他们想听、爱听、会听入手训练他们听的能力。因此，测量评估的重点应集中在听觉注意、听觉识别、听觉记忆和听觉理解能力方面。

第三，在数量评估和听觉功能评估的基础上，判断学生的听力补偿水平、听觉功能处于哪个发展阶段，从而诊断其听觉的问题所在。

第四，经过评估和诊断后，制订合理的训练方案，实时监控训练的效果。

（二）言语康复

言语康复，即言语语言治疗（Speech-Language Pathology，简称 SLP），是由美国言语语言听力协会（American Speech-Language-Hearing Association，简称 ASHA）提出的最新国际标准称呼，也就是我国目前统称的语言治疗（Speech Therapy，简称 ST）。

言语语言康复对象是培智学校因智力发育迟缓、脑性瘫痪、自闭症、语言发育迟缓等原因导致的言语发育迟缓或言语障碍学生。

言语康复针对的是呼吸障碍、发声障碍、共鸣障碍、构音障碍和语音障碍等一系列功能问题进行的。如呼吸障碍中的呼吸方式异常、呼吸功能减弱、协调性异常和起音方式异常等；发声障碍中的音调异常、响度异常、音质异常；共鸣障碍中的口腔共鸣异常、咽腔共鸣异常、鼻腔共鸣异常；构音障碍中的构音运动能力异常、构音语音能力异常等；语音障碍中的超音段音位障碍和音段音位障碍等。

言语康复治疗应包括言语功能评估和言语功能训练两大部分：

1. 言语功能评估

对学生言语功能的呼吸功能、发声功能、共鸣功能、构音功能、语音功能进行评估。通过评估，确定学生的言语问题，并制订合理的矫治方案。

2. 言语功能训练

根据言语功能评估的结果，言语康复师确定学生言语障碍的问题，有针对性地进行呼吸、发声、共鸣、构音、语音等功能的康复训练。

（三）语言康复

语言康复针对的是语言理解障碍、语言表达障碍、语言理解和表达混合性障碍、语言信息处理问题、语言韵律问题等障碍。

语言康复包括语言功能评估和语言功能训练两大部分：

1. 语言功能评估

语言功能评估包括语言理解能力评估、语言表达能力评估、语言韵律能力评估、五项认知能力评估。

2. 语言功能训练

语言功能训练是根据正常儿童语言发育的规律来设计的，包括前语言能力训练、词语理解和表达能力训练、语言理解和表达能力训练、句子理解和表达能力训练、短文理解和表达能力训练、词汇与概念训练、语言韵律能力训练、言语语言综合能力训练 8 个阶段。

语言康复的干预流程一般应包括：

1. 收集个人信息，包括：发育史和疾病史、就学情况、主要语言障碍症状、是否接受过言语训练及训练的时间、家庭生活及家庭成员、性格爱好、主要交流对象及沟通效果、听力和语言情况以及心理认知情况等；

2. 使用心理测量法、描述法和语料分析法等对语言功能进行评估；

3. 通过评估学生对词语、词组、句子、短文的理解和表达能力，以及语言韵律能力，对学生进行分析诊断，判断学生在语言发展阶段中所处的位置和问题所在；

4. 根据儿童在词语、词组、句子、短文理解和表达能力，以及语言韵律能力评估中的表现，结合其他方面的情况，为儿童选择适合其语言发展水平的教育内容，实施训练与监控。

二、听觉干预仪器设备

（一）听处理评估与干预仪

听处理评估与干预仪是以听觉注意、听觉识别、听觉记忆和听觉理解能力为框架，采用了语音信号数字处理技术、频谱合成和分解技术、多媒体技术等国内外先进技术编制而成的听处理评估与干预仪。该系统针对个案进行强化干预，是国内目前应用最为广泛的听处理能力评估与干预仪器之一。

听处理评估与干预仪主要包括听处理评估和听处理干预两个模块：听处理评估模块由听觉注意评估、听觉识别能力评估、听觉记忆能力评估与听觉理解能力评估四个部分所组成；听处理干预模块是对听觉注意、听觉识别、听觉记忆和听觉理解进行训练的现代化听觉干预设备。

1. 基本功能

听处理评估模块：通过对特殊学生的听觉注意力、听觉识别力、听觉记忆力和听觉理解力的考察判断其听处理能力。主要功能包括：

（1）档案管理：听处理评估模块具有数据管理功能，能将特殊学生的基本资料和评估结果存储在数据库系统中，再进行康复前后效果的对比时可根据需要进行调用；

（2）听觉注意能力评估：听觉注意能力评估包括听觉注意的稳定性评估、听觉注意的分配能力评估和听觉注意的转移能力评估；

（3）听觉识别能力评估：听觉识别能力评估包括韵母识别能力评估、声母识别能力评估和声调识别能力评估；

（4）听觉记忆能力评估：听觉记忆能力评估包括记忆广度评估和顺序记忆能力评估，顺序记忆能力评估包括了空间组织、序列组织和联想组织能力评估；

（5）听觉理解能力评估：听觉理解能力评估包括单条件、双条件、三条件理解能力评估；

（6）存储打印：评估结果可根据需要打印出来，作为评估报告单存档或提供给家长。

听处理干预模块：由听觉统合训练、听觉注意能力训练、听觉识别能力训练、听觉记忆能力训练和听觉理解能力训练五个部分所组成。

2. 基本构造

听处理评估与干预仪由软件、硬件组成。

（1）软件部分

软件部分包括听觉统合训练、听觉注意能力评估与训练、听觉感知能力评估与训练、听觉记忆能力评估与训练和听觉理解能力评估与训练等5个部分。配用户手册、指导课程教材及光盘。

软件部分可在 Windows XP 以上的操作系统下运行。

（2）硬件部分

- 计算机 CPU：奔腾 4 或同级别以上的 CPU
- 计算机硬盘：剩余空间至少 200GB
- 计算机内存：至少 256MB
- 彩色触摸屏：分辨率最低在 1 024×768，至少 16 位色，推荐使用 32 位色
- 专用台车：105 厘米×65 厘米×78 厘米、Ⅲ型台车（85 厘米×60 厘米×78 厘米）
- 彩色喷墨打印机，位于台车内

听处理评估与干预的专用硬件：

- 音频输入/输出（采样频率 11 025/22 050/44 100 赫，采样精度 16bit）
- 单向麦克风
- 专用前置放大，其可选滤波器特性为：

  采样频率为 11 025 赫时，4.5 千赫低通滤波，截止频率最大衰减 50～60分贝。

  采样频率为 22 025 赫时，9.0 千赫低通滤波，截止频率最大衰减 50～60分贝。

  采样频率为 44 100 赫时，18 千赫低通滤波，截止频率最大衰减 50～60分贝。

  麦克风前置放大器增益可选：25 分贝、30 分贝、35 分贝、40 分贝。
- 信号频率误差≤±4%
- 信号电压误差≤±5%
- 专用内置功放、专用音箱

3. 使用方法

（1）基本信息：新建或选择用户。选择已有的用户或用键盘输入新的用户信息。

（2）内容选择：选择评估或学习内容。根据评估要求选择评估内容。若儿童尚无法进行评估，则选择学习内容，练习一段时间后再进行评估。

（3）训练过程：开始训练，过程中应注意调动特殊学生的情绪，控制其

他条件的干扰。

（4）结果分析：分析评估结果和错误走向。测试完毕后，对测试结果进行全面分析。

（5）方案制订：根据结果制订月或阶段性的康复计划。

（6）结果打印：打印评估报告单。将评估结果打印备份存档。

（二）听觉统合训练仪

听觉统合训练仪是针对特殊学生的听觉注意能力训练而开发的系统。通过让受试者聆听经过调制的音乐声和言语声来矫正听觉系统对声音处理失调的现象，刺激脑部活动，从而达到改善特殊学生与听觉能力相关行为的目的。与之相似的有"高频音乐治疗"、"数码听觉统合训练"等。

1. 基本功能

（1）提高听觉注意力。通过滤波处理的音乐声、言语声刺激相关的听神经，使得"休眠"的听神经活跃，突触联结进一步增强，从而提高对声音反应的速度和准确性，提高特殊学生听觉注意力，包括稳定性和选择性等。

（2）提高左右耳协调处理能力。两只耳朵传入的声音到达的大脑中枢是不同的，左耳输入的信号进入右脑，而右耳输入的声音信号则输入左脑。语言中枢主要在左半球，因此，在语言学习方面，应尽可能地挖掘右耳的潜力。音乐中枢主要在右半球，且语言中超音段部分主要与韵律有关。因此，使得左右耳协调工作，分别处理各自擅长的声音信号，从而进一步增强听觉识别能力。

（3）提高平衡能力，并进一步对稳定情绪行为起到很大作用。听觉器官中主司平衡能力的前庭部分与主司听觉注意能力的耳蜗紧密相连。听觉注意能力的提高可促进平衡能力的提高，而这与视觉的平衡能力密切相关，直接影响到特殊学生的阅读能力等。此外，平衡是一切活动的基础，当平衡受到破坏时，人将容易出现情绪和行为障碍。平衡能力的提高将会减少情绪和行为障碍的出现。

2. 基本构造

听觉统合训练仪由信号输入系统、数字信号处理系统（衰减器）、信号输出系统（耳机）和原始材料等四大组成部分。

（1）信号输入系统：信号输入系统根据型号不同，有的使用电脑进行播放，有的使用CD机进行播放。

（2）衰减器：衰减器部分根据型号不同，有的使用软件进行控制，有的使用硬件进行控制。频率范围为 750～8 000 赫，可分为 8 个滤波频段。

（3）信号输出系统：在信号输出系统方面，主要使用高保真耳机进行。在原始材料的存储方面，根据型号不同，有的保存在硬盘系统中，有的保存在 CD 中。

（4）原始材料：在原始材料的内容方面，不仅需要包括频谱较宽的音乐声，而且包含儿歌、故事等言语声材料。

3. 使用方法

（1）选择合适的材料；

（2）全频谱聆听；

（3）选择开始的频率段；

（4）逐渐提高到治疗频率段；

（5）逐渐回到开始的频率。

一般来说，应根据循序渐进的原则引导特殊学生首先从聆听全频谱的声音开始，然后过渡到分解频率（从低频区逐渐过渡到高频区，要求过渡自然），最后再回到全频谱的声音进行巩固。

目前，听觉干预类仪器设备发展的主要方向是"听动结合"、"听视结合"、"听说结合"。

在"听动结合"方面，听觉和平衡觉（运动）是近邻，同属于听觉器官的功能。平衡功能的好坏直接影响着聆听能力的进一步发展，平衡功能紊乱将严重干扰听觉注意，因此，充分开发听觉潜能，将聆听与运动结合起来，是听觉干预类仪器发展的方向之一。

在"听视结合"方面，视觉和听觉是相伴而行的两大感觉系统，视觉信号具体、听觉信号抽象，可用视觉信号的直观形象帮助特殊学生理解听觉的抽象信号，视听整合帮助特殊学生进一步发展阅读能力。

在"听说结合"方面，听觉和言语是密切联系的一条回路，听觉对言语矫治具有很大的促进和巩固作用，在仪器设备的开发方面应尽量考虑听和说的整合。

（三）听觉干预的辅助用具

1. 听觉注意能力评估及训练光盘：听觉注意的稳定性评估及训练、听觉注意的分配能力评估及训练、听觉注意的转移能力评估及训练。

2. 听觉识别能力评估及训练光盘：简单的音位对比识别、顺序记忆；简单的单、双、三条件听觉理解评估。提供音位对比条件下的 87 对声母、92 对韵母音位识别和简单的听觉识别训练。

3. 听觉记忆能力评估及训练光盘：顺序记忆能力评估及训练（空间组织、序列组织、联想组织）。

4. 听觉理解能力评估及训练光盘：单条件理解能力评估及训练、三条件理解能力评估及训练、三条件理解能力评估及训练。

5. 教材量表

可供参考指导的教材主要有华东师范大学出版的《听处理能力评估标准及方法》、《听处理能力干预的方法及案例分析》等。

听觉感知能力评估可以参考《儿童语音音位对比式识别能力评估词表》。该词表是根据汉语言声母和韵母的声学特征及构音特点编制而成的，包括 23 项 87 对仅有单纬度差异的声母音位对材料和 29 项 92 对仅有单纬度差异的韵母音位对材料，用于评估个体音位对的识别能力。听觉理解能力评估可参考《儿童听觉理解能力评估词表》。

三、言语治疗仪器设备

（一）实时言语测量仪

实时言语测量仪是利用多种数字信号处理技术和实时反馈技术对言语功能进行定量评估和实时训练的现代化言语治疗设备。它是国内目前应用最广泛的言语功能评估与训练仪器之一。

1. 基本功能

实时言语测量仪可以用于呼吸功能评估、发声功能评估、共鸣功能评估，还可用于呼吸功能训练、发声功能训练、共鸣功能训练。完成背景噪声和言语声音的自动检测、基本信息录入和编辑、呼吸功能的测量、发声功能的测量等任务。具有发声功能测量与训练目标匹配模板、共鸣功能测量及语谱图动态显示、共鸣功能测量与舌位图动态显示、统计报告和直方图的显示以及丰富的参数设置和打印功能。

2. 基本构造

实时言语测量仪由软件、硬件组成。

（1）软件部分

软件部分包括文件、编辑、音频、分析、意见、样板、效果、设置、帮助 9 个模块。

软件部分必须在 Windows XP 以上的操作系统下运行。

（2）硬件部分

计算机 CPU：奔腾 4 或同级别以上的 CPU

计算机硬盘：剩余空间至少 200GB

计算机内存：至少 256MB

彩色显示器：分辨率最低在 1 024×768，至少 16 位色，推荐使用 32 位色

专用台车：105 厘米×65 厘米×78 厘米

彩色喷墨打印机，位于台车内

单向麦克风

有源落地音箱

实时言语测量仪的专用硬件：

音频输入/输出（采样频率 11 025/22 050/44 100 赫，采样精度 16bit）

专用前置放大，其可选滤波器特性为：

采样频率为 11 025 赫时，4.5 千赫低通滤波，截止频率最大衰减50～60 分贝。

采样频率为 22 025 赫时，9.0 千赫低通滤波，截止频率最大衰减50～60 分贝。

采样频率为 44 100 赫时，18 千赫低通滤波，截止频率最大衰减50～60 分贝。

麦克风前置放大器增益可选：25 分贝、30 分贝、35 分贝、40 分贝。

信号频率误差≤±4％

信号电压误差≤±5％

3. 使用方法

（1）噪声设定：通过数字录音设备、放大设备、麦克风，自动录入评估和训练现场的环境噪声和被评估或训练者的言语声音信号。

（2）信息录入：通过计算机键盘输入学生基本信息，建立档案。

（3）录音：通过单向麦克风，将学生发出的所需要的测试声音进行实时录音。

（4）查看结果：根据实际需要选择分析结果的显示方式，如波形图、频谱图、语谱图、线性预测谱。

（5）编辑：编辑和处理分析结果。

（6）报告：查看统计报告。

（7）训练：根据学生的评估结果，选择合适的目标模板，进行实时反馈的匹配训练。

（8）打印：打印评估结果数据及训练过程中产生的数据结果，作为监控训练过程的依据。

（二）发声诱导仪

发声诱导仪是一种集实时录音、播放、统计数据、分析数据等功能为一体的视觉反馈治疗系统，以活泼可爱的形式供学生进行音调、响度、起音、最长声时、清浊音以及声母和韵母音位发音的练习，还可以随时查看学生的对各种声音特性的认识程度或训练结果。

1. 基本功能

发声诱导仪可应用于呼吸功能训练、发声功能训练、共鸣功能训练、构音语音功能训练。它分为认识阶段和训练阶段。

认识阶段的设计目的是让学生了解言语声的基本特性，诱导学生发音。包括认识声音、音调感知、响度感知、发音教育、起音认识、清浊音的认识6个项目。

训练阶段的目的是让学生通过不同的卡通游戏进行有目的的练习，从而提高言语的各项功能。包括最长声时训练、响度训练、音调训练、起音训练、清浊音训练、发音训练6个项目。

2. 基本构造

发声诱导仪由软件、硬件组成。

（1）软件部分

软件部分包括文件、音频、认识、训练、分析、设置和帮助等7个模块。附发声诱导仪的操作课程和《使用手册》（书及配套视频教材）。

软件部分必须在 Windows XP 以上的操作系统下运行。

（2）硬件部分

发声诱导仪的主要技术参数、计算机工作环境、专用硬件与实时言语测量仪相同（除电声门图仪外）。

电声门图仪的专有特性：

电极：

电极形式：两片镀金电极，电缆长 1.2 米。

电极尺寸：直径 32 毫米；面积 804 平方毫米。

工作频率：2.5 兆赫。

频率响应：在 70～500 赫频率范围内为 0～－3 分贝。

噪声：当无电声门信号输入时，放大器静止噪声小于 5 mV。

电声门图前置放大增益可选：－6 分贝（±1 分贝）、0 分贝、+6 分贝（±1 分贝）。

3. 使用方法

（1）信息录入：通过计算机键盘输入学生基本信息，建立档案。

（2）噪声设定：通过数字录音设备、放大设备、麦克风，自动录入评估和训练现场的环境噪声和被评估或训练者的言语声音信号。

（3）参数设置：根据实际需要设置响度、背景噪声、倒计时等参数。

（4）选择认识模块：根据学生的康复方案，选择合适的游戏，进入相应的认识模块，如"认识声音"等。

（5）录音：通过单向麦克风录制各种设定的声音，完成游戏过程。

（6）选择训练模块：根据学生的康复方案，选择合适的游戏，进入相应的训练模块，如"音调训练"等。对前面认识过的声音属性进行训练。

（7）查看训练效果：观察当此操作的统计数据。

（8）打印：观察当此操作的各项分析数据，并根据需要打印。

（三）构音测量和训练仪

"构音测量和训练仪"将定量测量与定性评估相结合，不仅从语音角度，而且从运动角度都给予评测，强调对学生的构音功能进行科学的全面评价，从而诊断出学生造成构音障碍的生理水平及语音水平的双纬度原因，是应用于构音语音障碍评估与矫治的仪器。

1. 基本功能

构音测量和训练仪包括"评估篇"和"治疗篇"。

构音评估与训练系统的"评估篇"包括构音运动功能评估和构音语音能力评估两部分，每个部分都分别具有主观评估和客观评估。

（1）构音运动功能的主观评估

该系统首先要求对学生的构音运动功能进行主观评估，包括对其下颌、唇、舌等主要口部结构的运动能力进行分级判别。依据正常言语发育儿童的口部结构运动能力及其发展规律，系统内包含了若干口部结构生理动作和构音动作的影音资料，可以自动诱导学生模仿某一个动作，可以反复播放、反复诱导，并配以简单明了的指导语句，配合系统配备的诊断量表，可以评价其口部结构的生理运动功能和构音运动功能的运动能力是否正常，是否存在其他相关疾病，如有运动异常，属于何种异常运动模式，为治疗奠定基础。大部分学生构音障碍矫治的起点就是口部运动治疗。

（2）构音语音能力的主观评估

构音语音能力的主观评估意在考察学生掌握每一个音位的言语构音能力。该系统内包含的评估材料是在以往研究的基础上研发的一套汉语构音能力测验词表。该词表由 50 个单音节词组成，并且在系统内均配以简单、易懂、生动活泼的卡通或实物图片，让儿童在轻松、自然的环境下自然发音，诱导发音的方式有三种：提问、提示和模仿。这体现了该生构音语音能力的最真实情况。系统对该学生发出的声音进行实时录音并且保存，可用于评价 21 个声母的构音能力（即声母音位习得），提供"正确""遗漏""歪曲""替代"四项判别结果，评估者可以进行实时评分，也可以过后重新聆听录音进行评分。系统会自动生成该生的声母音位习得情况以及相应的错误走向。系统还可以根据评估者的评分，自动计算出该学生的构音语音清晰度得分及相对年龄。

该系统还首次通过 18 项音位对比、37 个最小语音对的构音情况来评估患者构音的音位对比能力（即音位对比）。音位对比在测量言语障碍患者的言语错误方面具有较高的效度，为进一步诊断构音障碍的病因和制订矫治方案提供了科学依据，同时对构音能力的评估提供了一套更科学、更全面、更具有操作性的评估方法。此外，还可通过音位对比的正确率考察患者整体构音清晰度。

（3）构音运动功能的客观测量

"构音测量和训练仪"的"评估篇"还包括了对构音运动功能的客观测量。该系统提供了实时录音功能，用简单易懂的卡通图片和清晰的普通话发音诱导患者发出/a/、/i/、/u/3 个单韵母，每个录音可以记录 3 次，系统内部会分别计算出 3 次所录单韵母的第一、第二共振峰，即 $F1(a)$、$F2(a)$、$F1(i)$、$F2(i)$、$F1(u)$、$F2(u)$，通过 $F1(a)-F1(i)$ 和 $F2(i)-F2(u)$ 分别计算出下颌距值和舌距值，然后系统会实时显示 3 次计算结果的平均值，作为下颌距和舌距的客观测量结果。根据系统同时提供的参考标准值，可以判断该生的下颌距、舌距值是否正常，异常类型是偏大还是偏小，意在客观地测量该学生下颌、唇、舌等构音器官的运动功能。系统还可以客观测量口腔轮替运动速率（DR），指定了 7 个无意义音节：/pa/、/ta/、/ka/、/pataka/、/paka/、/kata/、/pata /，系统提供了拼音加口形图的视觉提示线索，可以方便评估者快速诱导学生发出目标测试音节。通过测量 4 秒钟内，学生可以最多发出的以上音节的个数，与参考标准向比较，来评价其下颌、唇及舌的快速重复运动及协调运动能力。

（4）构音语音能力的客观测量

"评估篇"还包括了简易的构音语音能力的客观测量。同样采用实时录音技术和滤波处理技术，对学生发出的指定单音节词进行录音，系统可以自动分析，将该语音信号进行分割，并对每一个分割出来的语音段进行语音类型的标注。依据生理语音学基础，可以判断出该生是否具备将每一个目标音位清晰发出的能力，如有音位的发音错误，判断其错误走向指向哪个类型的语音。

构音评估与训练系统的"治疗篇"可以对学生的构音障碍进行系统、全面的训练，该系统紧密结合构音障碍的"因"和"果"制定有效的训练方案。治疗篇包括口部运动治疗、构音运动训练、构音音位训练 3 大模块。

2. 基本构造

构音测量和训练仪由软件、硬件组成。

（1）软件部分

软件部分包括构音运动功能评估、构音语音能力评估、口部运动治疗、构音运动训练、构音音位训练 5 个基本模块，附构音评估与训练系统的操作课程和使用指导（书及配套的视频教材）。

软件部分必须在 Windows XP 以上的操作系统下运行。

（2）硬件部分

构音评估与训练系统的主要技术参数、计算机工作环境、专用硬件与实时言语测量仪相同。

3. 使用方法

（1）信息录入：通过计算机键盘输入学生基本信息，建立档案。

（2）评估：进入"评估篇"，对学生的构音运动功能和构音语音能力进行全面评估，点击"导出"，获得学生的评估结果，可以根据需要打印。

（3）方案制订：根据评估结果，制订合适的构音语音能力训练的康复方案。

（4）口部运动治疗：根据制订的康复方案，选择治疗篇中的"口部运动治疗"，对学生的下颌、唇、舌等构音器官进行运动训练。

（5）构音运动训练：根据制订的康复方案，选择治疗篇中的"构音运动训练"，练习学生发各种声母和韵母时，下颌、唇、舌等构音器官的运动能力。

（6）构音音位训练：根据制订的康复方案和学生的兴趣爱好，选择治疗篇中的"构音音位训练"中的某一个模块，对学生进行声母的发音训练。

（7）打印：打印训练过程中产生的数据，并根据训练内容生成家庭作业，以便家庭康复内容对当此训练内容进行巩固以及与下次训练内容的衔接。

（四）语音评估和训练仪

语音评估与训练仪是考察和提高学生的连续语音能力的系统。该系统以特定的场景中词语作为铺垫，以问答的形式完成的连续语音。该系统为完成从言语听觉到语言能力的过渡起到很大的作用。

1. 基本功能

语音评估与训练仪的基本功能包括主观评估、客观评估与语音功能训练3大部分。

（1）主观评估

主观评估包括超音段音位评估和音段音位评估两个部分。

超音段音位评估主要包括升调评估、降调评估和升降调评估等。

音段音位评估主要包括语音重复能力评估、语音切换能力评估、语音轮替能力评估和综合运用评估。

（2）客观评估

客观评估主要包括超音段音位测量和音段音位测量两个部分。

超音段音位测量的主要参数为音调的变化率。

音段音位测量的主要参数为发音部位比率、发音方式比率、送气时间比率、清浊音比率、口鼻气流比率测量。

（3）语音功能训练

语音功能训练的主要功能在于提高患者音调的变化能力，主要包括超音段音位训练和音段音位训练两部分。

　　超音段音位训练主要包括升调训练、降调训练和升降调训练。主要使用简单的提问与回答方式进行。

　　音段音位训练主要包括语音巩固、语音重复、语音切换和语音轮替、综合运用等5个部分。

　　2. 基本构造

　　语音评估与训练仪由软件、硬件组成。

　　（1）软件部分

　　软件部分包括超音段音位评估、音段音位评估、超音段音位训练、音段音位训练等4个模块，附语音评估与训练仪的操作课程和使用指导（书及配套的视频教材）。

　　软件部分必须在 Windows XP 以上的操作系统下运行。

　　（2）硬件部分

　　语音评估与训练仪的主要技术参数、计算机工作环境、专用硬件与实时言语测量仪相同。

　　3. 使用方法

　　（1）信息录入：建立档案。通过新建、选择用户或采用系统缺省的方式建立用户档案。

　　（2）噪声设定：设定背景噪声。在使用语音评估系统前，首先必须进行背景噪声，排除背景噪声对目标语音的干扰。

　　（3）评估选择：选择评估材料。根据患者的现有水平，选择合适的评估材料，例如语音重复、语音切换、语音轮替和综合运用等。

　　（4）语速选择：选择适合的示范语速。在选择完材料后，选择合适的示范语速。

　　（5）录音：复述并录音。患者跟读示范材料同时录音。

　　（6）结果分析：主观评估时，记录目标音的发音情况，包括"正确、遗漏、歪曲、替代"等现象，系统会自动计算单字清晰度、词语清晰度、句清晰度、连续语音清晰度。客观评估时则将录音调入客观测量模块，由系统分析数据。

　　（7）制订康复方案：根据评估结果，对需要强化训练的内容进行进一步的分析，并将康复建议补充得更为完整和可操作性。

　　（8）选择训练内容：根据所制订的康复方案，在训练系统中选择训练内容进行训练。

（9）评估监控：训练一段时间后，再次进行评估，并与上次训练结果做比较，分析进步状况。

（五）鼻音测量与训练仪

鼻音测量与训练仪可用于共鸣功能的评估与训练。

1. 基本功能

鼻音测量与训练仪具有基本信息录入和存档、实时分析、同屏双窗显示的功能，可以计算鼻流量的参数值，提供视觉反馈信息和训练目标，以及简单的编辑功能和打印功能。

2. 基本构造

鼻音测量与训练仪由软件、硬件组成。

（1）软件部分

软件部分包括文件、编辑、音频、视频、分析、意见、样板、效果、设置、帮助等 10 个模块，附鼻音测量与训练仪的操作课程和使用指导（书及配套的视频教材）。

软件部分必须在 Windows XP 以上的操作系统下运行。

（2）硬件部分

鼻音测量与训练仪的主要技术参数、计算机工作环境与实时言语测量仪相同。

鼻音测量与训练仪的专用硬件：

音频输入/输出（采样频率 11 025/22 050/44 100 赫，采样精度 16bit）

专用头盔式拾音器

专用内置双通道功放，其可选滤波器特性为：

单通道采样频率为 22 025 时，9.0 千赫低通滤波，截止频率最大衰减 50～60 分贝。

单通道前置放大器增益可选：10 分贝、20 分贝、30 分贝。

信号频率误差≤±4%

信号电压误差≤±5%

3. 使用方法

（1）硬件检查：将声音分隔板放在前置放大器架子上，将前置放大器的后面板上开关打开，前面板上显示绿灯。

（2）校准：校准音调和设置背景噪声。

（3）信息录入：输入自己真实的姓名、出生日期、性别及学号（作为病历号）。

（4）准备：戴好头套。调整头后面及两侧旋钮，使之适合自己的尺寸；将分隔板置于口和鼻之间（人中），使之紧贴皮肤，阻止气流通过。

（5）参数设置：进行录音和播放设置、实时训练和分析参数设置。

（6）录音：对预先设定的声音进行录音。

（7）查看分析结果：根据常模判断鼻流量是否在参考范围之内。

（六）言语重读干预仪

言语重读干预仪可用于呼吸功能训练、发声功能训练、共鸣功能训练、构音功能训练，是根据重读治疗的原理设计而成的综合性训练设。它的主要核心在于为学生设置了多种类型的课程，以便根据实际需要选择最适合的课程进行重读训练。

1. 基本功能

言语重读干预仪包括样本课程设置、音乐干预课程设置、重读治疗课程设置、言语技能训练课程设置功能。

2. 基本构造

言语重读干预仪由软件、硬件和课程 3 个部分组成。

（1）软件部分

软件部分包括文件、音频、课程、样板、工具、设置、帮助等 7 个模块，附言语重读干预仪的操作课程和使用指导（书及配套的视频教材）。

软件部分必须在 Windows XP 以上的操作系统下运行。

（2）硬件部分

言语重读干预仪的主要技术参数、计算机工作环境、专用硬件与实时言语测量仪相同。

（七）言语治疗的辅助用具

1. 呼吸功能训练

用于指导呼吸放松训练（肩部、胸腹部放松等）的图片、示范光盘及软件等；用于指导生理呼吸训练、生理呼吸向言语呼吸过渡训练以及言语呼吸训练等的图片、示范光盘及软件等；以及用于呼吸训练的玩具（蜡烛、气球、喇叭、卷龙、兵乓球、游戏板）和学具（口风琴、积木板等）。

2. 发声功能训练

用于指导嗓音放松训练（声带放松、颈部放松等）的图片、示范光盘及软件等；用于指导音调训练和响度训练以及软起音和硬起音训练等的图片、示范光盘及软件等；以及用于发声训练的玩具（哨子、喇叭、游戏板、口琴等）和学具（口风琴、积木板、电子琴等）。

3. 共鸣功能训练

用于指导共鸣放松训练（口腔放松、鼻腔、咽腔放松等）的图片、示范光盘及软件等；用于指导聚焦训练（前位聚焦、后位聚焦、鼻位聚焦和喉位聚焦）、共鸣训练和音质训练等的图片、示范光盘及软件等；以及用于共鸣训练的玩具和学具。

4. 口部构音运动训练器

用于口部运动治疗工具，包括咀嚼器、唇运动训练器、舌尖运动训练器、舌前位运动训练器、舌后位运动训练器、下颌运动训练器、悬雍垂运动训练器、唇肌刺激器、舌肌刺激器、指套型乳牙刷、压舌板等。

5. 构音功能训练

用于指导口腔训练（下颌运动训练、舌运动训练和唇的强化和运动训练）的图片、示范光盘及软件等；用于指导口部运动治疗（韵母重读治疗、声母重读治疗、词语重读治疗）的图片、示范光盘及软件等；用于指导音位感知训练和音位习得训练的图片、示范光盘及软件等；用于指导音位对比训练的图片、示范光盘及软件等；用于构音训练中的玩具和学具（游戏板、积木板、卡片、必备工具）。

6. 语音功能训练

用于指导句调训练的图片、示范光盘及软件等；用于指导语速训练的图片、示范光盘及软件等；用于指导韵律和节奏训练的图片、示范光盘及软件等；用于指导音位巩固训练的图片、示范光盘及软件等；用于指导音位重叠训练的图片、示范光盘及软件等。用于指导音位切换训练的图片、示范光盘及软件等；用于指导音位轮替训练的图片、示范光盘及软件等；用于指导综合运用训练的图片、示范光盘及软件等。

7. 语音积木训练板

用于名词、动词、形容词的发音以及韵律训练。

8. 教材量表

诸如《言语障碍的评估与矫治》、《言语功能评估标准及方法》、《嗓音言语的解剖与生理学》、《嗓音治疗学》、《构音运动训练》、《口部运动治疗学》等教材，以及《言语功能评估表》、《汉语构音能力测验词表》等量表。

随着科技的发展，目前的听觉、言语、语言治疗的仪器越来越向智能化、数字化、便携化发展，简化了操作，增加了可选性，大大提高了康复的效果。当仪器的便携化程度进一步提高，集成电路技术等硬件技术水平的也有所提高，听觉、言语、语言治疗的仪器将广泛地应用于家庭和社区康复中，例如助讲器的问世等，会使得呼吸、音调、响度、音质、韵律、构音语音等训练变得更加方便和有效。

四、语言康复仪器设备

（一）早期语言评估与干预仪

"早期语言评估与干预仪"具有语言理解、表达能力的评估与训练功能，以及早期语言认知能力评估与训练功能，通过选取核心语汇、采用循序渐进的方式对特殊儿童或特殊学生进行早期语言强化训练，帮助语言治疗师或康复教师制订康复方案和监控康复效果，是国内目前运用最广泛的语言评估与个别化康复训练设备。

1. 基本功能

"早期语言评估与干预仪"中，语言评估包括词语理解能力与早期五项认知能力评估两个部分；语言训练包括前语言能力训练，词语、词组、句子、短文理解与表达能力的训练 5 个部分。

"早期语言评估与干预仪"具有基本信息录入、多种操作方式（触摸、点击）、多种扫描方式（鼠标、键盘、特殊开关）、自由组合训练内容、训练难度和评估标准的等功能，提供认知拓展练习，并能实时显示评估结果和训练总结，编辑评语、打印。

2. 基本构造

"早期语言评估与干预仪"由软件和硬件组成。

（1）软件部分

软件部分包括早期语言评估与干预系统专用软件（配使用教材）和《用户手册》。

软件部分必须在 Windows XP 以上的操作系统下运行。

（2）硬件部分：

计算机 CPU：奔腾 4 或同级别以上的 CPU

计算机硬盘：剩余空间至少 200GB

计算机内存：至少 256MB

彩色触摸屏：分辨率最低在 1 024×768，至少 16 位色，推荐使用 32 位色

专用台车：105 厘米×65 厘米×78 厘米

彩色喷墨打印机，位于台车内

"早期语言评估与干预仪"的专用硬件：

音频输入/输出（采样频率 11 025/22 050/44 100 赫，采样精度 16bit）

信号频率误差≤±4％

信号电压误差≤±5％

专用音箱：高保真音箱

特殊开关

3. 使用方法

（1）基本信息录入：通过计算机键盘输入特殊学生基本信息，建立档案。

（2）选择当前用户：打开用户档案，选择某位特殊学生作为当前用户。

（3）选择交互方式：选择特殊学生适应的人机交互方式。

（4）进行语言评估：在特殊学生熟悉例题之后进行语言理解能力评估。

（5）评估与诊断：查看评估结果、诊断患者障碍类型和程度、记录诊断结果并打印。

（6）选择训练内容：选择语言训练内容和难度。

（7）进行单元测试：选择单元测试内容。

（8）查看测试结果并打印：查看训练或单元测试结果、编辑评语并打印。

（二）词汇与概念训练系统（语言认知训练系统）

词汇与概念训练系统属于语言认知训练，它主要是对词组的空间、属性、时间与数量概念的训练，由空间篇、属性篇、时间与数量篇三个部分所组成。

空间篇要求特殊儿童或特殊学生通过画画，表示"里外上下"等词组的空间概念。

属性篇要求特殊儿童或特殊学生通过画画，表示"新旧、软硬"等词组的属性概念。

时间与数量篇要求特殊儿童或特殊学生通过画画，表示"先后、多少"等词组的时间及数量概念。

（三）语言韵律训练系统

"语言韵律训练系统"的核心是采用语言重读治疗法结合视觉提示对特殊儿童或特殊学生的韵律能力进行训练。"语言韵律训练系统"是国内运用最多的韵律能力评估和训练设备。

1. 基本功能

"语言韵律训练系统"由基础篇、主题篇和游戏篇组成。基础篇是对词语中的韵律能力进行训练；主题篇是对句子中的韵律运用能力进行训练；游戏篇包括形状和颜色两个部分，采用游戏的方式训练特殊学生在词语组合音节之间的连贯性，以及音调、响度的自然变化。

2. 基本构造

"语言韵律训练系统"由软件和硬件组成。

（1）软件部分

软件部分包括为用户建立档案、韵律能力训练、总结报告与打印等 3 个模块，附《语言重读训练的方法及案例分析》课程。

软件部分必须在 Windows XP 以上的操作系统下运行。

（2）硬件部分

"语言韵律训练系统"的计算机工作环境与"早期语言评估与干预仪"相同。

3. 使用方法

（1）建立档案：通过计算机键盘输入特殊儿童或特殊学生基本信息，建立档案。

（2）选择内容：选择进入"基础篇"、"游戏篇"或"主题篇"。

（3）参数设置：选择需要呈现的内容、音调的高低等。

（4）模板匹配：播放声音模板让特殊儿童或特殊学生模仿，将特殊儿童或特殊学生言语声录入计算机，进行分析与模板进行匹配。

（5）分析结果：查看训练结果、编辑评语并打印。

（四）言语语言综合训练仪

言语语言综合训练仪是一种适用于各种语言障碍治疗的专用工具，其独特的双屏显示功能使治疗效果一目了然。该系统不但提供语言韵律能力、语言各种参数的测量，还为特殊儿童或特殊学生完成从言语（口语）到语言能力（有声语言）的过渡起到很大的作用。它的主要核心在于为特殊儿童或特殊学生设置了多种类型的有声语言课程，以便根据实际需要选择最适合的课程进行言语语言的综合能力训练。

1. 基本功能

言语语言综合训练仪包括语言韵律能力评估、语言训练的课程、语言材料的言语波形图和舌位图同时显示、语言材料的基频和功率谱同时显示、语言材料的语谱图和线性预测谱同时显示等功能，可以在课程指导下完成呼吸功能训练、发声功能训练、共鸣功能训练、构音功能、语音功能的综合训练，具有功能强大、适用范围广、操作方便等特点。

（1）语言韵律能力评估

韵律能力评估根据输入的语言材料，对特殊儿童或特殊学生语言使用过程中的语速、语调、重读、重音的综合运用能力进行客观分析，以诊断特殊儿童或特殊学生在韵律方面所存在的问题类型以及问题严重性。可以对所录制的语言材料进行实时分析和反馈，以基频线、幅度线、文本统计报告等形式体现分析结果，观察出特殊儿童或特殊学生的长时言语声音的韵律能力、平均基频、平均强度、基频标准差、基频范围等多个语言功能的参数，从而在语言训练中实现了对呼吸功能训练、发声功能训练的实时监控。

（2）语言训练的课程设置

语言训练的课程是言语语言综合训练的核心，采用词、句等 4 个阶段的语言材料及其韵律训练样板，进行自然言语的韵律匹配训练，实现了从构音功能训练到语音功能训练的顺利过渡，进一步实现了从言语的高级阶段（言语的语音功能）训练到语言的低级阶段（语言的语音功能）训练的过渡。

（3）语言材料的言语波形图和舌位图同时显示

可以实时显示录制语言材料的波形图，并且可以选择显示舌位图的区域，然后将对应的舌位图与波形图进行对比，即可判断特殊儿童或特殊学生口部共鸣功能是否存在异常，相应地可以指出特殊儿童或特殊学生的口部结构运动的位置、运动的过程是否正确和到位。

（4）语言材料的基频和功率谱同时显示

可以同时显示所录制语言材料的长时基频线和功率谱，这样既可以看到发音时声带振动的基频，起到实时监控语言训练中的语调、语速、音调功能的作用，并且可以观察除基频以外各个频段的能量以及频谱组成成分，为语言训练中的音质的功能训练提供了视觉反馈信息和实施监控的功能。

（5）语言材料的语谱图和线性预测谱同时显示

运用数字信号处理技术和傅立叶快速转换技术，可以对特殊儿童或特殊学生的语言材料进行线性预测谱及语谱图，实现了从两维、三维的角度客观地提取并观察语言特别是元音的共振峰数值，将其分别与本年龄段共振峰正常参数值进行对比，综合分析，则可以判断出该特殊儿童或特殊学生是否存在语言的共鸣、构音和语音异常，满足了共鸣、构音和语音功能评估的基本要求，体现了定量技术在语言和言语功能训练中的重要地位。

2. 基本构造

言语语言综合训练仪由软件、硬件组成。

（1）软件部分

软件部分包括文件、音频、工具、分析、设置、帮助等 6 个模块，附言语语言综合训练仪的操作课程和使用指导（书及配套的视频教材）。

软件部分必须在 Windows XP 以上的操作系统下运行。

（2）硬件部分

言语语言综合训练仪的主要技术参数、计算机工作环境、专用硬件与实时言语测量仪相同。

3. 使用方法

（1）噪声设定：通过数字录音设备、放大设备、麦克风，自动录入评估和训练现场的环境噪声和被评估或训练者的言语声音信号，运用数字信号处理技术，将背景噪声从言语声音中分割出来，避免环境噪声对语言材料评估和训练的影响，准确地显示最真实语言的声音信号。

（2）信息录入：通过计算机键盘输入特殊儿童或特殊学生基本信息，建立档案。

（3）录音：通过单向麦克风，将特殊儿童或特殊学生发出的所需要语言材料的声音进行实时录音。

（4）查看分析结果：根据实际需要选择分析结果的显示方式，如波形图、频谱图、语谱图、线性预测谱。

（5）查看统计报告：根据统计报告显示数据和相关内容，确定特殊儿童或特殊学生的语言训练效果。

（6）切换窗口：切换不同的窗口后重复上述过程，进行实时对比训练。

（五）主题康复教育系统

主题康复教育系统是为了帮助医院、康复中心、培智学校的学生增强沟通交流意识，提高日常生活会话的能力而设计的。其目标为：系统培养词句的理解和表达能力；培养主动交流的意识，提高口语交流的能力；促进思维的发展。其内容包括词语、句子、对话、短文和看图说话。

（六）辅助沟通系统

"辅助沟通系统"是一种扩大口语的方式，利用多重沟通策略，协助个案达到沟通的目的。设备主要有硬件设备和软件设备两部分，该设备采用一般沟通辅具与高科技沟通辅具相结合的方法来进行训练，即使用沟通图片、沟通册与微电脑语音沟通版、计算机相结合的方法来进行训练。它是国内目前语言功能较有效的训练仪器之一。

1. 基本功能

"辅助沟通系统"可以用于对前语言能力，词语、词组、句子和短文的理解与表达能力等进行训练。其硬件设备和软件设备灵活配合运用，能提供多感官通道的学习，增加仿说能力，增加触觉记忆能力，促进听觉理解能力。此外，其硬件部分具有体型轻巧，便于携带的优点，方便特殊学生随时使用，增加其沟通意愿，进而提升其沟通效能。

（1）硬件设备的基本功能：

① 有声教具，结合文字、图形和语音，将语言可视化，让抽象的符号与生活产生联结，引起特殊学生的学习动机，借声音的回馈来增强注意力，并增进使用者的视觉理解力与动作反应能力。

② 可配合户外教学，提供故事版面及各式情境、情绪及社会参与版面，从日常生活中扩展特殊学生的认知及语言发展，并激励其自发的口语能力，增加与他人沟通互动和社会学习的机会。

③ 启发口语沟通及学习也可代替口语表达，可以协助特殊学生依其个别需求而设计版面，以及数字录制语音，与他人沟通。

④ 通过视觉、听觉、触觉的感官刺激，建立特殊学生的语意系统，也

可借由视觉（文字、符号、图形、颜色）或听觉的响应，维持特殊学生的学习动机，并跟随语音的分段仿说，促使特殊学生主动开口说话。

⑤ 医疗复健者及赡养照顾者的人本关怀性沟通利器。

⑥ 数据化录音，可随洗随录；所录之音不随电源用尽而消失，此外，有音量调整及弱电显示功能。

⑦ 分页式录音，各页格数为 2、8、16、32 或 64，各页每格可录时间不同。

⑧ 同时兼具灯光及语音扫描功能，可选用单键或双键方式来操作，并可设定扫描时间，方便重度肢体障碍者选取语音信息使用。

⑨ 单键跳格扫描和双键跳格扫描，扫描速度秒数可以自行选择控制。

⑩ 可配合特殊开关使用，作为紧急呼叫时使用，并能方便不同肢体障碍人士使用。

⑪有外接输出，可控制电池玩具，兼具教学功能。

（2）软件设备的基本功能：

① 图文大师版面设计系统和图文大师动画语音系统

版面格式支持微电脑语音沟通板，操作容易，仅需数个步骤便可完成沟通版面设计。

真人语音，最多可含普通话、客、粤等语音。

提供沟通板版面格式，方便编辑，并提供版面打印及预览功能。

系统提供搜寻沟通图形库功能、文字工具、框格颜色设定、框线粗细颜色设定、沟通图形库比例设定等功能。沟通版面上的固定框格，可多格合并形成较大框格，提高版面设计及应用的弹性。

② 立体图形学习系统

收录了国际公认的学龄儿童核心词语，每一个词语都用 3D 动画图形来表达其意思，并伴有高品质的真人语音，以及文字显示等视觉和听觉提示。

当点选"执行"后，会隐藏"图形列表"，使用者可点选任何一个格子中的图形，点选后会播放 3D 动画和真人语音，并在上方的"文字显示列"中显示所对应的文字。

③ 图文写作学习系统

提供图文预测功能，只要输入任意一个字母或汉字，系统会比对此字关联的单字或词，以图文列表呈现出来。

图形修改工具，里面提供了一些基本的绘图功能，以及可以使用本产品的图形库来修改，并且能将修改后的图片加入到编辑区中。

提供图文转换功能，可将一段句子或一篇文章复制并贴到图文转换的窗口中，便可转换成图文并茂的显示方式，让使用者借助图形更容易了解字词的意思。

提供文字编辑区内容打印及预览功能。

2. 基本构造

"辅助沟通系统"由软件、硬件和课程3个部分组成。

（1）软件部分

软件系统有图文大师版面设计系统、图文大师动画语音系统、立体图形学习系统及图形写作学习系统四种类型。其中，图文大师版面设计和动画语音系统包括八种风格共10 000余张沟通学习图形及相应的语音词语（线条图黑白彩色约3 500张，写实图黑白彩色约3 000张，动画图库约3 500张，照片约3 000张，情境图黑白彩色图 600 张）。该系统还提供普通话、英语等多种语言的发音，并具有搜寻、贴图、文字、图形比例设定、版面打印及预览等编辑功能；立体图形学习系统，收录了国际公认的学龄儿童核心词语，每一个词语都用3D动画图形来表达其意思，并伴有高品质的真人语音，以及文字显示等视觉和听觉提示；图形写作学习系统，除具有上述功能外，还有动画功能，TTS语音合成系统，绘图软件等。

软件部分必须在 Windows 2000 或 Windows XP 以上的操作系统下运行。

（2）硬件部分

"辅助沟通系统"的计算机工作环境与"早期语言评估与干预仪"相同。

"辅助沟通系统"的专用硬件：有扫描型沟通板、掌上型沟通板、基本型沟通板、携带型沟通板及单键沟通器五种类型。这五种微电脑语音沟通版的基本构造大体相似，如下：

电源开关。

电源插孔，内置充电电池，电池盒盖，电池盒。

控制面板包括页码指示灯（红灯）、录音状态指示灯（绿灯）、弱电显示灯（红灯）、录放音运作指示灯（黄灯）等各功能指示灯及页码选择键、玩具控制页键、音量调整键等按键组成。

喇叭，内藏式麦克风，录放音切换开关，音量调整及开关旋钮。

手持支撑架，防滑脚垫，固定脚架。

耳机插孔，扫描监听插孔，扫描按键插孔，玩具控制插孔，特殊开关输入。

触摸按键。

页层切换开关，版面活页夹，活页夹开关。

（3）课程部分

AAC 理论系统书籍如《掌上型语音沟通板版面与活动设计教学指引》、《电脑语音沟通板版面与活动设计教学指引》、《特殊儿童辅助沟通干预的理论与实践》、《生活自理沟通图形教材》。

《生活自理沟通图形教材》共包括五十个训练教案，涵盖生活自理能力的九个方面，即漱洗与卫生、穿着衣物、擦拭及刷洗、如厕、饮食、室内清理工作、简单烹饪、使用电器用品、维护健康。每个教案都包括四个部分：1）教学目标，具体可操作的目标；2）活动环境；3）工作分析的编排，附有各工作分析步骤的沟通图标，以透过图形的辅助，提高学习成效；4）"教学评量表"，做生态环境的评估及记录特殊学生的表现与教学的回馈。

《掌上型语音沟通板版面与活动设计教学指引》共包括一百二十四个训练教案，涵盖了认知、语言、生活自理、情绪、儿歌五大类等，每一类以红雀及蜂鸟的版面为教学平台，视其教学的需求，以活动设计的方式指导教师的教学。本教学指导是以红雀沟通板的八格版面设计为主，并辅以蜂鸟沟通板的十二格版面设计。

《电脑语音沟通板版面与活动设计教学指引》的内容分为 24 个单元，共涵盖增强物篇、五官的认知、状声词的练习、自我认识、颜色的认识、连接词的认识、物品的功能、分类的游戏、单位量词的认识、数与量的认识、认识自己的电话号码、方位的认识、动作语词的理解、形容词的认识、因果句的练习、我想……句型的练习、教室情境的练习、被动语句的练习、时间语句的练习、交朋友的句型练习、比较级的认识、喜欢……但是不喜欢……的认识、除了……以外……的认识、相反词的认识等内容。其中每个训练教案都包括四部分：1）教学对象、教学方法、教学时间；2）教学目标，具体可操作的目标；3）课程流程，每次课分为三部分，即引起动机、进行活动、综合活动；4）"教学评估表"，对特殊学生进行及时的等级评定。

《特殊儿童辅助沟通干预的理论与实践》一书分别介绍 AAC 系统、儿童认知、语言的发展与 AAC 的干预、AAC 的服务流程、支持及效益。另提供 7 个特殊儿童及成人的训练案例，作为教学上的参考。

3. 使用方法

辅助沟通系统软件部分与硬件部分配合使用，才能达到良好的训练效果，其基本的使用方法：

（1）设计版面：可运用软件和相关的图库，根据学习和训练的内容选择设计符合需要教学沟通版面。

（2）选择沟通版：根据设计好的教学沟通版面，选择格数和大小均合适的语音沟通版进行训练。或直接将版面呈现在电脑上进行训练。

（3）开启电源：将电池装好在机器中，或者插好电源，点按开关按钮，机器即可使用或停用沟通版。

（4）插入版面：将塑封完毕的教学版面放置在沟通版中，或将贴纸贴在版面上，即可准备录音。

（5）录音：将"录放音切换键"拨至"录音"侧，按住欲录音信息的所在键位置，开始录音。录音完毕，将"录放音切换键"拨至"放音"侧。

（6）放音：请先按一下页码选择键或玩具控制页键（请配合插入同页码的沟通版面），将"录放音切换键"已拨至"放音"侧。按一下所欲放音的图形键即可放音。同时可适当调节放音音量。

（7）语音扫描：其他语音扫描等功能因沟通版的不同使用方法有所不同，请使用者根据硬件说明书进行操作。

（七）语言康复的辅助用具

1. 语言和言语韵律能力训练

语言和言语重读训练卡片：语言重读训练卡片及光盘包括颜色篇和形状篇。

言语重读训练卡片及光盘包括核心韵母、韵母运动、声母运动、声母音位。主要作用是：采用重读训练的方式帮助特殊学生提高语言韵律能力，主要包括音调应用、响度应用，以及重读应用能力。

言语重读训练：核心韵母和韵母运动。

2. 词语训练

"说一说，做一做"词语篇：词语篇训练卡片及光盘包括棋盘游戏卡片（含色子等）及其配套用刺激卡片。主要作用是让特殊学生在游戏的过程中认识词语，记忆词语，并在需要的时候提取词语。

3. 语法训练

"说一说，做一做"语法篇：语法训练卡片及光盘包括棋盘游戏卡片（含色子等）及其配套用刺激卡片。每一张棋盘游戏卡片都有一个明确的语法学习目标，并根据儿童语法发展的规律编排卡片的难度和学习顺序，适合于2~6岁语言年龄的个体学习语法之用。

4. 会话训练

"说一说，做一做"语法篇：会话训练卡片及光盘包括棋盘游戏卡片（含色子等）及其配套用提问卡片。会话训练卡片的主要目的是在游戏的过程中提高特殊学生理解和回答"谁"、"什么"、"哪里"、"什么时候"、"为什么"这5类问题的能力。

5. 词汇与概念

词汇与概念训练的卡片及光盘：这是目前市场上较为适合的词汇与概念训练辅助用具，它包括词汇与概念（空间）、词汇与概念（属性）、词语与概念（时间与数量）3类主题学习的卡片、光盘以及配套的专用画笔。该用具可帮助特殊学生在操作中手脑并用，体会探索的乐趣，全面发展词汇与概念的能力。

6. 384贴纸图形教材与3 500黑白标准图形库

384贴纸图形教材：结合各种沟通板进行使用，通过图形符号来提高使用者学习动机，培养其沟通与认知能力，教学者可根据使用者的实际需要来设计增强制度及发音版面，使贴纸图形成为使用者的学习工具。

3 500黑白标准图形库：作为对事物认知的图形而单独使用，如根据时间图片来进行时间的认知。结合各种沟通板使用，通过多种风格的图片、图形符号来提高使用者学习动机，培养其沟通与认知能力，教学者可根据使用者的实际需要来设计增强制度及发音版面，使贴纸图形成为使用者的学习工具。

7. 教材量表

教材可以参考《语言障碍与矫治原理与方法》等。

量表可以采用《五级词语理解能力评估词表》、皮博迪图片词汇测验（PPVT）、《语言理解能力评估量表》等。《五级词语理解能力评估词表》可以评估特殊学生的词汇掌握和语言发展处于哪个阶段；皮博迪图片词汇可以测验听觉词汇能力，反映其语言能力；《语言理解能力评估量表》可以详细评估个体在语言理解方面的能力。

语言康复设备应继续扩展设备功能，提高语言康复设备的技术含量。在语言能力评估方面开发不仅适用于研究，更适用于语言治疗师或康复教师等一线工作者使用的评估软件。在补充现有主观评估项目之余，发展客观的语言评估项目。在语言能力训练方面，应该加强对早期语言能力尤其是对前语言能力训练的研究，开发更多的适用于不同语言、认知以及运动能力水平特殊学生的语言训练设备。此外，强大的互动性、材料呈现方式多元化的训练设备，以及灵巧方便、内容组合灵活的沟通辅助工具也是今后特殊教育市场亟待开发的领域。

第四节　音乐治疗的专用仪器设备

早在医学还未发达之前，音乐就曾被巫师和宗教人员用作疾病治疗的工具。随着文明的发展，到15世纪的文艺复兴时期，解剖学、生理学、临床医学的发展使现代医学开始沿着纯粹的科学轨道突飞猛进时，音乐仍旧被用来治疗忧郁、绝望和疯狂等精神方面的疾病。18世纪后期，随着医疗理念更加强调科学的变化，音乐在疾病治疗中的地位开始下降。1787年，美国《哥伦比亚杂志》发表了一篇名为《音乐的生理思考》，提出了一直到今天还在使用的音乐治疗的基本原则，这标志着人们开始对音乐治疗进行理性的思考和研究。1940年，音乐治疗作为一门独立和完整的学科在美国诞生。

音乐治疗在教育机构中的运用开始于19世纪。美国最先在盲人学校和聋人学校中建立音乐科目，并形成音乐课程结构。随着研究和实践的不断发展，音乐治疗已经活跃在特殊儿童教育和治疗的领域中。

一、音乐治疗的主要内容

音乐治疗（Music Therapy，简称MT）是一门新兴的、跨音乐、医学与心理学等学科的边缘交叉性学科，是音乐在传统的艺术欣赏和审美领域之外的、与人本精神和生命科学相交融的新应用和新发展。

音乐治疗是一个系统的干预过程，在这个过程中，音乐治疗师利用音乐体验的各种形式，例如听、唱、器乐演奏、音乐创作、歌词创作、即兴演奏、舞蹈等，以及在治疗过程中发展起来的、作为治疗动力的治疗关系来帮助被治疗者达到健康的目的[38]。音乐治疗干预的方式有：教育的方式、个别指导的方式、行为的方式、心理治疗的方式、宗教的方式、培训与督导的方式、医学的方式、康复的方式、娱乐性的方式、活动的方式、与其他相关艺术结合的方式[39]。目前，在我国特殊教育学校可能采用的治疗方式有：教育的方式、个别指导的方式、行为的方式和心理治疗的方式。

教育的方式一般在学校、教室场所进行，主要包括通过适应性或补偿性的方法来最大限度地促进特殊学校残障学生的音乐能力，以及通过音乐的手段来帮助生理、智力残障的学生学习文化知识和基本生活技能。

个别指导的方式一般由治疗师在个别授课的场所中进行，包括使用适应性或补偿性的方法来促进或最大限度地提高残疾学生的音乐能力；或用学习音乐过程的各种体验来解决治疗对象在非音乐（如生活、生理、文化学习等）方面的各种问题或障碍；以及把学习音乐过程中的各种体验作为一种心理治疗方法对学生进行个别指导。

行为的方式是运用功能性音乐来影响障碍儿童的生理状态、行为和情绪；或用音乐作为强化物来刺激、引发、促进或改善障碍儿童的适应性行为，减少或消除不适应行为；还可以使用各种音乐体验和治疗中建立的治疗关系来治疗学生的行为障碍。

心理治疗的方式是使用治疗性音乐来保持、改变或促进学生心理或生理等方面的自我成长；或者通过各种音乐活动的体验刺激治疗对象现有的积极资源，促进治疗对象在情绪或人际方面的适应性或自我成长。

尽管音乐治疗的方式有很多，但归纳起来不外乎三种，即接受式、再创造式和即兴演奏式。接受式是指通过聆听音乐来达到治疗的目的；再创造式是指通过主动参与演唱、演奏音乐作品的过程中，根据治疗的需要对现有的作品进行改变的各种音乐活动（包括演唱、演奏、创作等）来达到治疗的目的；即兴演奏式是指通过被治疗者在特定的乐器上随心所欲地即兴演奏音乐的活动来达到治疗的目的。有人根据被治疗者参与治疗的方式分为主动式与被动式。

由于音乐治疗的发展受到心理学、医学、教育学、文化和音乐等多种因素的影响，研究方法与研究角度的不同导致音乐治疗逐渐形成了繁多的流派，如音乐教育领域的音乐治疗模式；心理治疗领域的音乐心理治疗的模式；医学领域的音乐治疗模式等。音乐教育领域的音乐治疗模式中主要有奥尔夫音乐治疗、达尔克罗兹音乐治疗、柯达依音乐治疗；心理领域的音乐心理治疗的模式有音乐引导想象（GIM方法）、鲁道夫－洛宾斯音乐治疗、心理动力学派的音乐治疗和行为学派的音乐治疗；医学领域的音乐治疗模式有神经学音乐治疗、生物医学音乐治疗和保健音乐治疗。

我国当代音乐治疗自 1980 年开始诞生起，经历了从医学领域向教育领域的发展过程，虽然专业院校培养音乐治疗师的时间不长，但各音乐院校音乐治疗专业的设立标志着我国教育领域的音乐治疗开始走上正轨，我国特殊教育学校的音乐治疗也必将随着专业音乐治疗师的出现向正规化和专业化发展。这方面的相关设施和设备已经受到相关企业的关注，已经开始借鉴国外相关产品进行研究和开发。

二、音乐治疗的专用仪器

用于音乐治疗的专用仪器设备主要有钢琴、电子琴、吉他、奥尔夫乐器和一些专为障碍人士设计的发声器具、仪器等。

本书只对在特殊教育领域进行音乐治疗时需补充的特殊乐器进行简单介绍。

（一）乐器

1. 风铃

由扶把和铃管组成。每根管不具有标准音高，用手指或金属棒掠过会发出波浪式的风铃的声音。由于操作简单，一触即响，且声音清脆悦耳，对障碍儿童具有较强的吸引力，适于在音乐治疗中使用。

2. 风铃树

由铝管和木架组成。每根管不具有标准音高，用手指或金属棒掠过会发出波浪式的风铃的声音。铝管风铃树比手提式风铃音区更高，音色更清脆，它在治疗中、音乐课堂上往往非常吸引人。

图 9-4

图 9-5

3. 咕咕铃

agogo 是"精力充沛、活泼的"意思，发"啊咕咕"的音。咕咕铃是一种非洲民间乐器，在巴西传统音乐中也用。两个铃之间音呈小三度，用普通打棒敲即可。

4. 牛铃

来源于生活中的牛铃，与耕牛的铃铛相比，它没有芯里的铃舌。牛铃音色清亮，有柔和的泛音。

5. 卡巴萨（音译）（cabasa）

在木质的轮身上绕有 8 圈金属珠子。卡巴萨属于打击乐器类但又并非乐器，它不能发声，但滚动的珠子可以给感觉障碍人群提供很好的触觉刺激；金属珠子经常能吸引孤独症儿童的注意力。

图 9-6

6. 嘭嘭筒

弹性塑料质地，不同的长度、厚度使它发出不同音高的声音，筒身容易抓握，可以直接敲打到自己或别人身上发声，也可以用打棒敲响。它的材质对人没有伤害，且操作简单、有趣。在特殊教育中既可以作为认知使用（颜色、长短、音高等），也可以根据音高引导学生相互配合，为特殊儿童形成心理连接发挥作用。

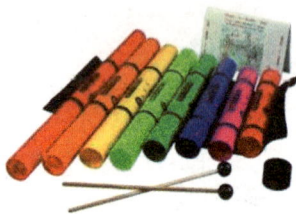

图 9-7

7. 手指镲

手指镲是套在手指上使用的小镲，由于非常轻巧，因此可以被手臂及手指运用困难的儿童使用。手指镲既可以在音乐治疗时用，也可以在游戏和锻炼的时候用。

8. 手钟

由手柄和钟铃组成。全音阶手钟 8 个一套，音域由中央 C 的 1 到高八度的 1。红色、橘色、黄色、绿色、青绿色、蓝色、紫色和另一个红色分别代表音乐中的 12345671。

图 9-8

9. 邦高鼓（bongos）

邦高鼓由两个连接在一起的鼓组成。邦高鼓跟其他鼓除了式样不同外，它在音乐治疗中的一个重要意义是，通过两个人同时使用一件乐器来建立心理上的连接。

图 9-9

10. 桨鼓

与普通的鼓需要摆在面前或抱在身前敲相比，桨鼓可以由治疗师手持着给肢体动作困难者敲打，避免了对于肢体动作困难儿童的局限。桨鼓与邦高鼓一样，也可以由两个人（治疗师与治疗对象）共

图 9-10

同使用，具有在心理上建立人际联系的功效。这种乐器很适于治疗和教育。

11. 声圈

声圈其实是由大小不同的彩色圈圈摞在一起组成的一套鼓，鼓身看上去像一个鼓面。在特教领域，可以在音乐活动中教授认知知识（"大、小""颜色""排序"这些概念）时使用。

12. 桌面鼓

桌面鼓有橡胶腿儿可以站在桌面上，不必手持也能有很好的共鸣，可放在普通桌面、轮椅桌面。

图 9-11

图 9-12

图 9-13

13. 鼓桌（drum table）

这种鼓桌的设计可以为阿尔兹海默症病人提供很好的震动触觉刺激。桌面可容下 6 个人同时围桌坐下，进行有目光交流的人际互动。

14. 拇指钢琴

它源自一种古老的非洲民间乐器。8 个小钢条是一个八度的音阶。这种乐器个头不大，材质结实方便携带，很受孩子和老人喜欢，在音乐治疗中能发挥较好的作用。

15. 葫芦琴

葫芦琴是将钢片安置在大小厚度不同的葫芦身上制成的，音域为 C 调的一个八度。

16. 出租车喇叭

直译为"中东孟买出租车圆号"，名称来源不清。铜制的簧片，发出非常响的号声。它的特点就是声音非常响亮，若在交通堵塞中，相当于汽车喇叭响而不是自行车铃。而且握着手柄能感受到声响的震动，多用于听力障碍人士。

图 9-14

图 9-15

17. 卡祖（音译）（kazoo）

塑料质地，样子和大小都很像哨子，但与哨子发声不同。哨靠气流震动发声，卡祖靠人的声带震动发声。卡祖发出的声音可以因我们声带发出声音的不同而不同，像是将我们的声音卡通化地变异了。这种乐器适用于发音器官正常而拒绝讲话、发声的孤独症儿童。

18. 砂板

样子像黑板擦，一面覆砂纸，另一面有抓手。当两个板互相拍打或摩擦时，发出特殊声响，同时提供非常特殊的触觉感受。这显然不是传统意义的"乐器"，而是为特殊人群提供尽可能多的感官刺激的特殊"乐器"。

图 9-16

19. A 形发声器

这种拉丁打击乐器，是唯一一种发出波状怪异声音的乐器。按乐器尺寸不同发出不同的刀刃样的声音。这个发声器用富有弹性的钢片弯制成，手握着，用拇指按小槌杆，杆梢的小木球敲击钢片表面，即发声。治疗中的很多"乐器"异于普通乐器之处就在于利用和创作尽可能多的声响刺激及其他感官刺激。

图 9-17

20. 雨筒

这也是一种制作声响的乐器。塑料筒里层叠着彩色珠子，当将筒摇晃或倒过来翻转时，珠子的滚动会发出像下雨一样的声音。彩色珠子也会变幻不同的图案，提供听觉及视觉的新异刺激。

图 9-18

图 9-19

21. 海鼓

鼓面是透明的，内绘有海洋、鱼、海草等图案，透着光看有奇幻的海洋图景。鼓内有许多金属散珠，随着鼓的摇动与鼓共振发出海浪的声音。是音乐治疗中深受孩子喜欢的乐器。

22. 音块/钟块

每套音块像一些拆开了的钟琴。钟琴、铝板琴都是按声音高低将金属板装在一个共同的大箱体上，而音块是每个音每个金属板都有独立的小箱体。便于抓握及分配给许多人使用。它的泛音非常好听，可用于合奏。虽然价格昂贵，但音色和治疗中的作用比前面所列的乐器都好。音块可拆装进盒子，便于携带。

图 9-20

23. 自鸣筝

是一种小个儿的钢片琴，声音柔和，在没有钢琴或吉他时，这种乐器是治疗中很重要的选择。

图 9-21

图 9-22

24. Q 琴

一种类似电子琴的数码式和音乐器，外形像字母 Q。琴面上有像电子琴的伴奏按钮样的几十个按键，每个键不是单音，而是可用于伴奏的一组和音，可以为常用的歌曲伴奏。Q 琴和自鸣筝都是美国音乐治疗中常用的便携乐器。

25. 鼓

鼓除了在个体治疗中单个使用，各种大小、颜色、形状、声音的鼓在集体治疗中的使用非常重要。所以鼓的数量、样式应尽可能丰富多样，便于各种人士因其身体、心理的局限自由选择，而不能只是某几种鼓只在数量上的丰富。

（二）声波仪

声波仪是一种将身体动作转换为声音的仪器。由于波束的敏感性使再小的动作都能被感知到，不仅可以极大地激发障碍人士的兴趣，促使他们热情地与周围环境互动，而且可以使他们从传统的以击打、触键为基础的音乐活动中解放出来，严重身体残疾和学习障碍儿童都可以用身体动作通过音乐和声响表达和沟通。声波仪在儿童孤独症、老年痴呆、唐氏症、雷氏症、抑郁、阿兹海默症等疾病及肢体障碍中都有很好的作用。

　　随着现代技术的发展，音乐治疗的手段也由传统向现代延伸，越来越多结合多媒体技术、声控技术的音乐治疗用仪器开始被设计和开发出来。可视音乐干预仪和可视脑电波诱导仪就是在音乐生理学、心理学、视听感统等原理的基础上进行定量评估和实时训练的现代化仪器设备。

（三）可视音乐干预仪

1. 基本功能

　　基本功能包括基本信息录入、功能模块选择、播放方式选择、用户档案管理和疗效监控系统 5 个组成部分。

　　（1）基本信息录入：用户可通过键盘输入被试的姓名、性别、出生日期，系统自动生成测试日期、记录编号。

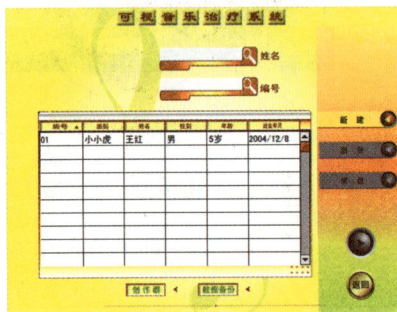

图 9-23　基本信息录入　　　　　　图 9-24　功能模块选择

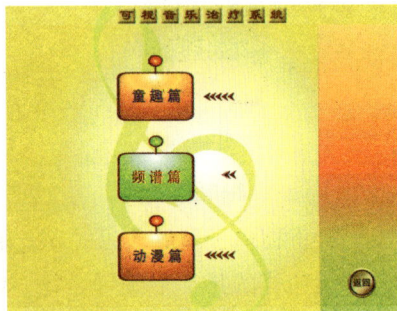

　　（2）功能模块选择：根据患者年龄、音乐喜好等特点，选择趣味视听或联想视听。进入趣味视听，根据评估结果或年龄特点，在童趣篇、动漫篇、频谱篇三个功能模块中做选择；进入联想视听，根据生理或心理特点，在中国音乐和外国音乐两个模块中做选择。

　　（3）播放方式选择：系统包括单个选曲和处方表选曲两种方式：用单个选曲的方式，可根据患者当下的心情即兴选择曲目；用处方表选曲的方式，治疗师可根据患者的具体情况制订干预方案。

（4）用户档案管理：系统为每名患者均建立了一个档案库。患者在进行治疗的过程中，系统会自动记录并储存其个人信息以及处方曲目。用户通过"档案"管理窗口，可实现对上述信息的浏览、查询、统计、删除、打印等多项功能。

（5）疗效监控：疗效监控系统主要利用康复效果全程监控系统（单一被试）来进行治疗效果的跟踪。将每次治疗获得的生理指标和心理指标进行对照，以此来评估治疗结果，修订治疗方案。

2. 基本构造

可视音乐干预仪由软件、硬件组成。

（1）软件部分

软件部分应在 Windows XP 操作系统下运行，内容分为趣味视听和联想视听两大部分。其中，趣味视听部分包括童趣篇、动漫篇、频谱篇 3 个功能模块；联想视听部分包括中国与外国音乐两个功能模块。两大部分皆根据不同的音乐性质归为 3 大类，即正性音乐（刺激型音乐）、中性音乐（过渡型音乐）和负性音乐（松弛型音乐）。

① 趣味视听中的童趣篇模块

童趣篇共包含 11 个板块，主题内容多为轻松愉快，又带有学习性质。它将丰富的动画和美妙的音乐结合在一起，视觉素材应采用大量的图片和动画，听觉素材则应采用一些自然声和用各种乐器所演奏出来的风格迥异的乐曲。因此，在趣味十足的视听欣赏中，不仅能得到情绪的疏解与宣泄，也进一步发展了认知等多项能力。

童趣篇中的音乐素材包括了速写、镜像、卡通、虚幻 4 种画面效果。

• 速写：绘画是传达情感的最好方法，也是最直接的情感信息传递方式，借助画面的线条呈现，能激发他们产生一种自我察觉、洞悉与顿悟、唤醒其自由心象联想。例如，特殊儿童对于事物的感知在大脑中呈现的是简单的黑白线条的组合（线条现象），通过速写与实物的同时再现，可唤起其对现实世界的正确认识与重构。

• 镜像：通过镜像的画面效果，使人在大脑中不断重构外界现实，在富有变化的视觉效果中，情绪得到激活或缓解。例如，自闭症儿童对于事物的感知在大脑中呈现的是镜像（镜像现象），通过镜像与实物的同时再现，可唤起其对现实世界的正确认识与重构。

• 卡通：通过幽默、讽刺、含蓄、奇特的角色塑造，使人在变化多端、通俗趣味的动画中，情绪得到感染和同化。例如，特殊儿童对于事物的感知在大脑中呈现的是平乏而简单的线条和粗略的色彩，通过卡通与实物的同时再现，可唤起其对现实世界的正确认识与重构。

• 虚幻：通过虚幻的处理效果，使人产生一种虚幻的感觉，在如梦如幻的朦胧意境中，使情绪得到宣泄和释放。大脑左右功能是不对称的，通过现实事物与虚幻效果的视听，可以加强大脑逻辑思维与抽象思维的功能，提高对事物的认知。

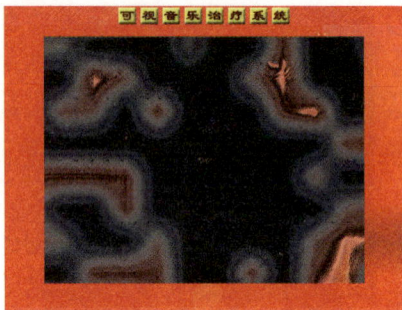

图 9-25　虚幻

②趣味视听中的动漫篇模块

动漫篇共包含 4 个主题素材，它们是由一个富于活力、勇于创新的艺术家群体创意完成的。他们以动画为主体，同时亦采用美术传统技法、流派并结合雕塑、摄像、高科技多媒体等多种艺术手法，为古典音乐中各个历史时期的一些具有代表性的音乐作品编配精美画面，帮助人们在视觉上更加直接又轻松愉悦地去理解、认识古典音乐。

图 9-26　动漫篇主界面

动漫篇中的音乐素材包括了镜像与速写、三基色、滚屏、浮雕四种画面效果。

• 镜像和速写：通过漫画的情节变换，切换镜像和速写两种画面效果，时而画面上下或左右呈现对称、时而用最直接的线条来表现。在不断变化的视觉效果中，使情绪得到激活或缓解。镜像现象与线条现象的组合。

• 三基色：根据正性、中性、负性三种音乐性质，将画面色彩分为红色画面、绿色画面以及蓝色画面，且与灯光颜色相对应，更好地激发人们内心的情感。正性音乐配以红色画面使人兴奋；负性音乐配以蓝色画面使人沉静；中性音乐配以绿色画面使人处于兴奋与沉静两种感觉之间。

• 滚屏：通过模拟电视闪频的效果，给予患者一种强烈的视觉冲击，尤其对于自闭症儿童，自上而下不停闪烁的滚动条，能更好地吸引他们的注意力，激发他们内心世界的联想。例如，自闭症儿童对于事物的感知是机械的、刻板的（重复现象）。通过滚屏与实物的同时再现，可以集中起注意力与想象力，加强其对现实世界的正确认识与重构。

• 浮雕：画面所呈现出的全新立体效果使画面更加生动新奇，对于轮廓的强调能更好地抓住人们的视线。例如，特殊儿童对于事物的感知是模糊的、缺乏主体性，同时对色彩的感知是单一的，没有层次概念。通过浮雕与实物的同时再现，可以帮助他们抓住事物的轮廓，从而唤起其对现实世界的正确认识与重构。

③趣味视听中的频谱篇模块

频谱篇共包含八个自然主题风光，采用大量世界闻名、各具特色的景观素材。与此同时，耳熟能详的音乐以及大自然的声音与画面格调融为一体，给人以听觉与视觉上的双重震撼，并且达到了抚慰与调整人们情绪的作用。

频谱篇中的音乐素材以频谱这个画面效果为主。根据正性、中性、负

图 9-27　频谱篇选曲界面

性三种音乐性质，决定频谱颜色，频谱效果所指示的颜色深度代表频谱能量的高低，它将音乐的时间域信号转换成频率域信号，可多参数、多指标地诱导特殊儿童，进行深度理性思考。

从童趣篇到动漫篇，再从动漫篇过渡到频谱篇，是一个逐渐过渡的过程。童趣篇中的素材内容简单易懂，且富趣味性；动漫篇中的素材内容在卡通性较强的同时，多了一层情节的理解与思考；频谱篇中的素材内容以现实风景为主，适合年龄稍大的儿童。所以，这三个单元以年龄发展为依据的同时，也遵循了儿童认知能力的发展。

④联想视听中的中国音乐模块

中国音乐共包括两个主题素材。通过影响人体的生理状态，间接改善人的心理状态。

⑤联想视听中的外国音乐模块

外国音乐则包括四个主题。每个主题的音乐给人不同的音乐感受，有的有助于开解情绪，疏泄压力；有的有助于转换情绪，镇静解压；有的有助于放松心情、解除忧郁。在欣赏音乐同时，激发了人们内心无限遐想，从而改

善人的情绪状态，进一步影响人的生理状态。

联想视听的核心思想是可视序列诱导式注意力训练和视交叉视听诱导治疗相结合。序列诱导是通过在音乐的每个乐段中插入一个有特定含义的图像来完成的。这里的音乐素材由中国音乐和外国音乐所组成，采用左（或右）屏实物画面，右（或左）屏效果画面的双屏显示技术训练。中国音乐和外国音乐中的效果画面包括了龟裂、彩笔、浮雕、滚屏 4 种画面效果。

• 龟裂：通过不规则的裂痕效果，将画面分为极细小的部分，同时又不失为一个整体。使得画面具有质感，给予患者视觉上不同的刺激。例如，特殊儿童对于事物的感知是模糊的，缺乏主体性。通过龟裂与实物的同时再现，可以帮助他们抓住事物的轮廓，从而唤起其对现实世界的正确认识与重构。

图 9-28 龟裂

• 彩笔：通过明朗丰富的色彩，为画面营造一种清新的视觉感受，使人在富有童趣的意境中，唤起童年的记忆，在淡然的情绪中回归到自然。例如，特殊儿童对于事物色彩的感知是比较单纯的，缺乏明了的认识，没有层次概念。通过彩笔与实物的同时再现，可以帮助他们抓住事物的主体，从而唤起其对现实世界的正确认识与重构。

• 浮雕：画面所呈现出的全新立体效果使画面更加生动新奇，对于轮廓的强调能更好地抓住人们的视线。例如，特殊儿童对于事物的感知是模糊的，缺乏主体性，同时对色彩的感知是单一的，没有层次概念。通过浮雕与实物的同时再现，可以帮助他们抓住事物的轮廓，从而唤起其对现实世界的正确认识与重构。

• 滚屏：通过模拟电视闪频的效果，给予患者一种强烈的视觉冲击，尤其对于自闭症儿童，自上而下不停闪烁的滚动条，能更好地吸引他们的注意力，激发他们内心世界的联想。例如，自闭症儿童对于事物的感知是机械的、刻板的（重复现象）。通过滚屏与实物的同时再现，可以集中起注意力与想象力，加强其对现实世界的正确认识与重构。

此模块乐曲的选择多带有抒情、叙事、回忆、含哲理性，需要高层次思考。从趣味视听到联想视听有个从娱乐性到理性思维过渡的过程。

（2）硬件部分

可视音乐干预仪的通用硬件包括：

- 计算机 CPU：奔腾 4 或同级别以上的 CPU
- 计算机硬盘：剩余空间至少 200GB
- 计算机内存：至少 256MB
- 彩色显示器 2 台：分辨率最低在 1 024×768，至少 16 位色，推荐使用 32 位色
- 彩色监控显示器：分辨率最低在 1 024×768，至少 16 位色，推荐使用 32 位色
- 专用台车：85 厘米×60 厘米×78 厘米
- 彩色喷墨打印机，位于台车内

可视音乐干预仪的专用硬件：

- 音频输入/输出（采样频率 11 025/22 050/44 100 赫，采样精度 16bit）
- 信号频率误差≤±4%
- 信号电压误差≤±5%
- 专用内置功放
- 专用音箱：高保真扬声器（含音箱架）

可视音乐干预仪的工作环境：

图 9-29　工作环境：房内安排，左右视屏、灯光、喇叭、镜面设置

（3）使用方法

① 评估：包括生理评估、心理评估以及描述法。评估结果记录在病历表中。

② 基本信息录入：打开系统，输入患者基本信息，建立档案。

③ 导入：在正式治疗之前，进入音乐知识板块，引导特殊学生提前进入状态，感知音乐要素，为开始音乐治疗做准备。

④ 处方表制定：根据患者年龄特点，选择趣味视听或联想视听。进入趣味视听，根据评估结果或年龄特点，在童趣篇、动漫篇、频谱篇 3 个功能模块中做选择。进入联想视听，根据生理或心理特点，在中国音乐和外国音乐两个功能模块中做选择。

⑤ 选择选曲方式：系统包括单个选曲和处方表选曲两种方式：用单个选曲的方式，可根据患者当下的情绪即兴选择曲目；用处方表选曲的方式，则可根据患者的具体情况制订干预方案。

（四）可视脑电波诱导仪

可视脑电波诱导系统采用现代科学技术，将期望脑电信息镶嵌在听觉刺激和视觉刺激的信息上。通过音乐、图像、灯光变幻等多重刺激的方式干预原有的脑电波，诱导出期望的脑电活动，使被干预对象进入期望的意识状态，表现出与外界环境相适应的情绪与行为。培智学校学生存在不同程度的脑功能发育迟缓和神经功能失调，表现为脑电活动异常。目前，可以采用可视脑电波诱导仪进行治疗。

1. 基本功能

基本功能包括基本信息录入、功能模块选择、用户档案管理和疗效监控系统 4 个组成部分。

（1）基本信息录入：用户可通过键盘输入被试的姓名、性别、出生日期，系统自动生成测试日期、记录编号。

（2）功能模块选择：可选择听觉脉冲诱导和视觉脉冲诱导。

（3）用户档案管理：系统为每名患者均建立了一个档案库。患者在进行治疗的过程中，系统会自动记录并储存其个人信息及脑电波变化的情况。用户通过"档案"管理窗口，可实现对上述信息的浏览、查询、统计、删除、打印等多项功能。

（4）疗效监控：疗效监控系统主要利用康复效果全程监控系统（单一被

试）来进行治疗效果的跟踪。将每次治疗获得的生理指标和心理指标进行对照，以此来评估治疗结果，修订治疗方案。

2. 基本构造

可视脑电波诱导仪由软件、硬件组成。

（1）软件部分

软件部分应在 Windows XP 操作系统下运行。软件部分分为听觉脉冲诱导和视觉脉冲诱导两个功能模块。通过信号处理将听觉信号和视觉信号导入大脑。如果将脑电波频率以听觉（音乐）、视觉（动画）的方式导入大脑，大脑就倾向于跟随，最后将被锁在这个脑电波频率上。

① 听觉脉冲诱导模块

听觉脉冲诱导的理念是给左右耳不同频率的声信号，在大脑两半球同时做出反应并产生差值频率的听觉脉冲振动，最终导致大脑对差值频率产生诱导适应。在声波脉冲的频率模型以及它们对脑电波功能的影响进行实验研究的基础上，将诱导大脑共振的声波脉冲频率嵌入立体声音乐中，将这些音乐播放给患者听。听觉脉冲诱导模块治疗工作被分成 8 个具体项目。

• 中深度 α 波：沉思（频率在 10～13 赫范围内），中深度 α 波（与经常沉思有关）用合成器混合而成，夜间清脆的蟋蟀声将使大脑完全放松，并陷入沉思状态。

• 轻中度 α 波：轻松活跃的状态（频率在 7～10 赫范围内），由经典吉他和日本长笛所弹奏的柔和弦律、叽喳的鸟叫声，以及微微的风声所组合的声音，将使大脑轻中度 α 波突现出来，用于激发大脑的注意力和创造力。

• 中深度 θ 波：创造力和灵感（频率在 5～7 赫范围内），中深度 θ 波在雨滴声，远处的雷声，风中的钟声和叽喳的鸟叫声背后轻轻回荡着，用于激发艺术灵感，打开创造的源泉。

• 轻中度 θ 波：洞察力和直觉（频率在 3～5 赫范围内），轻中度 θ 波浮现于管弦乐、藏族铃声和夜间蟋蟀声中，可以激发鲜活的想象力，提高记忆力。

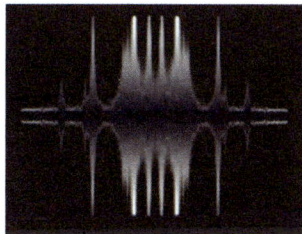

图 9-30　中深度 α 波

• 中深度 δ 波：修复体力的睡眠（频率在 2～3 赫范围内），将自己沉浸在波涛滚滚的海洋声和鲸鱼、海豚的叫声中，在这些仿真录制的声音中加入了中深度 δ 波，可用来放松，恢复体力，使大脑平静下来，转入沉沉的睡眠状态。自然根除了失眠的疾患。

- 轻中度 δ 波：消除压力（频率在0.5～2赫范围内），叽喳的鸟叫声，小溪流水声和藏族敲碗声均编入了轻中度 δ 波，用于缓解身体的紧张，促进放松反应。

- α/θ 波：情感的释放/亲密的交流（频率在3～13赫范围内），α/θ 混合波结合雨声和远处的雷声，用来激发同情心、爱心和开阔的胸怀。你将变得灵活，更容易被别人所接受；α/θ 混合波，结合小溪流水声以及叽喳的鸟叫声，将提高你的敏感度，促进交流，使人与人之间变得更加亲密友好。

②视觉脉冲诱导模块

视觉脉冲诱导的理念是从左右不同位置分别设置一幅图像，并合成起来获得一幅立体图像。通过控制两台摄影机之间的距离，可以控制立体图像的深度。若深度以一定赫兹的频率变化，结果大脑的两半球将会同时做出反应并产生一定频率的视觉脉冲振动，这些脉冲振动最终导致大脑对一定频率产生诱导适应。视觉脉冲诱导模块治疗工作被分成两个具体项目。

- 中深度 α 波：沉思状态（频率在 10～13 赫范围内），柔和的电子音乐和引起幻觉的三维动画，将使大脑中深度 α 波突现出来，使大脑陷入沉思状态。

- 轻中度 α 波：轻松活跃的状态（频率在 7～10 赫范围内），欢快的古典音乐和引起幻觉的三维动画，将使大脑轻中度 α 波突现出来，大大地激发了大脑的注意力和创造力。

可视脑电波诱导仪通过包括中深度 α 波、轻中度 α 波等 8 种听觉脉冲诱导和 2 种视觉脉冲诱导干预特殊学生原有的异常脑电活动，诱导出期望的脑电波，帮助特殊学生逐步进入期望的意识状态，缓解学生异常生理节律和紧张焦虑，帮助大脑思维进入和谐状态。

（2）硬件部分

可视脑电波诱导仪的硬件部分与可视音乐干预仪的硬件部分相同。

（3）使用方法

① 评估：包括生理评估、心理评估以及描述法。评估结果记录在病历表中。

② 基本信息录入：打开系统，输入患者基本信息，建立档案。

③ 功能模块选择：根据患者评估结果及患者当时的情境，选择听觉脉冲诱导或是视觉脉冲诱导。

④用户档案管理：康复教师可对历史记录进行浏览、查询、删除等操作，还可调看系统帮助等。

与其他学科的交叉加强，现在的音乐治疗设备多向视听结合、脑电诱导等方向发展，而且从传统的被动音乐治疗向注重主动性的音乐治疗发展，未来可望出现可视音乐运动治疗设备，能诱导特殊学生进行主动的音乐律动活动，结合多媒体技术、声控技术等，使音乐治疗的内容更富趣味性、科学性。

三、音乐治疗的辅助用品用具

在音乐治疗中也有一些为肢残人士改造的器具。如：

1. 缚带

缚带上面有个小口袋，可以将各种敲击用的小槌装在里面，使不能控制手掌抓握动作的人士也能击打。缚带上有尼龙粘扣，可根据手的大小和手掌宽窄调节。

2. 木架

这种木质架子可以固定在桌面或轮椅的小桌上，手鼓、

图 9-31

铃鼓、三角铁、风铃等乐器可以固定在这个架子上，方便中风、肢残人士使用。

3. 夹子

这个夹子是用于将桨鼓等手柄乐器夹到轮椅、椅子等处的，可以便于肢残儿童参与到敲鼓的活动中来。

为使特殊学生的音乐治疗丰富多彩，引导学生积极配合治疗，音乐治疗的辅助用品用具还应包括以下方面：

4. 玩具

各年龄段特殊学生喜欢的卡通玩偶、玩具等，玩具和材料以结构简单、功能多变为佳。

5. 教材量表

我国由于音乐治疗起步较晚，这方面的教材不是很多，学校或治疗师可以根据需要在网上搜索美国等音乐治疗发达国家的信息。教材可以参考的有《特殊学生可视音乐干预的理论与实践》、世界图书出版社出版的《音乐治疗学基础理论》、华夏出版社出版的《学生智力障碍的音乐治疗》等。

量表可以采用韦氏学生智力测评软件、艾森克人格问卷（适用于 7 岁以上学生）、学生 14 种人格因素问卷（适用于 8～14 岁学生）、阿欣巴赫学生行为量表（即 CBCL 量表，适用于 4～16 岁学生）、学生适应性行为量表（适用于3～12岁学生）等。

第五节　心理康复的专用仪器设备

心理康复的主要对象是有心理和行为障碍的智力残疾学生。

一、心理康复的主要内容

心理康复是指结合医学康复的模式，运用心理学的技术与手段解决康复对象的一系列心理与行为障碍，帮助具有心理问题的残疾个体接受并适应残障现实，减少情绪和行为问题，开发潜能，掌握一定的生活自理技能，重新回归社会。心理康复的学科理论依据是康复心理学。康复心理学（Rehabilitation Psychology）是运用心理学的理论和技术研究揭示康复过程中的心理活动、心理现象及规律的学科。它是在康复医学和心理学相互交叉、相互渗透的基础上发展起来的。

心理康复包括心理评估和心理训练。心理评估就是科学地运用多种手段从各个方面获得信息，对某一对象进行全面、系统和深入的客观描述，单独或协同对心理障碍或心身疾病做出心理诊断，以便及时调整和矫正等。一般可以使用心理测量法和描述法等对特殊儿童的心理和行为问题进行评估。

心理训练包括早期语言沟通能力训练、视听统合训练、交往能力训练、早期行为训练、社会行为训练等。

心理康复必须按照一定的操作流程进行，如：

• 收集个人信息：通过与特殊学生、家长的交谈了解学生个人的基本信息、临床资料以及父母的需求，与学生、父母建立良好的合作关系。

• 测量评估：除了解特教学生的问题与需求外，更要了解他们的特长与正面能力。观察他们的行为、情绪、交往以及自我认识等，并初步建立特教学生对康复治疗师的信任关系。

• 分析诊断：诊断特教学生在情绪、行为、交往和自我认知等方面障碍的严重程度，配合他们的发展与能力，设定治疗的长、短期康复目标。目标必须具体、简单、可行。

• 训练与监控：根据诊断，确定心理康复治疗的方法，制订训练方案。按照训练方案执行心理和行为的训练。过程中应随时评估特殊学生的进步情形，以作为后续计划的依据，依据治疗记录修改介入措施，使之更符合儿童的性格和能力特点。并评估是否达到了预期的目标。整个心理康复的过程遵循评估→训练→监控→评估→训练→监控的科学程序（A＋T＋M 程序），在尽可能短的时间内使学生的心理与行为问题得到改善或消除。

二、心理康复的专用仪器

目前，特教学生心理康复主要运用传统的心理治疗和教育手段，相应的康复仪器还比较少。现有的设备主要有特殊学校心理测量评估与训练调节系统、自闭和多动障碍干预系统、心理与行为干预系统、沙盘（箱庭）疗法专用设备等。

（一）特殊学校心理测量评估与训练调节系统

1. 基本功能

该系统主要用于特殊学校学生的心理测量、评估及开展针对性的训练。具有全方位、全程动态化的心理档案管理、多媒体化的量表测量，心理问题自动预警和自动生成阶段性心理综合报告等功能，是基于个性化、互动式资源开展训练调节的心理治疗系统。

（1）档案管理

能快速建立起包含学生心理测量、心理调查、在线咨询、面谈咨询等信息的全面、连续、动态的数字化心理健康档案，并提供相关信息的强大查询功能；支持大批量学生档案导入及 Word 文档输出和打印，并可对档案进行维护、审核等操作。

（2）量表管理

提供包括心理健康状况、情绪、人际交往、学习、应激、生活质量、人格、智力、职业倾向等方面的心理测量；心理教师可根据需要，自主选择量表，设置测量对象，通过网络完成心理普查；系统可自动对测量完成情况进行统计，并将测量结果报告导入到档案管理和综合报告系统。

（3）调查管理

通过全方位开放的调查组建功能，心理教师可自主进行新问卷的添加，

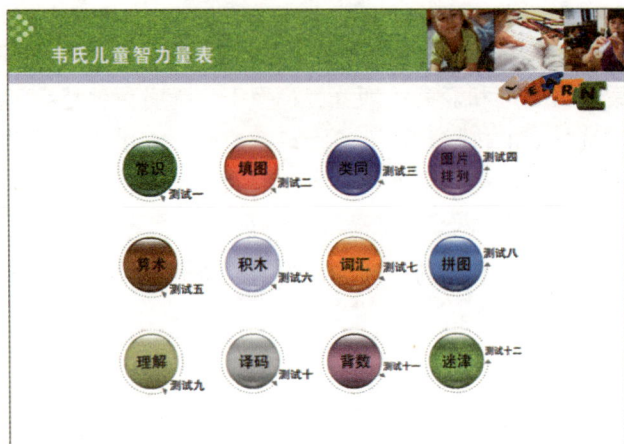

图 9-32 心理测量主界面

自主选择调查对象，并通过网络便捷地完成心理调查；系统可自动对调查完成情况进行统计，并将调查结果自动导入到档案管理和综合报告系统。

（4）综合报告

学生通过网络进行的心理测量、心理调查、在线咨询等数据均可以被系统自动地智能化保存为个人心理信息源，为心理教师编辑综合报告提供完整的心理数据源；心理教师还可以给学生提供浏览自己的阶段性心理综合报告的权限。

（5）统计分析

预警统计、心理测量和心理调查完成情况统计等功能让心理教师能精确掌握学生的心理状况；同时支持样本数、平均值、标准差、方差、最大值、最小值等原始数据的导出，方便心理教师将其导入到 SPSS 等专业统计分析软件，进行更为深入的处理。

强大的统计分析功能是为帮助使用者进行相关教育科研工作而设计。

（6）咨询辅导

心理教师可通过在线咨询功能与学生进行交流，及时迅速地解除学生的心灵困惑；还可在与预约学生进行面谈咨询的过程中，运用沙盘减压、音乐减压等多种辅助方式，系统会自动将咨询辅导数据记录到学生个人心理健康档案中。

（7）训练调节

该模块属国内首创，将丰富的数字化心理健康教育资源库与心理测量、调查、咨询模块无缝连接，开辟了一个心理健康教育的新天地；心理教师可对心理教育资源进行添加、维护、绑定等操作，也可建立个人资源库并进行维护；学生可以浏览教师为其精心定制的各类心理教育资源，并在这种定期的个性化资源学习训练中不断实现学生个人潜能的有序发展，达成在测量中发现问题，在资源学习训练中逐步解决问题的最佳效果。

（8）系统管理

采用了高强度加密算法对数据进行传输和存储加密，以确保个人隐私信息的安全；支持用户功能使用权限和数据访问权限管理，形成了多重用户身份验证体系；具备完善的数据库日志和操作日志功能，便于对系统进行应用过程管理，使培智校园心理健康教育管理工作更为科学、合理。

2. 基本构造

由软件和硬件两部分构成。

（1）软件部分

软件部分包括档案管理、量表管理、调查管理、统计分析、综合报告、训练调节等模块，其中量表管理涵盖了绝大部分成人或青少年常用的心理测量表，并采用全国常模及标准的临床心理测量评分法及个性化方式。

（2）硬件部分

基于 Intel 的 PC 服务器。

（二）自闭和多动障碍干预系统

1. 基本功能

该系统具备有早期语言沟通训练、视听统合训练、心理与行为干预系统（基本能力训练和社会行为训练等）功能。各部分功能相互联系，在训练中构成一个完整的训练系统。视觉唤醒训练和视听统合训练能提高儿童的注意能力和感觉信息统合能力，是其他能力发现的前提；沟通能力和生活基本能力的训练是社会行为训练必须具备的基本能力，反过来，社会行为训练能促进沟通能力的发展。

（1）早期语言沟通系统

根据儿童掌握语言的规律以及严重言语障碍的儿童语言沟通能力训练的实践经验，早期语言沟通系统将训练分为三部分：

① 视觉唤醒训练：该产品采用视频呈现与音乐刺激，利用各种缓慢连贯的线条变化，将患者注意目标逐渐引导到有意义的事物，提高特殊儿童的

有意注意力，为沟通能力训练和语言训练做准备。

特点：色彩以黑白色为主体，补充红、绿、蓝等纯色。线条组合从无意义的几何图形转换到有意义的、简单的人或物的图形。

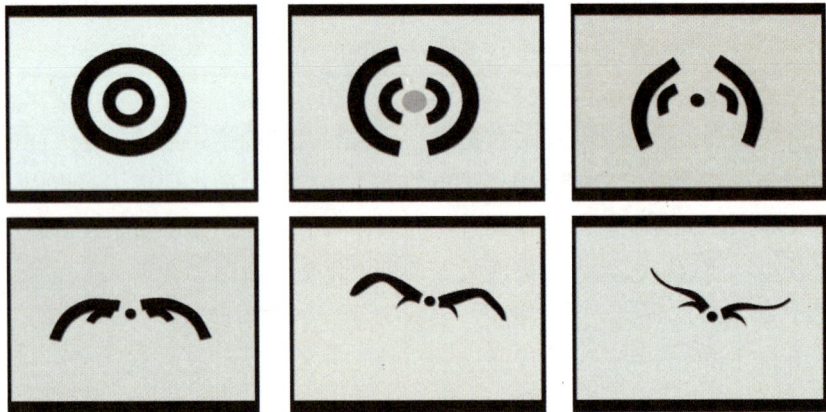

图 9-33　线条变化

② 非语言沟通训练：非语言沟通是一种代替性及扩大性沟通方式，主要采用沟通辅具来完成。能进行该类训练的产品有：根据华东师范大学言语听觉康复科学研究院"语言沟通标准图库"，而设计的动画语音、版面设计系统和扫描沟通板等。

特点：让不具备语言沟通能力的患者借助沟通辅具，维持日常生活中的沟通能力，进而能够参与家庭、学校和社会的生活，增加个人就业机会，重建人格尊严。

③ 语言沟通训练：该系统遵循儿童语言发展的规律，按照由易到难，反复强化的原则对早期语言能力进行训练。主要包括词语的理解与表达能力训练。

特点：利用丰富的图片、动画资源，循序渐进地进行语言强化训练，简单易行的人机交互方式特别适用于身体运动能力受限的儿童。

三部分相互联系，逐步递进。视觉唤醒是辅助沟通训练和语言沟通训练的前提，非言语沟通能力训练与语言沟通能力训练能相互促进，提高训练效果。

（2）视听统合干预系统

该系统内容分"动画世界"、"卡通天地"、"动漫乐园"、"花之旋律"等部分。

特点：根据视交叉和听处理机理设计，通过现实和幻觉双重的画面效果伴随相匹配的音乐刺激①促使产生遐想；②宣泄和释放情结；③唤醒自我觉察，洞悉与领悟等联想。每部分训练内容各有特点：动画世界部分，画面谐谑有趣，音乐活泼流畅，可以激发童心，回归宁静素朴；卡通天地部分，画面动感十足，造型生动，色彩鲜明。易产生联想而微调情绪；动漫乐园部分，色彩奇幻，形态抽象，增大情感体验和想象空间，给人以梦幻感；花之旋律部分，画面着重描写景物、人物，内容或深奥或通俗易懂，极富幻想。

双重刺激：通过实物动画与镜像动画的双重刺激，使人在大脑中不断重构外界现实，在富有变化的视听效果中，使情绪得到激活或缓解。例如，自闭症与多动障碍儿童对于事物的感知在大脑中呈现的是镜像（镜像现象），通过镜像与实物的同时再现，可唤起其对现实世界的正确认识与重构。

模拟效果：绘画是传达情感的最好方法，也是最直接的情感信息传递方式。借助实物动画与速写动画线条呈现的双重刺激，能激发他们产生一种自我察觉、洞悉与顿悟、唤醒其自由心象联想。例如，自闭症与多动障碍对于事物的感知在大脑中呈现的是简单黑白线条的组合（线条现象），通过速写与实物的同时再现，可唤起其对现实世界的正确认识与重构。

通过模拟电视闪频的效果，给予患者一种强烈的视觉冲击，尤其对于自闭症与多动障碍儿童，自上而下不停闪烁的滚动条，能更好地吸引他们的注意力，激发他们内心世界的联想。例如，自闭症儿童对于事物的感知是机械的、刻板的（重复现象）。通过滚屏与实物的同时再现，可以集中起注意力与想象力，加强其对现实世界的正确认识与重构。

模拟环境：画面所呈现出的全新立体效果使画面更加生动新奇，对于轮廓的强调能更好地抓住人们的视线。自闭症与多动障碍对于事物的感知是模糊的，缺乏主体性，同时对色彩的感知是单一的，没有层次概念。通过浮雕与实物的同时再现，可以帮助他们抓住事物的轮廓，从而唤起其对现实世界的正确认识与重构。

根据正性、中性、负性三种音乐性质，将画面色彩分为红色画面、绿色画面以及蓝色画面，且与灯光颜色相对应，更好地激发人们内心的情感。正性音乐配以红色画面使人兴奋；负性音乐配以蓝色画面使人沉静；中性音乐配以绿色画面使人处于兴奋与沉静两种感觉之间。

2. 基本构造

自闭与多动障碍干预系统由软件、硬件组成。

(1) 软件部分

软件部分包括早期语言沟通训练、视听统合训练、基本能力训练和早期社会行为训练等模块。软件部分必须在 Windows XP 以上的操作系统下运行。

(2) 硬件部分

- 计算机 CPU：奔腾 4 或同级别以上的 CPU
- 计算机硬盘：剩余空间至少 200GB
- 计算机内存：至少 256MB
- 彩色显示器 2 台：分辨率最低在 1 024×768，至少 16 位色，推荐使用 32 位色
- 彩色监控显示器：分辨率最低在 1 024×768，至少 16 位色，推荐使用 32 位色
- 专用台车：85 厘米×60 厘米×78 厘米
- 彩色喷墨打印机，位于台车内

自闭与多动障碍干预系统的专用硬件：

- 音频输入/输出（采样频率 11 025/22 050/44 100 赫，采样精度 16bit）
- 信号频率误差≤±4%
- 信号电压误差≤±5%
- 专用内置功放
- 专用音箱：高保真扬声器（含音箱架）

(三) 心理与行为干预系统

"心理与行为干预系统"利用视听同步呈现的多媒体技术，创设生动、有趣的学习情景，帮助智力发育迟缓、脑性瘫痪、自闭症等特教学生进行基本能力和行为养成的训练。

特点：该系统设计符合社会图式形成和及时强化等心理学原理，利用卡通动物呈现训练的目标内容，遵循同步反馈，反复强化，循序渐进等训练原则。儿童在该系统呈现的情景中学习目标知识，同步反馈强化，建立刺激与反应之间的固定联系，最终内化为能力。再结合拓展部分的训练，加强初步形成的能力与生活场景的联系，转化为适当的生活行为。该系统把认识训练和情景训练相结合，训练的针对性、系统性强。并且有趣味性、娱乐性强等

优点。该系统的内容分为四个部分：

1. 交往能力训练

该训练系统包括基本问题的回答能力、是否判断、同类匹配、概念、归类、对比、比较等7方面内容。它用于训练养成良好社会行为和生活技能必须具备的基本能力。与早期行为训练是一种递进的关系。特殊儿童掌握了这些基本的交往能力，能促进早期行为与社会行为的训练。

作用：提高特殊儿童对周围环境的认识能力，积累生活的简单经验，增强对日常生活的理解和体验，从而缓解其心理恐惧和焦虑，减少不当行为的出现，并为特殊儿童日后自理能力和社会生活技能训练做准备。

图 9-34　基本问题　　　　　　　　　　图 9-35　概念

2. 早期行为训练

该系统针对特殊儿童的良好习惯与行为，以及基本生活能力训练而设计。为儿童养成良好行为和提高生活基本能力构建了一个开放式的训练平台。它有12个主题训练，分为两部分：（1）助人、分享、交朋友、合作、讲礼貌和不断尝试等6种亲社会行为的训练；（2）认识声音、倾听习惯、自信、情绪理解、人际交流和礼貌用语等6种基本生活能力和交往行为的训练。

每一部分都有拓展训练环节，并有配套的教材。训练采用计算机呈现生动、有趣的动画故事，让儿童体验故事所展现的目标情景，之后回答相关问题，通过反馈强化形成正确认识，再进行拓展部分的真实情景训练。

作用：帮助有行为障碍的特殊儿童加深对日常生活情景的认识，引导他们认识什么是良好行为或习惯，并塑造一些简单的良好行为和习惯。

3. 社会行为训练

围绕社会行为问题，根据学龄患者的需要，以互动、有趣的环境模仿形式，更快、更有效地帮助他们认识并养成良好的社会行为。

4. 情感表现训练

按照男、女儿童的心理发展特点，展示了儿童丰富的内心世界，以此作为交流的平台帮助他或她们疏导各种不良情绪，建立一种积极向上的健康心态。

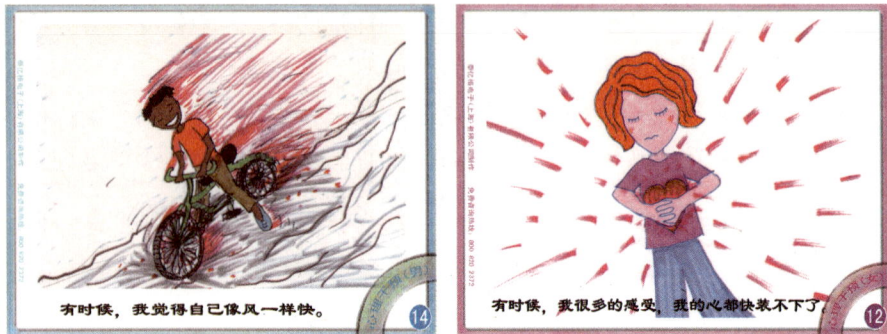

图 9-36　情感表现训练画面

（四）沙盘（箱庭）疗法专用设备

1. 基本功能

沙盘（箱庭）游戏疗法，是让来访者在"自由和受保护"的时空里通过在沙箱里摆放玩具自发地展现个人的心理冲突和心理问题，并获得自愈的方法，其理论基础是瑞士著名心理学家荣格（Carl Gustave Jung）的分析心理学。无论是对儿童还是成人的攻击行为、焦虑、抑郁、注意力难以集中、违纪行为、社会适应障碍、思维障碍、应激综合征、情感障碍等，该治疗都起到好的效果。

2. 基本构造

参照国际沙盘协会标准制造的，获教育部教仪所检测认证的沙盘（箱庭）产品，由沙箱、沙具和沙具柜、沙箱桌等配套设备构成。

（1）沙箱

沙箱分干湿两种，尺寸为：长 72 厘米，宽 57

图 9-37　湿沙箱

厘米，高 7 厘米（内径）。沙箱为木质，外侧为木本色或其他颜色，内侧涂蓝色；湿沙箱内套防水框（有机玻璃）。沙为天然或者人造沙。

（2）沙具

沙具是由树脂、陶瓷、木质、玻璃、塑料等各种材质制作的玩具或仿真物；包括 15 大类 54 小类，15 大类为人物类、动物类、植物类、食物类、自然物类、交通类、家居类、文体类、宗教类、建筑类、名胜古迹类、军事类、死亡类、颜色形状类、数字方位类等。

不同沙盘产品型号所配沙具数量不同，一般便携式配 400 件沙具；简易型配 700 件沙具；普及型配 1 000 件沙具；标准型配 1 600 件沙具；专业型配 3 000 件沙具；团体型配 4 000 件沙具。每种型号的沙具都包含 15 大类 54 小类，不同型号之间的差异在于每种类型的沙具丰富度的不同；各类沙具的配置比例以均衡为度。

沙具根据类别摆放于沙具柜内，90％的沙具尺寸高度不超过 18 厘米，宽度不超过 15 厘米，10％的沙具高度不超过 28 厘米，宽度不超过 15 厘米。

一个沙具柜内存放的沙具不少于 500 个。

（3）沙具柜、沙箱桌等配套设备

目前市场上的沙具柜多为书柜形式，因此，对于小型沙具的摆放有空间利用不足和视觉效果不佳的弊病。已经有专门为合理摆放沙具而设计的专用沙具柜，采用纯木材质，分为五层十阶，充分体现了沙盘（箱庭）游

图 9-38 摆满玩具的沙具柜

戏的人本特色，沙具柜的高低，十阶的梯度都是经过多种测试的最优化方案，视觉上能全部扫视到每个玩具，拿取也因分阶摆放而十分便利，是既科学化又人性化的沙盘（箱庭）游戏柜产品。

（4）型号配置

产品型号	便携式	简易型	普及型	标准型	专业型	团体型
标准沙箱（纯木特制）	便携箱内含特制沙箱 1 个	1 个	1 个	2 个	3 个	5 个
沙箱桌（纯木特制）		1 个	1 个	2 个	3 个	5 个
沙具柜（纯木特制）	沙具盒 2 组	1 个	2 个	3 个	4 个	5 个
沙具（15 大类 54 小类）	400 个	700 个	1 000 个	1 600 个	3 000 个	4 000 个

续表

产品型号	便携式	简易型	普及型	标准型	专业型	团体型
沙盘凳		2个	2个	4个	6个	10个
细沙	5公斤	5公斤	5公斤	10公斤	15公斤	25公斤
沙刷	1个	1个	1个	2个	3个	5个
沙耙			1个	1个	2个	5个
沙具百宝箱			1个	1个	2个	5个
小喷水壶		1个	1个	1个	2个	2个
沙盘指导教材	1本	1本	2本	4本	5本	6本
案例盘（赠送）	1CD	1CD	1CD	2CD	3CD	5CD
便携箱	1个					

3. 使用方法

沙盘（箱庭）游戏疗法是国外一种成熟的心理治疗方法和体系。其理论基础是荣格的分析心理学，沙盘（箱庭）疗法也源于特殊儿童这个群体。今天，它在特殊学校的应用越来越广泛。

针对智障儿童一般知觉迟钝、记忆缺乏逻辑、意义和联系，注意力不易集中且稳定性差，情绪紧张、压抑，缺乏自信心和自制力，性格孤僻，整个心理活动各方面的水平都很低下等问题，沙盘游戏治疗可以以透过主动想象和创造性象征游戏的运用，制造从潜意识到意识，从精神到物质，以及从口语到非口语的桥梁，使特殊儿童找回自我控制、自我完善、自我成长的动力，帮助他们潜移默化地克服那些难以克服的不良习惯。

沙盘（箱庭）游戏在特殊学校的实际操作中，基本上遵循先进行心理测量评估开展筛查工作，通过系统的自动预警机制，有针对性地对急需关注的孩子及时进行心理与行为干预和沙盘（箱庭）疗法治疗，国内一些专家和沙盘（箱庭）治疗师们已经在特殊儿童群体中积累了大量的经验，尤其以自闭症、多动症治愈率很高，为我们一线教师开展沙盘（箱庭）疗法提供宝贵的经验。

三、心理康复的辅助用品用具

（一）玩具类

主要用于游戏治疗、运动治疗和统合训练。包括进行情景活动的玩具，如积木、沙、黏土；运动器具，如蹦蹦床、转椅；绘画工具，如蜡笔、颜料等；感觉统合训练的成套器材，如学生喜欢的卡通玩偶、玩具等。

（二）用具类

专门用于心理康复训练。包括早期行为障碍的干预用具（积木和卡片）、社会行为干预（日常生活）用具（积木和卡片）、心理干预用具（男/女）（积木和卡片）等。

（三）教材量表

目前，教育用品用具市场上有大量的心理测量与评估的量表，但专门针对特殊儿童的心理评估量表不多。可用于特殊儿童心理评估的量表有艾森克人格问卷（适用于7岁以上学生）、学生14种人格因素问卷（适用于8~14岁学生）、阿欣巴赫学生行为量表（适用于4~16岁学生）、学生适应性行为量表（适用于3~12岁学生）等。

心理康复需要专门教材来指导特殊学校的康复训练，但目前还没有专门的教材。可以参考心理治疗和心理健康教育的相关教材。如《中小学心理健康教育教材》（学生用书和教师用书）共24册、《心理健康教育指导》丛书（中小学生心理健康教育试用教材辅助材料）等。

目前，社会各界和学校越来越多地关注特教学生的心理康复问题。特殊儿童康复与教育行业也从过去只关注特殊儿童的功能补偿逐渐转变为既重视功能补偿又重视潜能开发和全面康复。尽管目前特殊儿童心理康复的专门仪器还比较少，但是可以预计，在特殊儿童康复与教育需求的刺激下，现代技术广泛应用于心理治疗和康复的推动下，会有越来越多的心理康复设备和心理训练软件运用到各级康复机构和特殊学校。

第六节 认知干预的专用仪器设备

认知干预（Cognition Intervention，简称CI）是指对认知障碍者进行注意力、观察力、记忆力、推理能力、元认知能力等方面的认知能力进行训练。认知干预的对象主要是有认知障碍的智力残疾学生。

一、认知干预的主要内容

（一）培智学校中的学生大多具有认知障碍的主要表现

1. 注意力障碍：很难对游戏或任务保持注意力，经常无法集中注意听别人讲话，不喜欢或不愿意投入需要持久注意的活动，易受无关刺激干扰。

2. 观察力障碍：观察不细致，经常丢三落四，观察没有一定的顺序，看到哪里算到哪里，观察效果差。

3. 记忆力障碍：记忆缺乏明确目的，识记速度缓慢，工作记忆容量小，保持不牢固，再现不精确，不会使用记忆策略。

4. 推理能力不足：思维机械刻板，缺乏分析、推理能力，难以同时从两个维度对事物进行加工。

5. 元认知能力低下：对认知活动缺乏良好的计划、监控与评价能力等。

通过认知干预，可以提高特殊学生注意力、观察力、记忆力、推理能力、元认知能力等多方面的认知能力，使其认知能力得到最大化的补偿与发展。

（二）认知干预包括认知功能评估和认知功能训练

1. 认知能力评估

认知能力评估包括主观评估和客观评估两个方面。主观评估可采用智力量表和特殊学生适应性行为量表，客观评估则需要配备专门的测验工具和仪器设备，分为初级和中级两个阶段。

（1）初级阶段特殊学生认知能力评估

初级阶段特殊学生认知能力评估包括空间次序、动作序列、目标辨认、图形推理、逻辑类比5项。

（2）中级阶段特殊学生认知能力评估

中级阶段特殊学生认知能力评估包括数字推理、图形推理、异类鉴别、情景认知和记忆策略5项。

2. 认知能力训练

认知障碍学生的认知训练可以分成两个阶段：初级阶段和中级阶段。每个阶段的认知特点及训练目标是不同的，因此认知评估与训练的内容也有所侧重和不同。以下是各个阶段认知训练设备的要求：

（1）认知能力训练初级阶段

认知能力训练初级阶段包括注意力、观察力、记忆力、数字认知、图形认知、序列认知、异类鉴别、同类匹配等8个方面。

（2）认知能力训练中级阶段

认知能力训练中级阶段包括对情景认知、记忆策略、坐标推理、网状推理、图形推理、数字推理、逻辑类比、异类鉴别、语义理解、问题解决等10个方面的训练。

3. 认知概念训练

认知概念训练应该包括概念、分类、联想、填空等功能。认知概念训练的主要目的是用于巩固学习，帮助特殊学生在游戏中理解概念，进一步发展认知能力。

（三）认知干预必须按照一定的操作流程进行，一般来说应遵循以下流程

1. 收集个人信息：收集特殊学生的一般信息，包括年龄、性别、是否接受过认知训练及训练的时间、有无其他疾病史、认知障碍的症状等。

2. 测量评估：在收集了特殊学生的信息之后，就可对其进行认知能力评估。认知能力的评估采用以客观评估为主、辅以主观评估的方法。客观评估指采取客观测验的形式，使用专门的仪器设备对特殊学生的认知能力进行评估，评估结束后，设备根据特殊学生的操作自动计算测验分数。主观评估是指主试采用智力测验等评量工具对特殊学生施测，根据特殊学生的表现进行主观测评。

3. 分析诊断：评估后，将个体的测评分数与其年龄常模进行比较，判断其认知发展水平，如果落后于同龄正常群体，则需要接受训练，此外，还应分析个体在完成不同类别任务时认知发展的内部差异，判断其认知障碍的具体类型。

4. 训练与监控：根据认知障碍的类型，制订出可供选择的认知训练方案。整个认知干预过程遵循评估→训练→监控→评估→训练→监控的科学程序（A＋T＋M程序），根据监控结果来调整训练计划，在尽可能短的时间内使特殊学生的认知能力得到提高。

二、认知干预的专用仪器

目前可用于认知干预的仪器设备主要有"启慧博士工作站"，即认知能力测试与训练系统[5]。它包括初级阶段认知能力测试和训练仪（学前）、中级阶段认知能力测试和训练仪（学龄）、认知概念训练系统 3 个组成部分。

图 9-39　初级阶段认知能力测试与训练主界面

（一）初级阶段认知能力测试和训练仪（学前）

学前特殊学生认知能力测试与训练系统是依据当代认知心理学理论、采用先进的计算机技术对 3～5 岁特殊学生进行认知能力定量评估和实时训练的现代化认知干预设备，是目前国内应用最广泛的特殊学生认知能力评估与训练设备之一。

1. 基本功能

（1）学前特殊学生五项认知能力测试模块

学前特殊学生五项认知能力测试模块依据 PASS 理论，重点考察特殊学生在认知过程中的继时性信息加工能力和同时性信息加工能力。该测验采取非文字的图形或符号为测验材料，以多媒体的形式呈现测验题目，以人机交互为测验形式，适用于 3～5 岁特殊学生。

其基本功能包括：

① 基本信息录入：用户可通过键盘输入被试的姓名、性别、出生日期，系统自动生成测试日期、记录编号。

②　五项认知能力测试：可以对空间次序、动作系列、目标辨认 、图形推理、逻辑类比等五项认知能力进行测试评估。该功能的实现方式有鼠标点击拖放和触摸屏操作两种方式，适应特殊学生操作的要求。

③　内置常模：学前特殊学生五项认知能力测试系统内置有 3～5 岁特殊学生认知能力常模，用于解释测验结果、评价个体认知发展水平。

④　直观反馈测验结果：特殊学生在进行测验过程中，系统会自动计算每道题的答题时间、判断对错。五项分测验全部做完后，系统可自动计算被试五项分数并将其与内置常模比较，判断个体在每项认知能力上的发展水平，以统计图表形式直观地反馈测验结果。

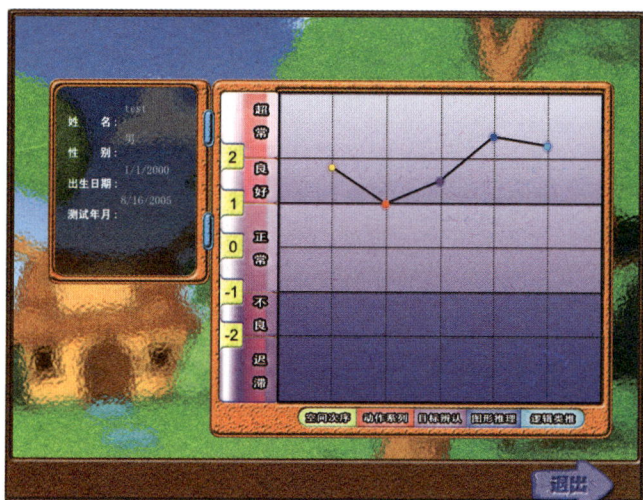

图 9-40　疗效监控

⑤　用户档案管理：系统为每名被试均建立了一个档案库。特殊学生在进行测验的过程中，系统会自动记录并储存其个人信息以及在每个测题上的回答时间、得分情况等。用户通过"档案"管理窗口，可实现对上述信息的浏览、查询、统计、删除、打印等多项功能。

⑥　疗效监控：采用了目前在特殊教育领域中被广泛使用的单一被试统计研究方法，监控个体认知训练的效果。康复教师在对特殊学生进行五项认知能力评估后，就可了解其空间次序、动作系列、目标辨认、图形推理、逻辑类比五项认知能力，以此为基线水平，确定其训练的起点。随后康复教师在对特殊学生进行认知训练过程中可定期收集其处理期数据，将特殊学生的基线期数据与处理期数据采用五项认知能力测试中的单一被试统计分析子模

块进行处理，可判断认知训练的阶段效果。

⑦ 实时帮助：系统设置了帮助功能，提示用户操作中一些快捷键的使用方法。

（2）学前特殊学生认知能力训练模块

学前特殊学生认知能力训练模块在学前特殊学生认知能力评估的基础上，以提高特殊学生的基本认知能力和信息加工能力为目的，采用人机交互、计算机游戏的形式对 3～5 岁特殊学生进行认知能力训练。

其基本功能如下：

① 基本信息录入：用户可通过键盘输入被试的姓名、性别、出生日期，系统自动生成测试日期、记录编号。

② 八大认知训练项目（训练篇）：包括注意力、观察力、记忆力、数字认知、图形认知、序列认知、异类鉴别、同类匹配等八大认知训练项目。其中：注意力、观察力和记忆力是训练特殊特殊学生的基本认知能力；序列认知是训练特殊学生继时性加工能力；图形认知、异类鉴别和同类匹配是用于训练特殊学生的同时性信息加工能力。每类训练项目下设置有五级难度，按照由易到难的顺序排列。每类训练项目都配有默认模式和自定义模式两种训练模式，以供用户自由选择。默认模式是指用户必须按照软件预设的训练等级依序完成各级项训练题，而自定义模式下，用户则可以根据认知能力评估的结果，自行选择合适的训练等级和内容。

图 9-41　训练结果智能反馈

③ 辅助动画游戏（游戏篇）：系统设计了大量生动活泼的电脑动画以及电子强化物鼓励特殊学生积极探索，手脑并用，体会学习的乐趣，使各项认知能力不知不觉中受到训练，得以提高。

④ 训练结果智能反馈：每道训练题有两次操作机会，系统会根据特殊学生的表现，以语音提示的形式给予智能反馈，做到及时反馈，及时强化。

⑤ 训练记录管理：特殊学生每次进行训练时，其个人信息及训练记录均被自动储存到系统数据库中。训练结束后，用户可进入数据库通过"统计"功能调看、打印训练成绩，还可对训练记录进行浏览、查询、删除等操作。

2. 基本构造

初级阶段认知能力测试与训练仪由软件、硬件组成。

（1）软件部分

软件部分必须在 Windows XP 以上的操作系统下运行，包括"学前特殊学生五项认知能力测试"和"学前特殊学生认知能力训练"两大模块。其基本构造为：

① 学前特殊学生五项认知能力测试模块

该模块包括五项分测验，每个分测验中均包括一道例题和八道测题，例题配有语音提示，用于帮助特殊学生理解操作方法，不计入总分。五项分测验简介如下：

• 空间次序：考查特殊学生对空间位置的记忆能力，属于继时性信息加工能力评估；

• 动作系列：考查特殊学生对时间次序的记忆能，属于继时性信息加工能力评估；

• 目标辨认：考查特殊学生整合片断信息的能力，属于同时性信息加工能力评估；

• 图形推理：考查特殊学生根据各类图形关系进行逻辑推理的能力，属于同时性信息加工能力评估；

• 逻辑类比：考查特殊学生据事物之间的逻辑关系进行类比推理的能力，属于同时性信息加工能力评估。

②学前特殊学生认知能力训练模块

该模块包括"游戏篇"、"训练篇"两大部分。游戏篇属于辅助学习，旨在通过生动的动画吸引特殊学生学生兴趣，体会学习的乐趣；训练篇用于对

图 9-42　认知能力测试模块

特殊学生认知发展的八大领域进行系统的、有针对性的认知能力训练。

　　游戏篇包括"小小梦境"、"快乐岛"、"小画笔"三个部分，每个部分下包括若干游戏，每个游戏有三级难度。用户可根据自己的需要自由选择。其中，"小小梦境"包括农场动物找妈妈、找泡泡、小火车、森林小动物、魔法箱、分饼干、海底世界和图形填色等 8 种游戏；"快乐岛"包括水果店、图书馆、医院、缆车、港口 5 种游戏；"小画笔"包括小猫的故事和可爱的小动物两种游戏，这些游戏综合训练特殊学生的注意力、观察力、记忆力、颜色认知能力、图形认知能力和数字认知能力。游戏篇的任务均以故事和动画的形式呈现，并配有语音提示。特殊学生正确操作后，系统会自动给出奖励（如金币），当积累到一定数量的正确操作后，系统就会给出更高级别的奖励物（如一段动画和晋级等），鼓励特殊学生不断尝试和探索。

　　训练篇包括注意力、观察力、记忆力、数字认知、图形认知、序列认知、异类鉴别、同类匹配等 8 大训练项目，每个项目下设置有五级难度，按照由易到难的顺序排列，基本构造为：

　　·注意力：训练特殊学生听觉注意、视觉注意及视听结合三方面的能力，提高特殊学生注意的指向性和稳定性，属于基本认知能力训练；

　　·观察力：帮助特殊学生学会运用特征法、顺序法和视觉分割法等策略来进行观察，提高特殊学生观察的目的性、持久性和计划性，属于基本认知能力训练；

· 记忆力：帮助特殊学生使用简单的记忆策略，如复述、排序、联想和分类等，从而提高记忆的容量及保持时间，属于基本认知能力训练；

· 数字认知：训练特殊学生点物报数、按数取物、按序填数等能力，帮助特殊学生掌握数概念和学会简单数字运算，属于同时性信息加工能力训练；

图 9-43　记忆力训练

· 图形认知：训练特殊学生对平面图形和立体图形的认知，帮助特殊学生获得对圆形、正方形、三角形、长方形、球体、正方体、长方体等图形的概念，提高图形认知能力，属于同时性信息加工能力训练；

· 序列认知：帮助特殊学生在图片排序过程中逐步理解对象之间的逻辑关系以及事件发展的先后顺序，属于继时性信息加工能力训练；

· 异类鉴别：要求特殊学生从一组物体中找出最不相同的一项，帮助特殊学生掌握类的概念，属于同时性信息加工能力训练；

· 同类匹配：要求特殊学生根据目标对象的外部或内部特征，从备选对象中寻找出与目标对象同类的事物，以促进特殊学生类概念的掌握，也属于同时性信息加工能力训练。

（2）硬件部分

· 计算机 CPU：奔腾 4 或同级别以上的 CPU

· 计算机硬盘：剩余空间至少 200GB

· 计算机内存：至少 256MB

图 9-44 异类鉴别训练

• 彩色触摸屏式显示器：分辨率最低在 1 024×768，至少 16 位色，推荐使用 32 位色

• 专用台车：105 厘米×65 厘米×78 厘米

• 彩色喷墨打印机，位于台车内

• 专用音箱：高保真扬声器

学前特殊学生认知能力测试与训练系统的专用硬件：

• 音频输入/输出（采样频率 11 025/22 050/44 100 赫，采样精度 16bit）

• 信号频率误差≤±4%

• 信号电压误差≤±5%

（3）使用方法

① 学前特殊学生五项认知能力测试模块

• 基本信息录入：康复教师通过计算机键盘输入特殊学生基本信息，为之建立评估档案。

• 五项认知能力测试：进入五项认知能力测试界面后，康复教师引导特殊学生操作鼠标或者触摸屏逐一完成"动作系列"、"空间次序"、"人物辨认"、"图形推理"、"逻辑类比"五项分测验。五项分测验的先后顺序可由用户自由选择，但每项测验中的测题顺序不可更换。每项分测验中均包括一道例题和八道测题，合计四十道测题。例题配有语音提示，供用户选择学习，不计入总分。

• 测验结果反馈：特殊学生完成全部五项测验后，系统会自动生成被试成绩曲线。用户可选择打印、保存测试结果，为后继的认知训练提供依据。

• 档案管理：康复教师可以在"个人信息输入窗口"对历史记录进行浏览、查询、删除等操作，还可调看系统帮助等。

② 学前特殊学生认知能力训练模块

训练篇：训练篇包含以下功能。

• 基本信息录入：教师通过计算机键盘输入特殊学生基本信息，为之建立训练档案。

• 选择模式：教师根据实际需要，选择默认模式或自定义模式。

• 选择训练内容：教师根据特殊学生认知能力评估的结果，从"观察力"、"注意力"、"记忆力"、"图形认知"、"同类匹配"、"异类鉴别"、"序列认知"、"数字认知"8大训练目标中选择合适的训练内容以及难度等级，为其制订认知训练方案。

• 训练操作：特殊学生按照教师选择的内容根据电脑的语音提示逐一进行练习，如果练习中连错两次，系统则自动跳转到下一题。

• 训练结果反馈：特殊学生训练结束后，教师查看训练成绩，打印统计报告，作为监控训练过程的依据。

• 档案管理：教师还可在"用户记录窗口"对历史记录进行浏览、查询、打印、删除等操作。

游戏篇：游戏篇包含以下功能。

• 选择游戏项目：用户可根据实际需要，从"小小梦境"、"小画家"、"快乐岛"中选择一个项目进行游戏。

• 选择游戏子项目：每个游戏项目主画面中又隐藏着若干子项目，特殊学生在对应的位置上双击鼠标或触摸屏就可启动该项目了。

• 选择难度等级：每个游戏项目均按由易到难的顺序配置了3级难度题目，用户可以根据需要自由选择。

• 游戏操作：游戏篇的每个环节均配有语音提示，特殊学生只需按照提示一步步操作即可。

• 退出游戏：选定项目完成后，特殊学生就可以退出游戏；在游戏过程中，特殊学生也可通过相应操作随时中止游戏。

（二）中级阶段认知能力测试和训练仪（学龄）

学龄特殊学生认知能力测试与训练系统是依据当代认知心理学理论、采用先进的计算机技术对6～15岁特殊学生进行认知能力定量评估和实时训练的现代化认知干预设备，是目前国内学龄阶段应用最广泛的认知能力评估与训练工具之一。

1. 基本功能

（1）学龄特殊学生认知能力测试模块

① 基本信息录入：用户可通过键盘输入被试的姓名、性别、出生日期，系统自动生成测试日期、记录编号。

② 五项认知能力测试：心理学家认为思维能力的核心是逻辑推理能力，学龄特殊学生五项认知能力测试系统可以通过数字推理、图形推理、异类鉴别、记忆策略、情景认知五方面的测验来评价6～15岁特殊学生的逻辑推理能力。

③ 内置常模：学前特殊学生五项认知能力测试系统内部已经安装6～15岁特殊学生认知能力常模，用于解释测验结果、评价个体认知发展水平。

④ 直观反馈测验结果：特殊学生在进行测验过程中，系统会自动计算每道题的答题时间、判断对错。五项分测验全部做完后，系统即可自动算出被试五个分数并将其与内置常模比较，判断个体在每项认知能力上的发展水平，以直观的图表形式及时反馈测验结果。

⑤ 用户档案管理：系统为每名被试均建立了一个档案库。特殊学生在进行测验的过程中，系统会自动记录并储存其个人信息以及在每道题目上的测试用时、得分情况等。用户通过"成绩查询"窗口，可实现对上述信息的浏览、查询、统计、删除、打印等多项功能。

⑥ 疗效监控：采用了目前在特殊教育领域中被广泛使用的单一被试统计研究方法，监控个体认知训练的效果。教师在对特殊学生进行五项认知能力评估后，就可了解其数字推理、图形推理、异类鉴别、记忆策略、情景认知能力，以此为基线水平确定其训练的起点。随后教师在对特殊学生进行认知训练过程中可定期收集其处理期数据，将特殊学生的基线期数据与处理期数据采用五项认知能力测试中的单一被试统计分析子模块进行处理，从而判断认知训练的阶段效果。

⑦ 实时帮助：系统设置了帮助功能，提示用户操作中一些快捷键的使用方法。

（2）学龄特殊学生认知能力训练模块

学龄特殊学生认知能力训练模块是在学龄特殊学生认知能力评估的基础上，根据组织策略的思想来训练十大认知能力：数字推理、图形推理、逻辑类比、异类鉴别、记忆策略、情景认知、语义理解、网状推理、坐标推理和问题解决。

① 基本信息录入：户可通过键盘输入被试的姓名、性别、出生日期，系统自动生成测试日期、记录编号。

② 十大认知训练项目：可以对记忆策略、情景认知、坐标推理、异类鉴别、网状推理、数字推理、图形推理、逻辑类比、语义理解和问题解决十大项目进行认知能力训练。

图 9-45　十大认知训练项目

③ 训练模式自由选择：学龄特殊学生认知能力训练系统提供了三种训练模式供用户自由选择：默认模式、自定义模式和故事模式。在默认模式下，用户必须根据软件预设的训练等级和顺序逐级完成各项训练题；而自定义模式则可以由用户根据认知能力评估的结果，自行组合训练项目和等级；故事模式为每种训练项目设计了一定的故事情节以增添训练的趣味，在该模式下，训练犹如寻宝，当被试水平达到规定的等级时，就可获得对应的宝贝即奖励物。三种模式可由用户自由选择。

④ 训练记录管理：特殊学生每次进行训练时，其个人信息及训练记录均被自动储存到系统数据库中。训练结束后，用户可进入数据库通过"统

计"功能调看、打印训练成绩，还可对训练记录进行浏览、查询、删除等操作。学龄特殊学生认知能力训练系统为三种训练模式分别设计了柱形图、蜘蛛图、三角图、亮点图、直方图等多种统计图表形式，直观生动，用户可按自己的喜好进行选择。

2. 基本构造

中级阶段认知能力测试与训练仪由软件、硬件组成。

（1）软件部分

软件部分必须在 Windows XP 以上的操作系统下运行，包括"学龄特殊学生五项认知能力测试"和"学龄特殊学生认知能力训练"两大模块。其基本构造包括：

① 学龄特殊学生认知能力测试模块

包括五项认知能力测试，每项分测验都包含例题学习和测验题目两个部分，其中例题学习部分配有语音提示，帮助特殊学生理解操作方法，不计入测验成绩。五项分测验简介如下：

• 数字推理：用于评估特殊学生数概念的掌握及数字推理的能力；

• 图形推理：用于评估特殊学生利用实物图片及抽象图形进行推理的能力；

• 异类鉴别：用于评估特殊学生利用实物图片及抽象图形，分类与结合相关条件进行归纳的能力；

• 情景认知：用于评估特殊学生根据各情景之间的逻辑关系或事件发展规律进行推理的能力；

• 记忆策略：用于评估特殊学生利用蕴涵一定内在规律的系列图片，依据策略进行记忆的能力。

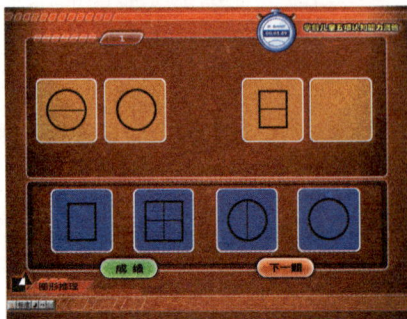

图 9-46　图形推理

图 9-47　情景认知

② 学龄特殊学生认知能力训练模块

包括十大认知项目，每个项目下设置有五级难度，每级难度包括十道题，合计五百道题目。按照由易到难的原则排列：

• 记忆策略：在学前记忆力训练的基础上，进一步训练特殊学生发现材料内在规律、自觉使用记忆策略的能力，有助于提高特殊学生线性结构组织的能力；

• 情景认知：用于训练特殊学生把握各情景逻辑顺序和事情发展顺序的能力，有助于提高特殊学生线性结构组织的能力；

• 坐标推理：利用图形和各类文本材料来训练特殊学生同时从横纵两维对材料进行组织加工而进行推理的能力，有助于提高特殊学生坐标结构组织的能力；

• 异类鉴别：用于训练特殊学生利用实物图片及抽象图形，分类和归纳的能力。有助于提高特殊学生网状结构组织的能力；

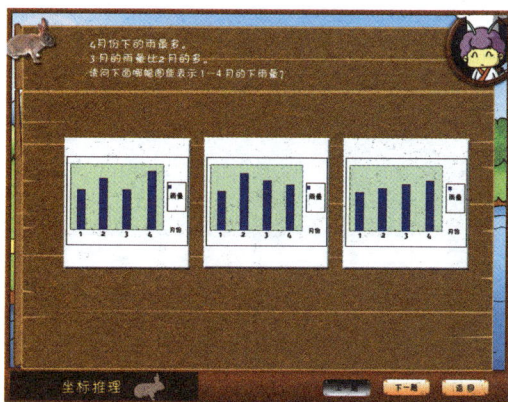

图 9-48　坐标推理

• 网状推理：利用图形和各类文本材料来训练特殊学生将材料的项目按上位、次上位、下位、次下位的顺序进行组织，形成一个网状结构的能力。有助于提高特殊学生网状结构组织的能力；

• 图形推理：用于训练特殊学生图形类比推理、图形变换、图形空间旋转等能力，有助于提高特殊学生综合结构组织的能力；

• 数字推理：通过数的排列、数的分合、数的对称等内容帮助特殊学生掌握数概念，训练数字推理能力，有助于提高特殊学生综合结构组织的能力；

• 逻辑类比：用于训练特殊学生依据数字、符号及与事物之间的逻辑关系进行类比推理的能力，有助于提高特殊学生综合结构组织的能力；

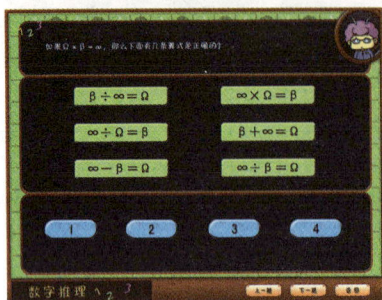

图 9-49　数字推理

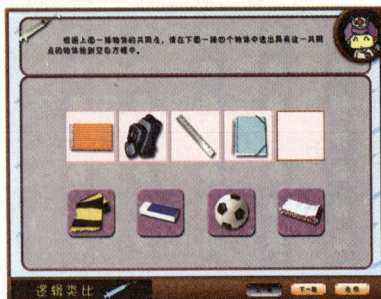

图 9-50　逻辑类比

• 语义理解：通过猜谜等形式，训练特殊学生词语理解和把握故事主题的能力，有助于提高特殊学生综合结构组织的能力；

• 问题解决：训练特殊学生发现问题、分析问题和利用情景中的条件解决问题的能力，有助于提高特殊学生综合结构组织的能力。

图 9-51　语义理解

（2）硬件部分

学龄系统的硬件与学前系统相同。

（3）使用方法

① 学龄特殊学生五项认知能力测试模块

• 基本信息录入：通过计算机键盘输入特殊学生基本信息，建立用户档案。

• 五项认知能力测试：进入测验界面后，施测者可以根据受试特殊学生不同的兴趣与爱好，灵活安排"图形推理"、"数字推理"、"异类鉴别"、"记忆策略"、"情景认知"五项分测验的先后顺序，但每项分测验中的测题顺序已经固定，不可更换。每类分测验都包括例题和测题两部分，在正式测验前，一般要求受试特殊学生先进行例题学习，以帮助他们理解题目要求和操作方法。例题完成后，就可进行正式测试了。

• 测试结果反馈：特殊学生完成全部五项测验后，系统会自动生成被试成绩曲线。教师可选择打印、保存测试结果，为后继的认知训练提供依据。

• 档案管理：教师可以在"个人信息输入窗口"对特殊学生的历史记录进行浏览、查询、删除等操作，还可调看系统帮助等。

② 学龄特殊学生认知能力训练模块

• 基本信息录入：教师通过计算机键盘输入特殊学生基本信息，为之建立档案。

• 选择模式：教师根据实际需要，选择默认模式、自定义模式或者故事模式。

• 选择训练内容：根据特殊学生认知能力评估的结果，教师从"记忆策略"、"情景认知"、"坐标推理"、"网状结构"、"异类鉴别"、"数字推理"、"图形推理"、"逻辑类比"、"语义理解"、"问题解决"十大训练目标中通过点击方格选择合适的训练内容以及难度等级，为特殊学生制订认知训练方案。

• 训练操作：特殊学生按照教师选择的内容逐一进行练习，操作方法为点击或者拖动鼠标。

• 训练结果反馈：特殊学生训练结束后，教师查看训练成绩，打印统计报告，作为监控训练过程的依据。

• 档案管理：教师还可在"用户记录窗口"对历史记录进行浏览、查询、打印、删除等操作。

（三）认知概念训练系统

认知概念训练系统主要用于巩固学习，帮助特殊学生在游戏中理解概念，进一步发展认知能力。它包括概念篇、分类篇、联想篇、填空篇，总共有 50 个学习游戏，这些游戏要求特殊学生在题目设置的情境下，在动手操作中完成多项有趣的学习任务，促进其表象能力和创造想象能力。其中：概念篇包括空间、属性、时间、数量等基础概念的学习；分类篇包括对事物颜色、形状、用途等类别概念的学习，帮助特殊学生学会按不同维度对事物进行分类；联想篇主要帮助特殊学生根据事物的上位、下位、同位概念多角度展开联想；填空篇则是综合训练特殊学生认知能力，包括反义词、同义词练习、数字游戏、表情游戏等练习。

认知概念训练系统包含以下功能。

1. 基本信息录入：教师通过计算机键盘输入特殊学生基本信息，为之建立学习档案。

2. 选择学习内容：用户可根据实际需要，从概念篇、分类篇、联想篇、填空篇、空间篇、属性篇、时间与数量篇7类项目中选择合适的学习内容。

3. 进行学习：进入相应的学习项目后，特殊学生根据游戏任务的要求，点击触摸屏或者拖放鼠标进行操作。学习过程中每个环节均配有语音提示，特殊学生只需按照要求一步步操作即可。

4. 学习结果反馈：学习结束后，教师可选择保存学习结果，查询和打印统计报告。

三、认知干预的辅助用品用具

（一）认知评估和训练的玩教学具

认知干预评估和训练需要贴近生活、操作简单、内容直观、形式活泼，在难易和抽象程度上富有层次性的玩教学具，包括实物、玩偶、模型、折纸、画笔、橡皮泥、游戏板、棋子、塑封的实物或卡通图片及光盘等。帮助对特殊学生的注意力、观察力、记忆力、分类能力、数字和图形认知以及联想和想象等能力进行干预训练。

（二）认知评估和训练的教材量表

教材可以参考《幼儿认知发展与教育》等书。

量表可以使用麦卡锡特殊学生智能量表（2.5～8.5）、团体智力测验（GITC）（适合9～18岁）、瑞文智力测验（适合5～75岁）、韦克斯勒学前和学龄初期特殊学生智力量表（WPPSI）（适合4～6.5岁）、韦克斯勒特殊学生智力量表修订本（WISC—R）（适合6～16岁）、特殊学生适应性行为评定量表（3～12岁）等。

　　随着计算机技术的进一步发展，今后认知能力的测评和训练的手段会更加先进。从显示效果上，有望出现三维立体型的显示器，从而为特殊学生营造高仿真的训练环境；从训练对象上，有望出现网络联机版的训练形式，可供多名特殊学生以合作或竞赛的方式同时进行训练，既可提高他们的认知能力，又可促进其社会交往能力。

附录1　盲校康复训练仪器设备配备标准（送审稿）

类别	名称	规格　型号　功能	单位	数量	配备要求 基本	配备要求 选配	备注
定向行走（1～6年级）专用仪器	语音指南针		个	适量	√		
	盲杖	各种规格		适量	√		
	盲聋杖	各种规格		适量	√		
	手杖技能训练金属架		副	2/校	√		
	眼罩		副	40/校	√		
实验材料和工具	校园环境触摸图制作材料		套	3～6		√	
教学VCD、DVD	定向行走教学光盘		套	1/校		√	
低视力康复训练	光学助视器材	不同倍数的单筒望远镜、双筒望远镜、眼镜式助视器、手持式放大镜、立式放大镜、镇纸式放大镜等	套	1/校	√		
	屏幕助视器	放大倍数4～30，带滑轨	台	适量	√		
	保健台灯		个	6～12	√		
	视力测试评估设备	远视力测试表、近视力测试表、低视力测试表、反差视力测试表、放大倍数需求测试表、低视力测试柜、低视力助视器配镜箱等	套	1	√		
	视功能训练设备	水柱灯、光箱（配材料）、各类训练用灯具、二维视力跟踪训练器、环形视觉跟踪训练器、视野训练器、感应式视觉训练器、闪烁光视觉训练器、视知觉训练材料、眼手协调类训练材料、视动协调类训练材料、视听类训练材料、放松类训练材料等	套	1	√		

续表

类别	名称		规格　型号　功能	单位	数量	配备要求		备注
						基本	选配	
运动功能康复训练			参照《培智学校教学与康复训练仪器设备配备标准相关要求》					
感觉统合训练			参照《培智学校教学与康复训练仪器设备配备标准相关要求》					
心理康复训练	心理测量（评估）与评估训练系统		具有档案管理、量表测量等功能，且能提供咨询辅导、训练调节、综合报告、统计分析等网络服务		1/校	√		
	心理咨询与康复训练设备				1/校	√		
	心理健康教育设备				1/校	√		
	心理健康教育书籍					√		

附录 2　聋校康复训练仪器设备配备标准（送审稿）

类别	名称		规格　型号　功能	单位	数量	配备要求		备注
						基本	选配	
听力检测、补偿与听觉康复训练	纯音听力计		气导、骨导、纯音、啭音、脉冲音、窄带噪声、声场，言语测听功能	台	1/校	√		与隔声室配合使用
	有线助听系统		一对十以上，麦克风对主机无线传输，主机对分机有线连接。双声道，可调频，最大声输出 130 dB	套	1/班		√	
	无线助听系统	发射器	一对十以上，单耳/双耳，全数字无线音频传输，有麦克风与音频输入选择，具有混响功能，记忆开关、低电量显示，发射不少于十个标准频段，内置麦克风与外置麦克风同步接收信号	台	1/班	√		

续表

类别	名称		规格　型号　功能	单位	数量	配备要求		备注
						基本	选配	
听力检测、补偿与听觉康复训练	无线助听系统	接收器	体配或非体配式，全数字无线音频传输，自动消除声场反馈啸叫，直接音频输入，验配范围120dB，具有麦克风与外音输入混响功能，频道锁定选择显示，手动频道更换及自动频道追踪功能（无须调节频道），记忆开关、数字变频	个	1/人	√		含相应数量的音频靴，适用于有助听器设备者
	特大功率助听器		全数字，最大声输出不小于136dB（SPL），适合于平均听力损失大于110dB者。验配范围120dB。具有麦克风与外音输入混响功能，自动反馈抑制、自动降噪、直接音频输入、可编程电感功能，智能音量控制，内置接收机	只	2/人		√	适用于无助听器设备者
	听觉评估设备		用于听觉康复评估。用于纯音、啭音、窄带噪声、滤波复合音等评估，自然环境声、听觉定向、语音词语词组短句选择性听取等功能评估，基于语音均衡条件下的听觉分辨练习，言语主频分析和助听效果模拟；能产生主频特性明确的滤波复合测试音	套	1/班	√		
	听觉康复训练设备		具有主频特性明确的听觉察知训练、滤波复合音的视听训练、超音段分辨条件下的听觉分辨训练、助听效果模拟等功能，具有音位对比条件下的音位识别评估、错误走向分析及训练，具有词、句、段条件下的听觉理解评估及训练功能。能根据听觉功能评估标准提供个别化的听觉康复建议。具有数据采集、编辑、分析等功能	套	1/班	√		

续表

类别	名称	规格　型号　功能	单位	数量	配备要求 基本	配备要求 选配	备注
听力检测、补偿与听觉康复训练	便携式听觉评估仪	测试音：纯音、啭音、窄带噪声、滤波复合音等。中心频率：500 Hz、1 000 Hz、2 000 Hz、3 000 Hz、4 000 Hz	台	1/班	√		
	视听统合训练仪器	用于全频及滤波复合音的视听统合训练	台	1/校	√		
	助听器验配系统	助听器编程系统、电脑等	套	1/校	√		
	声级计	具有 A 计权及线性功能，量程 35～120 dB，中心频率：125 Hz，250 Hz，500 Hz，1 kHz，2 kHz，3 kHz，4 kHz，8 kHz	台	1/校	√		
	耳模制作工具	紫外灯、取耳印工具、相关材料等	套	1/校	√		
	听觉语音训练器	具有词、句、段条件下的听觉理解能力训练和辅助言语沟通功能	套	1/班	√		
	听觉评估与训练用具	具有听觉能力评估及训练功能。包括简单的超音段分辨，简单的语音均衡与音位对比识别，简单的词、句、段理解	套	1/班	√		
	听觉康复与听觉功能评估相关图书				√		
言语测量与矫治	言语测量（评估）设备	具有呼吸、发声、共鸣、构音功能的实时测量与评估；汉语语音功能的实时测量与评估；声门波动态显示与测量；声带动态显示及振动功能测量	套	1/校	√		

续表

类别	名称	规格　型号　功能	单位	数量	配备要求		备注
					基本	选配	
言语测量与矫治	言语矫治（训练）设备	具有实时声音、音调、响度、起音、清浊音的感知及发音教育功能，呼吸、发声、共鸣、构音、汉语语音功能的视听反馈训练，电声门图显示及发声训练，能根据汉语的言语功能评估标准提供个别化康复建议	套	1/班	√		
	言语重读治疗（训练）设备	具有词、句、段重读的实时反馈训练功能	套	1/班	√		
	积木式语音训练器	具有言语韵律训练功能和辅助言语沟通功能	套	1/班	√		
	口部构音运动训练组件	咀嚼器、唇运动训练器、舌尖运动训练器、舌前位运动训练器、舌后位运动训练器、下颌运动训练器、唇肌刺激器、舌肌刺激器、指套型乳牙刷、压舌板等	套	1/人	√		
	言语功能评估与训练用具	能进行呼吸、发声、共鸣障碍的促进治疗，语音功能的简单评估与训练，口部、构音运动能力的简单训练	套	1/班	√		
	言语矫治与言语功能评估相关图书					√	

类别	名称	规格　型号　功能	单位	数量	配备要求		备注
					基本	选配	
语言康复训练	语言康复训练设备	语言能力评估与学习，言语—语言综合训练，言语韵律训练，构音功能评估与训练，语音功能评估与训练	套	1/班	√		
	语言能力评估与训练用具	语言理解能力评估，词、句、段等的简单训练	套	1/班	√		
	语言康复相关图书				√		
	中国手语教学软件		套	1/校	√		
	个别化康复教育支持系统	具有康复、教育、教学档案记录、数据管理，教师备课与教学管理和教学质量控制分析等功能	套	1/校	√		
运动功能康复训练		参照《培智学校教学与康复训练仪器设备配备标准相关要求》					
感觉统合训练		参照《培智学校教学与康复训练仪器设备配备标准相关要求》					
认知训练		参照《培智学校教学与康复训练仪器设备配备标准相关要求》					
心理康复训练	心理测量（评估）与训练系统	具有档案管理、量表测量等功能，且能提供咨询辅导、训练调节、综合报告、统计分析等网络服务		1/校	√		
	心理咨询与康复训练设备			1/校	√		
	心理健康教育设备			1/校	√		
	心理健康图书				√		

附录3 培智学校康复训练仪器设备配备标准（送审稿）

类别	名称	规格　型号　功能	单位	数量	配备要求		备注
					基本	选配	
运动功能康复训练专用仪器	平衡功能评定及训练系统		套	1/校	√		
	运动功能测量系统		套	1/校	√		
	角度尺		套	1/班	√		
	组合运动训练器		套	1/校	√		
	手指肌力训练桌		个	1/班	√		
	上肢协调功能练习器		套	1/班	√		
	橡筋手指练习器		套	1/班	√		
	站立架	单人或多人	件	1/人	√		仅供需要者
	踏步器		件	2/校	√		
	股四头肌训练板	适合儿童用	件	1/班	√		
	股四头肌训练椅	适合儿童用	个	1/班	√		
	踝关节矫正板	适合儿童用	套	2/校	√		
	助行器	适合儿童用	件	1/人	√		
	拐杖	适合儿童用	副	1/人		√	
	轮椅		辆	1/人		√	
	平行杠		套	1/校	√		
	阶梯	下肢训练	件	2/校	√		
	物理治疗床		个	2/校	√		
	作业治疗综合训练工作台		个	1/校	√		
	作业操作训练器材	开关、水龙头、插销、挂钩、合页、电插头、衣服夹等	套	1/校	√		
	上肢推举训练器		套	2/校	√		
	手指阶梯	手指训练	件	1/班	√		
	手功能组合训练箱	分指板、套圈、几何图形插件、切切看、串珠等	套	1/班	√		

类别	名称	规格　型号　功能	单位	数量	配备要求		备注
					基本	选配	
运动功能康复训练专用仪器	形状轮、集合九支柱		套	1/校	√		
	胸背部矫正器		套	1/人	√		仅供需要者
	肋木		件	1/校	√		
	沙袋	挂式	组	1/校	√		
	沙袋	绑式	组	1/校	√		
	拐杖	适合儿童用	副	1/校	√		仅供需要者
	轮椅		辆	1/校	√		仅供需要者
	轮椅桌椅	适合儿童用	套	1/人	√		仅供需要者
	减重步态训练器		台	1/校	√		
	运动功能康复相关书籍				√		
感觉统合训练专用仪器	平衡旋转器		个	1/校	√		
	手摇旋转盘	直径 66 cm	个	1/校	√		
	1/4 圆平衡板	4 片，直径不小于 136 cm，宽不小于 42 cm	套	1/校	√		
	大陀螺	直径 80 cm，高 44 cm	个	1/校	√		
	踩踏车	36 cm×48 cm×16 cm	辆	4/校	√		
	吊缆组	横、竖抱筒各 1 个，吊网 1 张，横杆 1 根，安全扣 10 个，铁链 5 条	套	1/校	√		
	平衡触觉板	直 8 片，曲 8 片，不小于 49 cm×13 cm×7 cm	套	1/校	√		
	平衡步道	4 色各 1 个，148 cm×30 cm×3 cm	套	1/校	√		
	踩踏石	3 对，12 cm×8 cm×60 cm	组	1/校	√		
	跷跷板	长 53 cm×23 cm，圆 40 cm×9 cm	个	2/校	√		

续表

类别	名称	规格　型号　功能	单位	数量	配备要求		备注
					基本	选配	
感觉统合训练专用仪器	魔术环		个	2/校	√		
	跳袋	直径48 cm，高70 cm	套	2/校	√		
	圆形跳床	直径90 cm，高22 cm	件	1/校	√		
	大滑板	306 cm×59 cm×50 cm	套	1/校	√		
	圆形滑车	直径48 cm	个	6/校	√		
	太极平衡板	直径66 cm	件	2/校	√		
	钻滚筒		件	2/校	√		
	万象组合		套	1/校	√		
	彩虹伞		套	1/校	√		
	彩色接龙		套	1/校	√		
	平衡木		套	2/校	√		
	独脚椅		件	4/校	√		
	滚筒		套	2/校	√		
	大龙球		个	2/校	√		
	颗粒大龙球		个	4/校	√		
	羊角球		个	12/校	√		
	花生球		个	2/校	√		
	触觉球		个	6/班	√		
	球池	球池体≥2 m×3 m×1 m，内装球深≥0.5 m	套	1/校	√		
	多感官统合训练系统	具有视、听、触摸等多感官统合训练功能	套	1/校	√		
	感觉统合训练相关书籍				√		
	感觉综合评估量表		套	1/班	√		

续表

类别	名称	规格　型号　功能	单位	数量	配备要求 基本	选配	备注
言语—语言康复专用仪器	言语测量（评估）设备	呼吸、发声、共鸣功能的实时测量，声门波动态显示与测量。声带振动动态显示及定量分析	套	1/校	√		
	言语矫治（训练）设备	具有实时声音、音调、响度、起音、清浊音的感知及发音教育功能；呼吸、发声、共鸣、构音、汉语语音功能的视听反馈训练；电声门图显示及其发声训练，能根据汉语的言语功能评估标准提供动态的个别化建议	套	3/校	√		用于低年级教学班
	构音测量（评估）设备	具有构音运动能力评估、构音语音能力评估，能进行下颌距、舌距、舌域图、语音类型、构音清晰度、鼻流量、声道形状等测量	套	1/校	√		
	构音训练设备	具有口部运动治疗、构音运动训练、构音音位训练等，能根据构音功能评估标准提供个别化康复建议	套	3/校	√		用于低年级教学班

续表

类别	名称	规格 型号 功能	单位	数量	配备要求		备注
					基本	选配	
言语—语言康复专用仪器	语音测量（评估）设备	用于超音段音位和音段音位评估与测量	套	1/校	√		
	语音训练设备	具有超音段音位训练、音段音位训练功能，能根据语音功能评估标准提供个别化康复建议	套	3/校	√		用于低年级教学班
	言语重读治疗（训练）仪器	词、句、段重读的实时反馈训练	套	1/校	√		
	早期语言评估设备	前语言能力的评估，词、词组、句、短文理解能力的评估，语言韵律能力的测量	套	1/校	√		
	早期语言干预（康复）设备	具有非语言沟通能力的训练、前语言阶段的辅助沟通能力训练功能，言语—语言综合训练。可根据语言及韵律功能评估标准提供个别化康复建议	套	3/校	√		用于低年级教学班
	口吃听觉反馈治疗仪		台	1/校		√	
	听处理评估与干预仪器	具有听觉识别、听觉记忆、听觉理解能力评估与训练功能，以及可视序列诱导条件下的听觉注意力训练、听觉统合训练。可根据听处理能力评估标准提供个别化康复建议	套	1/校	√		

续表

类别	名称	规格　型号　功能	单位	数量	配备要求		备注
					基本	选配	
言语—语言康复专用仪器	积木式语音训练器	具有字、词、句的发音及韵律训练，以及言语沟通辅助功能	套	1/班	√		
	口部构音运动训练器	咀嚼器、唇运动训练器、舌尖运动训练器、舌前位运动训练器、舌后位运动训练器、下颌运动训练器、悬雍垂运动训练器、唇肌刺激器、舌肌刺激器、指套型乳牙刷、压舌板等	套	1/人	√		
	言语功能评估与训练用具	能进行呼吸、发声、共鸣障碍的促进治疗，语音功能的简单评估与训练，口部、构音运动能力的简单训练	套	1/班	√		
	沟通辅具	对无言语沟通能力者进行沟通训练及辅助功能	套	1/班	√		
	听觉评估与训练用具	具有听觉能力评估及训练功能，包括简单的超音段分辨；简单的语音均衡与音位对比识别；简单的词、句、段理解	套	1/班	√		
	听觉语音训练器	具有词、句、段条件下的听觉理解能力训练和辅助言语沟通功能	套	1/班	√		

续表

类别	名称	规格　型号　功能	单位	数量	配备要求 基本	配备要求 选配	备注
言语—语言康复专用仪器	电子琴		台	1/班	√		
	语言训练卡片	生活用品、常见动物、人物、生活场景等	套	1/班	√		
	听觉干预与听觉功能评估标准相关图书				√		
	言语康复与言语功能评估标准相关图书				√		
	语言康复相关图书				√		
音乐治疗专用仪器	音响		套	1/校	√		
	钢琴		架	1/校	√		
	电子琴		台	1/校	√		
	吉他		把	1/校	√		
	奥尔夫乐器		套	1/校	√		
	音乐干预仪	音乐干预素材、音乐治疗评估软件	套	1/校	√		
	音乐治疗相关图书				√		
心理康复训练专用仪器	心理测量（评估）与训练系统	具有档案管理、量表测量等功能，且能提供咨询辅导、训练调节、综合报告、统计分析等网络服务	套	1/校	√		
	心理康复（干预）设备	箱庭等	套	1/校	√		
	心理健康教育设备		套	1/校		√	
	心理康复相关图书				√		

续表

类别	名称	规格　型号　功能	单位	数量	配备要求		备注
					基本	选配	
认知干预专用仪器	认知能力的测试与评估设备	能对感知觉能力、注意能力、观察能力、记忆能力、思维能力（推理能力）进行评估	套	1/校	√		
	认知能力训练设备	感知觉、注意、观察、记忆、思维（推理）等能力训练	套	1/班	√		
	早期干预卡片		套	2/校	√		
	蒙台梭利教具		套	1/校	√		
	认知干预操作用具	视动统整、手眼协调等能力的训练	套	1/班	√		
	认知干预相关图书				√		
	个别化康复教育支持系统	具有康复、教育、教学档案记录、数据管理，教师备课与教学管理和教学质量控制分析等功能	套	1/校	√